明清山西碑刻题名辑要

下册

姚春敏 主编

商务印书馆
The Commercial Press

图书在版编目（CIP）数据

明清山西碑刻题名辑要 / 姚春敏主编. —北京：商务印书馆，2021
ISBN 978-7-100-19546-1

Ⅰ.①明… Ⅱ.①姚… Ⅲ.①碑刻—汇编—山西—明清时代 Ⅳ.①K877.42

中国版本图书馆 CIP 数据核字（2021）第 033153 号

权利保留，侵权必究。

明清山西碑刻题名辑要
上下册
姚春敏　主编

商 务 印 书 馆 出 版
（北京王府井大街36号　邮政编码100710）
商 务 印 书 馆 发 行
北京顶佳世纪印刷有限公司印刷
ISBN 978-7-100-19546-1

2021年5月第1版　　开本 787×1092　1/16
2021年5月北京第1次印刷　印张 64¾
定价：298.00元

一六一 重修关帝庙碑记

清嘉庆十九年（1814）刊。

碑高152厘米，宽72厘米，厚16厘米。

现存于运城市垣曲县解峪乡乐尧村关帝庙。

【碑文】

重修关帝庙碑记

盖闻莫为之前,虽美弗彰;莫为之后,虽盛弗传。所以未事之先,不可无以开其端;既事之后,尤必有以衍其绪也。今关圣帝君,大义直超千古,英灵永庇万民。正直无私,护佑与天地同德;聪明无蔽,鉴察与日月争光。崇将享者,既不惜备物以致敬;隆殿宇者,又何嫌踵事而增华乎?余镇南十数里,卧龙岗头有关帝庙一所,由来旧矣。查梁记碑文,原为乾隆七年所建,功程成於众士,基地施自先公。每岁四月初□日,演戏献神,以为会期。余之游历其地者不少,间入庙时,未尝不叹,遐陬僻壤皆知仰尊圣神,用妥厥灵也。然只正殿三间,舞楼一座,东西两廊亦不甚周全。基址窄狭,未免踢促之憾;瓦石凋敝,不无倾圮之忧。使非补而葺之,改而张之,其尚能永保勿替,常有此如在其上,如在其左右之感乎?爰有两社人等,不忍坐视损坏,安守蕞小疆界,索余一人资财化彼两社,不惟余慷慨乐施,任其扩展,而附近村庄亦莫不欢欣鼓舞,称为盛事。解囊施金者咸输将而恐后,效力赴功者俱踊跃而争先。所以二三年间,殿宇移以数尺,规模广廓;廊房加以几间,局势宽宏。而且左边筑一耳室,马王之神灵得以式凭;右旁构一角屋,药王之祀典有所嘉赖。凡舞楼大门,墙垣阶陀,罔弗焕然改观,各就整饬焉。是举也,始於壬申春前,终於甲戌秋后,历时无多而大功告竣。此固由人心之虔诚,而是圣德之感孚为倍至也。兴作甫毕,首事人等辄思勒之琬琰,以垂不朽,乃独问笔於余。余自惭固陋,岂敢妄为铺陈,亦惟综其巅末,详其节目,俾后之览者,不迷於所考也云尔。

山主后学弟子贡生文光熏沐敬撰　率男生员麟阁详关施银二两

儒士文赐宝沐手书丹

张玉三栽柏树一株

作首人

张企圣施银一两五钱　王世荣施银二两五钱　张学义施银四两　张允禄施银五两　张重三施银七两　李可富施银十七两工银二两　耆宾文学程施银二十六两工银二两　耆宾王景颜施银二十六两工银二两　文俊施银八两　皇恩张企孔施银五两　王步秀　王步鳌施银六两　文万金施银三两　李尚质施银二两五钱　皇恩□吉星施银□两

时大清嘉庆十九年仲冬吉旦命匠立石

稷山县石匠谷仝山　谷□□施银五钱

一六二　移建神庙乐亭叙

清嘉庆十九年（1814）刊。

现存于临汾市永和县坡头乡土罗村龙神庙。

移建神廟樂亭叙

邑之有龍神廟也自順治年間建立于庄西之高阜處乃歷年久遠風雨飄搖廟貌催殘派水衝突地址頗覺竹廩生藥鶴亭者噫目心傷以為今之不泊佩于胡底既坐視而不忍欲補葺而不能遂會同合村人等慷慨議舉修理擇地下吉重為移建又新增建

關帝白衣大士文昌魁星廟較舊規而更為恢廓子以甲戌之春自家先君住所旋里瞥見諸廟森列皆漆次卅複煥乎其可觀矣雖曰合村人等協力贊成而寔是鶴亭心研慮委其身于鳩工庀材之中斯得此適觀厥成者也爰為之倣舊句以誌其美云

萬民粒食賴神功　神宇巍然侍藥公
報賽不爽風雨順　家家田父樂年豐
兩灑風催地基傾　神宮刻桷煥然新
藥公不是貪求媚　欲畫丹心一點誠

其二

功德主邑廩膳生員藥修齡字鶴亭偕男慶春
施銀貳伯伍拾兩
總理事人糺首廩生廩生亭施銀陸拾兩
糺首邑儒學附生員藥蕙齡施銀拾伍兩
糺首邑儒學附生員藥文鵬施銀拾伍兩
邑儒學廩膳生員李蓮燈謹跋并書

峕嘉慶十九年歲次甲戌荀月穀旦勒石

【碑文】

移建神庙乐亭叙

邑之有龙神庙也，自顺治年间建立于庄西之高阜处，乃历年久远、风雨飘摇，庙貌催残，涨水冲突，地址倾颓，邑优行廪生药鹤亭者，触目心伤，以为今之不治，伊于胡底？既坐视而不忍，欲补葺而不能，遂会同合村人等，慷然议举修理。择地卜吉，重为移建，又新增建关帝、白衣大士、文昌、魁星庙，较旧规而更为恢廓。予以甲戌之春，自家先君任所旋里，瞥见诸庙森列，皆漆茨丹腹，焕乎其可观矣。虽曰合村人等协力赞成，而实是鹤亭苦心研虑，委其身于鸠工庀材之中，斯得此遹观厥成者也。爰为之仿旧句以志其美云。

万民粒食赖神功　神宇巍然恃药公

报赛不爽风雨顺　家家田父乐年丰

其二

雨洒风催地基倾　神功刻桷焕然新

药公不是贪求媚　欲尽丹心一点诚

功德主邑廪膳生员药修龄字鹤亭偕男庆春施银二百五十两

总理事人纠首廪生李莲灯　李莲亭　庠生李莲直施银六十两

纠首邑儒学附生员药昆龄施银十五两

纠首邑儒学附生员药文鹏施银十五两

邑儒学廪膳生员李莲灯谨跋并书

时嘉庆十九年岁次甲戌菊月谷旦勒石

一六三 重修乐楼栏杆记

清嘉庆二十年（1815）刊。

碑高73厘米，宽73厘米。

现存于晋中市介休市大靳乡小靳村东岳庙。

重修樂樓欄杆記

嘗謂天下無不敝之物而賴有聖人之功然必為所當為斯盡乂不朽耳如兹村樂樓其規模宏敞院完美矣惟臺前圍板以木為之屢經風雨難免朽腐之虞公人起意造作舊以木者今易以石所費無幾而煥然一新非惟壯觀瞻亦且多歷年所矣爰刻石以記之

香老 陳典詔
公正 郭建蓉

郭典隆
郭懷瑾
郭紹呈

陶九卿 甲長 武安 陶雲積
陶世俅 趙東諫

儒學生員陳昌言撰
本村儒士陶言颺書

束鼓廟住持體環
觀音堂住持精俊

石匠 三戒愿
善友 楊文寶

嘉慶二十年歲次乙亥仲秋念九日吉立

【碑文】

重修乐楼栏杆记

尝谓天下无不敝之物，而赖有垂久之功，然必为所当为，斯克历久不朽耳。如兹村乐楼，其规模宏丽，既完美矣，惟台前围板以木为之，屡经风雨，难免朽腐之虞。公人起意造作，旧以木者，今易以石，所费无几，而焕然一新，非惟壮观瞻，亦且多历年所矣。爰刻石以记之。

儒学生员陈昌言撰

本村儒士陶言飑书

香老郭兴隆　陈兴诏　陶世杰

公正陶九卿　郭建馨

甲长陶绍星　郭怀瑾　陶学程　武安寿　赵秉谦

东岳庙住持体琛

观音堂住持精俠

石匠三义厂

善友杨文宝

嘉庆二十年岁次乙亥仲秋念九日吉立

一六四　创建观我亭补修庙宇碑序

清嘉庆二十年（1815）刊。

碑高 120 厘米，宽 54 厘米，厚 12 厘米。

碑额书"永垂千古"。

现存于临汾市霍州市开元街道办事处赵家庄村观音庙。

【碑文】

创建观我亭补修庙宇碑序

此功自嘉庆十三年、十四年新旧首事者集成两会,又赖诸总管善于经理,至十九年会完,共积钱三百千有余。乃延余与国英高公总其事,而派向之总管分首佐理之,於是土木之工、金石之工、绘画之工莫不毕集。数月之间,庙貌焕然一新,且建斯亭於戏楼之侧,而名之曰"观我",盖以人各挟一我而来,其中之贤奸忠佞不同,以视台上之贤奸忠佞必有默然,其各得者,岂非以我观我哉?故於此游戏之场,寓以儆□之,意而名之,俾后人咸知乎斯亭之建,非偶而已也。至於物料之充盈,货财之赡足,则当年谋始者之功,我二人不敢贪焉。故详其巅末而序之。

总管己酉科拔贡候铨直隶州州判韦玉清撰

太学生高廷栋书

首事张延年　张拱翼　张绍魁　高汝雯　朱传科　刘培基　张霁　张一泓　高崇阶　张□　生员□春芳　刘体泰　张元魁　王□□　张思由

会总乔福兆　张修　张□　吏员高廷柱　张际清　朱传登　生员张文蔚　宋琼　高汝修　张步银　韦栻　张树兰

督工生员张圣模　张步青　张霁　监生马调元　张维义　韦恒裕　高汝魁　吏员张锡纯　高汝品　张生贵　吏员高□培　张来康　生员张弛一　张生福　生员张省括　乔春茂　张择中　廪生高銮坡　张时□　乔春魁　张思庄　张履中　李锦公　张树基

大清嘉庆二十年首夏吉旦

石工翟九成刊

一六五　东石瓮村创修舞楼碑记

清嘉庆二十年（1815）刊。

现存于晋城市泽州县柳树口镇东石瓮村招贤馆。

【碑文】

东石瓮村创修舞楼碑记

凤邑东南七十里许,地名石瓮河。河胡以石瓮名?西有石坎如瓮形,内注水不竭,乡人恒取汲于此,因以名之也。两岸居民约数百家,分为四社,而主社者唯一人。周围尽飞岩绝壁,与环滁皆山无异。余昔年尝取道於此,见其北有古佛庙,正殿配□俱极壮丽可观,前面独缺舞楼。社内岁时伏腊、酬神演戏,苦无其地,所谓神之听之,终和且平者安在哉?大观未成,心甚惜之。乙亥年,余宦归故里,探戚晋省,偶宿于岭上之西街村,众亲友向余言曰:佛庙前之舞楼成矣。余讶其功成浩大,匪一朝一夕之故可竣。询其巅末,佥曰:营其址,构物材,前长礼社首赵公讳宗瑞,壬子年募化路基;毋公讳玉实,丁巳年广捐资财;赵公讳兴翰,庚申年开工立基;许公讳有会,己巳年经伐树株,并主神、合社诸公同心协力。工程未竣,荒废於始。继则有社长赵君富者,鉴前功,缵旧业,有其修之,莫敢废焉。纠同社众,广捐资财,创修于嘉庆壬申年,落成于乙亥年。自此以后,庶可以永荷神庥乎!求序于余,欲勒石以志之。余喜其地势之清幽与民风之朴厚,不敢以不敏辞也。是为序。

赵世锡施地一截　祥兴号施钱二千文　成朋儒施钱一千文　赵大伏施钱二千八百文　赵文宝施钱二千文　上窑得会施钱一千文　住持法苗施钱一千文　张泽州施兜□四十二个　□□位施钱二百文　长礼赵君富施钱七千文

主神

赵大伦施钱八千文　赵其官施钱六千五百文　赵宗相施钱四千五百文　赵文德施钱四千五百文　赵大存施钱四千五百文　赵兴正施钱四千五百文　赵其高施钱三千文　赵其旺施钱二千文　赵大顺施钱四千八百文　赵君好施钱三千七百文　毋正法施钱两千四百文　赵文其施钱一千七百文　赵广财施钱四千一百文　赵兴顺施

钱三千二百文　赵兴年施钱三千二百文　赵兴朗施钱三千二百文　赵旺财施钱三千二百文　赵旺忠施钱三千一百文　赵旺孝施钱三千一百文　赵大业施钱三千文　赵其亮施钱三千文　赵大全施钱三千文　赵君必施钱三千文　赵其锋施钱二千六百文　赵兴瑞施钱二千六百文　赵大兴施钱二千五百文　赵广进施钱二千五百文　赵广正施钱二千五百文　赵兴伦施钱二千二百文　赵广枢施钱二千二百文　赵兴龙施钱二千一百文　赵君兴施钱二千文　赵生贵施钱二千文　赵其兴施钱二千文　赵兴贵施钱二千文　赵广聚施钱一千八百文　王法喜施钱一千八百文　赵其法施钱一千七百文　赵大兵施钱一千七百文　赵广太施钱一千七百文　赵兴则施钱一千七百文　赵君□施钱一千六百文　赵兴让施钱一千六百文　赵□尧施钱一千六百文　毋正福施钱一千六百文　赵□永施钱一千五百文　赵广元施钱一千□百文　赵文好施钱一千三百文　赵文昇施钱一千三百文　赵兴孝施钱一千三百文　赵君进施钱一千三百文　赵其昇施钱一千三百文　赵创元施钱一千三百文　赵太信施钱一千三百文　赵兴金施钱一千三百文　赵大成施钱一千二百文　赵大盛施钱一千二百文　赵进宝施钱一千二百文　赵太海施钱一千一百文　赵文见施钱一千一百文　赵君祥施钱一千一百文　赵文瓛施钱一千文　赵大金施钱一千文　赵大官施钱一千文　赵兴广施钱一千文　赵兴太施钱一千文　赵兴法施钱一千文　赵兴亮施钱一千文　赵兴聚施钱一千文　赵旺来施钱一千文　赵生顺施钱八百文　赵兴龙施钱八百文　赵兴永施钱七百文　赵兴虎施钱七百文　赵旺昌施钱七百文　赵其堂施钱六百文　赵星元施钱六百文　赵万则施钱六百文　赵万昌施钱六百文　赵文会施钱五百文　赵君良施钱五百文　赵大酉施钱五百文　赵兴通施钱五百文　赵广顺施钱五百文　赵兴全施钱五百文　毋成亮施钱五百文　赵其余施钱五百文

主神

许金仁施钱六千五百文　许天德施钱四千四百文　许有文施钱四千二百文　许金堂施钱二千八百文　许万祯施钱七千五百文　许法宽施钱四千四百文　许万全施钱二千九百文　许世仁施钱二千二百文　毋正轩施钱二千二百文　许万进施钱一千

七百文　许万法施钱五千文　毋正顺施钱四千四百文　许天龙施钱四千二百文　毋通成施钱三千四百文　许金仕施钱三千文　许有祯施钱三千文　许万富施钱三千文　许有瑄施钱二千四百文　许有良施钱二千三百文　许万会施钱二千三百文　许有凤施钱二千文　毋正孝施钱一千九百文　许万余施钱一千八百文　许万喜施钱一千七百文　许天兵施钱一千七百文　许万□施钱一千七百文　许万□施钱一千七百文　许万□施钱一千五百文　□□□施钱一千五百文　毋□□施钱一千五百文　毋成章施钱一千五百文　毋法成施钱一千四百文　□□天施钱一千三百文　□□昌施钱一千三百文　□有祥施钱一千三百文　许门毋氏施钱一千二百文　许有恩施钱一千一百文　许万轩施钱一千一百文　许世贵施钱一千文　毋见成施钱一千文　许有聚施钱一千文　许天宽施钱九百文　许有信施钱九百文　许有立施钱九百文　许三群施钱八百文　许有宽施钱六百文　许金玉施钱五百文　许天奉施钱五百文　许富山施钱五百文　许万禄施钱五百文　许宗成施钱五百文　许门赵氏施钱五百文　许小苗施钱五百文　许天库施钱五百文

主神

毋文美施钱三千文　毋成照施钱三千二百文　毋成良施钱三千文　毋成水施钱六千文　毋有塘施钱八千文　毋成稳施钱二千四百文　毋聚有施钱四千文　毋成朝施钱二千七百文　毋正旺施钱一千八百文　毋正绪施钱四千文　毋见祥施钱二千四百文　毋文率施钱四千文　毋正宽施钱五千五百文　毋生稳施钱三千三百文　毋成全施钱三千二百文　毋文印施钱三千八百文　毋正厚施钱四千八百文　毋正科施钱三千四百文　毋正兵施钱三千文　毋成兴施钱二千三百文　郝大章施钱三千文　毋正立施钱二千二百文　毋文唐施钱三千文　毋成福施钱二千三百文　毋成厚施钱二千二百文　毋正聚施钱二千文　毋成科施钱二千文　芦正有施钱二千一百文　毋见得施钱二千三百文　毋法金施钱一千文　毋文亮施钱一千□百文　毋文旺施钱一千五百文　毋文正施钱一千□百文　毋成世施钱一千六百文　毋生金施钱一千□百文　毋□□施钱一千□百文　毋□□施钱一千三百文　毋成□施钱一千六百文　毋正才施

钱一千□百文　毋正□施钱一千□百文　毋□□施钱一千□百文　□成□施钱一千□百文　毋文□施钱一千文　毋成□施钱一千一百文　毋□□施钱一千二百文　毋□□施钱一千一百文　毋□祥施钱一千一百文　毋正□施钱一千一百文　□生伦施钱一千三百文　毋文会施钱五百文　毋成□施钱一千文　毋正富施钱一千文　毋正印施钱一千二百文　毋成州施钱一千文　毋正□施钱一千文　毋贵法施钱一千文　毋正顺施钱一千文　毋成闰施钱一千文　毋见喜施钱一千文　毋正贵施钱七百文　毋正昌施钱七百文　毋成虎施钱五百文　毋成宝施钱五百文　毋成瑞施钱五百文　毋正海施钱五百文　毋正元施钱五百文　毋正国施钱五百文　毋正喜施钱五百文　毋正金施钱五百文　毋刘赵施钱五百文　毋成礼施钱五百文　毋见兴施钱五百文

主神

郝金海施钱三千五百文　毋成宪施钱三千文　张进祥施钱三千文　张成轩施钱五千文　毋成见施钱三千七百文　毋生富施钱三千五百文　毋元稳施钱三千五百文　郝金帝施钱三千一百文　许文顺施钱三千文　许文水施钱三千文　毋生龙施钱三千文　郝大心施钱二千八百文　毋元瑞施钱二千七百文　许有伦施钱二千七百文　毋生海施钱二千六百文　毋成枝施钱二千六百文　毋生昌施钱二千三百文　毋生正施钱二千三百文　毋生旺施钱二千三百文　毋法轩施钱二千二百文　毋法富施钱二千二百文　毋生喜施钱二千一百文　毋印瑞施钱二千文　芦法全施钱二千文　毋天福施钱一千五百文　芦永洛施钱一千八百文　毋天洛施钱二千文　毋生厚施钱一千八百文　毋广兴施钱一千七百文　毋印宝施钱一千六百文　毋天好施钱一千六百文　许文旺施钱一千六百文　毋天轩施钱一千六百文　毋金富施钱一千□百文　张□印施钱一千□百文　（阙文）　郝大□施钱一千三百文　郝大□施钱一千三百文　□成节施钱一千三百文　郝□□施钱一千三百文　□□□施钱一千三百文　□□礼施钱一千二百文　□□□施钱一千二百文　张成仁施钱一千一百文　毋印海施钱一千一百文　许法根施钱一千一百文　毋印通施钱一千一百文　毋印太施钱一千一百文　毋成国施钱一千文　郝金柞施钱一千文　毋生余施钱一千文　许有会施钱一千

文　张有信施钱一千文　毋成元施钱一千文　毋法根施钱一千文　芦法元施钱一千

文　毋法在施钱一千文　毋天宗施钱一千文　毋天玉施钱一千文　毋天佐施钱一千

文　许□氏施钱一千文　毋喜元施钱九百文　张有金施钱八百文　张成富施钱八百

文　毋生业施钱八百文　芦法轩施钱八百文　芦正月施钱七百文　芦法闰施钱七百

文　毋印官施钱五百文　芦正旺施钱五百文　毋金朝施钱五百文　芦正明施钱□百

文　毋广清施钱五百文　张成柱施钱五百文　毋广成施钱五百文　许有道施钱五百

文　毋元根施钱五百文　许有长施钱五百文　毋广□施钱二百文

大清嘉庆二十年戊子月立

原任湖北黄安县正堂刘□□以实撰文

玉工陈□喜　木工许有英

一六六　重修成汤殿碑记

清嘉庆二十二年（1817）刊。

碑高260厘米，宽157厘米，厚14厚米。

现存于晋城市泽州县东沟乡辛壁村成汤庙。

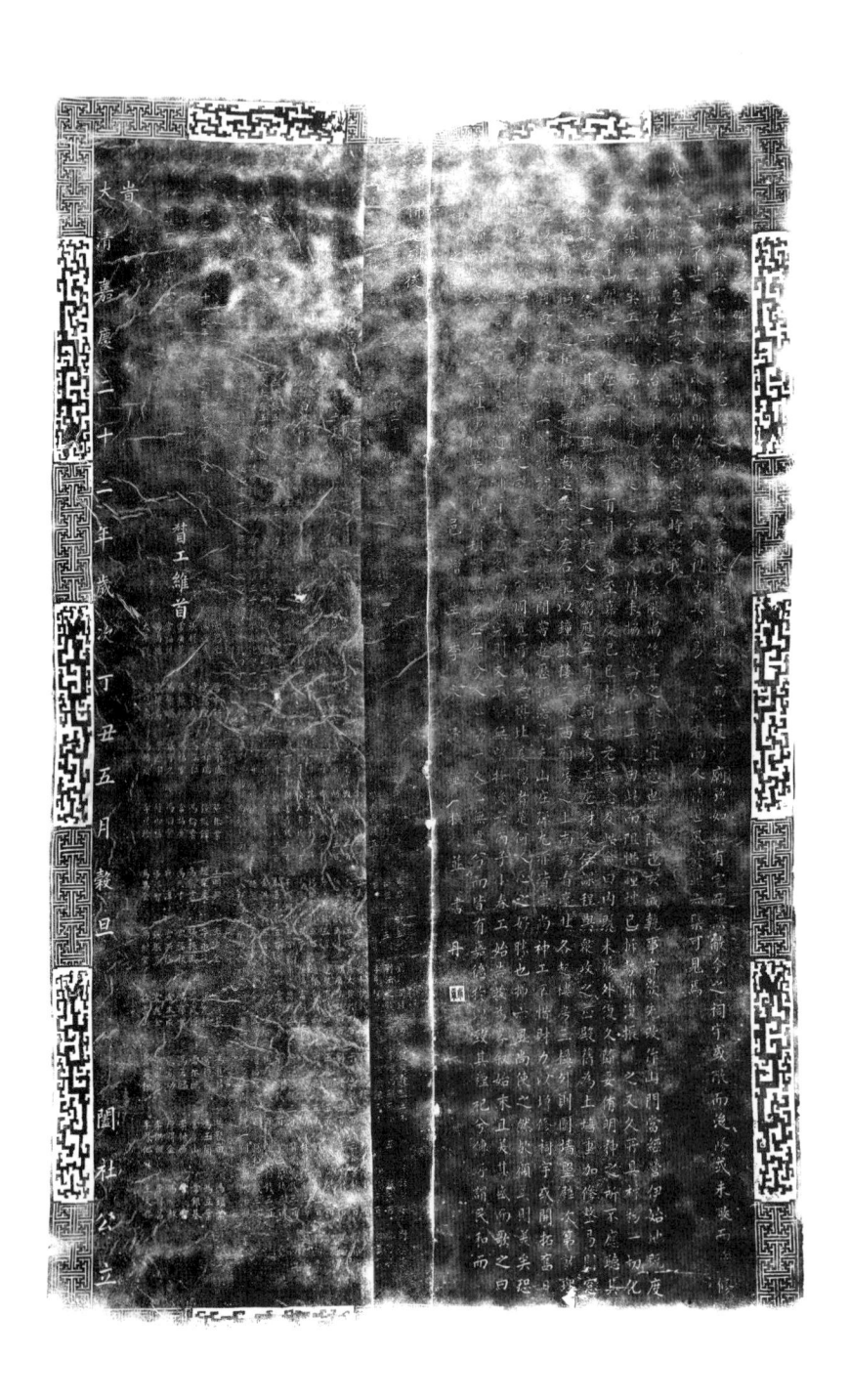

【碑文】

重修成汤殿碑记

　　古者春秋有事庙中，必先修之。而所为修者，整饬之、补葺之而已。是以庙貌如新，有宅而无敝。今之祠宇或敝而后修，或未敝而重修，且或不甚敝而大为改修，则力多费繁。以今视古，其难易有较然者，而人情世风於此，亦概可见焉。成汤圣殿由来远矣，考之碑碣，创自金大定时，迄我国朝康熙年间，曾复修治。历年既久，风雨摧残，瓦屋敝漏，修葺之举，所宜急也。乾隆己亥岁，执事者欲先改作山门，当经营伊始，地既度矣，基既正矣，工师选而良木是断是迁矣，缘人情未协，议论不一，工遂由此而阻。惜钟楼已拆，势难复振□之，又久所具材物一切化为乌有。山门之不修，历三十余年无有再议者。至嘉庆己巳，村中耆老言念及此，佥曰：内既未修，外复久堕，妥侑明神之所，不应听其敝败也，兴复前工，此其时乎。与众商之，一时人心响应，无有异词。爰鸠工庀材，分任课程，与众攻之。正殿旧为土墙，重加修整，易门窗为槅扇，与偏殿适相称焉。舞楼南退数尺，左右配以钟鼓楼二。东西厢房之上，南为看台，北各起楼房三楹，外则围墙照壁，次第就理，施以丹雘。庙貌严洁，焕然一新，视前大为改观矣。间尝游历村落，见夫山庄弹丸亦皆崇尚神工，不惜财力，以增修祠宇。或开拓旧日规模，或增饰前人制作，极宏厂之势，尽壮丽之观。周览所为，悉堪比美焉者。是何人心之好胜也，抑亦风尚使之然欤？顾美则美矣，恐难为继也。继自今因事整饬，随时补葺，使历久而常完，则又不能无望於后云。丙子小春，工始告竣，为略叙始末，且美其盛而歌之曰：新庙既成兮巍巍奕奕，踵事增华兮观瞻顿肃。庶力丕作兮人心协一，人心无违兮而皆有嘉德。於以致其禋祀兮，传所谓民和而神降之福。

　　邑增生李永清谨撰并书丹

布施列后

七澥社银五两 徐庄镇银四两 北泉社钱三千 南泉社钱□千 坪头社钱三千 下□社钱三千 冯玉麟银五百七十两 常祥瑞钱八十千 常福悦白银二十三两 冯尚德白银二十两 德胜□白银十两 张九□钱八千 冯□武钱七千 和村社钱三千 东沟村社钱二千 河底社 常坡社 马村社 峪南社银十两 张得智 张九龄 张九思白银五十两 郭兴顺银六两 常福明白银四两七钱 常福秋白银四两七钱 张振吉银五两 韦町社钱二千 李家庄社钱一千五百 南坪社钱一千 天护社钱一千 东烟社钱一千 马坪头社钱一千 冯立仁 冯体仁 冯依仁 冯居仁白银二十八两 冯立业银五两 王文仁银五两 协成炒炉白银四两五钱 川底东社钱八百 响沟社钱五百 李学恭银十两 玉庆班钱十千 王国英银二两 合顺号钱一千 郭福兴钱五千四百 常希圣钱五千 赵聚庆钱五千 容昶号钱五千 张可久钱五千 赵御福银五两钱一千 李继广银三两 史永年钱一千 陈培信钱一千 吴建太钱一千 复生缎店钱一千 马师孟钱六百 辅兴号银五钱 常尔毅 常尔聪 常思科 常瑞科白银九两四钱 冯伦业钱三千 冯学业钱三千 冯继业钱三千 司殿印银五钱 卢得法银五钱 李有仓银五钱 原太忠银五钱 赵符银五钱 吕子忠银五钱 太平观钱二千 常应甫钱二千 任万玉钱一千五百 冯锁业 冯来业钱一千五百 协成板店钱二千 中立号银一两 德泰店银五钱 陈九府银五钱 王玉琢钱五百 郭培信钱五百 冯亮执钱五百 甄六飞钱五百 福慧院钱一千 协裕炉钱一千 义成染房钱一千 德泰永钱一千 张立功钱一千 太益炉钱一千 李天顺钱一千 李文钱五百 长顺号钱五百 李大长钱五百 郭天斗钱五百 甄永升钱五百 赵贵钱五百 赵香奇钱一千 路宗玉钱一千 徐大有钱六百 兴善寺钱五百 张振皋钱五百 常本才钱五百 甄法太钱五百 马昌清钱五百 合顺炒炉钱五百 潘镇钱五百 翟太安钱五百 天成号钱五百 侯元钱五百 张法钱五百 杨兰元钱五百 冯珍业钱五百 王明兴钱五百 秦喜先钱五百 常洪盛钱五百 赵聚广钱五百 刘润钱五百 刘法之钱五百 李先栋钱四百 永和炉钱四百 益太号钱四百 白广法钱四百 赵聚有钱五百 赵聚仓钱五百 陈得富钱五百

李兴钱五百　张如意钱五百　张天禄钱五百　李秀金钱五百　从兴号银三钱　李世昌银三钱　李宗俭银三钱　孙峻德钱三百　于德忠钱三百　刘绪钱三百　王喜顺钱五百　常寿昌银五钱　牛太钱五百　任怀钱三百　张聚财钱三百　杨得金钱三百　闫福太钱三百　邱茂钱三百　王广熙钱三百　马坤钱三百　裕合窑钱三百　三合窑钱三百　李九鸣钱三百　常茂钱三百　关才顺钱三百　林群锁钱三百　周凤鸣钱三百　赵三怀钱三百　赵进礼钱三百　杨和士钱三百　刘学贤　卢思敬　郭守富　宋□林　张积绅　建恒□　杨喜清　杨芳会　赵跟□　以上各钱三百

太平观施到庙前水旱粪池两个

常应重施到庙前厕坑地基一块

张振典　张振吉施石柱四根又钱四千

常雷施到杀猪棚南墙一面

大社将李永功入社观前地基一块，平房二间，厕坑一个施与太平观为业

共地三十四顷（阙文）半，每地一亩起钱七百一十文

共社一百九十（阙文）分管饭六十八人，做工四十四日

督工维首

常锡元　冯召武　张得兴　常广基　常福悦　冯尚德　太平观　常本新　常应重　李永惠　张振新　冯修顺　张振嵩　常应泰　张永盛　常祥瑞　冯立仁　冯福业　张可久　李澄宇　冯修贵　张振业　张振铎　冯伦业　常福广　冯顺业　赵御福　李世珍　王明兴　赵聚庆　冯创业　冯天才　崔淳　张得智　冯万金　李秀金　李永茂　张振武　常福秋　常洪伦　张振吉　冯继业　常盛基　张允植　李式谟　冯祯业　常本成　常进金　徐云山　冯进昌　常稳余　常尔临　冯玉麟　张立功　张永仓　常海松　赵聚田　冯玉兰　常山　李继广　陈得全　李洪武　李凤池　冯锁业　冯立业　常银基　常□　冯赦　李得昌　王文仁

时大清嘉庆二十二年岁次丁丑五月谷旦阖社公立

一六七　重修碑记

清嘉庆二十二年（1817）刊。

碑高 200 厘米，宽 74 厘米。

碑额书"垂悠久"。

现存于运城市平陆县下坪乡下坪村关帝庙。

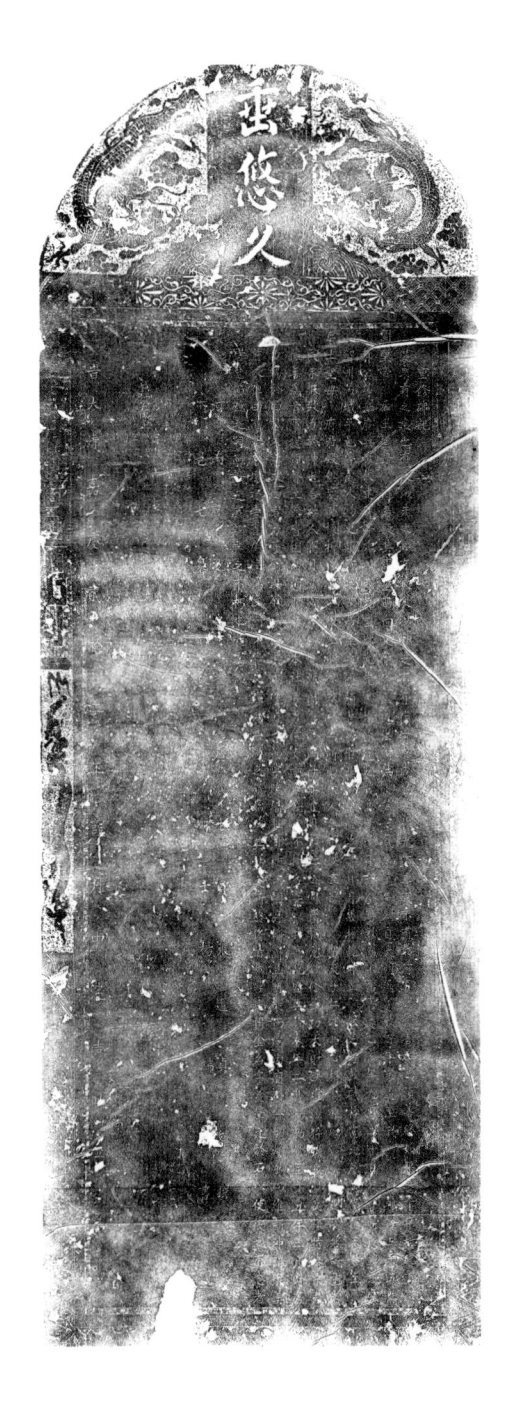

【碑文】

重修碑记

从来庙之建也，有一人以先之，必有数人以赞之。不有作，何有成？然善作尤须善成；不有始，何有终？然善始尤须善终。如平邑下平村北，有关圣帝、后土圣母、府君殿，其庙坐西向东，依条山，近洪河，浩浩荡荡，气象万千，创自大明，遥遥数百年矣。迨至我朝乾隆三十五年，郝公等举废兴衰，复建拜亭碑，以式先型，以光先业，故竹苞松茂，鸟革翚飞，於今为烈焉。不意嘉庆乙亥年九月二十日夜子时，忽遭地震，解州、芮城、平邑等处，人物之颠沛无数，房屋之倾颓甚多。惟此圣帝忠贯日月，义振乾坤，正殿、献庭、钟鼓、戏楼、南北厦□伤犹未甚，至后土圣母、府君殿，俱变而栋折榱崩，土裂瓦解，以致神无所凭依，人无所供享。虽圣天子仁爱为心，捐帑银以济一□□变，然所重者民，未暇致力於神也。合社人触目警心，不胜恻然，因会於丙子年正月初七，公问商议，意欲修葺。功大财缺，难以猝办，众□交让，特举宋君怀善为首事，总领督工，余皆相帮相助，募化本社善男信女，量力施财，不拘多寡，以共襄此盛典。於本年二月初动修，至丁丑年三月财尽力竭，於四月又急求四方君子，舒其锦囊，展其素包，自是而宇竣墙雕，自是而楹丹桷刻，且自是而庙内庙外，一切焕然而维新。非谓溢美前人，但曰有基□壤。功告成，属予为文。予不能文，谨叙其功之所始，及其功之所终，将首事姓氏、捐金名字，并笔之於石，以使后之有志者得览而镜之，嗣而葺之，庶新庙之不朽也。是为记。

河南府浥□增广生员张遇贞敬撰

本邑七泉村后学儒士杨端敬书

七社公德主□□宋怀善施银十二两　督工田应府施银五两　化主郝登茂施银六两　王怀□施银三两　陆文□施银三两　王□木施银三两　曹成□施银三

两　刘金梁施银四两　杨雅□施银三两　张子业银二两　杨宗林银二两　郭景孝银二两　安学元银二两　李彦盛银二两　董逢京银二两　董大金银二两　董奇宗银二两　刘方贤银二两　（阙文）

时大清嘉庆二十二年葭月中浣吉日立

一六八　真武庙重修碑记

清嘉庆二十二年（1817）刊。

碑高 226 厘米，宽 79 厘米，厚 15 厘米。

碑额书"帝道遐昌"。

现存于吕梁市孝义市皮影木偶博物馆。

【碑阳】

真武庙重修碑记

　　窃闻天有九天、玄冥、玄窨，皆北方之神，悉称上天，不见立庙，独玄天号为上帝。说者谓其秉天元之正气，始修武当，终成金顶。其真诚武烈，足以畏服人之心志，使人归化於正也。是以在此庙享，位尊北极，其高明正大，实为坎方之望气云尔。余村之北有真武庙，由来久矣。堪舆论其旧制卑狭，似不足以补风水。纠首武虎章等新修砖窑五眼，上建大殿三楹，将帝像并十帅移乎□（其）上，更塑观音於窑内，建立钟鼓二楼，则神有威而人心慰矣。於是前檐风厦、门楼照壁、五道重新，东建豫顺门，西建乾隆门，前后左右之制，焕然改新，猗欤休哉。来瞻仰者，皋然高望矣。期年而庙成，嘱余作文以记之。余以人贱言微，本不能文，但事在乡党，不敢推辞，特观其经营之始，人皆踊跃争先，或劳心劳力，或泛地敛资，或远方募化，或扶梁金妆，不期而会者，千有余金。如是功德，岂曰小补之哉？因不记词之迂拙，意之浅近，援笔而为之记，使后之视今，亦□（犹）今之视昔。庶斯庙之不朽，人心之归正，则亦已矣，何以文为。

村夫王俊士友谅氏薰沐谨撰

本邑衲僧丽安沐手敬书

大清嘉庆二十二年岁次丁丑阳月吉日

真武像承尊弟子苏廷瑢奉银八十两整

观音像承尊弟子王佐奉银六两五钱

外乡募化布施人名于后

王友仁化银一百零七两　马玉福　马玉孝化银五十两零四钱　苏廷瑢化银五十两　魏登阁化银五十两　贾志兴化银三十两　杨登福化银二十五两五钱　梁会元化银二十四两　马利化银二十两零四钱　师有贵化银一十八两　王秦化银一十六两　梁福元化银十五两　师有富化银一十一两　梁起元化银十两　王生宝化银十两　广能化银九两五钱　师有朝化银九两　武桐化银十二两　王佐化银十两七钱　王世恭化银八两四钱　武丕基化银七两四钱　杨茂化银五两六钱　梁殿元化银五两六钱　武世福化银三两七钱　王世德化银三两四钱　武寅化银三两四钱　武天爵化银三两　马有银化银二两九钱　马步荣化银二两八钱　郭天龙化银二两六钱　武在良化银二两六钱　魏登智化银二两五钱　贾玉章化银二两五钱　武达化银二两四钱　王金化银二两三钱　武思威化银二两二钱　杨闲化银二两三钱　武宦化银二两二钱　吴和祥化银二两一钱　杨登元化银二两　武昱化银二两

【碑阴】

魏全明化银四两一钱　苏英施银二两四钱　苏实化施银二两　王世成　魏登台各化银一两八钱六分　魏登尧　赵怀各化银一两八钱　梁执忠化施银二两一分　武丕显化银一两七钱　马登　马廷文　郭天虎　武元各化银一两七钱　武世龙　马贵成各化银一两二钱八分　武志怀　王世库各化银一两五钱八分　杨汉材　贾玉春各化施银一两五钱四分　苏进太化银一两五钱　王友仁化银一两五钱　武宝化施银一两五钱　王代有　王文　魏登唐　武天祯各化银一两四钱六分　武思望　田永成各化施银一两四钱四分　王廷　王锡禄各化银一两二钱　王宦化施银一两一钱　苏廷瑢　武可美　马建荣　马佐成　武天有　梁会元　王锡福　武仰园　杨汉义　马仲福　武士达　武士忠　魏登　贵王俊士各化银一两二钱　马福　赵思栋化施银一两二钱　魏全财　武强　王命各化银一两一钱　苏起龙化银一两施银一钱　钮广　马步宁各化银一两四钱　常盛号　杨登福　武张氏各施银一两　杨汉祯　武士阳各化施银一两　王斌　武宁邦　武昌盛　霍天福　武深　贾玉贵　武成望　武恭　苏杰

武在德各化银一两　杨学稳化施银九钱六分　王贵　武来　王代位　武王氏　魏登禹各化银九钱六分　杨汉智　武斗全　武斗银　籍天有　王俊各化施银七钱四分　武凯　武世安　魏登顺各化银七钱二分　武秉公　贾万智各化施银二钱二分　马旺财　苏焕　马李氏　武可清　梁庆元　苏起福　武稳　杨盛各化银六钱　魏全富化施银五钱　魏登智施银五钱　马付氏　武世里　武成功　贾玉美各化银五钱　魏登良　马玉良　苏官有　马有红各化银四钱八分　高士章化施银四钱八分　苏旭禄化银三钱六分　马成贵　王恭　马玉禄各化银三钱　梁福元　武志仁　马贵荣　郭现成　魏王斌　郭昌富　魏登善　武在明　武康　王诚各化银二钱四分　马玉福化银一钱五分　魏良禄　魏□□　武□□　马贵礼各施银一钱二分　马飞施化银一两四钱四分

刘宝　段永达　张德威　武育道　杜林生　张休身　武吉功　常永义　刘文裕　刘安瑞　吴贵　闫世德　王占元　杨贵德　任岳氏　李志魁　段直　耆宾王翰彩　张三荣　郭尔忠　郭学溥　曹太和　张荣　孙继尧　郝玉宰　吴裕有　申玉光　张礼谦　武定守　王益山　王白印　郭起大　姚德龙　张风　闫文黄　马金照　任宽选　任今年　茹邵起　任□文　武生甯　霍登云　梁敦林　王世亨　梁国成　姚恒　陈印魁　董□克　董□益　董□贤　范步周　武定侯　董富仁　马辅国　武丕岐　史云祥　郭大兴　杨可生　闫成玉　梁蔺氏　李德朋　常宜训　任岐山　任元纲　任岐林　高秀咸　高秀祥　□海涛　郭昌金　合义厥　刘秉□　段玉成　郭百乔　高讲　康德福　张文炯　任明　李东暶　马锡爵　王洽　高万　王基林　尚武　张数　任泱　任尽性　雷奇能　雷奇德　杨培德　杨李氏　杨刘氏　杨渭　杨宁太傅魏氏　王成林　孙林　葛景昌　李世梅　白如龙　高殷实　乐可昌　高思谦　宋福智　宋灿　石成美　郭起礼　文立性　张福林　张轩　朱士剑　赵金凤　张少福　邵万荣　郭移　张大山　福泰馆　王镕　吴大明　刘汉礼　武贵良　吴振花　于俊　吴振荣　乔孟明　梁根　侯一麟　降玉其各银一钱四分

侯天培　李辉　任辅甲　张培铣　王基深　间静　郭兆禄　王利泰　王利丰

古招堂　忠德堂　百忍堂　忍有堂　王怀德　郝大来　王明德　天成号　武锡宁　□发贵　武汉清　温生福　王增茂　武希成　任宏世　钮玺　张福仁　武岐山　董应科　监生杨补清　裔元贵　任□思　杨相清　耆宾武彰　景怀德　赵金成　薛印忠　任其祥　段大和　梁远　梁任杰　姚世公　王廷贵　段钦　梁郭氏　贺世升　刘福义　马天喜　杨继渭　贺文德　高麟　李库　杨怀宝　李恒兴　曾希儒各银二钱

任进宝　郭李氏　郭任氏　郭武氏　武王氏　郭郭氏　郭任氏　任芦氏　王殿　李登荣　王士宏　李和信　武成烈　武家甯　高宇　郭黄成　董广有　马尚德　宋士恒　乔本郎　鲁锦龙　房玺　马日光　张孝纯　任进善　梁美忠　任德柱　任天祥　任进成　李金斗　武徐氏　王郭氏　杨梁氏　杨田氏　李李氏　杨张氏　任学铭　常号　那世杰　苏尔林　邓银室　郭九财　田春乐　张广林　马孝　宋礼　李昌荣　李春祥　宋成相　宋成功　宋成侯　梁荣春　闫永庆　杨玉昌　赵如柱　李殿元　王天申　李景智　马士鹏　雷根福　安九畴　安九终　安清典　安士伟　安昌年　董应鹏　韩膴士　景学深　武太和　任义九　敬幸　张谋　任万金　郝奎金　柴光治　杨增盛　田步蟾　文定荣　安涛　降元助　郭盘巩　雷连太　李五□　文□　赵清柱　那士温各银一钱二分

女善人施银一两四钱　新村女善人施银一两三钱□分　女善人施银一两二钱　沈杨氏施银一两一钱　女善人施银一两六分　女善人施银一两三分　杨武氏施银一两　女善人施银八钱四分　女善人施银八钱　女善人施银九钱□分

马仲杰化银一两二钱　梁调元化施银一两　王四奉施银三两　杨盛施土

一应花费开名于后

一宗砖瓦共使银四百六十五两零二分

一宗泥水匠土工共使银三百二十九两八分

一宗木榅共使银三百二十八两四钱三分

一宗丹青共使银一百零九两

一宗木匠共使银一百八十一两一钱八分

一宗碑价共使银五十五两

一宗石灰共使银一十九两九钱七分

一宗铁匠共使银二十一两三钱八分

一宗脚价共使银八十两零七分

一宗绳共使银二十三两三钱八分

一宗礼奉共使银一十一两零二钱四分

一宗打会共使银一百三十两一钱五分

一宗厨工赁银一十二两八钱

一宗犒劳共使银二十八两四钱五分

二宗打井打堰共使银四十六两三钱二分

一宗共集花费共使银一百一十三两二钱四分

一六九 重修乐楼供器记

清嘉庆二十三年（1818）刊。

碑高74厘米，宽100厘米。

现存于晋中市介休市大靳乡小靳村东岳庙。

【碑文】

重修乐楼供器记

立庙妥神,古之制也。而戏楼之建,供器之兴,尤为妥神灵之要务。是庙戏楼、供器,已经前人创立,然天板仅护中间,而香炉尚未全供,因於戊寅春,重添画板两间,新供献器六堂。非敢自夸己见,以掩前人之功,庶使制度合宜,永垂勿替云尔。是为记之。

灵邑儒学生员申汝谦撰

本村居士郭步蟾书

香老郭兴隆　陈兴诏　陶世杰

公正陈兴周　陶九卿

里人郭维祺　陶世杰　陶赓飚

乡保武安寿

甲长陶绍星　宋兴盛　陶学纬　郭维禹　郭维□

共费银一百一十两零七钱五分

出银人名开列於后

四两四钱　大（阙文）监生王嘉谋

二两五钱　本（阙文）理问郭维翰　郭维清

二两五钱　郭甲元

一两五钱　监生郭建馨

一两二钱　千总郭维勋

八钱　监生郭大柱

五钱　张世科　介宾陈兴诏　监生陶国文　介宾陈兴基　陈兴禄　介宾陈兴周　陈正言　郭大魁

三钱　郭兴隆　耆宾陶九卿　陶世杰　郭怀信　陶学成　陶学纬　陶赓扬　监生宋珫　陶全庆　陶全荣　陶绍昌　李显光　武安寿　陈士利　郭维亿　陶金□　陶绍唐　陶□曾　陶□承

石匠陈秉福

木匠孟尚荣

起布施银二十五两七钱，戏钱内佃银三十六两五钱八分，罚外人银四十八两四钱七分，三宗共银一百一十两零七钱五分。

住持僧精微

嘉庆二十三年岁次戊寅榴月中旬二日谷旦

一七〇　补修广渊庙宇碑记

清嘉庆二十四年（1819）刊。

碑高 200 厘米，宽 68 厘米，厚 18 厘米。

碑额书"补修广渊庙宇碑记"。

现存于晋城市阳城县横河乡析城山汤帝庙。

【碑文】

补修广渊庙宇碑记

布衣原得清书丹

吾邑濩泽,古胜地也。其南析城,古名山也。山巅汤庙,古圣帝而神者也。按邑乘,析城去县七十里,其名始见於《禹贡》。元吴澄释云:山高峻,上平坦,四面有门如城,山之得名,当以是耳。所奇异者,峰周四十里许,皆如幢焉,论者谓生气不聚故尔。尔乃其顶两泉澄澈,岁旱未尝忽竭,此又何说？想神灵则地无不灵,地灵神更有以效其灵者。职此,遐迩居民岁虔祈於兹,络绎弗绝也。庙之昉无可稽,宋熙宁九年,河东路旱,委通判王佐望祷於此,即获灵□上其事,诏封析城山神为诚应侯。政和六年,诏赐庙额齐圣广渊之庙,加封析城山神为嘉润公。宣和七年,诏下本路漕司给□省钱,命官增饬庙制,以称前代帝王之居,而致崇极之意,以其余资并修嘉润公词(祠),凡工百余楹。金末元初,灾於回禄,残毁几尽。元帅延陵珍与邑原玉等复修之,厥后代有完葺,载诸正珉,班班可考。但神宫高踞山顶,风易剥,雨易蚀,不数载而倾圮之患生矣。羽士先师原复昌、王复祯栖真於此者,久不忍坐视,募褚四方信士,积金银两恐不足用,又捐己资,卜吉鸠工庀材,重立大门,并建西房,上下十□,甃院砌路,俱以条石为之。工昉修理正殿,磊补后墙,阖庙搀补,猗欤休哉。山门再起,所以肃观瞻也；磴道重排,所以怀永图也；增修完美,所以妥神灵也。往者已往,可以继往也；来者未来,可以开来也。濩泽胜地信乎其胜也,析城名山□矣其名也。圣帝而神者自降,康其无已也。遐迩居民之被泽承流者,更未有艾也。余官京邸闻之,喜是举,邮请不敢辞,爰是不揣固陋,濡墨而为之记。

天福盐号银四两　恒源盐号银四两　宏兴号银一两　总宪坊社钱二千文　公兴

号钱八百文　大兴号钱八百文　增盛号钱八百文　王屋社水官钱一千一百文　□□张立银十两　王子彪银六两　梁王歆银四两　梁会宝银三两五钱　畅泰顺银三两五钱　李文俭银三两五钱　郭奉坤银三两五钱　张耀彩银三两　霍温银二两五钱　张成会银二两五钱　卫三宅银二两　原金山银二两三钱　王天收银二两　成美福银二两　李可恒银二两　李可息银二两　吴美福银二两　李达银一两　尚二郭　张进洛二人银二两　成天识羊一只

本年羊群布施

原忠林银三两五钱　王永计银三两　连兴隆银二两五钱　成天满　成天明二人银三两　郑伦银二两　郭三　王日兴二人银二两　郭启银一两　许士桃银一两　樊永安钱二百文　成天堂钱五百文　李可应银四两五钱　候茂　来进孝二人银二两五钱

住持李本法　刘本义　张本传　原本兴　闫本和　刘本贵　原本修

徒侄郭合松　李合海　刘合信　李合礼　张合学　王合育　李合法　刘合禄郭合东　吴合仁　茹合云　乐合伦　李合魁　许合□

徒孙尹教林　李教升　李教库　李教满　宋教恩　燕教管　李教仓　苗教垒茹教宣

曾孙张永巧

玉工刘斗魁

大清嘉庆二十四年岁次己卯五月庚午初九日己巳谷旦仝立石

一七一 补修正殿舞楼山门碑记

清嘉庆二十四年（1819）刊。

碑高 185 厘米，宽 70 厘米。

现存于晋城市阳城县润城镇屯城村东岳庙。

【碑文】

嘉庆二十四年补修正殿舞楼山门碑记

募化姓氏列后

张耀庭募化　常鹤鸣银□两　韩逢源　信成店　霍鼎臣　霍景思　沈德萃　张汝弼　李御柱　王望熊　何宝琳　裴光远　王鹏飞　刘谦吉　段正典　杨大年各银一两　霍允中钱三千　刘步霄　刘宗积各钱一千　盖甸中　李龙图　魏宸东　曹正立　曹鹤立　刘效周各钱二千　张书翰钱八百

王映霞募化　杨继道　张琮　魁泰店　鼎基店　广泰店各银二两　卫建塽　元吉典　卫文昭　申言弟　致和典　恒和典　永泰典　刘正谊　马成美　曹文选各银一两

陈天喜募化　丁见贤银二两　张岐银一两　南桥盐务钱五千　同义店　胡祥瑞　高之宠各钱一千五百　张毓魁　张拱极　王承先　夏书升　张家麟　李御桂　李亦恒　孙见尧　蒙泉号　吉永铨　晋尔阜　万盛店　李念友　裕泰店　晋泰店　丰泰店　大昌店　鼎基号　蒙泉店　义和店　魁升店　集祥店　协聚店　永来店　洪茂店　李初昇　张书鉴　张培元　双兴店　泗龙店　闫同节各钱一千　张容熙钱二千　安盛店　恒德店　兴盛店各钱五百

张衍泗募化　大顺店　同心店　永和店　白警盘　武扶清　安履东　白潜　李世郢　安宗冉　朱琯　张鹏　尹秉禄　朱敬常　郭永祥　金兴店　再盛店　李景洋　李金魁　恂懋店　兴盛店　韩任　公怡店　义昌店　晁鸣陞各钱一千

赵广渊募化　西允兴　张天全　东殿兴各钱二千　柴允兴钱四百　德盛店　义合店　玉盛店　吴日昇　杨允兴　同心店　顺兴店各钱一千　泰兴店钱六百　南顺兴钱六百

张尧文募化钱二十千零六百三十二文

赵大文募化纹银三十两　栗季美　张耀彩各钱四千　三合店银一两

以上共纹银三十两　元银四十两　共钱一百二十九千零三十二文

一七二　重修大庙创修舞楼碑序

清嘉庆二十四年（1819）刊。

碑高 294 厘米，宽 92 厘米，厚 16 厘米。

现存于晋城市泽州县大东沟镇北村娲皇庙。

【碑文】

重修大庙创修舞楼碑序

　　大凡一代之兴，必有一代之人以维持之。顾（故）莫为之前，虽盛弗传；而莫为之后，虽美弗继。自古已然，於今为烈。余村中大庙，不知创自何时，稽古碣大元元年已属重修，至我朝康熙中，又增修寨墙，以为春秋祈报之所。迄今百有余年，垣楹欹蚀，风雨飘零。同时父老怒然忧之，为不足以壮观瞻妥神灵也。第功程浩大，众志难齐，以故迁延时日，弗克振新。岁戊辰，简之徐君教读於此，联诸邻乡耆老，共倡劝谕，爰始协力同心，募捐於众，一日得千金焉。于是鸠工庀材，克日兴工。嫌院宇之狭小，则扩大之；觉舞楼之逼窄，则展布之。改角楼为平殿，易账房作神祠。闲房置复道之左右，客厅列下院之东西。中央殿因旧址而廓之，文昌阁改山门而构之。分两进而严肃过于从前，创舞楼而寨外拓其体势。增建看楼，□修桥路，出由巽门，直通西阁。十载告竣，焕然一新。从此鸟革翚飞，仰巍峨於庙貌；降祥锡福，荷庇覆於神功。念和合之由，赖诸邻君；而攻成之急，实由阖社。维时营谋措办，监工值日，井井有条，皆不辞劳苦。稽诸经始，同事之人犹有冯正长、冯正维、王乾、冯文炽、吴永全、冯永栋、冯文岐、冯学增、吴永盛诸公，皆赞勷有功，惜不数年而陆续仙游，其各家子弟，莫不仍率旧职，乐效成功。兹同捐输姓氏，并经费总目，详泐碑阴，永垂不朽。庶几人善之不没，夫岂余文之能传，后之览者，其亦将有兴起之思也夫。

　　邑庠生冯文楷撰

　　邑增生李永清书文

　　敷廷　冯学政效书

耆宾吴建泰十分半施银八十两　冯学敦十分半施银五十二两　吴魁元七分半施

银五十两　吴永玟七分半施银三十两　王尧七分施银十二两　国学冯文明六分施银五十两　吴顺元五分半施银十二两　冯学傅五分半施银二十两　国学吴永仁五分施银五十五两　冯永发四分半施银五十两　冯文焕四分半施银六两二钱　吴永清四分施银十五两　吴培让四分施银十两　吴润祥四分施银十两　□聚铭四分施银二十二两　冯文桢三分半施银五两　庠生冯文楷三分施银十两　吴尚祥三分施银六两　冯学塘三分施银十六两　吴永有三分施银十五两　王有国三分施银二十两　吴秉忠三分施银八两　冯学兴二分半施银一两　吴聚锦二分半施银五两　冯文馥二分施银十两　吴培焕二分施银四两　吴永宝二分施银四两一钱　冯文富二分施银二两　吴文祥二分半施银八两　冯学敏二分施银一两五钱　吴聚银二分施银二两　冯学存二分施银五两　吴培文二分施银二两　冯文湖二分施银四两　冯永爵二分施银五两五钱　冯文范二分施银五钱　吴永义二分施银五两　吴吉祥二分施银一两　冯学谦二分施银一两五钱　吴培荣二分半施银三两二钱　冯永枢一分半施银三两　吴永发一分半施银三两　冯文本一分半施银五钱　王兴一分半施银四两　冯学聪一分半施银一两五钱　吴聚仁一分半施银一两　冯文连一分半施银三两　冯学政一分半施银二两五钱　冯学多一分半施银二两五钱　吴久安一分半施银一两　吴永茂一分半施银六钱　吴永定一分半施银三两　冯文礼一分半施银五两五钱　吴思明一分半施银三两　冯继良一分半施银二两五钱　吴聚生一分半施银一两　吴聚魁一分半施银二两　吴聚星一分半施银三钱　吴永秀一分半施银八钱　冯文在一分半施银一两　吴聚钺一分半施银一两　崔永顺一分半施银一两　冯学习一分半施银一两　冯文玉一分半施银二两　赵锡通一分半施银三钱　王有义一分半施银一两　冯永廷一分半施银一两五钱　冯文宝一分半施银五钱　王大山一分半施银一两　冯文煓一分半施银一两五钱　崔小六一分半施银五钱　冯正纪一分半施银八钱　冯学材一分半施银一两　吴懋一分施银二两　崔茂庆一分施银一两　吴培祥一分施银九两　冯学孜一分施银七钱　冯永聚一分施银一两　冯继相一分施银二两五钱　冯亨宝一分施银五钱　冯文洛一分施银二两　冯正伦一分施银□两　吴锦祥一分施银三钱　冯文斗一分施银四

钱　吴培恭一分施银五钱　赵守义一分施银一两　吴永珠一分施银三钱　冯西场一分施银三钱　王有珍一分施银五钱　吴学生一分施银一两　冯稳居一分　吴新春一分　吴学俭一分　王有公一分施银五钱　王有庆一分施银三钱　吴杰一分施银一两五钱　冯学堃一分施银一两五钱　冯文锦一分施银一两五钱　冯学默一分施银一两　冯永库一分施银一两　常转运一分施银四钱　冯永清一分施银二两　吴永文一分施银一两　冯文玺一分施银五钱　郭来科一分施银四钱　冯文烨一分　冯文达一分　宋大本一分　吴培和一分　冯学武一分施银五钱　冯永才一分施银五钱　吴培官一分施银五钱　冯福来一分施银五钱　冯文沛一分施银一两五钱　冯学全一分施银一两　冯永高一分施银五钱　冯文进一分施银二两　吴淮一分施银一两　冯学仓一分施银七钱　冯文荣一分施银三钱　冯文武一分施银一两　吴聚忠一分施银一两五钱　冯文运一分施银六钱　冯永增一分施银一两　冯文元一分　吴聚春一分　冯正秀一分施银二两　李永富一分施银一两　吴永得一分施银五钱　吴聚琏一分施银七钱　冯继节半分施银一两　冯永稳半分施银一两五钱　冯继可半分施银三钱　吴库春半分施银三钱　冯继宗半分施银五钱　王魁得半分施银三两　吴聚錤半分施银五钱　冯永骟半分施银五钱　冯学群半分施银一两　冯学儒半分施银五钱　李小炉半分施银五钱　冯学修半分施银一两　冯文孝半分施银二两三钱　冯继先半分施银三钱　冯聚海半分施银六钱　冯永敦半分施银一两　冯□十半分施银七钱　吴全章半分施银三钱　吴永信半分施银三钱　吴永聚半分施银八钱　冯小党半分施银五钱　吴永群半分施银三钱　吴聚钰半分施银七钱　冯学让半分施银五钱　冯学贵半分　冯学福半分施银二两二钱　李永福半分施银三钱　吴学秀半分施银五钱　吴永宣半分施银五钱　吴永识半分施银五钱　吴聚夺半分施银五钱　吴永位半分施银三钱　吴学银半分施银三钱　吴庆祥半分施银三钱　吴稳祥半分施银五钱　吴聚镇半分施三钱　冯永勋半分施银三钱　冯文聪半分施银三钱　冯继元半分施银三钱　冯文居半分施银二两　冯旺女半分施银三钱　冯永□半分施银三钱　冯学山半分施银五钱　冯文俊半分施银五钱　冯小毛半分施银三钱　冯学沉半分施银三钱　冯文正

半分施银五钱　　吴信祥半分施银三钱　　吴学昌半分施银五钱　　吴法祥半分施银八钱　　吴小明半分施银三钱　　常文广半分施银五钱　　吴育祥半分施银五钱　　吴聚太半分施银一两　　冯学海半分施银八钱　　冯小明半分施银三钱　　吴□□半分施银三钱　　吴学仓半分施银五钱　　吴立顺半分施银五两　　冯□顺半分施银五钱　　□□西半分施银三两　　宋大明半分施银□钱　　吴聚英半分施银三钱　　吴丙午半分　　冯文升半分施银三钱　　冯大明半分施银三钱　　冯文通半分施银五钱　　吴聚兴半分施银一两　　吴安祥半分施银五钱　　宋大忠半分　　宋大顺半分　　宋大有半分三家施银三两五钱　　吴永吉半分施银三钱　　吴永业半分施银一两　　冯文忠半分施银一两　　冯永兴半分施银三钱　　冯学俭半分施银三钱　　冯学□半分施银五钱　　冯学书半分施银五钱　　吴永安半分施银四钱　　冯学太半分施银三钱　　吴聚庆半分施银七钱　　吴永升半分施银三钱　　吴聚法半分施银五钱　　冯壮则半分施银三钱　　吴本祥半分施银三钱　　吴学伦半分　　冯文玉半分　　吴学礼半分　　冯永富半分　　冯文汉半分　　冯永振半分施铁火炉一个银六两一钱　　吴玉科半分施银五钱　　冯永恒半分施银□钱　　吴永余半分施银五钱　　郭聚旺半分施银五钱　　冯学魁半分施银三钱　　吴九召半分施银四钱　　吴学成半分　　吴狗饶半分　　宋□林半分　　吴学谦半分　　吴会祥半分　　冯文仕半分　　吴学儒半分　　冯文式半分　　吴□□半分　　吴□□半分　　冯学昌半分　　冯□仓半分　　常来顺半分　　冯学侨半分　　吴春和半分　　吴永积半分　　吴瑞祥半分　　冯东居半分　　李聚金半分

共地二千六百五十二亩

共费出钱四千九百四十九千一百一十文

共社三百一十四分　　每一分做工四十四天

管饭三十八人　　其余工匠包干

总理冯文馥　　吴永清　　吴建泰　　冯永发　　冯文明　　吴培荣　　吴永宝　　吴永仁　　冯永琇　　吴懋　　冯文楷　　冯学多　　冯学塘　　王有国　　吴聚铭　　吴培祥　　吴培让　　冯学傅　　冯文引　　冯永枢　　吴培焕　　冯文元　　吴永茂　　吴魁元

协理吴尚祥　　冯学敦　　吴聚锦　　冯正秀　　吴永义　　王嶤　　冯文焕　　吴文祥　　冯

文礼　吴润祥　冯学存　吴秉忠　宋大忠　冯文烨　吴聚链　王兴　吴久安　冯学桢　冯文湖　吴聚仁　冯文在　吴顺元　冯文富　吴玉香

玉工李大星　李学岐

刻石李学仲

木工冯永节

画工崔天福　李坤凤　常裕德

住持太平观冯仁寿　□仁魁

大清嘉庆二十四年岁次己卯九月谷旦阖社公立

一七三　重修府君庙碑序

清道光元年（1821）刊。

碑高119厘米，宽62厘米，厚13厘米。

碑额书"碑记"。

现存于晋中市和顺县平松乡三泉村崔府君庙。

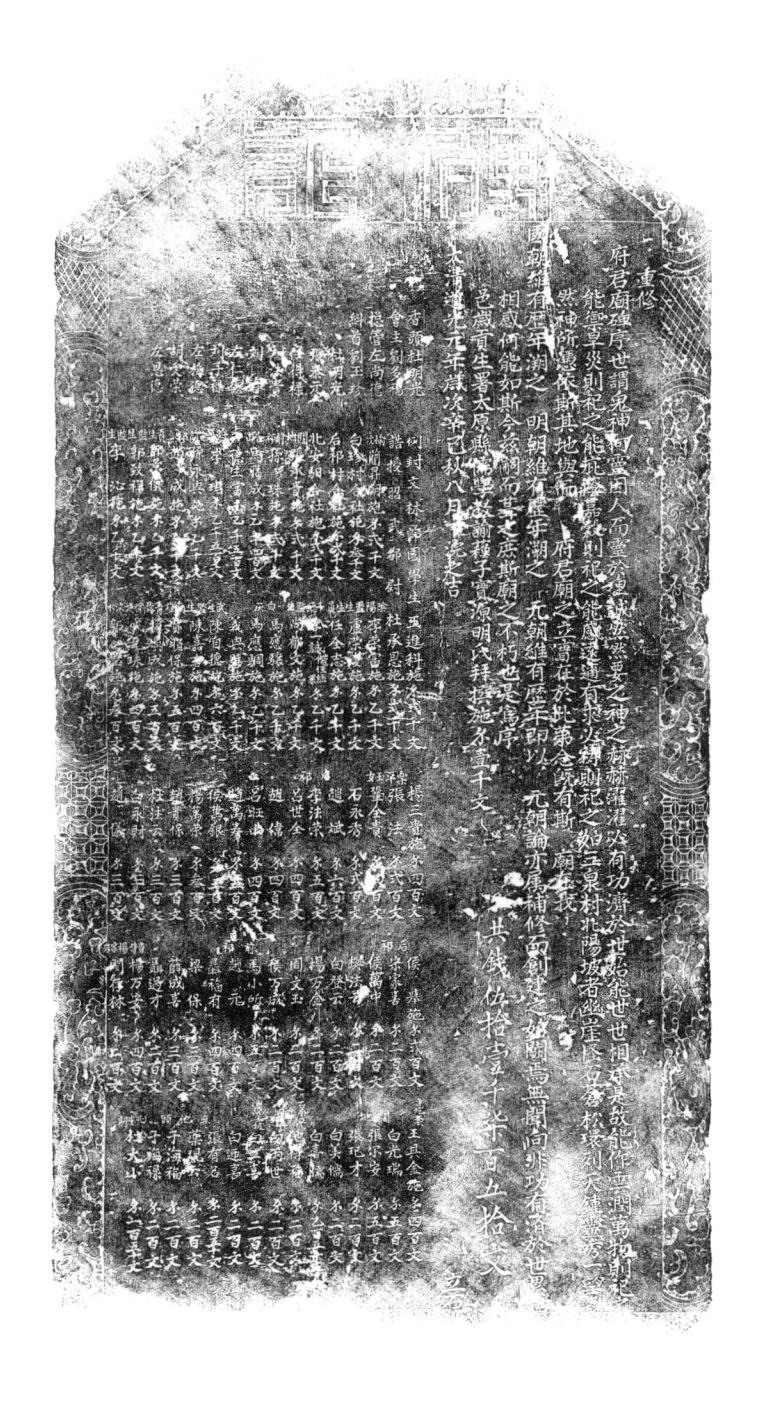

【碑文】

重修府君庙碑序

世谓鬼神何灵，因人而灵，於理诚然。然要之，神之赫赫濯濯，必有功济於世，始能世世相承。是故能作云润万物，则祀之；能御旱灾，则祀之；能庇荫嘉谷，则祀之；能感远迩，有求必祷，则祀之。如三泉村北阳坡者，幽崖怪石，苍松环列，天钟灵秀，一望森然。神所凭依，斯其地与？而府君庙之立，实在於此。第念既有斯庙，在我国朝，维有历年；溯之明朝，维有历年；溯之元朝，维有历年。即以元朝论，亦属补修，而创建之始，阙焉无闻。向非功有济於世，累世相感，何能如斯？今兹嗣而葺之，庶斯庙之不朽也。是为序。

邑岁贡生署太原县儒学教谕苏子实源明氏拜撰　施钱一千文

共钱五十一千七百五十文

大清道光元年岁次辛巳秋八月下浣之吉立石

香头杜明光

会主刘多福

总管左尚德

纠首刘玉珍　杜明光　张泰元　任得禄　刘法贵　刘春　左仁德　刘子禄　左梅德　胡受荣　左恩德

例封文林郎国学生王进科施钱二千文　诰授昭武都尉杜承恩施钱二千文　榆次蔺昇朝施钱二千文　阴阳李荣富施钱一千文　白珍村合社施钱三千文　监生卢荣庆施钱一千文　后祁村合社施钱二千文　生员任全志施钱一千文　北安驲合社施钱二千文　千总□一诚偕侄丝果钱一千文　阔地张承贵施钱二千文　监生尚郁文施钱一千文　前祁孙珠施钱二千文　白厌马应骧施钱一千文　合山马腾成钱一千四百文　白厌马应骝施钱一千文　德生当钱一千五百文　义兴号施钱一千文　榆次李珺钱一

千五百文　武生陈自德施钱六百文　前祁孙永兴施钱一千文　监生陈嘉言施钱四百文　前祁赵成施钱一千文　南堖贾□保施钱五百文　贡生郭景仪施钱一千文　青□蒋焕成施钱五百文　监生敦致祥施钱一千文　榆次戚□珠施钱四百文　监生李沁施钱一千文　文水郭璧施钱三百文　杨三贵施钱四百文　乐平张法施钱二百文　玉女巩全贵施钱四百文　石永秀施钱二百文　后祁赵斌施钱六百文　后祁李法荣施钱五百文　后祁吕世全施钱四百文　赵伟施钱四百文　吕旺中施钱四百文　赵万寿施钱三百文　侯万银施钱三百文　杨万荣施钱三百文　赵贵保施钱三百文　枉法云施钱三百文　白永财施钱三百文　赵仪施钱三百文　后祁侯举施钱二百文　后祁宋家喜施钱二百文　后祁侯万中施钱二百文　樊法云施钱二百文　白登云施钱二百文　杨万金施钱二百文　周文玉施钱二百文　侯万成施钱二百文　前祁马小所施钱五百文　前祁赵元施钱四百文　前祁聂福有施钱四百文　梁保施钱三百文　薛成喜施钱三百文　聂过才施钱二百文　育背杨万安施钱四百文　杨家岩闫存林施钱二百文　寺圪套王具金施钱四百文　阔地白光瑞施钱五百文　阔地张尔安施钱五百文　阔地张玘才施钱二百文　白美儒施钱二百文　白喜儒施钱一百五十文　石南平□得福施钱二百文　□□□白雨世施钱二百文　淡窑坡白二喜施钱二百文　白迎喜施钱二百文　麻池头张有名施钱二百五十文　麻池头药现□施钱二百文　麻池头于海福施钱二百文　麻池头于海禄施钱二百文　北安驲杜大小施钱一百五十文

一七四　重修高禖祠碣

清道光元年（1821）刊。

碑高33厘米，宽96厘米。

现存于晋城市城区西上庄社区庞圪塔村玉皇庙。

【碑文】

重修高禖祠碣

　　尝读《诗集传》而知殷周之祖之生皆由於祀郊禖焉。虽吞卵履迹之说不免附会，然嗣息所关，圣人亦未尝不因人情而制为祀典。此《吕览》所以有弓韣之带，而后世都国乡邑，亦逐相沿而不能废也。吾乡之有高禖祠，历年已久，风雨剥蚀，渐龙倾圮，屡欲更新而苦无其力。岁嘉庆十四年，吾等七人设法醵金，因起三星会三十七分，至嘉庆二十一年，会事完毕，共积钱一百零八千有余。修理舞楼使过钱四十九千有零，下余钱缗。遂於道光元年四月内动工，阅六月内而功告竣。向之剥蚀倾圮者，至此修整改观矣。自今以往，神既妥而乡人之蒙庇者自绳绳不穷。然不有以详其始末，则后之人无所考，而遂无以兴其继述之念。用书其年月与凡共事之姓名，而镌诸贞珉，而嵌诸祠壁，以示夫将来云。

　　嘉庆己卯科解元吏部候选知县王士桓书撰

　　殷广太施钱一千文　姬天根施钱一千文　吕渭川施钱一千五百文　陈得致施钱五百文

　　维首尚凤起　张松林　宋王全　王廷弼　李思义　魏毓琦　刘安本勒石

　　住持僧法净　徒海川

　　道光元年八月十八日立

一七五　重修舞楼碑记

清道光三年（1823）刊。

碑高 103 厘米，宽 48 厘米，厚 14.5 厘米。

碑额书"皇清"。

现存于运城市垣曲县解峪乡乐尧村黑龙庙。

【碑文】

重修舞楼碑记

舞楼之制由来久矣，旧贯当仍亶其然乎？但年湮世远，墙屋颓败，孰不忧演戏之乏台也。於是合社人等，不忍坐视，同心协力，增益其制，有财者无惜物之心，有力者存果敢之志，争先恐后，不数日而功告成焉。当斯时也，大功既成，求予作文以记之。予枯槁士也，固陋寡闻，无文可赠，谨书实事数语，以为千古不朽云。

作首人

赵秉荣施银三钱　张学富施银三钱　王进功施银四钱　张□德施银五钱　李尚龙施银一两　丁南旺施银一两　文赐官施银一两二钱　监生王殿元施银二两　文赐璧施银五两　皇恩李可富施银三两　车爱谙施银二两　王步鳌施银一两　张永载施银一两　娄平国施银七钱　张允文施银四钱　张自振施银三钱三分　袁登科施银三钱　赵连璧施银三钱

大清道光三年

稷山县石匠卫李典　谷歪子施银一钱

合社同立

一七六　创修东西六间山门一间

清道光三年（1823）刊。

现存于晋城市泽州县柳树口镇司家河村三教堂。

【碑文】

创修东西六间山门一间

大清国山西省泽州府凤台县移凤乡建福都大泽里司河村，合村人等创修东西六间，山门一间。司添省施垟地基一块，三丈五尺长。许施主□□檁粮银，施主交纳不□社中相干，永无后播。

主神司添顺施条脚过木一根

会首许添好施条脚过木一根　司添会施山门一付　施条脚过木一根　司正官管工催饭　司添义施条脚过木一根　柳树口韩得斌施顶石一个

收钱粮司添兴　毋成材　司添亮

司添顺银四两九钱　饭十七　工六十七工

司添义银四两七钱　饭十九　工七十工

田金省银四两六钱　饭十九　工六十三工

司添省银四两六钱　饭十七　工五十九工

司永长银四两六钱　饭十九　工七十工

毋正正银二两八钱　饭十五　工四十九工

许添宽银二两二钱　饭十五　工五十八工

司正官银二两一钱　饭十二　工廿九工

司添兴银二两一钱　饭十一　工四十九工

许添好银二两一钱　饭三　工卅九工

司添好银二两一钱　饭九　工四十工

司添春银一两八钱　饭二　工四十七工

司添亮银一两七钱　饭十五　工四十五工

司添聚银一两六钱　饭十一　工卅六工

司添礼银一两六钱　饭四　工一工

司正□银一两四钱　饭□　工四十九工

毋成林银一两四钱　饭九　工卅九工

田金立银一两四钱　饭九　工十九工

毋□□银一两□钱　饭二　工卅二工

许喜法银一两四钱　饭五　工八工

嘉庆三年八月廿五日

毋文宝施粮银三分，同中言明，永无后播。

拙笔孔招相撰书

玉工陈光元　尹宝璘

禁　此庙内不许放木石草□，罚银五钱入社。

开光神戏三台

禁　此庙内不许赌钱，犯者罚银一两，不尊社规送官纠□。

大清道光三年十二月十五日立碑

一七七　重修龙王庙碑记

清道光四年（1824）刊。

碑高 140 厘米，宽 67 厘米。

现存于临汾市翼城县西闫镇西闫村汤王庙。

【碑文】

重修龙王庙碑记

庄之西南旧有龙王河伯庙。所以泽生灵即所以补风脉，庄人春祈而秋报者，盖已有年矣。奈岁月浸深，风雨凋敝，砌石倾圮（阙文）青□落。首事张翁等，会集绅耆，议修葺以妥神灵。乃兹谋一出而庄人无不乐从。攒萤集腋，一朝而捐者二十余金。爰乃量资兴事，鸠工庀材，将筑沟坡，土地庙一并修理。斯谋也，余暮春适馆时，□未有（阙文）及麦秋旋里，而神像庙貌焕然一新。工竣竖石，诸翁属笔於余。余惟夫天下事视乎人之财，视乎人之（阙文），而实视乎人之心。倘诸翁之心无以孚乎众人之心，众人之心无以鉴乎诸翁之心，将惜其财者有之，惜其力者有之，因而负其心者有之，恶能一呼百诺，争先恐后，若斯之敏捷也哉！此可知合众心为一心，斯天下无不可成之事。而况神膏之洋溢，有以沦洽於无穷也乎。爰抽毫而为之记。

邑庠生员达五张文蔚撰文

邑东儒生祥菴张王瑞参阅

邑庠生员渐九张道逵校正

邑庠廪膳生员海峰聂会川书丹

阳邑王进具施钱三百文　猗氏万顺义油店施钱二百文

阳邑陈正有施钱二百文　绛邑赵丙南施钱一百五十文

募化公直人聂全成　张玉德　张日昇　张三瑾　张□□　张从典　张日锦　张绍孔　张克忠　张绍忠　张士宦

承首人张天中　聂镕　张绍典　张成榜

同督

住持王俭

大清道光四年岁次甲申孟秋吉日谷旦

一七八　重修石婆村碑记

清道光五年（1825）刊。

碑高158厘米，宽66厘米，厚33厘米。

碑额书"永垂不朽"。

现存于吕梁市离石区交口镇石盘村圣母庙。

【碑文】

重修石婆村碑记

盖闻庙以妥神，人以祀神，非神孰为之降康降祥而默佑於无疆，非人谁为之秉虔秉诚而昭兹於来许。弟莫为之前，虽美弗彰；莫为之后，虽盛弗传。幽明相资，神人一理，有因不可无创也。石婆神村者，旧在於州治之北山建圣母庙，正殿五间，东西廊房六间，献殿一座，乐楼一所，由来已久。往日之事不必多为赘叙，奈历年久远，风雨飘摇，塑像其剥落也，殿宇其倾圮也，廊房与乐楼其颓坏也，睹斯境者皆有满目萧然感极而伤者矣。村人闫效增、住持广侗者目击其事，意欲仍其旧制而复为更张。因聚村中父老，相与商议，已为总理，而众纠首协力赞助。于焉备砖瓦，积土木，鸠其工，庇其材，正殿焉，廊房焉，献殿并乐楼焉，踵其旧迹而重修之。由是复建钟鼓二楼，一应焕然亦新。工程告竣，勒石垂不朽，是为序。

永郡廪膳生员刘铮然撰书

施钱总理纠首

闫效增　男振椽　振檩　振梁　振柱十四千文　柳树二株

王命元　男道□　道□　孙双喜　根喜十四千文

白长义　男玉连　孙男永清　永太十一千文

闫伏积　侄男思福　思禄四千文

闫克义　男青　□　侄男吉　（阙文）三千九百文

刘池　男学文　学斌　侄男学武八千文

任金元　男存文　存龙　存印　存虎　存武五千文

施钱经理纠首

闫思勤十千文　闫思普九千五百文　闫克运九千一百文　师德盛八千文　白长

礼八千文　于元成八千文　师有富七千八百文　男德宝　王治满七千八百文　师德宾七千六百文　王谦六千五百文　王治达六千五百文　闫智富六千四百文　闫伏泰六千文　任辅成六千文　男金良　金柱　孙男狗毛锁□元五千九百文　闫德善五千二百文　闫心善五千二百文　闫伏有五千二百文　闫思德五千二百文　闫万祥五千二百文　李荣千男成　侄男茂　晟五千文　闫有正五千文　闫辂四千六文　闫俊德男丰　生四千六文　刘大宏四千四百四十文　闫厚四千文　李万长三千八百文　闫海善三千二百文　闫万禄二千六百文　赵太安二千五百文　闫成仁二千五百文　闫思红二千四百文　任存智二千四百文　张九花二千四百文　闫士春二千三百文　任万库二千三百文　闫思进　男恩　礼一千九百文　靳永忠一千八百文

时大清道光五年十一月吉立

住持广侗　门徒续工　续火　徒侄续良　续炎　法孙本初

石匠刘本法　王伏成　高三元

木匠任金有　李荣平　陈元祥

泥匠康汝仍

画匠姚学增　南天保

闫思明化（阙文）　贺如良（阙文）　张存花（阙文）

铁笔山人宁定成

一七九　重修耳殿煖阁并创建正殿煖阁碑记

清道光六年（1826）刊。

碑高185厘米，宽66厘米。

现存于临汾市翼城县西闫镇西闫村汤王庙。

【碑文】

重修耳殿煖阁并创建正殿煖阁碑记

　　盖闻心即神也，心有未安即神有未格，此自然之理也。余庄汤王庙两耳殿，旧有煖阁二架，所以妥神栖也，即所以完心愿。嗣因重修庙宇，零星拆毁，其材半成无用，故大工竣而煖阁未及理。乙酉春，耆老瞻拜之余，咸思创修以成其事。爰乃募金庀材，选匠鸠工，於耳殿则踵事而增华，而於正殿更经营而创造，不数月间，而煖阁，而供桌，而墙壁，咸次第修理焉。工既竣，庄人属笔於余。余惟夫天下事，不惟其迹惟其心，夫使前人举之，后人废之，於心安乎？此则焕然可观，彼独缺而弗备，於心安乎？不安於心，而谓能格於神乎？然则斯举也，非徒为壮观也，亦非藉以邀福也，惟行其心之所安而已。君子观於此，而凡春祈秋报，雍肃跄跻，不必有所责於人，惟求无所愧於己。庶乎心安理得，而神必佑我矣。庄之人勉乎哉。是为记。

　　邑庠生员达五张文蔚撰文

　　邑东儒生祥菴张王瑞参阅

　　国子监太学生莘田张道均校正

　　岁进士吏部候选儒学训导海峰聂会川书丹

　　张峪合庄施钱五千文　霍金旺施钱六百文　文华楼施钱三百文　王进举　万顺油店各施钱三百文　义盛油店　义兴油店各施钱二百文　赵丙南　赵士俊各施钱二百文　侯日申施钱二百文　翟九正施钱一百文　杨世银　杨生枝各施钱一百文　张思金施钱一百文

　　总理人张天信　张王瑞　张王德　张从宾　张元宰　张日典　张从道　张日昇　张玉瑾　聂怀玠　张从仙　张日午　张日锦　张从典　张绍孔　张绍忠　张克忠　张景忠　张景河　聂之铿　聂之钜　张衍恩　张绍典　张名国　张兆兴　张法

□　张士荣　张金楹

承首人聂怀玱　张玉卜　张法岱　张士宦

住持王俭

时大清道光六年岁次丙戌孟秋吉日谷旦立

一八〇　补修白云寺碑记

清道光七年（1827）刊。

碑高167厘米，宽58.5厘米，厚10厘米。

现存于长治市壶关县树掌镇紫团村白云寺。

【碑文】

补修白云寺碑记

寺庙相传由来已古，忆计往日，不知几经修补矣。但是山高风猛，又逢暴雨连天。庙虽犹是，毁坏多端。乡村即欲照旧而修，适遇乎饥馑之年，目睹心伤，寝食不安，不能及时兴工而告竣，又不忍听其每岁而摧残。百计图维，只有一计最善。钱从水上而化，工程陆续而完。岁次癸未，先修戏台三间，其余南殿、角殿、东房、门房，以待来年。及至甲申，土工虽毕，绘事未□。丁亥六月，方补塑关帝角殿金身，描画山门。寺外台面，东壁西壁，两幅围屏，一切妆染。庙虽仍旧，焕然改观。一时工程而告竣，既不没乎前人之功，犹可以为后人之鉴。勒碑刻铭，是为记焉。

冯增华书

布施

荫城镇捐钱卅千文　□□二仙观捐钱九千文　米山镇捐钱八千文　郭亮社捐钱八千文　建北社捐钱四千六百文　宁南社捐钱四千文　树掌社捐钱六千文　平城镇捐钱五千文　西陈掌沟捐钱四千文　东西牛皮掌社捐钱三千文　安乐庄捐钱三千文　陵邑西关北社　东陈掌沟　孝义西社三处各捐钱□千□百文　侍郎庄社　杨寨社　三家店　西板桥　东顺村　张三社六处各捐钱二千文　来村社捐银二两　□东西社捐钱四千文　□南社捐钱二千文　□义□　庆余□　神郊南岸社　神郊北岸社　河东社五处各捐钱一千五百文　赵九兴　宏盛号　公兴号三处各捐钱一千文　□□脚　云□寺　庄则上三处各捐钱一千文　后沟社　常聚成　恒裕公三处各捐钱七百文　东柏坡捐钱一千文　人和店　兴隆号　恒兴号三处各捐钱四百文　效兴店　王振国　牛兴盛　永太号　乔麦山　赵子文　三合社　宏岭社　八处各捐钱五百　赵如兆　赵子英二人各捐钱二百　磨掌社捐钱一千五百文　恒盛号捐钱六百文　刘万

顺捐钱三百文　赵永兴捐钱二百文　□福民捐钱□□文

社首赵忠武　秦九武　秦德隆　冯□□

维首冯继宽　秦永仓　李承□　李泰□　冯承紫　冯琳　侯在山

大清道光七年九月十八日立

本村李四会刊

一八一　重修簪花楼临河石梯碑记

清道光七年（1827）刊。

碑高 290 厘米，宽 72 厘米，厚 21 厘米。

现存于长治市壶关县树掌镇紫团村白云寺。

【碑文】

重修簪花楼临河石梯碑记

二仙真人者，显圣迹於山之紫团，其纯孝不渝，精诚格天。载在邑乘者，已无容赘。考一二遗事，如大宋用兵西夏□饷，正所谓捍灾御患，则祀之者也。乃凄风苦雨，日就倾圮，而簪花二楼临河石梯为尤甚，徒令人过胜地而增慨耳。爰是四方募化，寸累而铢积之。遂鸠工庀材，择吉开工。不数年，顿觉改观。楼则犹是也，较往制而益坚；梯则犹是也，视旧址而稍缓。而寝宫正殿及东西两廊，俱为之金妆圣像，丹垩金碧，前院戏楼亦焕然一新。虽曰人事，殆神之力欤？是役也，经始於道光之辛巳年，告竣於道光之丁亥。特记之以风来者，使有所睹感云。

壶关县儒学廪膳生员杨振东撰文

壶关县儒学附学生员丁向南敬书

特授壶关县正堂汪捐银十两

特授长治县分县蒋捐银四两

荫城镇　西火镇捐钱□□九千三百文　桑梓镇二十一千二百文　东社十五千文　西社十二千四百文　西巷社三千六百文　南社九千八百文　北社六千六百文　□□十二社捐钱□□□□　□□西社□□□百文　北□寨十三千文　□□三社十一千九百文　南宋三社十一千二百文　梁家庄十千文　河下五社九千八百文　□□九社捐□十九千□□　苍耳鄄共募捐十五千六百文　上村□千□百文　冯村八千四百文　□□村□千四百文　拾儿□七千文　□□村六千□百文　□□四社捐钱十五千文　南社捐钱十五千文　东社捐钱八千二百　西社捐钱五千□百　中社捐钱□千□百　河□社捐钱四千四百　佛□会捐钱三千文　二□会捐钱二千文

维首杨玉臻

社首丁口立　冯口口　杨可芳　口忠发　口口晋　丁加口　赵之善　杨口口

秦克朋　口维臻　丁加口

仝立

道人原口孝　张有礼　丁明口　杨明立

石匠赵化乾　口口口　口口仁　口永会

木匠口口口　口口成　丹青赵口新　口口口

石工赵太虎　盖官会　赵口口仝镌

道光七年岁次丁亥十月上瀚之吉

一八二　重修东岳庙记

清道光七年（1827）刊。

碑高 50 厘米，宽 97 厘米。

现存于长治市黎城县东阳关乡辛村东岳庙。

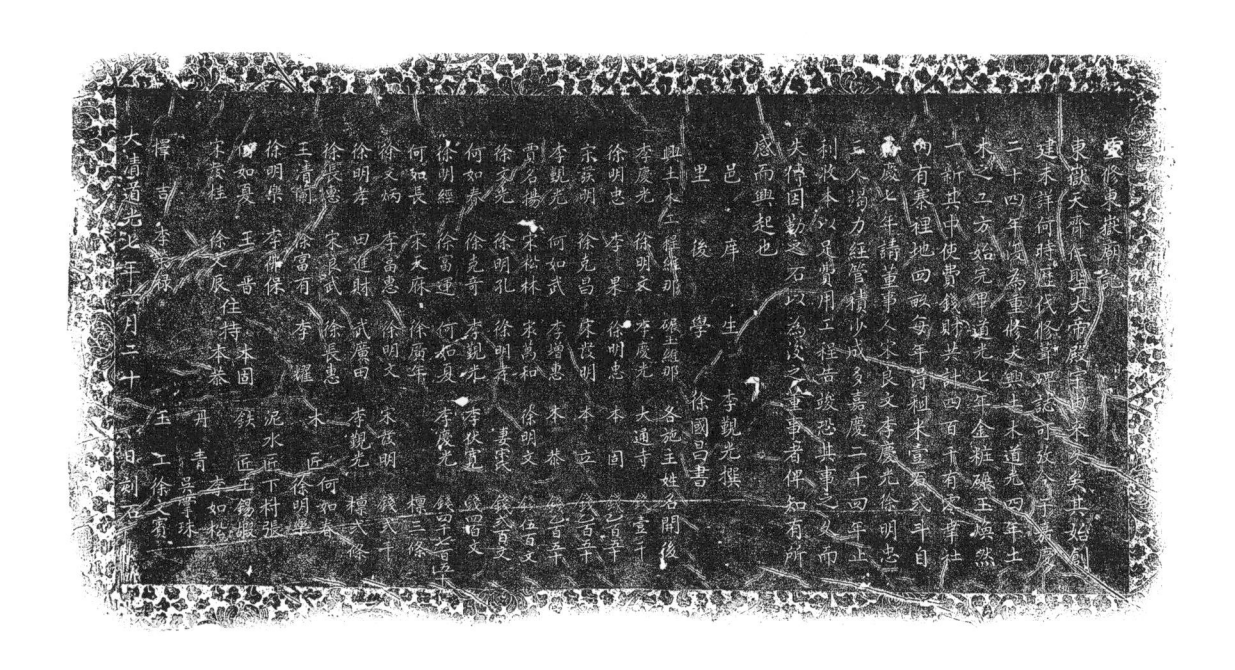

【碑文】

重修东岳庙记

东岳天齐仁圣大帝殿宇由来久矣，其始创建未详何时，历代修葺碑志可考。今于嘉庆二十四年复为重修，大兴土木，道光四年，土木之工方始完毕，道光七年，金妆碾玉，焕然一新。其中使费钱财共计四百千有零。幸社内有寨里地四亩，每年得租米一石二斗。自嘉庆七年请董事人宋良文、李庆光、徐明忠三人竭力经营，积少成多。嘉庆二十四年，止利收本，以足费用。工程告竣，恐其事之久而失传，因勒之石，以为后之董事者，俾知有所感而兴起也。

邑庠生李觐光撰

里后学徐国昌书

兴土木工程维那李庆光　徐明忠　宋发明　李觐光　贾名扬　徐文光　何如春　徐明经　何如长　徐文炳　徐明孝　徐长惠　王清兰　徐明乐　何如夏　宋发桂　徐明文　李果　徐克昌　何如武　宋松林　徐明孔　徐克奇　徐富运　宋天麻　李富惠　田进财　宋良武　徐富有　李佛保　王晋　徐文辰

碾玉维那李庆光　徐明忠　宋发明　李增惠　宋万和　徐明孝　李觐光　何如夏　徐广年　徐明文　武广田　徐长惠　李耀

住持本固　本恭

各施主姓名开后

大通寺钱一千　本固钱一百五十　本立钱一百五十　本恭钱一百五十　徐明文钱五百文　妻宋氏钱二百文　李伏宽钱四百文　李庆光钱四千七百五十　檩三条　宋发明钱二千　李觐光檩二条

木匠何如春　徐明乐　泥水匠下村张　铁匠王锡嘏　丹青李如松　吴掌珠　玉工徐文宾　择吉李荣禄

大清道光七年六月二十日刻石

一八三　东大社修新鼓记

清道光七年（1827）刊。

碑高42厘米，宽60厘米。

现存于吕梁市汾阳市三泉镇仁道村圣母庙。

东大社修新鼓记

兹因乾隆年修造之鼓至今破坏，乃重修门鼓二面神楼二面旗二杆锣二面凡施财者有

（碑文捐款人名及金额，略）

经理人
霍东伟　霍宗儒
霍维芳　霍太祥　霍天桂书

道光七年岁次丁亥季秋之吉立

【碑文】

东大社修新鼓记

兹因乾隆年修造之鼓至今破坏，乃重修门鼓二面，神鼓一面，旗二杆，锣二面。凡施财者，有事使用，无名不准。

姓名开列於左

李恒元施钱一千五百文

霍周　王坦　王锡九　王国治各施钱一千二百文

霍三仪　侯秉念各施钱一千文

霍三益　霍维芳　霍肇宣　霍镜　张建仁　任朝相各施钱八百文

霍肇凤　徐廷栋各施钱六百文

霍宗伟　霍太祥　霍肇宁　霍肇能　霍肇功　霍维精　霍维元　侯秉彝　侯清　侯相儒　王大安　刘怀通　张孔儒各施钱五百文

霍宗会　霍肇宇　霍肇用　霍肇述　霍肇文　霍维成　霍维玺　霍珠　霍忠　侯全　侯贵儒　田富　张得英　赵国林　赵国栋　赵国相　任有廉　任有义　任有功　宋进庄　师应富　司福五各施钱三百文

樊世虎施钱一百二十文

经理人霍宗伟　侯秉彝　霍维芳　霍维精　霍大祥　霍肇勋

霍天桂书

道光七年岁次丁亥季秋之吉立

一八四　创修耳殿碑记

清道光七年（1827）刊。

碑额书"流芳百世"。

现存于晋城市泽州县柳树口镇窑头村三教堂。

【碑文】

创修耳殿碑记

凤邑东南七十里，地名石瓮河。河胡以南半社庙内注水不竭，因以名之也。居民□数分庙四村，而立社者惟有二人，周围尽飞□无□（异）。余昔年尝取道於此，见其北有古佛三教庙，配室俱极壮丽可观。前面独缺舞楼，左右耳殿两座。岁次乙酉年，创修耳殿，功成浩大□可竣。询其巅末，金曰营基址，构物材，前香火尊神灵应有感，乞求保祐风调雨顺，国泰民安，人口兴旺，六畜平安，田蚕茂盛，年年五谷丰登□，安乐大吉。

青莲寺常住施钱一千文　住神郝金海施钱三千三百文　住神张进祥施钱三千三百文　上窑村施钱一千文　井掌村施钱八百文　张泽□施钱一百廿文　毋元稳施钱三百文　毋广存施钱二百文　毋生龙施钱一百文　许文水施钱二千五百文　芦正友施钱二千二百文　郝广群施钱一千七百文　许文顺施钱一千七百文　郝大章施钱一千七百文　许有伦施钱一千七百文　芦法全施钱一千六百文　郝大稳施钱一千五百文　郝大轩施钱一千三百文　许有稳施钱一千一百文　张成宝施钱一千一百文　芦法轩施钱一千一百文　张成旺施钱一千一百文　许有正施钱一千一百文　芦永通施钱一千一百文　许万根施钱一千一百文　芦永太施钱一千一百文　郝大伏施钱九百文　张有信施钱九百文　郝兴太施钱九百文　许有贵施钱八百文　郝兴厚施钱九百文　郝兴宝施钱九百文　芦法元施钱八百文　张成轩施钱七百文　张成厚施钱七百文　张成仓施钱七百文　张成仁施钱六百文　许相元施钱六百文　张成太施钱六百文　许安法施钱六百文　张成富施钱六百文　张有全施钱六百文　张成好施钱□□□　芦正明施钱□□□　张成立施钱□□□　芦正旺施钱□□□　许相昌施钱□□□　芦法成施钱□□□　芦法喜施钱□□□

大清道光七年正月初九日立石

毋广存拙笔

玉工刘立基　□财顺

一八五 补修汤帝正殿五间碑记

清道光八年（1828）刊。

碑高 160 厘米，宽 52 厘米，厚 17 厘米。

现存于晋城市高平市原村乡冯村汤王宫。

【碑文】

补修汤帝正殿五间碑记

补修汤帝正殿五间，财神东殿三间，东禅房三间，戏楼山门五间，东西耳楼六间。并奎楼一切补葺，上盖□画栋宇，及村中各庙补葺，众社捐布施，出入费用列右。

田合义施钱五千文　牛合顺施钱一千一百文　从九马如龙施钱二十千文　牛正隆施钱二十千文　杨广孝施钱十五千文　杨广德施钱十千文　韩如珍施钱五千文　杨广智施钱三千文　杨引发施钱三千文　杨芝施钱三千文　王宗昌施钱三千文　马丙辰施钱三千文　王义施钱三千文　李恭施钱二千五百文　李让施钱二千五百文　王敏施钱二千五百文　王敦施钱二千五百文　崔谠泼施钱二千文　王□施钱二千文　韩顺施钱二千文　牛兆均施钱二千文　李成义施钱二千文　牛正金施钱二千文　杨广财施钱一千五百文　牛骥施钱一千五百文　张宏施钱一千五百文　张增施钱一千五百文　□□太施钱一千五百文　牛□施钱一千文　姬鹏翔施钱一千文　姜子□施钱一千文　姬鹏□施钱一千文　牛丙仁施钱一千文　杨岐施钱一千文　张得禄施钱一千文　牛得林施钱一千文　马德水施钱一千文

卖树钱一百一十千文　入地亩钱九十五千八百四十六文　入众社布施钱一百三十三千文　入四班交稞籽钱四千文　四宗共入□钱三百四十二千八百四十六文

共费□钱三百四十二千八百四十六文　以上一应费讫

邑信士牛兆均敬书

纠首牛骥　王景禄　王敏　牛正金　张得保　杨广财　马全礼　焦颢　李让　韩顺　张宏　姬鹏翔　杨芝　姬鹏□　张贵　苏增

经营首事牛骥　马如龙　牛正隆　杨广孝　仝勒石

住持僧性有和尚

原村玉工李祥凤刊石

时大清道光八年岁次戊子季秋七月谷旦

一八六　重修源神庙乐楼记

清道光八年（1828）刊。

碑高212厘米，宽95厘米，厚19厘米。

现存于晋中市介休市洪山镇洪山村源神庙。

【碑文】

重修源神庙乐楼记

庙之作，余不知创自何时，考碑志自宋来已有之。前明王邑侯始改建於池东，相其阴阳，观其流泉，遂揽邑治东南一带之奇胜。其间正殿五楹，东西两庑各三间，其下则卷门五洞，洞上砌石为台，则乐楼在焉。王邑侯所额鸣玉楼，昔人所称天然韵者是。呜呼，是楼也，松涛谷应，山水音清，其泉莹莹然，若玉镜初开，其声泠泠然，若丝桐乍聆，斯不亦极胜矣乎？余尝壮游荆楚，登黄鹤望江水汪洋，登岳阳窥湖光潋滟，以与斯楼相比拟，则斯楼也，虽不能上下天光一碧万倾（顷），而造化自然之秘，亦不待锼剔剪刈，已自得於狐岐胜水之间。顾时岁之播迁，风雨之漂（飘）摇，则倾圮奚疑。虽其间补葺者亦不乏人，然斯庙之作，四河按水均派，计议实属难一。甲申之春三月三日，邑侯恒具祀於斯，祀毕周回览视，黯然神伤者久之。时村人晓峰王公在侧，具道其所以，因力赞其成，恒公遂谕四河水老人郭炳辉等，复出示以示众，郭炳辉亦慨然应允，凡一切周章之难，殆不惜焉。於是，四河公派仍照旧章，公举董事具材鸠工。顾工浩大而资有限，楼仅成而囊已空，屹然中止，殊非观成之至意，然亦暂缓岁时，俟后君子之兴起焉耳。晓峰公嘱志於余，余固弗能文，因述其颠末云尔。

邑庠生张鼎五撰文并书

董事州同加二级宋邦侯　按察知事郭桂馪

纠首千总郭桂盼　千总马齐泰　候铨训导张儒通　从九乔殿英　东昌卫守备郭长焕　布理张珑　布理陈德明　生员张鼎五

洪山狐村河水老人　狐村河王应惠　大宾王炳　耆宾田玉辉　监生郭炳辉　武生郭长煊　监生申柱　狐村河任继

东河水老人　从九张三铭　曹聚星　监生曹崇兰　监生左天光　张明光

中河水老人　董子纯　孙嘉兴　武生梁星炳　孙学凝

西河水老人　从九宋玉光　温廷瑞

道光八年岁次戊子孟秋月谷旦

一八七　重修三教堂记

清道光九年（1829）刊。

碑高178厘米，宽75厘米。

碑额书"万代流芳"。

现存于长治市壶关县树掌镇芳岱村三教堂。

【碑文】

重修三教堂记

自古有功德於民者，莫不载在祀典，俎豆而馨香之，报神惠也。若夫至圣孔子，以匹夫而师百世，一言而法天下，功烈所垂，万古不朽。故上自京师大都，以及一县一邑，建庙立祠，以享以祀，於今为烈。而芳岱村独有三教堂一所，佛老与圣人并列，其意不知何如？其创建之始，亦不详其何自？重修则在於□治三年。正殿两楹，角殿东西各一间，东西两庑各三间，南殿三间，整齐完备，可以历久不敝矣。至道光三年，天大霖雨，南殿基忽然倾圮。村中好义之士，乃慨然有重修之举。募化捐资，鸠工庀财。自七年始，越九年而功告竣。其规模视前较大，南殿后有路可通，以便往来。虽云重修，较之创建时为更整饬。或曰：是举也，毁者成之，旧者新之，继志述事，可以见村人之义。或又曰：是举也，功大费多，不以畏难而思阻，不以疑谤而思退，合百余家而踊跃争先，可以见村人之勇，是皆然矣，而犹有未尽者。夫以圣心之仁爱斯人也，老者安，朋友信，少者怀，推之天下，无不皆然。而况立庙以祀之地，岂有不获默佑者乎？然则阖村之老终幼长，丰衣足食者，皆功德之所广被，神惠之所流布，则斯庙之重修，应归诸圣德之昭垂也。亦可若然蒙其休，尤当体师及百世之意。自今以往，履其地，登其堂，睹庙貌之巍焕，仰金碧之辉煌，以所求乎子者思慈，以所求乎臣者思忠，以所求乎弟所求乎朋友者思友与信。将合一村而勉於仁义礼信之道，而不失子臣弟友之谊，则不但大其居而师其教，崇其祭而师其道，是真能体师及百世之意，而可以祀於庙中矣。此立祠之至意也。至於佛老并列，则可置之不问云。

紫团乡岁贡生冯汝诚撰

邑庠生冯汝光书

社首秦作睿　秦福善　秦克让　秦柏林

管账秦玲　秦四教

维首秦福新　秦福至　秦兴彦　秦百祥　秦九林　秦九义　秦俊德　秦发　秦琇　秦柏年　秦安安

月工柏千祥　秦珮　柏九富

木匠牛增聚

石匠赵德乾率侄九松

铁匠杨万清

油匠赵余新

瓦匠王相臣

道光九年八月谷旦立

一八八　补修娲皇庙碑记

清道光十年（1830）刊。

碑高173厘米，宽58厘米，厚11厘米。

碑额书"永垂不朽"。

现存于临汾市霍州市辛置镇北益昌村娲皇庙。

【碑文】

补修娲皇庙碑记

　　尝闻神灵巍峨，兹赖人杰，而人杰之源，实托诸公之施助也。益昌村古有娲皇庙者，不知创之何代，北居神殿，南设戏楼，两傍砖窑二孔，两廊厦房六间，其院宽阔二丈。每逢献戏之期，不但无停留之所，且村人不半而足。庙外空地俱属傍人之业，而村中无不时时心伤。更兼庙宇倒坏，意欲修理，工果浩荡，独力难成，庶盛事终无成矣。忽有住持靳玉杰：自在举起善念，邀请村首事一十二位，联成百福盛会，拔积资财三百余两，置买场地，迁建戏楼、砖窑、厦房，添建东西砖窑六孔，起建平台，创立大门，添建厦房一间，开东西便，又戏楼后建造马房四间。工至少半，资财费尽，复邀村中长者募化四乡银两助工，完成，资财亦尽。因而一同勒石刻铭，永垂不朽云尔。

　　今将纳会人名暨助给布施人名开列于后

　　赵丕珩施钱五千一百七十　赵丕瑜五千一百七十　朱连选五千一百七十　闫德芳五千一百七十　范秀章二千五百八十　高有清五千一百七十　□文蔚二千五百八十　赵金仓五千一百七十　赵金得　赵金有　赵金秀五千一百七十　崔世英□千一百□十　高振家五千一百七十　李实五千二百七十　郭金有五千一百七十　张晋寿五千一百七十　张问信五千一百七十　王治太施钱五千一百七十　张希禹五千一百七十　王修德　张梦奎五千一百七十　李天□　李学经五千一百七十　□国廷　李天寿五千一百七十　张自修　李梦勋五千一百七十　张万钟　郭光玉五千一百七十　赵发端五千一百七十　郭忠鼎五千一百七十　张文兵　袁定五千一百七十　郑元　赵万玉施钱五千一百七十　白春芳　刘士成五千一百七十　李仁实　靳立全五千一百七十　续文俊　靳法喜五千一百七十　李大荣　靳则圣五千一百七十　郭奎全　郭永勤五千一百七十　贾□杰　郭光太五千一百七十　郭光门　郭永科五千一

百七十　郭盈金施钱五千一百七十　赵常哉五千一百七十　郭金辉五千一百七十　郭金铎五千一百七十　郭文魁五千一百七十　郭迎直五千一百七十　郭永光五千一百七十　马天骥五千一百七十　郭光宗五千一百七十　靳万虎五千一百七十　郭迎门　郭迎连五千一百七十　郭迎□五千一百七十　马□上五千一百七十　郭德有五千一百七十　郭□全五千一百七十　郭银安施钱五千一百七十　赵登财五千一百七十　郭光渊五千一百七十　郭光杰五千一百七十　郭世法五千一百七十　郭大利五千一百七十　靳登魁五千一百七十　郭迎宝五千一百七十　郭存玉　郭得正五千一百七十　郭迎洪　赵有功五千一百七十　张思有　张思富五千一百七十　卫英儒　郭永□五千一百七十　刘百福　刘百贵施钱五千一百七十　靳登利　靳玉贵五千一百七十　张得盛　靳登金五千一百七十　郭孝□　郭孝端五千一百七十　郭永伦　郭世杰五千一百七十　郭祥超　郭祥兖　郭自勉五千一百七十　郭迎壮　靳守禄　李□福五千一百七十　靳则法　靳则祥五千一百七十　赵相哉　赵盛哉施钱五千一百七十　靳万善　靳则化五千一百七十　□忠有　□忠敬　□光宁五千一百七十　刘百义　靳玉伟　□法□五千一百七十　靳勤旺　靳万龙　靳玉杰五千一百七十　郭仰奎一千七百　郭世清一千七百　靳发成二千五百八十　自在四千二百

　　首事马进善　郭金海　靳发成　郭永兰施钱四千文　职员郭银安　郭大利　刘百福　郭光宗　赵发财　靳发魁　郭盈宝　郭世杰

　　戏楼前买场一块死价钱有约　郭□银　郭□金　郭□宝施钱一十五千文　郭心田　郭蓝田　郭玉田施钱三千文

　　主事人郭金璞

　　石匠崔承泰

　　阴阳训术郭祥徵撰并书

　　住持□□靳玉杰　僧人自在　徒道直

　　时大清道光十年岁次庚寅孟冬谷旦

　　百福盛会暨募化人同立

一八九 重修三教堂碑记

清道光十二年（1832）刊。

碑高267厘米，宽80厘米，厚20厘米。

现存于晋城市泽州县李寨乡陟椒村三教堂。

【碑文】

重修三教堂碑记

且盈天地间皆道也，道之所在即神之所在。是以大而京国都邑，小而乡曲里巷，无非神之所栖止。其弥纶者，无形之造化也。自有庙，而灵爽实式凭焉。盖庙者，貌也，仰其貌，畏其神矣。凡所以植纲常、扶名教、兼三才而统万汇者，胥於是乎。在《易》曰：圣人以神道设教而天下服，此物此志也。陟椒村之有三教堂，由来已久，地居南升之龙山头，前有屏风叠障，背枕阳阿九曲，左有小山拱秀，右则沁渡潆波，尤神所乐栖也。考诸碑碣，创修於前明嘉靖十五年，然其始不过有殿一所，非有高阁层楼之可观也。至我朝康熙四十八年始成院宇，乾隆十九年始修下院，於今又七十余年矣。不惟规模狭隘，春秋祈赛之际有所不便，兼之岁月遥深，风雨剥蚀，金光黯淡，而四壁倾圮，观者有栋折榱崩之患焉。然工程浩大，未易举也。道光元年，村之众乃公举福厚刘公、惇五刘公总理其事，一切鸠工庀材，与夫资斧所出，惟二公是问。於是按亩摊钱，计丁出役，殷实之家，格外劝输，又公举三十五人为协理，俾之轮班执事，越十年而工始告竣。方工之将告竣也，而福厚公、惇五公已相继去世，其劳心於神事者为何如乎！计所修葺者，正中三教圣主殿三间，东庑关圣帝君殿三间，西庑昭惠王、马王、牛王殿三间，拜殿三间，东西楼庭上下二十四间，舞楼上下十八间，腰棚五间，盖较之昔日之规模又拓地数丈矣。虽曰重修，实与创建无异也。迄今殿阁森严，鸟翚俱焕，金身复现，灵爽愈昭。神之所著，无非道之所著。举凡风风雨雨之及时，善善恶恶之不爽，有足征焉。则神之得所栖止也，彰彰已。而首事者之苦心与捐金者之美意，俱未可湮没不彰也。爰勒贞珉，永垂不朽，以为后世之乐善急公者劝。

辛巳恩科举人吏部拣铨知县郭俊基撰

附贡生候选儒学训导刘节书

总理刘福厚　刘惇五

协理刘金案　刘新写　刘新诵　刘新岱　刘越　刘学全　刘金玉　刘金仕　刘金东　刘金堆　刘仕俊　刘金禄　刘金琳　刘金余　刘金允　刘兴本　刘文元　刘金汾　刘有刚　刘口笼　刘体元　刘习魁　刘廷元　刘有权　刘习久　刘天申　刘习惠　刘习贵　刘习文　刘运怀　刘德盛　刘天江　刘天锡　刘德昌　刘德满

玉工刘金允　梓工刘天江

照地亩共收钱六千三百二十千零二百五十九文

布施共收钱九百二十三千六百文

总共费钱七千二百四十三千八百五十九文

照地亩派工共一万四千七百五十一工

住持道人刘本全

大清道光十二年岁次壬辰三月谷旦

社首刘学全　刘金菊　刘天申　刘德满仝立石

一九〇　南山庙重建东正房记

清道光十三年（1833）刊。

碑高46厘米，宽74厘米。

现存于长治市武乡县上司乡南神山普济寺。

【碑文】

南山庙重建东正房记

从来旧者新之，偏者补之，此其常也。南山庙倾颓已久，拜跪之余，目及心伤。第功程浩大，无可如何。惟香首於三年祀事之毕，皆各有所补苴，此从前之旧制也。今故於乐楼之东，正房四楹特为重建，亦聊以塞责焉耳。至若浩大之功，惟俟有为之士鼎力行之，岂敢妄拟万一哉？是为记。

邑儒学廪膳生员窦至善薰沐敬撰并书

崇仁坊香首郭满厫　郭成珠　郭元宗　武悦善　武扬善　监生武顺　武继善　武通善　刘民信　刘天珍　赵云榜　赵进良　赵进蓝　魏更五　魏王朋　魏永保　魏来善　魏登魁　刘元益　刘魁银　张学刚　成（阙文）　成保太　常文信

福端　创成

敦义坊香首□生段毓秀　段荣□　段廷盛　段恒昌　生员段□奎　监生赵有　赵连璧　梁清山　梁天山　梁君山　梁林山　窦复迎　窦性善　窦上梁　葆光　梁维柱　李茂枝　李茂林　李茂材　巩小考　巩德法　巩泰　监生赵占魁　崔进华

管城　□岚

阴阳学训术萧进华

住持比丘僧觉世

大清道光十三年五月二十八日立

玉工杨有成　杨庚戌刊

一九一　整理乡神岭社事碑记

清道光十三年（1833）刊。

碑高193厘米，宽80厘米。

现存于晋城市陵川县附城镇小会村二仙庙。

【碑文】

整理乡神岭社事碑记

　　陵章在太行之巅，高距西北，俯视东南。层峦罗列，叠嶂骈攒，崚嶒多石，磊磊盘盘。土虽瘠而无恶岁，地虽寒而无水患。是僻陋之乡，殊有安乐之境也。而此山来於东北，或纵或□，曲折生动，绵延数十里。而□於兹山之岗，旧有二仙庙三十余间，二仙之为灵昭昭也，孝行著於唐年，德泽施於后世。历年来潞泽两郡，祀之者甚夥。《曲台记》有云：能御大灾则祀之；能捍大患则祀之；有功於民则祀之。若二仙者业已封为真泽之神，必能降以时雨。而且左有西陵氏，乃制衣裳之祖。右有高禖祠，乃主生民之事，皆有功於人者也，而可不祀之乎？故每年四月十五日，演戏成会，百剧并陈。一时车马辐辏，士女缤纷，亦可谓极盛矣。溯此庙虽不知昉於何代，创□何人，而实为沙泊池、黑土门、柳树河、徐家岭、毕家掌、神南岭、小回村所共建。其间稍即颓败，七庄人等又於嘉庆十二年鸠工而重修之。厥后人众言杂，始而萃集，既而涣散，人心如此懈怠，神灵岂罔怨恫？然此犹其小焉者，脱后日再有损坏而补阙者，将责之何人？心泰禅师心焉戚戚者久之，谓从前屡经和处，卒未能合，何妨再为劝勉。遂於是年二月朔四日，□杨家岭生员杨修林，□泉生员武心镜，生员李从敏，道人武合平，僧人元坤，附城镇董继先、王宗全，后山苏景亮，南郊□□章、李凤鸣、焦泰峰、李增方，本门僧人心一、心田、心维，合七庄执事者，於庙中而和会之。当此势虽不协，而分久必合，□理之常，故一经排解，而不协者皆欣然服。夫祭典有其废之莫可举也，亦有其举之莫可废也。此际人心既合，规矩仍照旧辙，修理责之七庄。不惟祀事可以不废，而庙貌可以常存。将见人和而神降之福，今而后幸勿替引之矣。余故援笔而特为之记。

　　例授征仕郎候选直隶州州判壬午恩贡生北四衢杨文玑撰文

邑儒学增广生员杨修林书丹

重修捐资姓氏

沙泊池村

王世宁捐银五两　王子英捐银四两　王子旺　魏德山　王永江捐银二两

王允成　王水海　王子乾（阙文）　王廷治　王世宽　王开都　王世海　王开选　王开科　王世顺　王□狗　王开太　王纪　王世永　王世川　王世卿　王世域　王开贺　王世敖　魏东兴　王增塘各捐银一两

王世琼　王世良　王世禹　王开振　王世敦　王开统　王开祥　王开浩　王进元　王世铭　王世标　王□基　魏子松　王子印　王世益　王永增　王开□　王世万　王世久各捐银五钱

王世能　王玉　魏顺兴　王子太　王立朝　王得禄　王世纯　王□□　王世□　王世拴　王世常　王五孩　王老□　王世印　王继来　王魁元　王安元　王东驭　王世崇　王子有　王子义　王永常捐银三钱

王根禄　王元祥　王世田　王世类　王世林　王世密　王世禄　王世官　王开国　王门任氏　王立兴　王忠驭　王伏拴　王子奇　魏国锁　王子林　王子法　王喜孩　王学　王世源捐银□□

王世□　王世立　王世□　李丁科　王广德　王世五　王世高　王世齐　魏天运　王廷正　魏天让　王永智　王珠　王秀兰　王世兰　王子钉　王青　王马　王世兴　王子□　王□□　王世□　王子贵（阙文）

黑土门村

张子智捐银二两五钱

张子海（阙文）　张子淮（阙文）　张万群（阙文）　张万全　张旭（阙文）　张万臣　张子花　张□拴　张惠　张百万　张万金　张子景　张万美　张百富捐银□钱

张松林　张万秀　张万□　张子达　张子久　张先安　张本科　张万义　张万□　张万□　张维　张子让　张子富捐银□钱

张将保　张□兴　韩大生　张万禄　张万年　张子林　张子□　张安　张根元　张根兴　李永恒　张子元　张子□　李保仓　张子科　张子湖　张□会　张惟群各捐银□□

徐家岭村

李源捐银二两　张顺兴捐银一两五钱　李门靳氏捐钱一千文

李继尧　徐永万　李耀　路遇朋　李端　徐旺　徐万魁捐银一两

李煜　徐镐　李□　徐镒捐银六钱

张录　路久全　徐得锁　徐子凤　徐钟　徐子昇　王廷　李兴各捐银五钱

徐怡　徐振山　徐子全　李炳　李敦　吴振群　李春保　张义　徐廷各捐银三钱

徐万全　徐张保　徐永得　徐昌　徐镒　李昭　张昭　徐海山　李有　王增各捐银二钱

毕家掌村

毕须　毕振亮各捐银□□　毕茂　毕安各捐银□两　毕士群　毕喜增各捐银一两五钱

毕克连　毕秋锁　毕世安　毕林秀　毕影孩　毕振江　毕聚薰各捐银一两

毕盛　毕克勤　毕普梅　毕克信　毕聚　毕永安　毕本真各捐银□□

毕传富　毕□喜　毕天增　毕有增　毕世通　毕随狗　毕会增　毕魁顺　毕和勋　毕安孩　毕喜乐　毕思聪各捐银三钱

毕全喜　毕小孩　毕三孩　毕成拴各捐银一钱

柳树河村

何恭　李发　何永宽　李作荣各捐银二钱

李敏　何润孩　王永仓　王印仓　李官各捐银一两

王万林　李天佑　何永高　李作旺　李德明各捐银五钱

吴兴顺　李安　何连秀　杨得山　李天禄　何永宾　李晋秀各捐银□□

吴喜孩　李兴仓　李科　李金保　李本各捐银□□

神南岭社捐银十六两

小回村

谢成金　李万兴　谢成宽　张子荣各捐银一两

张子宽　谢复盛　靳宗富　张旅海　谢开祥　侯永敬　王重洛　张子山　任绪　王重法　李普安　谢开府各捐银□两

谢成恭　谢成龙　张子庆　杨士宥　王重富　靳宗贵　谢开远　谢□□　李通安　张□穗　谢□□各捐银□□　王兆□　张子英　张子□（阙文）谢成武　靳□荣　靳议　张子□　李□安各捐银□□

大清道光十三年岁次癸巳三月下浣谷旦

维事人同七庄社首本庙住持仝立

玉工韩进晓

一九二　合社修庙碑记

清道光十三年（1833）刊。

现存于晋城市泽州县柳树口镇司家河村三教堂。

【碑文】

合社修庙碑记

大清国山西省泽州府凤台县移风乡建福都大泽里司河村合社人等脚瓦绵兴上七间。

主神司天顺

会首司天兴　司天礼

收钱良（粮）司永长　许天宽　田玉福

催饭催工司天好　司天明　司天顺

买木石司天义　司天省

至石灰司天春　毋雪兴

种会首公议修工

司添顺银一两八钱　饭八　工一十八工

司添义银一两七钱　饭八　工一十六工

司添礼银一两七钱　饭八　工一十七工

司添省银一两七钱　饭八　工一十五工

田玉福银一两七钱　饭九　工一十七工

司永长银一两七钱　饭八　工一十三工

许添宽银一两二钱　饭八　工一十七工

毋正立银一两一钱　饭八　工一十五工

司添春银一两一钱　饭五　工一十五工

司添兴银一两　饭五　工一十五工

许添好银九钱　饭四　工一十一工

司添聚银八钱　饭五　工一十二工

司添亮银八钱　饭五　工一十二工

司添好银八钱　饭五　工一十五工

司添明银八钱　饭五　工一十二工

司添照银八钱　饭四　工九工

许继法银八钱　饭四　工一十一工

毋雪兴银八钱　饭二　工

毋成林银六钱　饭四　工一十一工

田金立银六钱　饭四　工六工

司天宽银六钱　饭二　工十工

拙笔司永成撰书

玉工陈光元

木工成金义

画工徐添柱

大清道光十三年正月廿五日立碑

一九三　玉帝庙重修碑记

清道光十四年（1834）刊。

碑额书"永垂不朽"。

现存于运城市盐湖区博物馆。

【碑文】

玉帝庙重修碑记

　　吾村隶郇之阳，傍涑之阴，古矣。凡前创后修，际岁时伏腊，奠桂酒，蒸蕙肴，□籧登歌，传芭会舞，以伸其祈赛之忱者。庙亦不一而建，於乾位者则有玉帝庙。盖乾为天，而帝即天神也，故庙其位焉。《诗》有云立我烝民，而必□□命率育，帝既育乎民，民敢忘乎帝？虽天下之物，无可称德，而苟有明信，溪毛亦云可荐。特《春秋》太室屋坏，且书以示讥，况帝灵所宅，倘□□庳陋，椽栋坍塌，以致□享不肃，擎跽失仪，禜雩之际，其何以安。此事更两朝，虑出一致，先肇其基，继增其制，至於今完葺恢扩，又有不容弛者，爰撮其颠末，以昭来兹。前明隆庆六年，始立□□座三间，至建重檐与左右真武殿、三官殿各一间。则万历十四年也，继即起香亭、乐楼。迨国朝乾隆己卯年，移乐楼於南数武，修理正□左右殿，规模□壮矣。而周墉尚未以坚甓巩之，嗣又多历年，上雨旁风，剥蚀日甚，过者咸欷歔，而里人尤有不胜怅然者。急欲缮之，而力苦不赡，遂於道光十年公议，（阙文）田户出资，得金几四百。且造廿本缘谱，广募於外，又得三百金，共七百数，亦少给矣。因於客岁举工，以地势尚隘，又徙乐楼三门稍南，建屋瓴，砮柱础，墼□之，黝垩之，前后殿壁俱甃以乌曹所作，工役交劝，不久遂竣。昔柳子厚《终南山祠碑》云，人心欢而致和，神道感而宣灵。今合里既踊跃醵钱，而请施於四方檀越者，又肃其□，竭其诚，虚而往，实而归，同志协力，积少成多，使妥神之宇焕然一新。庶几帝临於上，顾此微衷，诸神质旁，交赞厥化，草伏阴与愆阳，调和风与甘雨，稼穑丰穰，民物安阜，匪今匪且，永永如兹，谁其嗣功，请眠此碣。

　　壬辰贡生曹梦周撰文

　　邑庠生员刘和鸾书

募化人

监生曹梦□银四十九两五钱　赵言义银四十二两八钱　闫春荣银三十九两二钱　曹万灵银二十三两七钱　荆若愚银十九两三钱　刘元江银十七两七钱　刘太和银十六两一钱　刘清渭银十四两八钱　王三戒银十□两七钱

闫学富银十二两四钱　高尚曾银十一两六钱　陈立志银十两零二钱　王含英银十两零二钱　杜扶世银八两四钱　张满券银七两三钱　雷鼓楠银六两二钱　刘在隆银三两八钱　僧觉实银十七两八钱

香头路世奎　范希有　杜扶第　曹一柱　师临昌　赵言禄　刘效曾　曹世贵银三两　任克礼　荆若虚　高尚孟　陈立勇　监生闫会远　康万元　陈立志

大清道光十四年岁次甲午季冬吉日立

住持僧绪统　觉实　性全　性□

一九四　重修云栖山润民侯庙碑记序

清道光十六年（1836）刊。

碑高160厘米，宽66.5厘米，厚9厘米。

碑额书"百代流芳"。

现存于临汾市隰县下李乡下李村龙王庙。

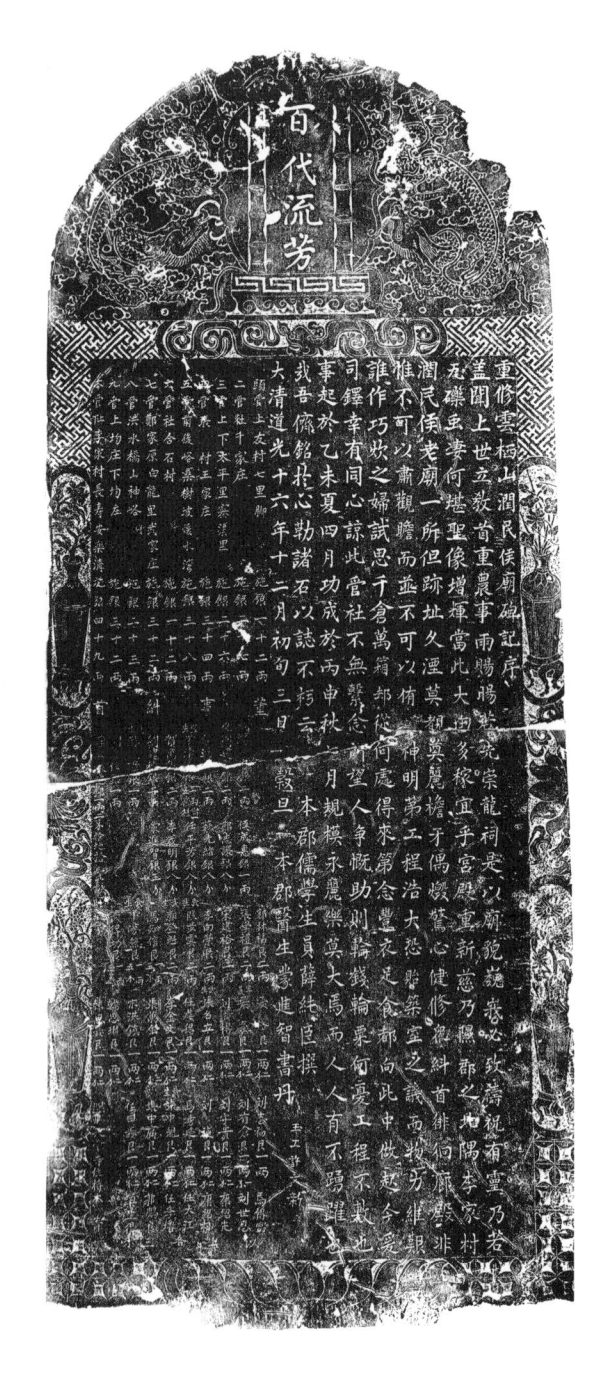

【碑文】

重修云栖山润民侯庙碑记序

盖闻上世立教,首重农事,雨赐旸若,先崇龙祠。是以庙貌巍峨,必致祷祝有灵。乃若瓦砾虫凄,何堪圣像增辉。当此大田多稼,宜乎宫殿重新。慈乃隰郡之北隅,李家村润民侯老庙一所。但迹址久湮,莫睹奠丽,檐牙偶毁,惊心健修。众纠首徘徊廊殿,非惟不可以肃观瞻,而并不可以侑神明。第工程浩大,恐贻筑室之讥,而物力维艰,谁作巧炊之妇?试思千仓万箱,却从何处得来?第念丰衣足食,都向此中做起。今爰司铎,幸有同心,谅此管社,不无系念。所望人争慨助,则输钱输粟,何忧工程不敷也。事起於乙未夏四月,功成於丙申秋七月。规模永丽,乐莫大焉,而人人有不踊跃也哉。吾侪铭於心,勒诸石,以志不朽云。

本郡儒学生员薛纯臣撰

大清道光十六年十二月初旬三日谷旦

本郡医生蒙进智书丹

玉工许文新

头管上友村七里脚施银一十二两

二管社千家庄施银二十七两

三管上下太平里寨渠里施银二十六两

四管张村王家庄施银三十四两

五管前后峪桑树坡暖水湾施银三十八两

六管社合石村施银一十二两

七管郑家原白龙里武家庄施银三十二两

八管洪水桥山神峪施银二十三两

九管上均庄下均庄施银三十二两

本管上李家村下李家村长寿安乐沟施银四十九两

董事纠首

武生募化游□银二两　刘建□银二两　翟进□银二两　监生蒙清□银二两树五□□　贺万生银二两　刘建德银二两　监生游璋银一两　刘□信银一两　李万泰银一两二钱舍地十一亩树（阙文）　侯成惠银一两　郑志让银八钱　苏先绪银八钱　任平芳银八钱　李茂明银八钱　蒙进智银三钱　郭林福银二两　张学礼银二两　宋建裕银二两　李向荣银二两　武生段步云银二两　武生郭登魁银二两　马知信银一两五钱　武生卜梦然银一两五钱　武得功银一两三钱　严格银一两二钱　生员严涂银一两二钱　刘义得银一两二钱　武生张名立银一两二钱　任进得银一两二钱　李金文银一两二钱　张万金银一两二钱　宋洪镇银一两二钱　韩思翔银一两二钱　韩思义银一两二钱　刘志福银一两　刘有仓银一两一钱　刘守贵银一两二钱　刘祯银一两二钱　马秀迳银一两二钱　武生张中魁银一两二钱　张中庸银一两二钱　任曰义银一两二钱　马得富　刘世恩　康绍先　康绍相　任大江　任学增　郭鹏良　梁生得　以上各三钱

隰州天宁寺住持本青

一九五 重修灵润公庙香首捐钱记

清道光十六年（1836）刊。

碑高45.5厘米，宽71.5厘米。

现存于长治市武乡县上司乡南神山普济寺。

重修灵润公庙香首捐钱记

城隍庙南山邑西阁灵润公庙三五月逢神致祭係两里办理香首十八家三年一周事毕视庙中有所须起者补之凡听以女神靈也道光十六年事毕香首共捐钱三十餘仟重修城隍碑坊于明而灵润公庙於十四年逢閏邑重修香首等已捐钱九十餘仟助工费买瓮将香首姓名并勒石以记之

邑儒学增生贾声傅敬撰并书

崇仁　　张德满有　　武廣　　
　　劉　黄元戒龍程福成　　圆和學明報
　　張文有
坊　王巨永　　李　　　李　
　　　商玉肇　　蕭文有　　二
　　　朋任戒　就并勒　　　　　仁

敬　　高文妻　　　　　　魏
　　　　　　張富貴　　文德
　　　　　　梁立萬　　　　　李思
　　　　　　雀重貴　　　　　 硯
義　夫生杜重財　　　　　　楊　　　
　　胡熟　　在　孝　女　　法
　　　　　　　　元　　　永　奎满
坊　斈残廷髭王　李辰　　　　　
　　　　　　　炳
　　　　　　　文章

大清道光十六年五月吉旦　　陰陽學訓術商隆華任持僧會司覺世王工住本立刊

【碑文】

重修灵润公庙香首捐钱记

邑西关城隍庙，南山灵润公庙，三五月迎神致祭，系崇仁、敦义两里办理。香首十八家，三年一周，事毕视庙中有所颓圮者，补□之，凡所以妥神灵也。道光十六年事毕，香首共捐钱三十余千，重修城隍庙碑坊三间。而灵润公庙於十四年，遇阖邑重修。香首等已捐钱九十余千助工费矣。兹将香首姓名并勒石以记之。

邑儒学增生窦声传敬撰并书

崇仁坊张有成　张满成　张德福　张德祥　张元龙　张贵龙　武广根　武广明　武国谟　武国和　李长门李富章　李富本　李二门李兰仁　李兰星　李三门李海銮　李太保　刘肇□　刘肇业　刘玉成　刘贵保　刘富明　赵崇德　佾生赵文德　魏全书　魏兰书　魏思成　魏存立　魏锁　王巨永　李有敖　李有清　李文银　李文昇　李清猷　牛法贵　牛满喜　牛奎福

敦义坊高文喜　高文义　杜重财　武生杜相云　赵玘　赵银庭　赵克保　张万年　张延年　张万银　梁登贵　梁富贵　梁存贵　王士民　王满民　监生王新民　生员王育民　王家士　杨永靖　杨永昇　杨志□　杨伏□　杨业　杨光□　杨光宗　监生杨来风　杨根火　李鑑　李铣　李焕辰　生员李炳耀　李炳文　李炳章

阴阳学训术萧际华

住持僧会司觉世

大清道光十六年五月吉旦

玉工任本立刊

一九六　创修歌舞楼姬氏施地碑记

清道光十六年（1836）刊。

碑高43厘米，宽60厘米。

现存于晋城市城区西上庄社区庞圪塔村玉皇庙。

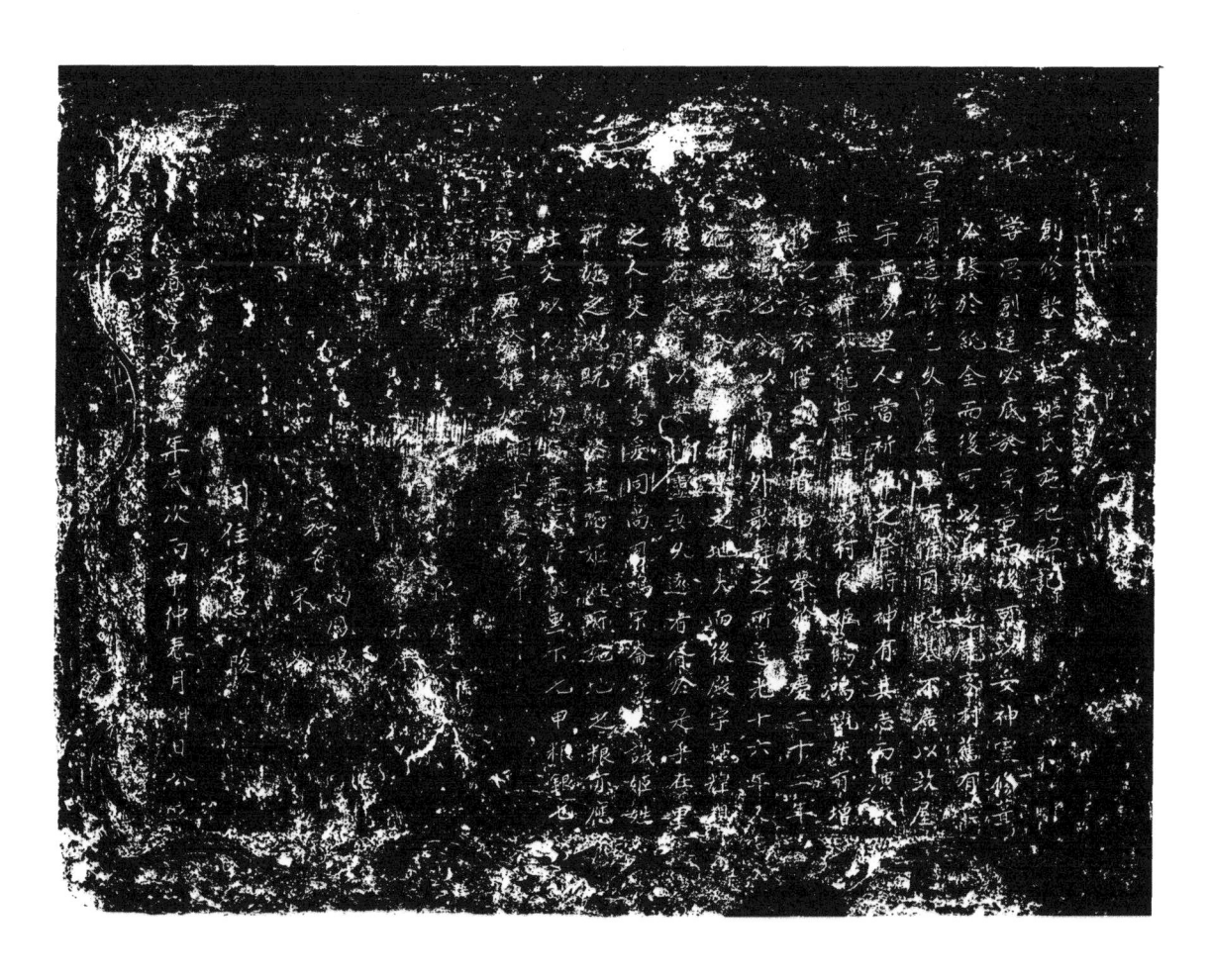

【碑文】

创修歌舞楼姬氏施地碑记

常思创建必底於完善，而后可以妥神灵，修葺必臻於统全，而后可以垂久远。庞家村旧有玉皇庙，造修已久，多历年所。惟因地基不广，以致屋宇无多。里人当祈报之际，酬神有其志，而演戏无其所，不能无遗憾焉。村民姬鹤鸣慨然有增修之志，不惜财产，首倡义举，於嘉庆二十二年施地七分，以为庙外歌舞之所。道光十六年，又施地三分以为栖息之地。夫而后殿宇辉煌，规模宏大，所以妥神灵，垂久远者，胥於是乎！在里之人交口称善。爰同尚凤鸣、宋仑等公议，姬姓所施之地既归於社，而姬姓所施地之粮亦应社交，以后社内每年交段都里下七甲粮银七分二厘，於姬姓无干，是为序。

  同中人陈虞文系西峪村　吴永祥系吴家村
  社首尚凤鸣　宋仑
  同住持惠睃
  大清道光十六年岁次丙申仲春月朔日公立

一九七　重修三教堂碑记

清道光十六年（1836）刊。

现存于晋城市泽州县柳树口镇东石瓮村三教堂。

【碑文】

重修三教堂碑记

泽郡凤邑东南七十里许，地名石瓮河，河胡以东石瓮村。东北隅原有古庙一所，诚山川之灵秀之地，系阖村祈复之处也。但年深日久，风雨损伤，不免荒芜之气。前社首主神赵公讳君禹，纠同村众，古庙以西募化地基一所。乾隆癸巳年创修三教堂正殿三楹，立东西上角殿根基六简。创修舞楼三楹，立东西耳楼根基六简。主神赵公讳大伦纠同村众，嘉庆壬戌年创修东西上角殿六楹。主神赵公讳文德纠同村众，道光甲申年创修天师庙一座，内绘尊神。主神赵公讳大存纠同村众，广捐资财。壬辰年三教圣像请在新正殿。甲午年创修东西殿代厦八简。庙貌巍峨，圣像寥落，不能壮神圣之威灵。正殿内绘尊神，外画栋梁。工成告竣，焕然一新，恐没众士之善念，勒石刻名，以垂不朽云尔。

赵君禹施地基一块　赵大法施地基一块　赵君尧施地一截　赵交石施路一条

全兴公号施钱四千文　李伏成施钱一千文　赵万祥施钱二千文　赵万元施钱二千文

主神

赵广昌施钱五千　饭卅九　工九十一工

赵旺财施钱四千　饭卅二　工九十六工

管钱粮

赵君富施钱四千　饭廿九　工六十二工

赵广聚施钱三千五百　饭廿七　工六十四工

赵旺进施钱三千五百　饭廿一　工卅七工

赵万璋施钱三千五百　饭十八　工四十五工

赵兴瑞施钱三千　饭廿四　工六十一工

管工

赵广存施钱三千五百　饭廿二　工七十二工

赵万宝施钱三千五百　饭廿五　工六十四工

赵广元施钱三千　饭十七　工五十六工

赵君祥施钱二千一百　饭十七　工六十五工

拨饭

赵正稳施钱四千　饭卅四　工六十工

赵君兴施钱三千　饭廿二　工六十三工

赵广厚施钱三千　饭卅三　工六十五工

赵正海施钱三千　饭廿六　工六十七工

石工

赵君必施钱四千　饭廿七　工五十九

赵广富施钱四千　饭廿五　工六十五

赵广仓施钱三千　饭廿七　工六十二

赵旺春施钱二千五百　饭十　工五十七

木工

赵正江施钱三千　饭十八　工五十五

赵广良施钱二千五百　饭十六　工六十四

赵广瑞施钱二千五百　饭十一　工卅三

赵旺存施钱二千五百　饭十九　工廿

坯工

赵旺忠施钱三千八百　饭廿六　工六十二

赵广恕施钱三千五百　饭十九　工五十一

赵广财施钱三千　饭廿四　工六十五

赵万年施钱三千　饭廿一　工六十三

赵田氏施钱三千五百　饭廿六　工四十

赵万喜施钱三千五百　饭廿四　工六十一

赵法安施钱三千五百　饭廿二　工五十

赵正业施钱三千五百　饭廿　工六十四

赵旺秋施钱三千二百　饭十九　工五十七

赵兴富施钱三千　饭十七　工五十三

赵喜法施钱三千　饭十三　工卅三

赵万昌施钱三千　五工

赵万正施钱三千　饭十七　工五十三

赵万瑜施钱三千　饭廿二　工六十

赵万兴施钱三千　饭廿　工五十六

赵法稳施钱三千　饭廿二　工六十一

赵正安施钱三千　饭廿　工五十二

赵金所施钱三千　饭廿二　工五十二

赵兴宝施钱二千五百　饭十四　工五十七

赵兴让施钱二千五百　饭十二　工四十四

赵兴昌施钱二千五百　饭十五　工三十一

赵广玉施钱二千五百　饭十七　工四十三

赵旺月施钱二千五百　饭十六　工五十四

赵旺明施钱二千五百　饭十九　工六十一

赵兴亮施钱二千　饭十三　工四十三

赵兴仓施钱二千　饭十五　工五十八

赵广春施钱二千　饭七　工五十四

赵广秋施钱二千四百　饭十八　工七十

赵毋氏施钱二千　饭九　工

赵旺义施钱二千　饭十九　工六十八

赵法贵施钱二千　工四工

赵旺太施钱一千八百　饭十二　工四十七

赵三所施钱一千八百　饭十二　工四十九

赵大成施钱一千七百　饭十六　工六十五

赵大旺施钱一千三百　饭八　工廿三

赵旺贵施钱一千　饭九　工卅三

赵旺喜施钱一千　饭八　工卅六

庚寅年栽松树二株

大清道光十六年十一月初五日立

书写赵兴瑞　玉工李凤温　李凤恭　田继元

木工赵兴昌　赵旺存

阖村公议以后上布施出不足者不上碑记

一九八　重修西看楼上下碑记

清道光十九年（1839）刊。

碑高179厘米，宽63厘米，厚17厘米。

现存于晋城市阳城县桑林乡狮峰村玉皇庙。

【碑文】

重修西看楼上下碑记

距邑南三十余里，耸峙於群峦拱揖之际者，狮子峰也。□山上等聚落六社祈报之所，庙奉昊天上帝。岁击鼓□幽，咸萃於斯。所以逆时雨，宁风旱也。每社举社长一人，分理二人。约有所营造，始更瓜代，由来久矣。甲午岁，西看楼上下六间将圮，宰社吉发旺、张玉来、李承涧、吉正库、张教礼、邢志官，暨分理十二人，虑其无以成民而妥神，□□吉鸠工，求佳石於岩阿，采良材於林薄，相与戮力，而鼎新之。由是重檐复栱，□□□□，鸳瓦参差，吻脊旁午。自戊戌仲春经始，至己亥蚕月告成，属余为记。余思金石之文，本以传远，苟非其文，曷堪□□。然而文以纪实，必待鸿儒椽笔。如范文正状岳阳之景，朱文公记曲江之楼。恐旷世不可复有，因不辞谫陋，仅书其修葺之时日，以语将来。而一切山川景物□奇丽，俱弗及焉。

大清道光十九年六月吉旦

候补儒学副堂莲塘张玉珂敬撰

太清观道人翰元侯碧状丹书

入社地稞子钱二千文　西冶社人施钱四千文　住□广霢席三棹　阴阳酒小吉施钱五百文　石□□张进谟钱五百文

总理社首张教礼钱十七千文　李承阔钱廿二千七百八十文　吉发旺钱十六千八百四十文　张玉来钱廿一千三百七十文　吉正库钱廿三千文　邢志官钱十四千八百八十文

分理社首刘法钱四千五百文　张三柱钱三千文　吴进宣棹二张　侯金宝钱五百五十文　梁聚贵钱四千四百卅八文　吉万田钱□千一百一十文　张树梓钱二百文　宋亘元钱三千一百一十文　吉如都钱五千二百文　吉九仁钱五千一百文　谭永旺钱

五千四百卅文　张进通

　　砖瓦木料钱卅二千六百文

　　工饭作钱五十九千四百文

　　石木油匠钱十三千八百文

　　□土立碑钱卅三千九百文

　　以应杂使钱十七千二百文

一九九　重修陂池碑记

清道光十九年（1839）刊。

碑高 54 厘米，宽 58 厘米。

现存于临汾市古县古阳镇热留村关帝庙。

【碑文】

重修陂池碑记

盖闻停水曰池，蓄水曰陂。乡村之有陂池，无非为风脉计也。余热留村古有陂池一所，凿村中区。当池水充满之际，蛙鸣池内，波动池中，洋洋乎为余村形胜之地，实脉气之所由关也。但掘池为沼，旁无收敛，一经坍塌，其地即与街平，池塘恍若粪场矣。夫以至美之地而形其不美，村人莫不顾而虑之也。故今合村公议，村中约有百家，每家纳石头一十五块。复择其富厚者，攒钱二十余千文以为工价，买砖并石条石灰之费。内周围用石卷起，外四面用砖修成八角花墙。工成告竣后，适值大雨时行，道水流入其中。村人玩赏之间，视其墙，墙垣清雅；视其水，水色涟漪。将秀凝瑞聚，地灵人杰，其裨益村脉，或且有较胜於昔者。一时纳工输财，与夫劳心修理之善，均不可以不记也。故志之，以示不谖云。

邑后学赵步先撰并书

经理人赵天元　赵春元　赵智麟

常曰顺施钱二千五百文

光兴号　聚泰魁　公义永　同兴堂　以上各施钱一千五百文

合盛魁　庠生赵景虞　赵宗洪　香首赵履端　刘全盛　以上各施钱一千文

赵全凤　杨□□　赵万利　田复岳　赵□麟　刘万顺　赵景麟　阴大盛　赵桂元　马登成　以上各施钱五百文

赵俊元　武永昌　赵占麟　武永杰各施钱四百文

赵□麟　赵□□　赵云登　赵仕山　赵世元　赵佳麟　赵宗保　赵鹤麟　房玉湛　乔玉富　高广盛　□居旺　赵德荣　以上各施钱三百文

道光十九年仲秋上旬吉日阖村公立

二〇〇 重修本庙东看楼屋坡并改修东官厅南间

清道光二十一年（1841）刊。

碑高45厘米，宽92厘米。

现存于晋城市阳城县北留镇郭峪村汤帝庙。

【碑文】

重修本庙东看楼屋坡并改修东官厅南间

重修本庙东看楼屋坡并改修东官厅南间。是年，宰社赵永泰并执事等，庀材鸠工，兴於本年二月廿二日，告竣於三月廿九日。椽檐整洁，屋宇鲜妍。工虽无多，亦必勒石，条陈当时之出入，以明将来之考稽有据。

大峰张景行书丹

买杨树使钱三千五百文

买钉使钱一百一十文

买绳使钱五百二十五文

木匠工并小工使钱二十七千六百二十文

犒劳木匠使钱一千五百五十二文

合龙口使钱二百文

香纸炮使钱十二文

油匠工使钱五千五百文

犒劳油匠使钱一百文

买草纸使钱二百四十文

碑石一块使钱三百五十文

抬工使钱四十文

石工使钱一千八百文

做碑零使钱八十七文

以上共出钱四十一千六百三十六文

入社中柳树钱八百文

入春祈余钱十九千七百七十一文

入赵永泰捐钱二十一千零六十五文

以上共入钱四十一千六百三十六文

总理赵永泰

执事李福太 郭衍庆 卢耀南 张炳仁 魏振纪 裴耀斗 张裕正 王汶全 柴学章 赵敏垆 常儒 王茂林 李式典 申立标

道光二十一年八月□日仝勒石

二〇一　创建官窑石桥碑记

清道光二十四年（1844）刊。

碑高129厘米，宽66厘米，厚19厘米。

现存于阳泉市郊区桃林沟村观音庵。

【碑文】

创建官窑石桥碑记

　　从来莫为之前，虽美弗彰；莫为之后，虽盛弗传。慈悲庵西旧有官窑二座、马棚三间，由来久矣。然而规模卑小，窄狭不堪，每当酬神献戏之期，优人绝少栖息之所，六畜更乏喂养之地。非借处於民宅，即投宿於店口。当事者恒有实难措置之嗟，所贵乎经营创造之急先务也。甲辰春，都人士会合纠首数人，捐资於地亩人丁，约得二百五十余金，率工督众，创建官窑三座，先后石窑共八座，咸为优人备卧室，立厩舍，岂不绰绰然有余裕哉。庙前旧建石桥三丈许，旋於桥西接绚石桥五丈有余，以广地势，以便行人。乐楼左右培筑垣墙数尺，以杜僻陋。前后零落者补葺之，缺约者宽广之，不数月而皆蔚然有美盛之观矣。是役也，兴工於春二，落成於夏六，谓非有急公好义之士倡率不苟，曷克匆匆告竣如此乎。噫嘻！其可传也已，是为记。爰将捐输姓氏，备详於后，并垂不朽云。

　　郡后学东鲁生白榆曜撰文书丹

　　经理人

　　史宗义　史宗玘　史宗顺　史宗鱼　史宗邦　史宗载　左丕法　王□仓　史三泰　王法明

　　史宗载银十两施地基九十两

　　史宗鱼银十一两施窑桥石头

　　史宗英银十二两四钱　史三诚十两一钱　史宗羲八两四钱　史三聘八两□钱　史宗还七两八钱　史宗熹七两七钱　史三阳六两五钱　史宗珠六两一钱　荆明六两一钱　史宗全五两一钱　史三泰五两一钱　史三尉五两□钱　史三台五两□钱　史三□□两□钱　史三多四两八钱　史三福四两七钱　史三□四两四钱　史宗山四两

二钱　史三厚四两一钱　史三旺四两一钱　史宗顺四两　史□□四两　史三客三两八钱　王万纯三两三钱　王万绪三两八钱　史三省三两□钱　王仓三两五钱　孙步堂三两四钱　史宗彦三两　史□□三两　史三存二两九钱　史三锦二两八钱　史三忠二两□钱　王锦二两□钱　史三相二两六钱　史宗谟二两五钱　孙步泰二两四钱　史三科二两四钱　史三富二两一钱　史宗路二两　史海□二两　史三斌一两九钱　史宗邦一两八钱　王宏一两八钱　史三和二两七钱　史三余一两七钱　史□成一两五钱　王栋一两四钱　史海诚一两三钱　史三品一两四钱　史宗法一两四钱　史三庆一两四钱　史三公一两三钱　史三芳一两三钱　张玉富一两二钱　杨恺一两二钱　左金堂一两二钱　史海鹏一两二钱　王永一两二钱　史宗粟一两　史三玠一两　王法库一两　王法元一两　王法财一两　王法金一两　史宗清九钱　史三金八钱　史三常八钱　王法贵八钱　王法珍八钱　左丕法八钱　王法明六钱　史成库七钱　史三锡六钱　史三会五钱　王连六钱　孙步清六钱　陈万福五钱　左明堂五钱　王太四钱　史三智四钱　史三纲四钱　史登仁四钱　王功四钱　王法斌三钱　王法本三钱　王东成三钱　王锐三钱　王清三钱　史成仓三钱　史三连四钱　史三龙二钱　史三保二钱　王俊五钱　史三金四钱　王法仓四钱

　　泥匠史成仓

　　石匠铁笔刘具昇

　　瓦匠王法珍

　　木匠李应秀

　　道光二十四年岁次甲辰七月谷旦

二〇二　补修济渎庙碑记

清道光二十四年（1844）刊。

碑高126厘米，宽174厘米（三通）。

现存于晋城市高平市唐庄乡谷口村济渎庙。

【碑文】

补修济渎庙碑记

谷口旧有济渎庙,俗所称池头庙也。济水发源王屋,凡王屋以北,地之有水而成川者,率以济渎名,象神而祀之,兹之庙亦从同。是庙也,不知创自何时,碑漫漶难考。然观其规模闳敞矣,而颓坏实甚。村父老悯伤之,相与筹所以补葺者,资难措处。於是道光七年公请摇会一局,至十九年止,本利共得钱一千三百七十一串二百三十八文。又入新会钱二百千文,大社钱七十二串二百七十七文。尚不足,又募诸村人,及村人之商于外者,复得本利钱七百九十串零四百九十七文。四宗共入钱二千四百三十四千零一十二文。岁辛丑开工,甲辰告竣。共计:改建者,山门、春秋楼三间,左右文昌、财神楼六间;创修者,北禅房五间,南禅房一间,鱼亭三间;彩画者,次院亭楼七间,药王、牛王、高禖、五瘟殿凡十二间,在外舞楼三间,以及前所改建创修者,并焕然一新。又补修金妆玄武神像及神驾,又村中关帝庙改为观音堂,惟后院济渎及地藏眼光殿未动。夫庙以济渎名,则济渎者,庙之主神也,乃群殿皆改作,而主殿独仍旧者何哉?岂不以主殿材孔良,工孔密,故至今尚岿然欤?又岂不以今日资已缺,工暂止,虽竣而未竣欤?是役也,诸父老之力已竭,而愿犹未酬,则尚有望於后之人也,是为记。

邑庠生郭廷熙撰并书

□道生店捐钱六千文

宋永兴　监生申炉各捐银五两

太平王恒泰　上庄高大洲　□邑尚益盛　□乾元协各捐银四两

本村许悦捐钱三千四百文

尚益盛　悦东升　青山店　新义行　大兴行　山峻号　□府永隆兴　汴省公盛

店　庆□典　中和店　许丰各捐银三两

李金城　曲沃王协成　杨义成　正阳孟锡爵　朱书□　姚恒佟　史□成　松茂店　长生行　天成行　周口振兴行　三义堂　盛绍虞　桂宗道　洪兴□　崔景盛　□阳李文保　□□申通顺　祥邑长庆典　汴省石履谦　白布行　毕仁行　十义号　刘茶兴　守卫胡蒿生　高邑福义祥　牛兆全　祁德盛　本村许永福　以上各捐银二两整

□宁恒兴坊　曲沃杨勋各捐钱一千五百文

三吉店　全兴坊　虹兴长　金生店　监生方天爵　福兴店　岑义堂　同泰行　九花楼　双盛店　惠泉号　藩司耿德纯　义和号　务本堂　合盛店　长生店　复盛店　万盛店　源生店　牛义元　藩司陈永清　青山店　伍仁义　茂盛泰　长□号　元兴店　赵和会　天成店　张公兴　田世民　何宪章　杨国兴　□钟□□□　熊□吉　新□李金桂　朝邑仁兴荣　郭勋臣　陈宏德　余克明　闻喜王景贵　王程　太平赵四瑞　程标　翼城卫焕　张锦绣　程三盛　壶邑增盛店　陵川张合盛　潞府永聚店　曲沃杨学思　正邑吴廷传　江苏全盛店　□邑隆茂店　史义和　企田院　玉盛店　上里川崔永恒　高邑郜世祥　郜万和　王兴盛　监生张盘铭　源生□　本村申习　申壁　以上各捐银一两

曲沃杨和成　合盛玉　周自西　施在庭　以上各捐钱六百文

翼城李忠　曲沃李发成　王何　赵□冒　永泉店　福兴店各捐钱三百文

买石头使钱三十七千三百七十三文

石匠工使钱一百六十五千三百七十三文

买砖瓦使钱一百三十三千八百五十九文

木匠工使钱二千三百文

买石木料使钱四百五十七千九百四十三文

瓦匠工使钱一百四十千九百六十文

买石灰使钱二十千五百八十三文

铁匠工使钱十九千六百九十文

泥匠工使钱三十五千五百零二文

脚价使钱一百零五千零七十文

彩画工使钱二百一十二千五百文

杂费使钱七百六十一千四百六十四文

土工使钱一百零八千八百八十文

以上□□钱二千四百三十四千零一十二文

摇布会合社维首

许忠成　申俊彩　申晏海　申维和　申绍德　申通华　申观　申福广　申绍海　申翱　申松茂　许戌辰　常礼　申权　邢德聚　监生申炉　申蠢　申庆魁　常大经　总管许通运　李荣　申振云　赵影美　申松苞　申田　许悦　申壁　申庆文　许永福　申庆云　申碧　申骥　许兴　申瑞　李进国　许吉　申财　申玉和　申鉴　许丰　郭发　申荣　申金荣　许禄

画匠王继维

铁匠邢宜恭

木匠吴荣会　许晨江

石匠尚□□

瓦匠张玉枝

□匠袁广元

工头许时辰　申兴发

道光二十四年岁次阏逢执徐阳月上浣之吉

住持僧海元仝勒石

二〇三　重修九江大王庙碑志

清道光二十四年（1844）刊。

现存于晋中市寿阳县南燕竹镇清平村九江大王庙。

【碑文】

重修九江大王庙碑志

祀典之制久矣，所以祈福祥，顺丰年，御患灾，禜水旱也。在礼有之，有其举之，莫敢废也。然则补敝起废，待后守先，独非余乡民之急务乎。寿邑清平村旧有昭济圣母庙、龙王祠，兼为九江大王行宫，不知创自何年，自乾隆三十四年重修，迄今积数十年，屋瓦敝漏，墉垣倾颓。村中父老心焉恻之，公议捐金补葺，会有好善乐施者凑银二百余两，其余则按粮公摊，以足其数。於是鸠工庀材，狭者广之，旧者新之。改正殿五楹为七楹，中三楹为九江大王行宫，东为昭济圣母庙，又东为财神祠，西为龙王祠。以至钟楼、山门皆次第建造，而东西庑、乐楼则黝垩见新。盖所废不下数百金，而规模以广，文采可观焉。落成，村众嘱余为文以记之。余窃维夫庙以栖神，神以庇民，第余村方百有余家，措办正非易易，而能踊跃从事，补敝起废如此，亦庶几乎古之见义勇为者矣。然则患灾有不於兹而远，水旱有不於兹而平，而所谓民和而神降福者，不询足为一乡之盛事哉。不揣固陋，用勒诸碑版，以昭来许云。

天衢王化洽撰　堂侄敬德书

住持行賔　徒善吉　善福　善禧　善庆　徒孙惠通　惠义

大清道光二十四年岁次甲辰黄钟谷旦

助缘善姓

圣贤祠二十两　大王庙二十两　清平阛镇施银五十两

从九品武炳文　长男壬辰武举候选卫千总从先　次男武庠生从政　□□品武蔚文　长男□功议叙登仕郎从中施银三十两

天成公施银十一两　上家埼王文秀施银四两　东安公安万世施银二两　德盛布店施银二两　毕许郭同心厂施牌对一付　央明沟李大华施银二两　西庄村张仲德

张仲友施银二两　德成店施银一两　白家庄胡秉成施银五钱　刘家村张来金施银四钱

本村助缘人

王化泰　男敬德　敬贤　王化熙　男敬祥　敬瑞（阙文）施银三十五两

二〇四　三嶕庙重修碑文

清道光二十五年（1845）刊。

碑高248厘米，宽73厘米。

现存于长治市平顺县北社乡北社村三嶕庙。

【碑文】

三嵕庙重修碑文

三嵕者，纯留西北山也。其山三峰耸峙，因名三嵕。护国灵贶王，尧臣羿耳。三嵕之名何以称焉，或谓王曾射日於此，故称为三嵕。夫射日之说，始於淮南王内外书，赵雪航谓其荒诞不经，等於《庄》《列》，则事之不足信可知。然流览古籍，外史有纪，周鍼有赋，疑其事犹留其说，岂以射日之事不必有之，三嵕之地王或历之，故存其文，以待后人之参稽欤。然则王之称为三嵕者，始则地以王传，久则王以地称。亦如尧居於伊祁，爰称伊祁，国於陶唐，爰称陶唐之例焉耳。王功施社稷，德被生民。余村立庙以祀，由来已久。自嘉庆廿四年重修，庙制悉备，而舞楼两旁暨庙东余地，未及修建，亦资财不足，故有志未逮耳。迄今时日久远，墙宇倾颓，村人忧之。爰卜吉鸠工，正殿与东西夹殿则仍旧补修，舞楼与东西两廊则拆旧重修，舞楼两旁夹楼与庙东戏房一所，则体前人之志以创修。至村北有关帝庙，舞楼颓敝，亦不辞劳瘁以兼修。是役也，工钜费烦，捐金之法，定以地亩，参以门头，兼以募化。自道光庚子岁经始，越乙巳而告竣。庙貌则丹青炫耀，神像则金碧辉煌，非徒为观美也。盖王司雨泽，农事永赖，故封之曰"贶"，谓其施惠无穷也。封之曰"灵"，谓其有祷辄应也。封之曰"护国"，谓农为民本，民为邦本，保民即以保国也。吾侪春祈秋报，事之维谨，唯庙制森严，斯王之神以妥，乃不负我朝崇奉之意，前人庙祀之心也已。是以谨列贞珉，爰笔成志，以俟后之同志者。

谨将布施人等开列於左

二十一年四季社捐钱一百五十八千二百三十文

二十二年四季社捐钱一百六十八千七百五十一文

德顺当施钱廿千文　鸣盛当施钱廿千文　双成当施钱廿千文　积成当施钱廿千

文　潞邑东关四社施钱二十五千文　郭张盐店施钱十五千文　益盛公施钱一十千文　增盛公施钱一十千文　同心合施钱一十千文　德盛号施大钱八千文　恒德堂施大钱五千文　协成号施大钱五千文　双成号施钱五千文　双成衣店施钱五千文　永顺号施钱五千文　承发号施钱四千五百文　曹甫安施钱三千文　文盛号施钱三千文　太昇号施钱三千文　兴聚号施钱三千文　聚合号钱二千五百文　傅财源钱二千五百文　育春堂钱二千五百文　刘永东施钱二千文　锡兴号施钱二千文　吉祥号施钱二千文　双合号施钱二千文　永发号施钱二千文　双兴号钱一千五百文　庆聚店钱一千五百文　万盛店钱一千五百文　双合馆钱一千五百文　西宽盛钱一千五百文　宽盛号钱一千五百文　美盛号施钱一千五百文　季性和施钱一千五百文　明盛号施钱一千五百文　曹承统施地基五厘　自成连施钱一千文　清顺馆施钱一千文

昌盛号　曹仁孝　梁师傅　曹花　永兴号　李糟则　义合馆　双盛居　金南玉　曹双月　胡佩恭　胡佩义　秦绍志　原本海　昌盛发　德兴堂　王玉桂　牛文仁　牛宗礼　申廪则　增成永　德庆堂　上各施钱一千文

双合堂　曹鹤群　曹盛中　福盛楼各施钱一千文

例授修职郎候铨儒学训导曹正英　例封文林郎乡饮耆宾原发运　乡饮介宾增生牛建义　曹玉镜　乡饮介宾太学生曹绪堂　乡饮耆宾曹仁寿　曹玉佩　增生曹巨川　增生曹化南　附生曹振声　附生牛奠清　附生原有源　优生曹之桢　登仕郎曹启明　武生牛夺彪　武生曹三元　武生曹三峰同编次

募化维首

邑庠生员曹耀先　太学生原永太　曹李桂　乡饮耆宾秦克已　原际昇　邑庠生员曹克仁　兵部候选外委武生曹化鸾

督工维首

总理曹兴孝　郭廷桂

分理耆宾曹复英　曹福林　原时雨　曹玉兴　牛文义　胡九成　附生王晋堂　曹金则　秦成全　曹文茂　曹聚省　秦瑞云　曹郭鸣　曹步云

石工原新成

木工王培基

泥水曹鹤勤

丹青胡佩恭　胡佩云

玉工原新成

例授文林郎己亥科举人吏部拣选知县原际昌撰文

平顺乡学邑庠生曹三畏暨侄邑庠生鸣鸾书丹

龙飞道光二十五年岁次乙巳八月谷旦立

二〇五　重修神庙舞楼并创建钟楼鼓楼及各工碑记

清道光二十五年（1845）刊。

碑高158厘米，宽70厘米。

现存于临汾市襄汾县汾城文庙。

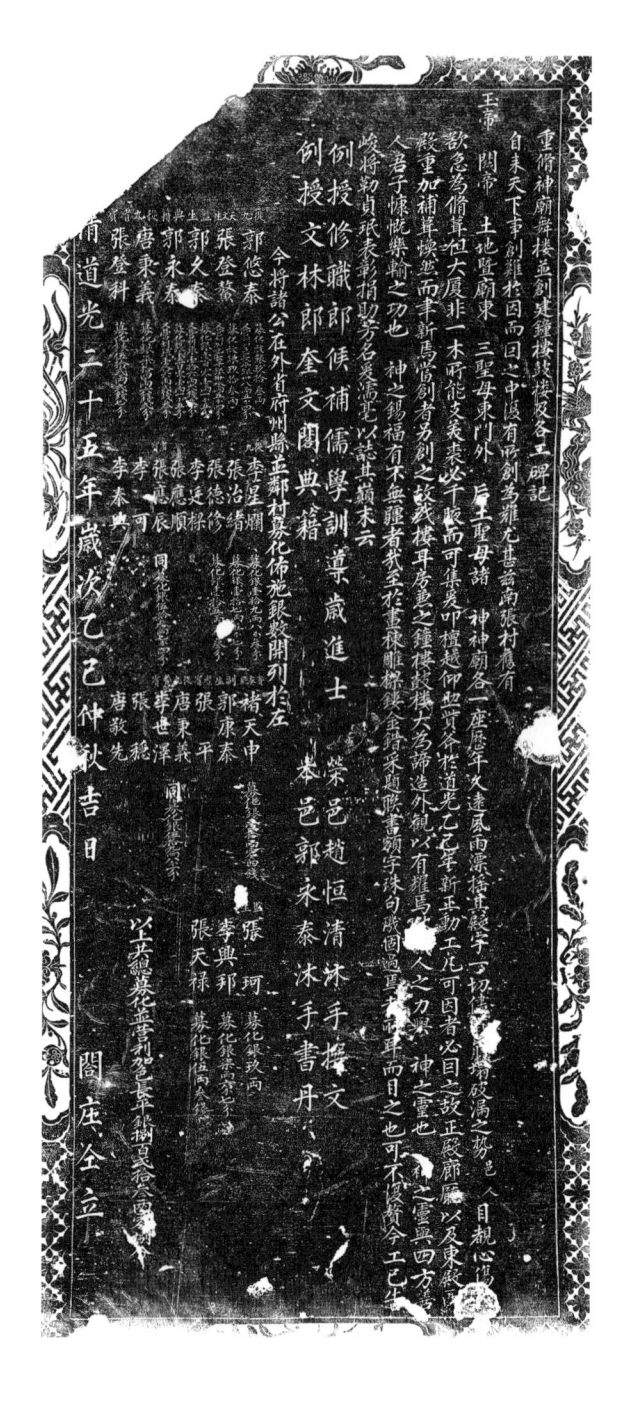

【碑文】

重修神庙舞楼并创建钟楼鼓楼及各工碑记

自来天下事创难於因，而因之中复有所创，为难尤甚。兹南张村旧有玉帝、关帝、土地暨庙东三圣母、东门外后土圣母诸神神庙各一座，历年久远，风雨漂（飘）摇，其殿宇一切，尽有崩塌破漏之势。邑人目睹心伤，人欲急为修葺，但大厦非一木所能支，美裘必千腋而可集。爰叩檀越，仰助资斧，於道光乙巳年新正动工，凡可因者必因之，故正殿、廊厅以及东殿、西殿，重加补葺，焕然聿新焉。当创者另创之，故戏楼、耳房，兼之钟楼、鼓楼，大为谛造，外观以有耀焉。□□人之力与神之灵也，神之灵与四方善人君子慷慨乐输之功也。神之锡福，有不无疆者哉。至於画栋雕梁，镂金错采，题联书额，字珠句玑，固过焉，□所耳而目之也，可不复赘。今工已告峻（竣），将勒贞珉，表彰捐助芳名，爰濡毫以志其巅末云。

例授修职郎候补儒学训导岁进士荣邑赵恒清沐手撰文

例授文林郎奎文阁典籍本邑郭永泰沐手书丹

今将诸公在外省府州县并邻村募化布施银数开列於左

从九郭悠泰募化纹银九十三两又营利加色长平银卅八两五钱四分

天文生张登鳌募化纹银九十三两又营利加色长平银卅八两五钱四分

监生郭久泰募化银一百零一两一钱五分又营利银一十六两二钱三分

典籍郭永泰募化银一百零一两一钱五分又营利银一十六两二钱三分

从九唐秉义募化银七十四两六钱二分

耆宾张登科募化银五十二两二钱七分

从九李星烂募化银一十九两八钱三分

张治绪募化银一十七两五钱七分

张德修募化银一十五两零三分

李廷梁　张应顺　耆宾张应辰　李可　李泰兴同募化银五十三两七钱四分

赍奏厅褚天申募化银一十两零四钱

副生郭康泰　耆宾张平　从九唐秉义　耆宾李世泽　张稳　唐敬先同募化银五十九两八钱一分

监生张珂募化银九两

李兴邦募化银七两六钱七分

张天禄募化银五两三钱

以上共总募化并营利加色长平银八百二十三两零八分

（阙文）清道光二十五年岁次乙巳仲秋吉日阖庄仝立

二〇六　重修土地祠序

清道光二十六年（1846）刊。

碑高121厘米，宽65厘米，厚15厘米。

碑额书"碑记"。

现存于临汾市汾西县邢家腰乡土地墼龙天土地庙。

【碑文】

重修土地祠序

总纠首共施钱九十七千四（阙文）

自古胜地名区，必度地脉以建神祠，而神灵於以凭依焉。非仅作屏藩以壮观瞻（阙文）龙天土地神祠乃三十六州县土地聚会之所也。山接五云方（阙文）特奇，因而欣古□之犹存，聚众而公议，伤遗趾之□□，更旧换新，庶（阙文）重修而当仁不让，乐□者原□载以来，即事成而大功告竣，凭者亦低眉（阙文）

阴阳王正彦

砖匠邢师　张师

泥匠马师　王师

石匠乔方信　孙安民

木匠申万金　申安禄

丹青贾寅炳

□□廪生王教炳

经理（阙文）李香

（阙文）

书碑郭□□　王海生

主事周尔云施钱二千三百（阙文）　樊之禹施钱十二千化钱□千一百八十文

总纠首王学圣施钱（阙文）化钱四千　闫加苍施钱十二千化钱八千四百（阙文）

管钱人逯瑜施钱三十千化钱廿六千九百　程仁贵施钱□千八百化钱九千一百七十文　王大兴施钱六千五百文

管账人樊□君施钱五千化钱六千七百文　□丰春施钱八千□百化钱十四千五百文

永□堂施钱□□文　永□□施钱□□文　永兴□施钱二百文

管账贺维□施钱四千化钱四千八百（阙文）　王大□化钱（阙文）二百五十文贾学景　贾希道施钱（阙文）化钱八千六百文

纠首卫秀施钱七百□化钱四千五百文　卫明□施钱（阙文）

大清道光二十六年岁次丙午季□吉立

二〇七　重修观音阁碑记

清道光二十七年（1847）刊。

碑高115厘米，宽60厘米。

碑额书"永垂永久"。

现存于忻州市代县新高乡陈家堡村观音阁。

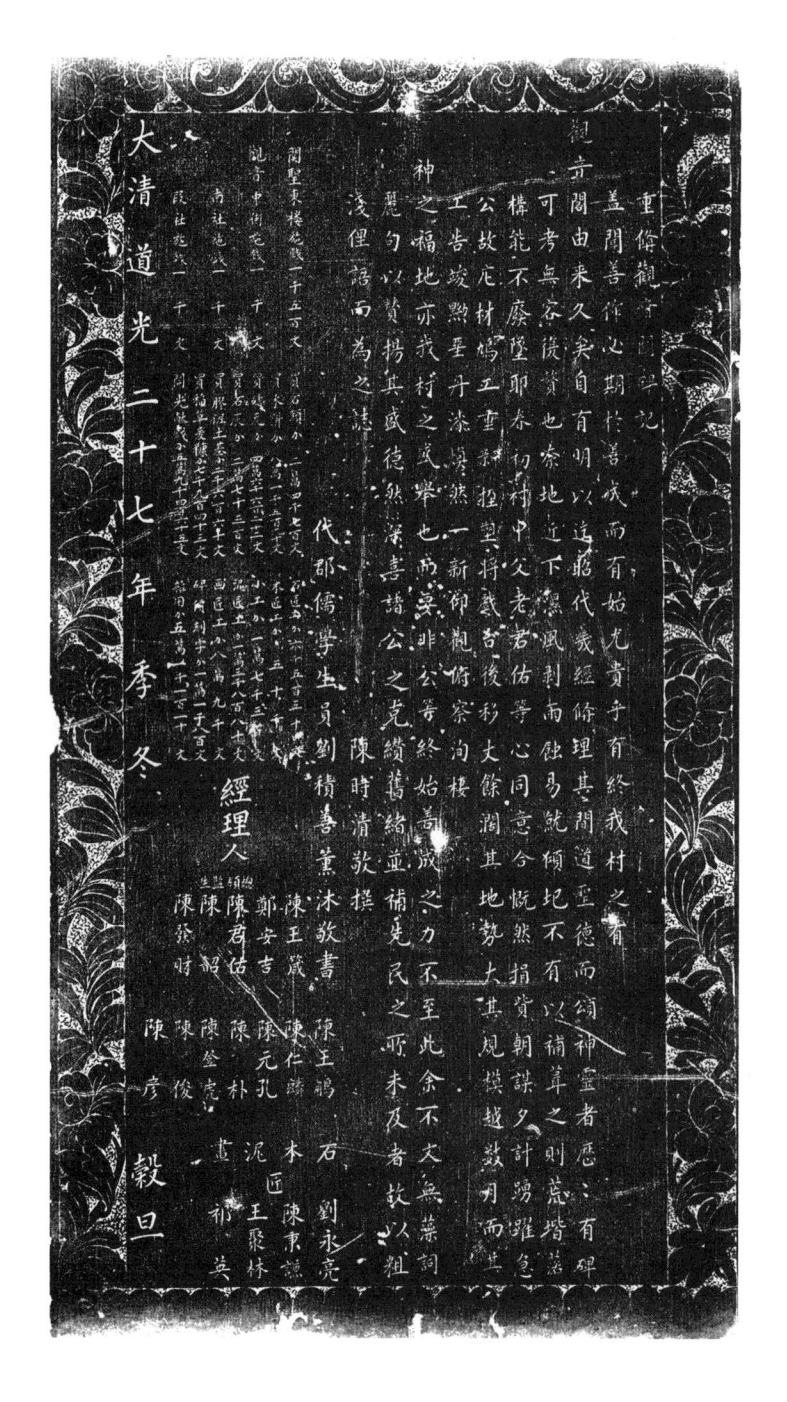

【碑文】

重修观音阁碑记

盖闻善作必期於善成，而有始尤贵乎有终。我村之有观音阁，由来久矣，自有明以迄昭代，几经修理，其间道圣德而颂神灵者，历历有碑可考，无容复赘也。奈地近下湿，风剥雨蚀，易就倾圮，不有以补葺之，则荒阶落构，能不废坠耶？春初，村中父老君佑等心同意合，慨然捐资，朝谋夕计，踊跃急公，故庀材鸠工，重新捏塑。将戏台后移丈余，阔其地势，大其规模，越数月而其工告竣。黝垩丹漆，焕然一新，仰观俯察，洵栖神之福地，亦我村之盛举也。而要非公等终始善成之力不至此。余不文，无藻词丽句以赞扬其盛德，然深喜诸公之克缵旧绪，并补先民之所未及者，故以粗浅俚语而为之志。

陈时清敬撰

代郡儒学生员刘积善薰沐敬书

关圣东楼施钱一千五百文

观音中街施钱一千文

南社施钱一千文

段社施钱一千文

买石头钱二万四千七百文

买木料钱八万一千五百九十文

买砖瓦钱四万六千六百二十二文

买石灰钱二万七千三百文

买胶泥土基钱二千六百六十文

买稻草麦糠钱七千九百四十三文

开光献戏钱五万九千四百六十五文

石匠工钱六千五百五十文

木匠工钱五十千文

小工钱一万七千三百文

泥匠工钱一万三千八百八十文

画匠工钱八万九千文

碑价刻字钱一万一千八百文

杂用钱五万一千一百一十文

经理人陈王箴　郑安吉　总领陈君佑　监生陈韶　陈发财　陈王鹏　陈仁麟陈元孔　陈朴　陈登虎　陈俊　陈彦

石匠刘永亮

木匠陈秉谦

泥匠王聚林

画匠祁英

大清道光二十七年季冬谷旦

二〇八　赵家庄合社公请摇会碑文

清道光二十九年（1849）刊。

碑高56厘米，宽77厘米，厚14厘米。

现存于临汾市霍州市开元街办事处赵家庄村观音庙。

【碑文】

赵家庄合社公请摇会碑文

从来一事之兴，有人焉以肇其端，必有人焉以继其后。是会之请，因道光十九年间补修厨房、创建牌坊资费不足，累债百有余千，於是始请摇会，以还公欠。今值会完之日，除还债外，所余钱文若干。大社置买物件，一一记载，纂修以备观览。是为序。

儒学生员乡饮介宾张树桂撰文

业儒高儒彦丹书

前后总理

生员高鸿彦　吏员张德焆　从九高益泰　监生张象豫　贡生张德棶　张象谦　张书诚　吏员高益晋　吏员张景彦　吏员张鸿声　副生张秉润　张连枝　张学文　张绍曾　张凤飞　韩复泰

纳会人位开列於后

丰盛当　协昌面店　庆余堂　张汉清　高益丰　高行健　耆民陈廷兰　伴官安六义　荀永茂　张六吉　恒顺公　永兴长　千总李抡魁　增生高兰芳　安德修　高雄飞　吏员乔培深　朱文杰　郭荣德　张景连　隆泰号　东兴盛　李占□　本朗　副生张锡誉　高翰音　张安仁　王清秀　张□魁　高荣华　天顺公　先得堂　杨清泰　张书诚　张维煜　张树魁　高荣裕　张继林　张绍曾　张景根　张景□　以上各施钱三千五百文

耆宾朱传道　乔春镖　吏员张奇士　朱逢辰　韩长福　张景祯　乔含章　张毓秀　贺逢清　张景祥　乔含文　张挠子　张凤飞　张养善　以上各施钱一千七百五十文

大清道光二十九年八月合社立

薛有文刊

二〇九　补修真泽宫碑记

清道光三十年（1850）刊。

碑高228厘米，宽94厘米，厚24厘米。

碑额书"福缘善庆"。

现存于长治市壶关县树掌镇神郊村真泽宫。

【碑阳】

补修真泽宫碑记

环村皆山也，其东南诸峰林壑尤美，望之蔚然而深秀者，翠微山也。左有翠微洞，右有升仙台，其对面则真泽宫也。真泽宫者何，二仙真人之庙也。真人始於屯邑，移居紫团，显灵於宋，赐谥冲惠、冲淑，而真泽，其庙号也。庙有堂、有寝、有庑，重门峻墙，规制深严。故曰：宫自唐迄今，千有余年。苦苣之泪痕如在，仙台之手印常新，非纯孝格天而能如是乎？但庙貌依然，而廊庑摧残，不为补葺，徒令人过胜地而增慨耳。爰是四方募化，共勷厥事。遂择於癸卯春卜吉经始，揭瓦东西官厅一十八间、茶棚十间、西夹宫七楹，前修牌房，后瓦万寿亭，不期月间告厥成工。谁为迫之以功成於不日也，因综其始终，将乐善君子，备书於石，以为后之兴起者劝，是不可以不志。

岁进士吏部候选儒学正堂乡饮正宾杨振东撰文

例授修职郎乡饮介宾丁向南敬书

壶关县正堂车捐银五十两　儒学正堂吕　副堂朱捐银八两　城守司刘捐银四两　右堂陈捐银八两　长治县左堂蒋捐银五两　长治西火二十三巷共捐钱四十七千八百廿文　荫城镇共捐钱三十一千七百文　桑梓镇共捐钱二十一千五百文　本县四约共捐钱十六千文　上河社捐钱十千文

社首赵一德　杨毓　丁九经　孙景林　李根东　赵祥则　杨增文　盖友禄　张二镜

住持头三门杨明立　李天一　李天清

木匠李占合　王福林　牛子公　张聚法

石匠赵德坤　赵冬锁　杨林绿　杨文明

丹青赵福兴　赵起元　赵明庆

长治西八村三社捐钱三千三百文

壶邑冯坡南河　流寨社　禾登社　下好牢　赵东社　屋西社各捐钱三千五百文

陵邑司家河社捐钱十三千文

长治贾掌社捐钱十千文

壶邑城寨社捐钱七千文

长邑经坊社　高邑西坡社　南河社　陵邑得义社各捐钱三千五百文

壶邑麻巷村花户捐钱三千二百文

长治西蛮掌捐钱四千文

东蛮掌捐钱三千五百文

南泉庄捐钱三千五百文

库头社　壶邑大会社　南羊户　长治梁家庄　石炭峪　八佾社　高邑东魏庄各施钱八千文

壶邑罗掌社　崔家庄　大安社　固村社　韩庄社各施钱六千

塔地社　六合社　南郊社　陵邑林□岭　魏庄社　长治南河头　内□社　河口社各捐钱六千

壶邑北程头　南程头　常行社　川底社　流泽社　百尺社　东栢林　西栢林　冯坡社　集店社　牛家掌　杨家池　固村铺户社　磨掌社　河口王余庆　丁思智　长治石家庄　北仙泉　常德全　东火社　南大掌　北大掌　东和社　西沟社　陵邑北召社　和村社　草坡社　冶头社　郭家沟　长子小应城各捐钱五千

壶邑黄山社　店上社　崔家掌　秦庄社　川底社　四家池　西坡社　南头社　瓜掌社　双井社　大井社　福头社　芳岱社　河东社　岭后底　皇王社　北洞上　芳岱花户　长治桥头社　后掌社　基河社　大掌社　南尧沟　曹家沟　韩店社　龙山社　陵邑闫家沟　张村社　三王庙　蒲水社　冯家□　池下社　长子北漳社　郭村社钱四千五　长治东苗村钱四千三　北峙峪钱四千二　高邑石壑社各捐钱四千文

壶邑教掌社　贾庄社　石南底　西上宅　魏家岭　南底社　北羊户　向掌

社　张家沟　明自掌　麻巷社　东韩社　南山后　西堡社　石门社　修善社　辛寨社　五集社　寨河社　西南山　方山社　南凹社　西河沟　东马鞍　西马鞍　东大会　当崇社　沙院社　靳家掌　桥上社　长宁社　南北梭　郭家陀　十里社　西七里　东七里　庙郊社　辛城社　石坡社　郭堡庄　石盆社　马家庄　青羊脑　桥上社　马维骥　长治元村社　西故县　郎家村　彭家村　小河村　南仙泉　常煊　常灼　常焜　西池社　峰山掌　坡头社　郭良社　冯村社　南璩寨　横河社　行马社　羊川社　荆圪倒　南掌社　南沟社　中村社　桑掌社　北头社　南宋社　大义社　岔口社　北尧沟　东山社　龙宫社　沟里社　狗湾村　南阁社　中和社　梨岭社　范家山　长子中漳社　南张社　河峪社　高邑关头社　口则上　南山村　红庙社　东庄社　陵邑下川社　秦寨社　石门社　桑树河　桥蒋社　侍郎岗　南坡社　井沟社　刘家庄　南召村　原庄社　申家沟各捐钱三千

长子南李末　南漳社　漳河神　西王村　西常村　西漳堡　东王村　西贾村　团城社　尧南陈　万村社　地合社　河家庄　曹家沟　上马湖　西南沟　小璩社　高邑换马社　固关社　藏造社　宋家村　碾下社　中庄社　西窑头　石掌会　大栈村　东坪庄　黑土坡　建宁北社　李家河　陵邑北山社　柳义社　秦家庄　东牛皮掌　廖池社　金家岭各捐钱二千

大清道光三十年岁次庚戌八月谷旦

【碑阴】

壶邑程村社捐钱四千文　南园社捐钱二千五百七十文

沙窟社　泉则社　百佛图　桥头社　陵邑南炉河各捐钱二千文

窑则河　川则社　壶邑东掌村各捐钱一千五百文

壶邑北庄村捐大钱一千文　十道脚　杜秉凤　李文花各捐钱五百文　宋家河捐钱一千七百文　油坊河捐钱一千二百文　杜美珍捐钱三百文　庄头社捐钱二千文

陵邑小义井捐钱八百文

长子东常村捐钱一千六百文

固益社捐钱一千三百文

崇仁村捐钱二千文

壶邑紫岩掌　林青庄　蘇要村　池后社　川底社　南宋壁　上大峪　东牢村　西牢村　高家塔坨　炭场平　东掌社　官地社　牛居社　盘马池　龙尾头　籽粮庄　三郊口　花户　长治山则岭　西常井　河东社　天峪社　樱桃沟　谷堆上　东庄社　西沟社　南王庆　璩家沟　西和社　南程社　南两社　南庄社　长子南邹村　色头社　高邑长畎社　土圪塔　陵邑后河社　李家岭　北路河　杨家河　西赵活池各捐钱二千五

壶邑东柏坡　西柏坡　玉皇社　龙王社　靳家庄　西岭底　小韦池　北刁掌　东主宅　绿池社　鸦村社　牛口掌　郑口掌　高崖头　河西社　黄家川　沙窟社　神东社　北岭村　鳌字街　小岭村　西韩社　长后社　焦家岭　秦家岭　山后河　东刑掌　西刑掌　欢掌底　南塔地　北塔地　三王头　北兑川　郭堡社　下内村　水池社　东崇贤　泽井社　青牛社　王家河　东河社各捐钱二千

壶邑北凰社　天池社　骞北社　陈口纬　宋北东社　中西社　三家村　南宋口　海则岭　上好牢　南庄头　紫水社　水台底　东赵村　王天成　河西社　岭西社　方山西社　佛会　大会口　南湖社　璩家庄　梁家碣　石峪社　罗东掌　角脚底　寨里社　红掌社　小南青　百家庄　北庄社　西川社　晋庄社　西庵社　龙镇社　西掌社　石河木　板安窑　西河社　东井岭　寒家峪　后沟社　上河会　双井花户　长治九江社　定流社　前土门　后土门　曹家枢　申川社　南池社　东池社　唐王岭　赵家圪垌　沙河社　东关社　河东社　河西社　上西掌　下西掌　赵上庄　家下庄　平家庄　树脚头　西赵村　南山村　西平村　石后堡　横岭社　西横岭　王坊社　南王庄　璩家沟　东韩社　柳林社　郭堡社　北呈社　辉河社　南和社　曲家山　团山社　杨家山　张家沟　石窝沟　南仙泉　小河社　马家庄　林则社　全则头　漫流坡各捐钱二千

659

壶邑闲阳河　川河社　前哭水　盘底社　大河社　汪流水　葫芦沟　魏家湾　岭南底　寨沟社　魏家庄　东坡村　地南头　星耀头　曹家沟　南村社　南北山　靳家岭　沟洞社　南底社　上街村　常井头　渭里社　石井会　川市社　东归善　上丙村　桥东社　西河南　东河南　西崇岭　王章社　常井社　闫家河　杜家河　潭前社　潭后社　龙泉河　东常井　盘驼底　靳庄社　柴家沟　三王村　东南山　东村社　东赵活池　南岸上　交界底　淙河社　王桥凹　黄花水　白家庄西社　东郊社　东川社　常家池　徐家后　蔴池凹　沙驼社　东沐村　南平头　北平头　下石坡　郭堡社　高岸上　东脑后　水池脑　花户　长治石桥社　东庄社　晒里社　后坡社　前双岗西社　东社　北□社　牧坡焦家沟　鞍则上　任家庄　西庄社　郜则掌　关家则　北坡村　寨沟社　太义掌　北坡村　常蒋村　河南山　南王庄　东韩宝贞观　鲍村社　东呈社　北呈西社　六家村　朔村社　南岭□　北岭□　北楼底　南楼底　张家社　北二社　东北社　东南社　苍耳壑　西王庆　东沟社　长子窑下社　西沟社　璩村庄　东上社　田良社　南贾村　崔庄社　鲍寨社　王晃社　龙泉村　南郜村　义合村　东峪村　西峪村　□村社　杨鲁社　西堡□　苗村社　南小河　大堡头　固益社　陈家庄　高邑西坡社　宋家村　东郝庄　王村后社　王村前社　西陈堨　安河村　闫家圪塔　任家庄　东窑头　建宁下北社　上北社　曹家沟　何家村　□吴□　陵邑南营村　杨村社　川则村　宋家坡　侯家庄　□井□　赵张水　神后底　靳庄社　北冶社各捐钱一千五百

　　壶邑黄岩底　桥麦山　庄则上　和尚脑　候子周　候子栋　李成务　李成美　南刁掌　魏家后河　马鸣□　马鸣□　马维干　王家掌　南崖上　西岭社　牛王岭　山则后　河西社　常子连　南脑上　西街社　小寨社　马增新　瑄掌社　关帝社　西归善　董家坡　西脚社　桥西社　杨家堆　程祥　太平庄　梨林社　东山后　灵泽王　池龙坡　皇□森　杨家斜　常咏　万胜　南凰社　东□□　山南社　乌集头　宋成　宋开□　小南山　辛寨社　丁家庄　山井村　井背村　董家村　缸碗窑　姜太和　西村社　西坡会　西河沟会　磨掌会　塔地会　牛家掌会　寨上社　梁家碣

会 石峪会 龙郡池 井则口 岭西社 秦家庄 □里社 西坡社 向庄社 固店社 山仓社 料杨社 井泉社 杨尾社 马相村 北平村 幔里村 南山村 安居村 广兴社 巽居社 暖泉社 大回沟 杆花村 申家安 寺尾沟 大井会 福头会 东脑后 岭东社 郭家脚 泉则河 北头社 丁成枝 四尾沟花户 长治周南社 东故县 沙裕社 上西沟 河西社 郭枝则 王赵凤 后双岗 牛家山 北据寨 横河西社 蔴胡社 冯家脑 井东社 南河社 牛馨宅 孙玉麟 河下社 龙掌社 高崖上 崔法长 北宋社 东村社 西河社 东山头 河南社 南峙峪 北王庆 王春林 池里社 东韩西社 柳林东社 西贾村 东贾村 郝店村 □家庄 辛庄社 东坟上 西坡村 上村社 郎窝沟 景家沟 小宋社 须村东社 李家岭 仝家岭 崔家山 周家社 董家社 石坡社 西董社 常春堂 南庄社 长子后沟社 璩村中社 头班 二班 三班 南社 头班 二班 三班 布村社 下马胡 峪则社 南邨村 东范村 张店社 西范村 重瓦张 西张沟 郭家庄 王家庄 范家庄 裴家庄 肃家庄 呈子岗 谢村社 张村社 尧东陈 西尧村 尧东北陈 尧西北陈 罗家沟 陡坡沟 小南石 大南石 城阳社 申村社 庄里社 圪坨社 鳌泉社 河头社 南里村 酒村社 柳树村 石哲村 张村社 秦家庄 小堡头 西北呈 高邑沙□村 邰家村 许家村 小川村 牛家村 广东村 庄里村 池则村 黄叶河 凹申里 土地□ 山王庄 王家圪坨 香山社 北兆庄 迪阳社 姬兴庄 西府底 王家河 果角村 曹家村 神沟村 长铲村 北山村 刘家村 申家村 王家村 宋家村 关家村 上里村 沙院村 后庄村 铁炉村 营里村 水沟社 柏山村 东迷村 活□村 长畎村 小川村 东苗村 荒尧村 狗家村 西沟村 马岭社 东吴家 程家河 张家庄 陵邑窑则上 杨家河 和家脚 牛皮掌 乔三社 寺胡社 杨庄社 申家河 西尧村 桃山头 王家岭 炉则家 南河社 小召社 洼窑社 东□社 东平社 杨寨社 上西铲底 下西铲底 赵家背 原庄佛会 横岭村各施钱一千文

　　壶邑小山沟 高邑下太村 长治郑家村 河下村 陵邑北川社 杨子掌各施钱

九百

　　景家岭　高邑赵家村各施钱七百　六百

　　中村社　长子庄头社　程家庄各施钱六百

　　壶邑韩庄佛会　郭裕善　张进才　李润则　赵守太　流泽会　李智聚　赵淑和　太昌当　永新当　刁掌社　郭运聚　万庆　宋广居　王振邦　李毓　和合当　盖凤岐　赵永昌　付永仓　韩钧　韩崑　李彭　璩永礼　牛招喜　西掌村　李生辉　张进弼　闫开来　牛超凡　盖聚才　陈步方　李安德　马锡锦　郭增太　王新　马成　郭悦　牛重　庄则上社　吕绍元　王世美　魏三岐　赵清　韩村社　龙潭河　宋登鳌　良绍先　王文德　王裕林　郭万太　李青山　太兴面店　东村会　璩家庄会　掌里社　川里社　道岸社　河西社　大段村　李得修　东掌社　南坡社　早城社　沐口社　柳树沟　土幔村　石坡花户　口头会　石盆会　王交口会　刘玳海　岭东会　李郭保　王德文　王恒　后哭水　马成宾　长子吕村东社　刑家庄　河西社　苗文华　李家庄　高家村　苏西社　平家庄　董家沟　东中社　高邑申玉麟　凹里村　跳板上　苏庄村　长治陈登第　陈胜言　五龙庙　□家岭　刘永德　王家干　王世盛　杜洛　牛应□　范效良　牛畯　牛瞰　牛甸　广守宅牛畛　牛化成　牛安则　张凤翔　王韵士　王学有　山棚社　裴文瑞　西黄沟　原瑞　崔鹤翔　候黑旦　陈鼎彝　周治国　陵邑宋保林　魏铭锦　魏铭□　魏铭旂　魏铭纲　魏永建　陈大沟　陈东社　陈西社　郝家岭　河南社　东王河　上石马叫　下石马叫　南坡社　李有仁　秋则掌　仓掌社　原廷选各施钱五百

　　壶邑晚馈社　申家岭　张□山　岭西会　□户社　□□碣　李世增　长子柳叶沟　高邑东河村　陵邑贾家岭　□兴太各施钱四百

　　壶邑赵国清　赵成山　郭士奎　赵继□　赵鸿伦　赵继焕　赵继明　李效修　李效融　李昌记　李聚太　焦永福　焦永祥　焦光裕　焦进礼　郭正顺　王天锡　王重适　牛存□　牛裎仁　魏国林　魏余祥　郝文盛　郝文仁　清太合　李□　李永英　宋枢　靳永裕　闫永辉　王瑶　崔凤蛮　崔咏　张瑞　宋锦珩　宋有常　李

三多　姜文芳　郭锦　郭壮禄　郭三多　郭更年　王永管　王长福　张岐　张根年水沟社　郭保林　郭春林　高岸会　盖士隆　长子张元　郭迎宾　关登元　田士贤王文焕　高邑申明　长治袁永和　常荣桂　丁世长　杜魁忠　王福　牛郁宅　牛士钦　李永法　王科则　董作忠　陵邑段继福　苏全孝　和守荣　原德海　牛崑各捐钱三百文

壶邑李作模　李赵林　李常太　李毓模　秦文法　秦天增　赵子斌　秦溶　松盛坊　东成店　元义店　聚兴馆　如意店　壶邑公义号　秦开元　李项柱　二众会李建功　韩永保　焦永信　焦万海　焦永随　焦永庆　焦永德　焦贺存　焦万法牛懋林　牛世太　靳信　□恒升　郭万福　秦兴　秦国秀　秦安苍　魏和　魏国瑶魏朝万　魏子崑　魏永吉　魏朝顺　李天成　李士鬼　李永万　李林　牛增盛　韩根马　韩引狗　曹惠仁　吴廷辅　杨存仁　马余庆　马松林　马石柱　王小孩　王道廉　王魁元　秦永法　张士魁　张全盛　杜子元　杜润全　李荣太　杜传良　赵天祥　盖其枝　盖海邦　盖永贤　盖金旺　盖王宁　李成枝　郭双魁　王永远　王磬　秦修德　宋凤章　宋尚寿　赵崑　王建基　王成太　王子锁　牛高贵　郭保安郭鉴　郭修房　靳凤　梁旺　梁聪　程进香　程进财　原永成　张沛法　张永太张进玉　王毓春　王法贵　王承科　牛金榜　牛向臣　赵兴仁　宋玉成　睢发　睢吉　睢杰　睢温　贾绪魁　□君秀　忍耐堂　韩东喜　李世□　李宽　李登云　李连登　韩永裕　闫为祥　璩万士　王彬　张书绅　董孝　宋锡□　吴联斗　程万章程万□　李波温　张夺　陈之书　张凤仪　张凤辉　牛拱辰　王俊　吕相武　马良王培藜　贾纪功　张英　雷高振　赵毓昌　王禄来　王长板　王天裕　王秦保　王小九　王秉会　王世兴　杜来喜　张兆锁　张成春　郭福来　秦士美　李永会　郭法金　徐秋保　宋方林　姜万岐　姜永方　姜立盛　姜秉仁　姜士镐　姜善方　姜福顺　平德福　程和　李三有　贾聚海　牛全积　郭积善　郭积　王永山　王兴玉王顺则　王庆明　王德润　秦裕进　秦林则　郭香仁　郭会林　郭维聚　郭官成郭秋来　郭凤来　郭顶户　郭三元　郭金林　郭法林　杨温芳　郭东林　李枝全

郭□则　郭起兴　郭天顺　郭相朝　郭玉和　郭九臣　郭聚义　崔俊世　栗世增　郑秀林　牛文　牛斌　张庄则　宋德宽　显圣号　赵子丰　杨盛起　杨盛清　原辛酉　长子王文则　苗文培　苗振业　师化远　杨安同　范蓂　张临瑞　张天法　秦国珠　李企白　李舒芳　李钱钟　康占奎　康扎仓　刘钧　田孟好　吕村南社　高邑申永才　牛三良　长治晋周依　晋武林　晋昌永　晋涌泉　张德盛　张玉库　张二根　武永禄　翟隆太　翟开选　陈缵虞　郑平　崔汝凤各捐钱二百

　　长治陈海□　秦松年　宋德和　宋黑旦　马德川　牛双□各捐钱一百

　　壶邑李宣太　杜永盛　盖新喜　韩恭　韩顺　韩悟子　韩天奎　张法垒　张贵长　申永绛各施钱一百

　　长治李枝金　常根　牛吉　袁姬举　王殿左　马□　陈兴　陵邑牛奎龙　郭竹□　苏希□　张□平　李贵祥　李永祥　李泰祥　杨宏基　王金□　王金城　王三善　王□嘴各捐钱二百

　　壶邑牛加林　刘赵存　魏贾孩　苗弓仁　苗增保　暴□材　长子秦七姐　秦清群　秦火长　赵拴　高邑申正和　申正金　申万忠各捐钱□百

　　壶邑曹世□　陈福言　盖春姐　杨太平　杨太传　杨世吉　李驹　郑法成　郑德和　郑维珠　郑李贵　郑二锁　郑牛兴　郑聚珍　王□财　王殿□　王孔懋　王天□　王重□　王重□　王加□　李氏　王重□　王三元　王五女　王□存　王□□　王□□　王兴盛　王维珍　王俊　王玉　王兴　崔□　□增□　□□昌　崔子连　崔子奎　牛聚财（阙文）

二一〇　重修白云寺碑记

清咸丰元年（1851）刊。

碑高187厘米，宽79厘米，厚11厘米。

现存于长治市壶关县树掌镇紫团村白云寺。

【碑文】

重修白云寺碑记

且以事之不能无废也,而尤不可以无兴,盖废多赖力於兴,而兴凡以成乎废,此在凡事皆然,而於作庙,奕奕尤当务之为急也。如兹之白云寺者,乃诸神安妥之所。厥灵赫濯,功在生民,圣功之荫庇益厚,士民之属望弥殷,则此寺不可令其或废也明甚。但地处山巅,风雨之剥蚀为甚,殿宇渐至渗漏,墙壁亦皆凋零,此其理虽不可废而其势有不容不废者矣。所在居民苟因循事外,而不思所以兴举而修葺之,则渐而势形坍塌,如之何其可也。兹有居民好义之士,触目兴怀,倡为其事,毅然而重修之。先募资财於里居,复筹捐助於交邦。仍其规模,依其营造,残缺者补之,废坠者葺之。经理越岁,俾旧制规恢,焕然而改观矣。但见殿宇精彩,既足妥群圣之依归,而式廓轩昂,又适惬士民之隐愿。栋楹於以固,磐石於以安,而究其所以致此盛概者,皆此作兴之力耳。向之势所必废者,而究不终於废,理不可废者,而果功告厥成。吾故曰:废赖力於兴,兴以成乎废者欤。洵一时之美举,继往之功德云。因勒诸石,以志不朽。

树掌莲麓居士李维干撰并书

众善人布施开名於后

魏法捐钱四十千文　荫城镇捐钱二十五千文　□邑二仙观捐钱十五千文　平城镇捐钱十五千文　寂淳师哥捐钱十二千文　树掌冯□兴捐钱十千文　□掌四大社捐钱十千文　皇王社捐钱八千文　高邑米山北里社捐钱七千文　浙水社捐钱六千文　合涧晋商社捐钱五千文　冶南社捐钱五千文　河交六合社捐钱五千文　东马安社　西马安社捐钱五千文　大回社捐四千文　河东社捐钱四千文　秦兆基捐钱四千文　丁家岩大王社捐钱四千文　郭良社捐钱三千五百文　郭良墓坡村　焦家沟捐钱

三千文　郭良兴旺沟捐钱一千文　墓坡村候进忠　候进岐捐钱五百文　东牛皮掌派捐钱三千五百文　凤邑来村社捐钱三千文　三家店捐钱三千文　南朱庄任恤社捐钱三千文　南水社捐钱三千文　北水社捐钱三千文　侍郎岗捐钱三千文　梁家庄社捐钱三千文　磨掌社捐钱三千文　神郊北四社捐钱三千文　芳岱社捐钱三千文　回□社　□杨脑社捐钱三千文　□山社捐钱三千五百文　□□马王社捐钱□□九□文　□□郭堡庄捐钱□□五百文　（阙文）　□邑西□□捐钱□□文　孝义西社捐钱二千文　陵邑西关北社捐钱二千文　东庄社捐钱二千文　霍村社捐钱二千文　北□头社捐钱二千文　米山鹿□捐钱二千文　杨寨庄捐钱二千文　郭脚社捐钱二千文　东韩社捐钱二千文　南郊社捐钱二千文　黄崖底捐钱二千文　马家庄捐钱二千文　汪流水捐钱二千文　□□三教堂捐钱一千八百文　郭家脚　曹家背捐钱一千八百文　□皮掌捐钱一千七百文　牛洞社捐钱一千七百文　□脑南社捐钱一千七百文　安乐庄捐钱一千五百文　米山候家庄捐钱一千五百文　□□郭福庆捐钱一千五百文　下河社捐钱一千五百文　北召社捐钱一千五百文　西□大□社捐钱一千五百文　□师社捐钱一千五百文（阙文）　云□寺捐钱一千五百文　柳泉社捐钱一千五百文　□屋社捐钱一千五百文　东井□太山社捐钱一千五百文　三教□捐钱一千五百文　和尚脑捐钱一千五百文　东大回捐钱一千五百文　福头社捐钱一千五百文　三圣社捐钱一千五百文　李计会捐钱一千五百文　后沟社捐钱一千二百文　□□郭堂庄捐钱一千二百文　（阙文）　朱清太捐钱三千文　□□□朱成先　朱永才　河内县朱先太捐钱三千文　蔡景元　南木楼村杨通太　朱百太捐钱三千文　朱光照　张贵　周见荣捐钱二千文　怀府公兴号　宏盛号各捐钱一千文　米山西沟社捐钱一千文　郭良庆法富捐钱一千文　杨文生捐钱八百文　□□社　□洲社　黄□□　□则脚　赵辿社　大河村观音社　庄则上关帝社　安居村龙王社　东壶陵水　西壶陵水　高岸上社　荞麦山社　后哭水　杨掌林　秦小平　杨来有　杨秦有　赵明璋十六户各捐钱一千文　郭万荣捐钱五百文　教掌社　□□峪赵仓山　赵稳成各捐钱八百文　上南掌村　下南掌村　翠国村各捐钱七百文　怀府振兴号　温县裕盛号　河文磨户泰和

永　东通顺　广盛合　合成铭　积庆和　三盛磨　义和永　上社郭保庄各捐钱五百文　李闰聚　赵揆正　赵永义　赵祥兴　侯明福　韩福岐　赵忠斌　李会则　赵福兴　赵继松十户各捐钱五百文　红岭村　怀府兴盛号　贵兴店　朱□焦各捐钱四百文　司家□　汝家□　靳永龙　张永顺　李保保　和兴公　兴盛店　永清店　鸣昇万各捐钱三百文　秦俊　李小孩　西百坡义和号　刘仓林各捐钱三百文　德盛号　全盛号　南岸靳天顺　李裕通　赵子丰各捐钱二百文　牛新羊捐钱一百五十文　冯承斌捐钱五百文　去珍社施钱三千文　东尧聚德堂　赵忠斌各施钱一千文　马际美马汝楼各施钱四百文

　　经营社首秦李安　李桂兰　冯承斌　冯梦虎

　　维首赵忠武　秦宝余　秦九兴　冯际昌　李增则　冯如意　张文蛟　秦九稳

　　经理账目秦恒吉　秦恒裕

　　木工李铭河　李铭贤　李三孩

　　瓦工李四会　庞顺　候五

　　丹青赵子元　赵继松　赵玉庆

　　玉工赵德坤　子诚则

　　咸丰元年九月谷旦　社首维首同立

二一一　重修天池寺碑记

清咸丰元年（1851）刊。

碑高 159 厘米，宽 72 厘米，厚 15.5 厘米。

现存于晋中市和顺县喂马乡窑堤村天池寺。

【碑文】

重修天池寺碑记

梁榆南乡有天池寺者，古刹也。四山高耸接天，中则低如池焉。天池寺之名，有由来矣。至庙前寒桃，尤著其奇，当春而叶蓁蓁，际冬则花灼灼。斯地也，虽属和邑之胜境，更为辽阳之奇观。两都人士，莫不欲游咏於其间。特不知创自何时，稽诸珉碣，则补修於明崇祯壬午年也。历二百余年，风雨飘零，不无倾颓之形。僧济满、济众目睹心伤，有意补葺。恭清河绪、窑堤、仪岭三村经理士庶各捐资财，四方募化，不数月而工程告竣。大殿、院内外并禅房、山神庙以及普渡二桥，无不焕然一新。则见昔之倾者，今则扶之；向之颓者，兹则起之。觉古桃之异卉，愈足壮此寺之观觇焉耳。因镌诸石，以垂不朽。

廪生卢绍熏沐谨撰

童生白生花沐浴敬书

特授和顺县正堂彭以璧捐银二两　和顺县儒学正堂王树常捐银二两　和顺营城守司厅李文通捐银二两　和顺县右堂五次石建业捐银二两　特授江西庐陵县知县杨晓昀捐银三两　梁聚魁施钱五千文　梁应魁施钱八千文

副法僧（阙文）外化钱一百五十千文

经理

白海文施钱八千文　寿民卢有银施钱六千文　武生白□漳施钱六千文　武生白种□施钱六千文　白儒宗施钱五千文　白仲贵施钱五千文　白重阳施钱四千文　曹聚富施钱六千文　白毓秀施钱六千文　寿民高山林施钱五千文　寿民白□昭施钱四千文　张安永施钱四千文　白存粮施钱四千文　□□□施钱三千文　侯明昭施钱三千文　白鸣凤施钱三千文　白□山施钱三千文　白炎施钱二千五百文　侯周保施钱三千文　白渔施钱三千文　白生花施钱三千文　侯亮施钱二千五百文　萧世酉施

钱二千五百文　侯文具施钱二千五百文　米聚贵施钱二千五百文　胡德源施钱二千五百文　张存富施钱二千五百文　白富兰施钱二千五百文　李发云施钱二千五百文　米仲成施钱二千文　白发财施钱二千文　药毓秀施钱二千文　白太云施钱二千文　白仲福施钱二千文　白明月施钱二千文　张联斗施钱二千文　韩进昌施钱二千文　张联成施钱二千文　高攀贵施钱二千文　白富施钱二千文　白桃保施钱二千文　白更福施钱一千文　白子栋施钱一千七百文　白云旺施钱一千文　白太元施钱一千五百文　白有福施钱二千文　白长年施钱二千文

木匠白常

武安玉工岳有贵　王三

泥匠郭万宝　闫万禄　白荣□

画匠白申如　张联斗

点照寺方丈继仁施钱一千文

住持僧济□　济众　徒广太　广铃　孙文亮　文圆

大清咸丰元年十月吉日立

二一二　重修黑龙庙碑记

清咸丰元年（1851）刊。

碑高144厘米，宽62厘米，厚14厘米。

现存于运城市垣曲县解峪乡乐尧村黑龙庙。

【碑文】

重修黑龙庙碑记

且以人之於物也，皆欲争先以为主。而独山川之毓秀，人欲为主而不得，庙宇之创修，人欲不为主而不能，吾疑主物者之有无久矣，至此，而直信其无，信其无将遂置诸可有可无之数而弃焉，如遗乎而非也，则无也而终归於有。余社东北隅数里许，有曰黑龙潭，其峰萃然起于苍莽之中，亘数十里，尾蟠荒陬，首注大溪，引领而起，势欲腾霄，或曰此条山尾也。四面而悬崖森罗，宛若画屏；下焉而清潭联络，形如纤带，是盖有灵秀主人，巧为施设者矣！夫以上接太空，下临深壑，固周王之马迹不到，亦谢公之屐齿难及。然犹始建黑龙庙，继建玉皇殿，并圣母宫、仙姑室，与夫舞楼、僧房，罔弗整备，而说者曰：是皆在昔主事之数人，地主之娄氏及诸记感应，倡重修之，县主愈公、赵公、刘公有以共成盛事者也。近年来庙貌、神像、圣驾、道路被风雨之飘摇者甚，余社诸君子募化本社，易材植瓦，缀金施碧，不日而功告竣。嘱余为文，以志琬琰。余顾谓诸君子曰：是役也，尔等瘁瘅，尔等拮据，固慨然以为主者矣，抑知有所以不自主者乎，不然昔之主事创建者，胡为突然而起事？昔之地主乐输者，胡为慷慨以从事？即昔之县主愈公、赵公、刘公，胡为而记感应事？胡为而倡重修事？是皆有灵妙之主，潜为驱迫者矣。然今之代主于往昔，尤望后之代主于今日，此吾之所为，信其无而终归于有也夫。是为叙。

邑庠员王廷瓛校阅书丹

邑庠员王廷珪撰文

三社公议禁止：庙圪塔上草木，人等不得损伤，牛羊不得上山，如若上山损伤，拿住一个罚钱一千，拿获者得钱六百，四百入官，倘有不尊法规者，公治禀官究治。

作首人

皇恩李如官捐钱五百文　张允知捐钱八百文　皇恩张法云捐钱八百文　杨辛敖捐钱九百文　皇恩张步鳌捐钱一千文　张允集捐钱一千文　丁书元捐钱一千八百文　文乘乾捐钱二千文　监生王廷瑛捐钱二千五百文　车爱谐捐钱三千文　庠生文应麟捐钱十千文　武举王廷琦捐钱五千文　庠生文葶捐钱三千文　皇恩张自杰捐钱二千文　李景德捐钱一千五百文　袁中贵捐钱一千五百文　皇恩辛连牢捐钱一千文　张起秀捐钱一千　文定乾捐钱八百文　王魁元捐钱八百文　王还捐钱八百文　赵九印捐钱七百文

稷邑石工刘体元施钱五百文

咸丰元年岁次辛卯七月吉日刊石

二一三　重修二仙馆碑记

清咸丰元年（1851）刊。

碑额书"重修正殿"。

现存于晋城市泽州县柳树口镇范山堂附近二仙馆。

【碑文】

重修二仙馆碑记

晋泽凤邑东南七十里大泽里石瓮社一社二馆，东有招贤馆，正有西域古佛，东有关帝圣君，西有土地蚕神，中有香亭一座，东西有廊房十间，南有戏楼九楹，功成不叙。西有二仙馆，脉从昆仑所出。昆仑上方下圆，周围一万七千二百里，脉出八方，七方不叙，惟有艮脉分枝太行山，高高低低，曲曲弯弯，行至二仙馆。东有石人照望，西有丹水抱还，南有松柏临云，永不更改，万载常青。北有寿山魏巍，天造地设，神仙府处。明时年间，创立庙宇。正有淑惠显圣二大真仙，东有三王殿又代蚕神，西有娲皇大帝，南有拜殿三间，内绘神马二匹。南有戏楼三楹，东西有廊房十二间。年深口久，风吹雨洒，损坏庙宇，失累金神。长礼社首毋生稳鉴前功，缵旧业，纠通合社人等，捐纳资财，备办砖瓦木料，与道光廿九年正殿重修复整。赵公讳文珍，至到卅年六月内揭瓮（瓦）东西配殿六间，又揭瓮（瓦）东西廊房一十二间，又揭瓮（瓦）东馆西廊房五间。咸丰元年碾玉庙宇，补缋（塑）金神妆像。自修之后，永保合社人口平安。内绘尊神，外画栋梁，工成浩（告）峻（竣），别有天地，如此换染（焕然）一新。以实撰文，永垂不朽。是序也。

以实撰文赵广恕拙

金兴号钱四千　赵同武钱一千　林法仓钱五百

主神

赵其祥钱五千　赵广昌钱九千五百　赵旺忠钱五千一百　赵其余钱三千　赵其瑞钱五千　赵广瑞钱三千二百　赵中央钱三千　赵法安钱三千　赵万永钱三千　赵正业钱三千　赵法稳钱二千五百　赵天福钱二千五百　赵兴艮钱二千五百　赵兴存钱二千五百　赵兴成钱二千　赵兴廒钱二千　赵广贵钱二千　赵万稳钱二千　赵万

富钱二千　赵万好钱二千　赵正江钱二千　赵正稳钱二千　赵正官钱二千　赵法旺钱二千　赵天禄钱二千　赵万喜钱一千八百　赵正厚钱一千八百　赵其昇钱一千六百　王法喜钱一千五百　赵兴福钱一千五百　赵兴库钱一千五百　赵旺水钱一千五百　赵旺国钱一千五百　赵正安钱一千五百　赵正山钱一千五百　赵天得钱一千五百　赵旺玉钱一千三百　赵万璋钱一千二百　赵旺存钱一千二百　赵法兴钱一千二百　赵广厚钱一千　赵兴琚钱一千　赵广秋钱一千　赵兴得钱一千　赵万年钱一千　赵万□钱一千　赵万宝钱一千　赵旺明钱一千　赵万兴钱一千　赵万银钱一千　赵万芳钱一千　赵正宽钱一千　赵正得钱一千　赵广恕钱八百　赵天仓钱八百　毋正福钱七百　赵旺义钱七百　赵法贵钱七百　赵文昇钱六百　赵兴孝钱六百　赵万正钱六百　赵旺悦钱六百　赵万江钱六百　赵万旺钱六百　赵旺魁钱六百　赵法林钱六百　赵其印钱五百　赵其盛钱五百　赵其海钱五百　赵其美钱五百　毋文魁钱五百　赵兴业钱五百　赵兴元钱五百　赵兴基钱五百　赵兴义钱五百　赵兴礼钱五百　赵兴江钱五百　李子羊钱五百　李子魁钱五百　赵广成钱五百　赵旺贵钱五百　赵万山钱五百　赵旺龙钱五百　赵旺铎钱五百　毋士忠钱五百　李子芳钱五百　赵旺成钱五百　赵旺义钱五百　赵旺海钱五百　赵旺瑞钱五百　赵旺稳钱五百　毋香拴钱五百　毋士艮钱五百

主神

许世官钱七千　许天照钱五千　许万宝钱四千　毋正禄钱五千　许有国钱四千　许继成钱四千　许法兴钱三千　毋明宝钱三千　许万正钱一千　许法贞钱一千　许万认钱三千　许万艮钱三千　毋士魁钱三千　许万富钱二千　许万友钱一千五百　许有龙钱二千　许有旺钱二千五百　许万芳钱二千　许毋氏钱二千　许万兴钱一千五百　许继法钱一千五百　许万松钱一千五百　许万铜钱一千五百　许万印钱一千五百　许继全钱一千　许有本钱一千　许万旺钱一千　许万存钱一千　许万臣钱一千　毋士洛钱一千　许法好钱一千　许法智钱一千　毋士稳钱一千　许安宝钱一千　许安瑞钱一千　许安福钱一千　许通顺钱一千　许小所钱八百　许法元钱八百　许

677

有太钱五百　许有党钱五百　许有臣钱五百　许万党钱五百　许万会钱五百　许有兴钱五百　许万昇钱五百　许法瑞钱五百　许法旺钱五百　许法轩钱五百　许法存钱五百　毋士虎钱五百

主神

毋继诚钱八千　毋成进钱五千　毋正省钱四千　毋士宽钱三千五百　毋成昌钱三千　毋正鱼钱三千　毋法海钱三千　毋士通钱三千　毋文元钱二千五百　毋海鱼钱一千　毋正朝钱一千五百　毋正礼钱一千　毋正芳钱三千五百　毋继富钱三千五百　毋海金钱三千　毋通顺钱三千　毋正绪钱二千五百　毋正太钱二千五百　毋正善钱二千五百　毋士金钱二千　毋士禄钱二千　毋继春钱一千八百　毋正俊钱一千五百　毋正山钱一千五百　毋正其钱一千五百　毋继昌钱一千五百　毋海财钱一千五百　毋海宝钱一千五百　毋法伦钱一千五百　毋法山钱一千三百　毋文金钱一千二百　毋文昌钱一千二百　毋正会钱一千二百　毋正义钱一千　毋正荣钱一千　毋正宝钱一千　毋士江钱一千　毋继永钱一千　毋士图钱一千　毋永山钱一千　毋士芳钱一千　毋海松钱一千　毋通顺钱一千　毋海印钱一千　毋正元钱八百　毋正贵钱八百　毋正秀钱八百　毋正官钱八百　毋通林钱八百　毋通得钱八百　毋士海钱七百　毋成怀钱七百　毋成江钱七百　毋士好钱七百　毋成得钱七百　毋正相钱六百　毋正见钱六百　毋正虎钱六百　毋士全钱六百　毋法春钱六百　毋法成钱六百　毋海清钱六百　毋海朝钱六百　毋法太钱六百　毋法崑钱六百　毋正国钱五百　毋正斌钱五百　毋正忠钱五百　毋正纲钱五百　毋正水钱五百　毋正花钱五百　毋正林钱五百　毋正魁钱五百　石秉后钱五百　毋正祥钱五百　毋正本钱五百　毋正春钱五百　毋正祯钱五百　毋金印钱五百　毋士润钱五百　毋士顺钱五百　毋继文钱五百　毋士荣钱五百　毋根所钱五百　毋合同钱五百　毋继富钱五百　毋明鱼钱五百　毋明珠钱五百　毋明雪钱五百

长神

毋正稳钱七千　芦永通钱三千五百　张成轩钱二千五百　郝太章钱二千　毋生

党钱二千　张法富钱二千　芦法福钱一千五百　毋生□钱一千五百　毋天宽钱一千二百五　毋添友钱一千二百五　毋法通钱一千　毋元印钱一千　许相龙钱八百　毋永宝钱一千　毋广太钱七百　郝兴永钱七百　毋大仓钱六百　郝兴龙钱六百　毋天瑞钱五百　许相昌钱五百　张成斌钱五百　毋元安钱五百　毋天秀钱五百　许万仓钱五百　芦法根钱五百　张法厚钱五百

主神

毋天禄钱四千　郝兴太钱四千　毋元魁钱三千五百　毋法仓钱五千　毋元稳钱四千　许有年钱三千　毋生林钱二千五百　芦永宽钱三千　毋元法钱三千　毋广龙钱三千　芦法祯钱一千五百　毋元浩钱一千　毋天福钱二千五百　毋天党钱二千五百　毋广虎钱二千　毋元山钱二千　毋添玉钱二千　毋添魁钱一千八百　许有金钱一千六百　毋生朝钱一千六百　许束平钱一千六百　芦法年钱一千五百　毋元孝钱一千五百　毋元绪钱一千五百　毋永正钱一千五百　毋永宽钱一千五百　毋永聚钱一千五百　芦法祥钱一千四百　芦法顺钱一千　毋广昇钱一千　郝广羊钱一千　毋元德钱一千　郝广会钱一千　毋广海钱一千　郝广元钱一千　毋天宝钱一千　毋天旺钱一千　毋天稳钱一千　毋天富钱一千　毋天孝钱一千　毋天泉钱一千　毋永安钱一千　许万根钱八百　毋印昇钱八百　郝兴宽钱八百　毋生宽钱八百　张成金钱八百　毋天存钱八百　张成重钱八百　毋元龙钱七百　芦永林钱七百　毋元宝钱七百　毋元正钱七百　毋元厚钱七百　毋永海钱七百　张成立钱六百　张成友钱六百　芦永贵钱六百　张法兴钱六百　毋生业钱五百　郝广群钱五百　毋生忠钱五百　郝兴全钱五百　毋法海钱五百　郝兴瑞钱五百　毋广宽钱五百　张成好钱五百　毋广安钱五百　许相凤钱五百　毋法元钱五百　郝兴存钱五百　毋天江钱五百　许万省钱五百　毋天聚钱五百　张成玉钱五百　毋天义钱五百　郝兴官钱五百　毋永友钱五百　张法宽钱五百　毋永法钱五百　芦法甫钱五百　毋永富钱五百　郝兴玉钱五百　毋永轩钱五百　张法存钱五百　芦永山钱五百　张忠玉钱五百　郝永聚钱五百

时大清咸丰元年四月廿六日立石

住持僧法苗　徒海仓　海库

书写僧海库

玉工许相龙

木工赵旺存

丹青刘夅贤　河西王廷礼西半

二一四 重修碑记

清咸丰二年（1852）刊。

碑高 205 厘米，宽 79 厘米，厚 22 厘米。

碑额书"亿万斯年"。

现存于运城市平陆县下坪乡下坪村关帝庙。

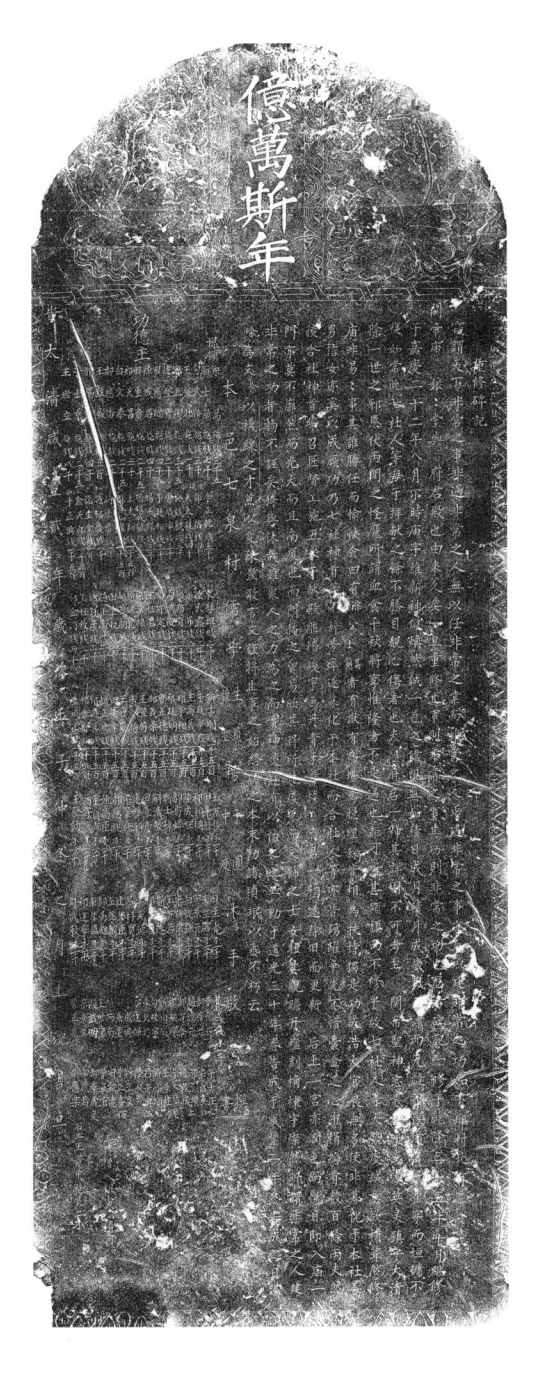

【碑文】

重修碑记

窃谓天下非常之事，非遇非常之人，无以任非常之业；而非常之人，非遇非常之事，亦无以建非常之功。如下坪村北，有关帝庙、娘娘堂与府君殿也，由来久矣。一旦重修，其事则非常之事，其功则非常之功也。历考碑记，一修于乾隆三十五年十月，继修于嘉庆二十二年八月。尔时庙宇维新，神像焕然，诚一邑之伟观。无如积日成月，积月成岁，风雨漂而瓦缝不复犹旧，鼠雀穿而垣墉不复如常，此七社人等，每于拜献之余，不胜目睹心伤者也。夫府君一神，其详固不可考，至关帝圣神，忠义扶乎炎汉，英灵镇乎大清，除一世之邪慝，伏两间之怪魔，所谓血食千秋，将享惟隆者，不是过也，讵可听其倾颓而不修乎？故七社人等大发虔诚，意欲补葺，然修庙非易易事，其谁胜任而愉快？佥曰：有宋公昺，靳公士兰者，有猷有为，堪为总理，余皆相为扶持，独是功成浩大，官银无多，使非募化于本社善男信女，亦奚以成厥功？乃七社神首等不辞劳瘁，遂募化于本社，而合社人等亦皆踊跃争先，不惜囊金，遂心布捐，约有数百余两。夫然后合社神首等召匠督工，施五采于献殿；雕墙峻宇，画丹青于舞楼。府君一祠遂除旧而更新，后土一宫亦润色而悦目，即入庙一门亦莫不廓然而光大而。且南厦也而门掩之，贸易欣其得所；北厦也而文饰之，士女壮其观瞻。丹楹刻桷，栋宇灿然。所谓非常之人，建非常之功者，询不诬矣。猗与休哉！虽众人之力为之，而实神灵默有以佑之也。工动于道光三十年春，告成于咸丰二年冬。告成之日，嘱余为文。余以袜线之才，兼以荒疏，岂敢言文？谨将其事之始终，功之本末，勒诸琬琰，以垂不朽云。

本邑七泉村儒学生员杨于园沐手敬撰

本邑七泉村儒学后生杨中度沐手敬书

功德主

总领

宋昺施钱三千五　靳士兰施钱七千

勾武伶施钱三千　王登壮施钱一千　曹正乡施钱三千五　连登彦施钱二千　田应聪施钱四千五　陆成名施钱四千　田生贵施钱二千五　祁天昌施钱三千　白文泰施钱二千五　郝应杏施钱二千　王致敬施钱五百　郝易庆施钱四千　于士京施钱二千五　王世立施钱八千　李正乾钱五千　洛邑郭信钱四千　河曲天太号钱四千　公议号钱三千　曹成宰钱三千　于廷相钱三千　杨大谋钱三千　西信成号钱三千　王太和钱一千五百　魁盛和号钱一千五百　刘士彦钱一千　赵怀庆钱一千　德生堂钱一千　江西金天兴钱一千五百　于正兴钱一千五百　东壮班钱二千　陆天雾钱二千　宋昇钱二千　祁邦有钱二千　勾武俊钱二千　乔守定钱二千　王怀忠钱二千　宋景粮钱二千　赵继孔钱二千　郝义朋钱二千　田生收钱二千　赵正南钱二千　祁廷彦钱二千　王怀敖钱二千　祁金河钱两千　靳士刚钱一千五百　于廷宰钱一千五百　王万义钱一千五百　邢学相钱一千五百　祁廷明钱一千五百　曹正德钱一千五百　郝义秦钱一千五百　王登局钱一千五百　宋梅钱一千五百　王世能钱一千五百　田景业钱一千五百　赵正北钱一千五百　祁廷善钱一千五百　祁金□钱一千五百　陆成山钱一千五百　王万俊钱一千　田景余钱一千　祁邦同钱一千　陆成旺钱一千　郝易蟒钱一千　靳士栋钱一千　解清敖钱一千　田景彦钱一千　连登科钱一千　宋景化钱一千　郝应兆钱一千　姚易臣钱一千　董自秀钱一千　乔守言钱一千　王登讷钱一千　田生光钱一千　李生雾钱一千　田景元钱一千　白武强钱一千　宋自荣钱一千　王万若钱一千　靳立廷钱一千　祁□连钱一千　李元池钱一千　吕好宽钱一千　连登臣钱一千　王登敖钱一千　郝易勉钱一千　车学盛钱一千　祁廷宰钱一千　勾武秋钱一千　曹成化钱一千

　曹元保　郝李姓　赵亿元　郑百令　祁双环　靳润成　勾双寅　李欠乃　祁廷保　曹成明　田景星　赵丙南　王世须　陆武明　宋景盛　曹正见　于士正　宋自

英　张现　姚改成　李大盛　王景柱　许小项　吕彦兴　陆双□　靳立交　曹正喜　田致远　曹正官　郝秦虎　白武若　郝应乐　以上钱五百文

主持僧人祖寅　徒清河

石工王景中施银二钱

时大清咸丰二年岁次壬子仲冬之月上浣吉旦

二一五　重修乐楼记

清咸丰二年（1852）刊。

碑高49厘米，宽72厘米。

现存于长治市武乡县上司乡南神山普济寺。

【碑文】

重修乐楼记

　　武邑山神□□每年三月廿四日、五月廿八日神会祭赛，自胜朝嘉靖年间御祭而后，迄今近四百年。□祭赛享，任其事者，惟我崇仁、敦义两坊，士民得与其事焉，相沿已久，俨为定制。各有记铭，历历可考，无庸再赘。惟於三年一周勷事之余，颇有补葺，恍若神恩未忘，而余情犹未尽竭也。非神灵庇覆之宏恩，士民戴德之隐悃，交相孚洽，何能得此？今将瓜代之期，凡庙宇之殿堂廊庑俱已完善，独半山之乐楼，残坏颓废，难为演剧。因各捐己资，廓其根基，新其垣墉，重为修葺。所费虽云无多，固不敢言为踵事增补之善，亦未尝非集腋成裘之一助云。是为记。

　　邑儒学优行增广生员魏九皋鹤亭氏薰沐敬撰并书丹

崇仁坊香首

一甲寿官张来□　　五门张福　　张斌

二甲武门户武法魁　　武联魁　　门人武高魁　　武兴盛　　武兴旺　　武兴明　　武□同

四甲议叙刘□履　　刘大有　　刘□花　　刘梦花　　刘□花　　刘森　　刘深　　刘炳

五甲寿官赵保障　　俏生赵鸣岐

六甲魏天佑　　魏鹤麟　　魏麒麟

七甲王德良　　王德贵　　王兰保

八甲张思温　　张凤仪　　张德泰　　张德奎　　张凤鸣　　张凤彩　　张思让

九甲张合　　张天富

十甲监生董清元　　董清荣

敦仁坊香首

一甲高培桂　　高双桂　　高培□　　高复桂　　高友相　　高序相

二甲陈发科　陈发魁　陈富兴　陈保和

三甲梁荣华　吏员梁士杰　梁庚午　梁保奎

四甲□学　窦汉卿　窦尚义　窦炤煊　窦炤奎

五甲梁增贵　梁□贵　梁稳

六甲李茂枝　李茂材　李迎香

前八甲巩存安　巩文方　巩文华　巩履德　巩德元　巩德良　巩有恒　巩德文　巩□兰　巩怀义　巩钦

后八甲赵德庆　赵德财　赵锁　赵存保　赵三虎

九甲崔文元　崔更清　崔忠

阴阳生萧廷士

住持僧会觉世　徒僧会登泰

咸丰二年三月廿四日

二一六　创修九间碑序

清咸丰三年（1853）刊。

碑额书"流芳百世"。

现存于晋城市泽州县柳树口镇许圪套村二仙庙。

【碑文】

创修九间碑序

盘古初分，历代帝王正行修身，齐家治国。山西泽州府凤台县濩泽东南，离城七十大泽里，村名曰圪套，东有青龙入瓮，西有白虎临山、石人看望，北有为山相坐，南有群山相抱。村东有古庙一所，前后二院。后庙上有古佛，又有南海大士出山。前庙上有二仙圣母，东有娲媓、文昌，西有三官、蚕姑，东西有廊，南工未修。於咸丰元年八月初一日，村主将合村人等请至庙上，虔心开工，散分人等，无不修也。同心协力，速积钱粮，即日开工。一修下九间、东西厦口，至咸丰三年工成，酬神演戏，达报圣恩。至修之后，永保合村人等平安，五谷丰登，田蚕茂盛，六畜兴旺，大吉大利。每修之后，无不敬也。

以实撰文，书写毋明宝同子平阳施钱五百文。

村中买瑒坡风水柏树一根

全兴号施钱一千文　许有年施钱一千文　许有苗　许有法施钱二千文　许有来　许有运施钱一千文　许万明同子法仓施钱一千文　许法明施钱五百文　毋明羊施钱五百文　许中央施钱六百文　许法官　许法忠　许法有　许法全施钱一千六百文　范稳香施钱五百文

主神

许世官施钱十六千二百文　饭一百零四　工一百二十五

许天照施钱十三千七百文　饭八十八　工一百二十八

许万宝施钱十一千四百文　饭七十二　工一百一十三

毋正禄施钱十二千九百文　饭八十八　工一百五十一

管账

毋明宝施钱五千一百文　饭四十五　工六十四

管钱粮

许有国施钱十五千四百文　饭一百　工八十三

毋士魁施钱十千九百文　饭七十　工七十五

许法兴施钱十千三百文　饭六十四　工七十六

许万正施钱三千二百文　饭二十　工九十一

催工

许万发施钱四千六百文　饭二十八　工一百零五

许法祯施钱四千文　饭二十四　工一百一十一

许万存施钱三千二百文　饭二十　工七十六

许万党施钱一千七百文　工一十

拨饭

许法好施钱五千三百文　饭三十二　工七十六

毋士洛施钱四千四百文　饭二十八　工七十七

木工

许万艮施钱十一千五百文　饭八十二　工八十一

许万富施钱五千一百文　饭三十二　工八十三

石工

许万认施钱八千二百文　饭五十六　工五十九

许有旺施钱六千文　饭三十九　工八十九

砖瓦

许万印施钱五千六百文　饭三十二　工六十

许万臣施钱二千六百文　饭一十八　工七十六

管石灰

许万同施钱五千一百文　饭三十二　工七十

许法金施钱五千七百文　饭三十六　工四十九

管坯

许安宝施钱四千五百文　饭二十八　工五十

许万会施钱一千七百文　饭十一　工五十四

许万芳施钱七千八百文　饭四十八　工五十四

许毋氏施钱七千四百文　饭四十五　工五十

许有龙施钱六千六百文　饭四十　工六十

毋明全施钱五千四百文　饭三十二　工五十三

许全金施钱一千文

许安通施钱五千三百文　饭三十二　工四十四

许万兴施钱三千九百文　饭二十四　工三十七

许法智施钱四千文　饭二十四　工五十七

毋士稳施钱三千七百文　饭二十四　工六十五

许万旺施钱三千一百文　饭一十　工四十五

许安福施钱三千三百文　饭二十　工四十九

许法通施钱二千六百文　饭十六　工五十五

许安瑞施钱二千七百文　饭十六　工四十

许法轩施钱二千四百文　饭十四　工五十七

许祯福施钱五百文　许同兴施钱六百文　许法祥施钱一千文

许有党施钱二千文　饭十二　工五十三

许法瑞施钱二千一百文　饭十二　工四十五

许法印施钱一千七百文　五工

许有太施钱一千三百文　三工

许有本施钱一千三百文　工八

许万昇施钱一千四百文　工二十五

许法旺施钱一千三百文　工四十三

许同文施钱五百文

许同顺施钱四百文

许有成施钱一千二百文　六工

许法党施钱一千二百文　五工

许万广施钱一千文

许法义施钱一千文

许法元施钱一千三百文　饭八　工二十五

许法成施钱一千三百文　饭八　工三十八

许安元施钱一千文　五工

许天元施钱八百文

许万顺施钱一千文

许祥瑞施钱四百文

许同明施钱三百文

许万礼施钱一千二百文

许法艮施钱一千文

许万朝施钱六百文

许万林施钱六百文

许有魁施钱六百文

许有兴施钱六百文

许万君施钱六百文

毋士金施钱一千文

许同法施钱二百文

许同成施钱二百文

许法稳施钱六百文

许法财施钱六百文

许法礼施钱六百文

许万同　许万印山门东施路外一半

大清咸丰三年六月初六日立石

玉工陈广元　张成有施钱一千文

木工赵旺存　刘贵裕施钱一千文

丹青刘备贤

二一七　去坐马碑文

清咸丰四年（1854）刊。

碑高175厘米，宽70厘米，厚16厘米。

碑额书"碑记"。

现存于太原市清徐县清源镇上闫村洪福寺。

【碑文】

去坐马碑文

尝思坐马之需，亘古以来未之有也。自人心不古，而利己者往往於八十九。匹半内暗藏三五坐马之差。始而隐瞒里乡，坐之犹少，继而同谋合伙，坐之渐多，甚至彰明较著，而务斯差者，以为火食，是用分所应尔。我等自立公务所，送往迎来，知其弊即欲除其弊，爰与坐斯马者成其讼，琴堂之上，传讯数次，以拨其非，几几乎有彼胜我败之忧。幸逢我天吴太爷，仁明公判，起去坐马。堂谕：每年有一匹马，定火食钱四千文。斯诚万世永赖之福，今建石碑，亦以定万世不易之规焉，云尔。

众村

东于村　北云支　王明寨　柴家寨　牛家寨　贾油堡　东罗白　南程村　吴村　张闫村　火万庄　成子村　高白镇　北社村　常丰村　南安村　北程村　小南社　新堡村　北青堆　南青堆　东穆庄　西穆庄　羊房营　白马一　东苑庄　西苑庄　孔村　西青堆　韩闫村　小东社　白家庄　西庄村　禅房营　杨家堡　□留村　北营村　乔武村　平泉村　南营村　拔奎村

经理人公立

国子监太学生张庆成撰

儒学廪膳生员张五伦书

咸丰四年十二月吉日立

二一八　重修三教堂碑记

清咸丰四年（1854）刊。

现存于晋城市泽州县柳树口镇宋掌村三教堂。

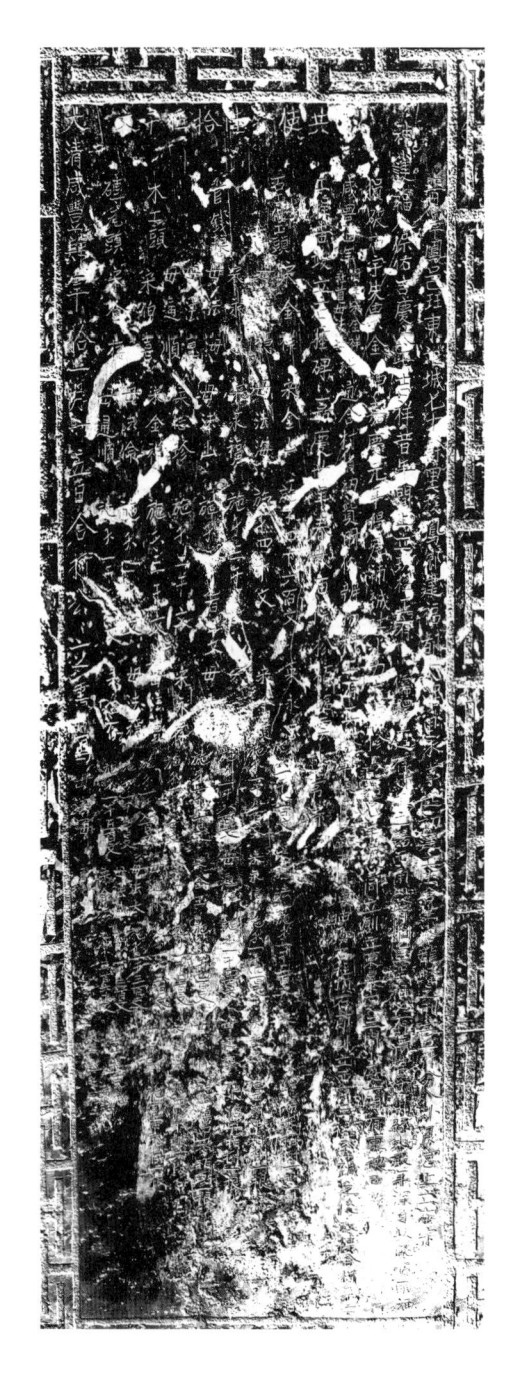

【碑文】

重修三教堂碑记

晋泽凤邑珏东离城七十余里移凤乡建福都大泽里宋家掌。起初建立庄舍，坐落龙蟠之刑（形），立五行分八卦，艮宫上立庙宇，神护福人，保佑吉庆，太平吉祥。昔年间上立九楹，正有儒释道教，必有纯嘏之锡，而角殿有娲皇圣祖，必有续桂子兰孙。大殿年深日久，风吹雨洒，损破庙宇，失累金神。嘉庆元年，揭瓦补瓪，社小力微，□修工程。道光七年，协心同立，创立东暴（抱）厦三间，小厦一间，有东缺西。咸丰四年，村主宋金祥、社首毋法海纠通合村，捐纳资财，备办物料。上有正殿木柱，年深日玖（久），风雨损坏，抽换石柱顶石廊，创立西廊三楹。至瓥之后，永保合村平安。工程告竣，立石捶碑。嘉庆廿年春栽庙院松柏临云，万载常清（青）。

共使钱六十五千文

石工催工头宋金祥　毋法稳

管钱粮宋永忠　毋法海　毋法昆

木工头毋通顺　宋伯喜

砖瓦头宋金存

宋金山施钱四千六百文　毋法海施钱四千文　宋永福施钱三千文　毋法山施钱□千七百四十文　宋栢珍施钱二千文　宋金祥施钱二千文　毋法伦施银二千文　毋通顺施钱一千□□文　宋永忠施钱一千八百文　宋金贵施钱一千八百文　宋永□施钱一千八百文　毋法□施钱一千八百文　宋永孝施钱一千八百文　毋法崑施钱一千七百文　毋法稳施钱一千五百文　宋金存施钱一千五百文　宋稳法施钱一千二百文　宋永信施钱一千四百文　毋通德施钱一千四百文　宋金玉施钱一千四百文　李子保施钱一千四百文　毋通林施钱一千三百文　毋法太施钱一千三百文　毋法成施钱一

千三百文　宋金法施钱三百六十文　宋伯珍施下场娄柏树一□　宋永忠施西岭甲柏树一根　毋通德施小路甲柏树一根　毋法伦施上场□娄柏树一根　宋稳法施西路下坡一段　毋法春施堂上甲椿树一根

　　玉工张克勉

　　木工赵晓□

　　大清咸丰四年十一月廿五日合村公立　书写毋法海

二一九 创修歌舞楼碑记

清咸丰七年（1857）刊。

碑高281厘米，宽70厘米，厚26厘米。

现存于晋城市高平市原村乡良户村玉虚观。

【碑文】

创修歌舞楼碑记

　　将欲为邑中立祈报之所，以敬恭明神，非有其基址，有其财力，有其人力，而又有同心合志之人者，不可得而有为也。然而求其一一俱集者，往往难之。若因其基址，出以财、力、人，且无不鼓舞以趋事，将肃民事神，以壮一邑之观瞻，胥於是乎在。吾村有玉虚观，旧不缺祀矣，□非所以为祈报也。然门外余一基址，昔之人岂置为闲旷地哉，亦谓祈也、报也、赛也，将於是乎取资，但求筑一台榭，猝难得焉，然未尝不有待於后也。甲寅岁，村中理社事者欲迎先农神皇於此，造台楼，图祈报，倡此盛举，阖村人等即无不奋然起，慨然应。於是计功权费，踊跃争先，人人量力多募，各自捐输，以致鸠工庀材，不岁而功成告竣。殆所谓勇於赴功，乐於趋事者耶。是何昔人之所难，而今人之所易耶。得毋以同心合志，果能相与以有成者然耶。嗟乎，观乎此者，南则山环水映，烟树迷离，於斯台有光焉；台则鸟革翚飞，美轮美奂，於一邑亦有光焉。然其所以志此者，欲村人睹斯台而肃然起敬，以思春秋祈报之本，而不徒为观游之地也。抑亦欲村之人思台之所由起、所由成，一心一意，相亲相睦，而无或不守社规焉。是诚吾邑之厚幸也，故志之。

　　禀膳生员子丹氏宁元忠撰文

　　敕授修职郎现任襄垣县儒学教谕雨香氏王攀桂篆额

　　邑庠生鉴涵氏袁湛如书丹

　　督工首事李兆华　袁尔恭　张泰　苏全兴　郭秀桐　郭煊文　王嘉勋　李兆贵　李昌久　田德茂　□慰林　赵□珽　田本立　郭茂林　宁永祥　崔士魁　宁万聚　郭顺成　田兆丰　袁尔聪　郭开关　袁世茂　张得财　李德均　田德兴　赵珂　李裕林　王开元仝勒石

　　大清咸丰七年丁巳孟秋月上浣谷旦

　　住持田一贵

　　玉工牛福贵刊

二二〇 真武庙创建香亭碑记

清咸丰八年（1858）刊。

碑高163厘米，宽68厘米。

碑额书"永垂不朽"。

现存于运城市河津市城关九龙山真武庙。

【碑文】

真武庙创建香亭碑记

香亭者何？会人本其一□之诚，壮观瞻以妥神佑（阙文）同其心者乃能同其诚也。庙内旧无香亭，□□秋会人同心协力，各出（阙文）金，又募缘於外，共得四百余金。为之鸠工庀材，□□亭前创建香亭一所，两（阙文）工告竣（竣）。将见飞阁流丹，影射□阳之浦；层峦耸翠，祥呈□岭之巅。神本至诚以佑人，人其诚敬以格神，而神其享之有不绥以多福者□□於相地势之宜，以因时而建功，则人之好善，谅□同心，是所望於接踵而起者。谨序颠末，永志不忘。

特授修职郎前任陕西同州府大□县左堂兼管粮饷事加三级纪录五次给功次邑人柴廷枢薰沐撰文

例授登仕佐郎邑人张廷魁沐手书

同心诚会首事人

监生赵福昌　从九赵国栋　张立德　从九常廷栋　耆宾杨建邦　王景云　从九张鹏扬　刘树勋　吕月珠　卫清宪　郝鼎立　刘镇邦　张浍清　赵王财　庞扶栋　刘庆升仝立石

募缘人

耆宾杨建邦银二十四两　从九常廷栋银十六两　从九赵国栋银十五两五钱　刘镇邦银十四两六钱　吕月珠银十四两二钱　从九杜友芝银十三两　监生赵福昌银十二两七钱　康□□银十二两　□□□银十两□□（阙文）　崔景星银十两一钱　郝秉□银八两三钱　吕廷贤银七两一钱　郝鼎立银六两二钱　卫清宪银六两　冯斌彦银五两四钱　从九柴云□银五两四钱　庞喜庆银五两四钱　从九张雕银五两三钱　□□郝庆泰银五两　耿文光银五两　奉化生陈万林银五两　刘近仁银五两　石祥泰

银四两六钱　师希化银四两五钱　高云祥银四两五钱　周煌银四两五钱　赵培棠银四两五钱　周尚武银四两二钱　庞扶栋银四两二钱　原广文银四两　从九王联科银四两（阙文）　刘文（阙文）　赵明彦（阙文）　高副魁银（阙文）　王俊泰银（阙文）　从九高西庚银三（阙文）　卫邦杰银二两八钱　冯万林银二两八钱　高鱼龙银二两八钱　□生耀银二两八钱　（阙文）

大清咸丰八年岁次戊午仲春吉旦

二二一　重修三嵕庙彩画殿宇碑记

清咸丰八年（1858）刊。

碑额书"重修碑记"。

现存于晋城市高平市北城街道王何村三嵕庙。

【碑文】

重修三崚庙彩画殿宇碑记

吾村三崚圣庙由来久矣，自乾隆三十二年阖社维首等协力重修，至今年深日久，殿宇倾颓，风雨损坏，不胜憔枯之虑焉。维首恐其庙宇湮没，日后难以修补，无奈独力难支，白手无济，空言无当也。急则难以猝办於一时，不如先宜预於平昔。固议敦请摇会一局，名之曰全成会，全其始而成其终也，以为兴土木之需。幸蒙神恩默佑，邻村胜友偶展诚心，不日成全其美，虽云成事在天，岂非人事哉？功成告竣，因志其事，永垂不朽云。是为序。

今将全成会十有余年积聚钱文若干补修殿宇一应花费开列于后

共得来布施大钱一百八十三千文　共收来会首中末大钱三百六十千文　共除来会馔大钱五百四十千文　共得来余底数钱七十二千文　共得来走会茶水钱六十千文　全成会得来会钱八十八千五百文　共得来众人加利钱二百二十一千文　以上七共得来大钱一千五百二十四千五百文

买根基石共使钱七十千零八百文

一应买砖共使钱三十七千五百文

买门窗过木共使钱八千五百廿文

买梁檩棚板共使钱九十四千六百文

买笆瓦松橼共使钱五十千零四百文

买木料带脚共使钱五十七千五百文

油漆彩画二次工共使钱五十二千文

买土坯水工共使钱三十二千九百文

大殿天棚三间彩画庙宇一院

买地基打扇堂共使钱三十六千五百文

买石碑家具共使钱三十七千九百廿文

献戏谢土火食共使钱四十五千二百文

会首中末请客火食共使钱九十二千文

泥水工土工总共使钱一百一十六千文

买大小石条共使钱十千零四百五十文

买磁器衣箱共使钱二十三千一百文

木匠铁匠工共使钱八十五千三百文

庙门内外石条补齐磁器十五桌

补修看楼石梯打毛坑共使钱三十七千一百文

买头发石灰共使钱十二千四百文

石匠工牛工脚钱共使钱五十一千五百文

会期六十次火食共使钱三百九十一千文

全成会带会共使钱一百七十三千九百一十文

买锹镤麻绳共使钱五千八百五十文

补底少数共使钱二千零五十文

舞楼东南创修戏房上下六间

朱红金字匾一挂补修新扇门一合

舞楼西南创修看楼上下二间

庙院东南西南修盖楼棚二间

庙院东北西北修茶亭二处

阁院创修砖楼房上下八间

正殿朱红描金供桌五张

舞楼前后包修石台一围

罩金銮架五对描金蜡架进香桌一张

红漆方桌五张红漆椅子十把衣箱一对

补修看楼石梯一所庙门外打毛坑一所

以上一应共总使费过大钱一千五百二十四千五百文

谨将维首姓名列□后

维首刘德源　张守福　李愫　任忠　任聚财　任忙则　刘振岐　任贵　谢玉和　任得祯　任聚珍　张守洁　刘永泰　任模　任喜贵　任桓　赵永泰　王得义　任振乾仝立

丹西居士贺德赠润身谨撰并书丹

玉工王永祥刊

时咸丰八年岁次戊午冬十月上浣之吉日全成会维首仝勒石

二二二　重修庙牌记

清咸丰十年（1860）刊。

碑高 186 厘米，宽 72 厘米，厚 13 厘米。

碑额书"皇图永固"。

现存于吕梁市柳林县成家庄乡大井沟村黑龙庙。

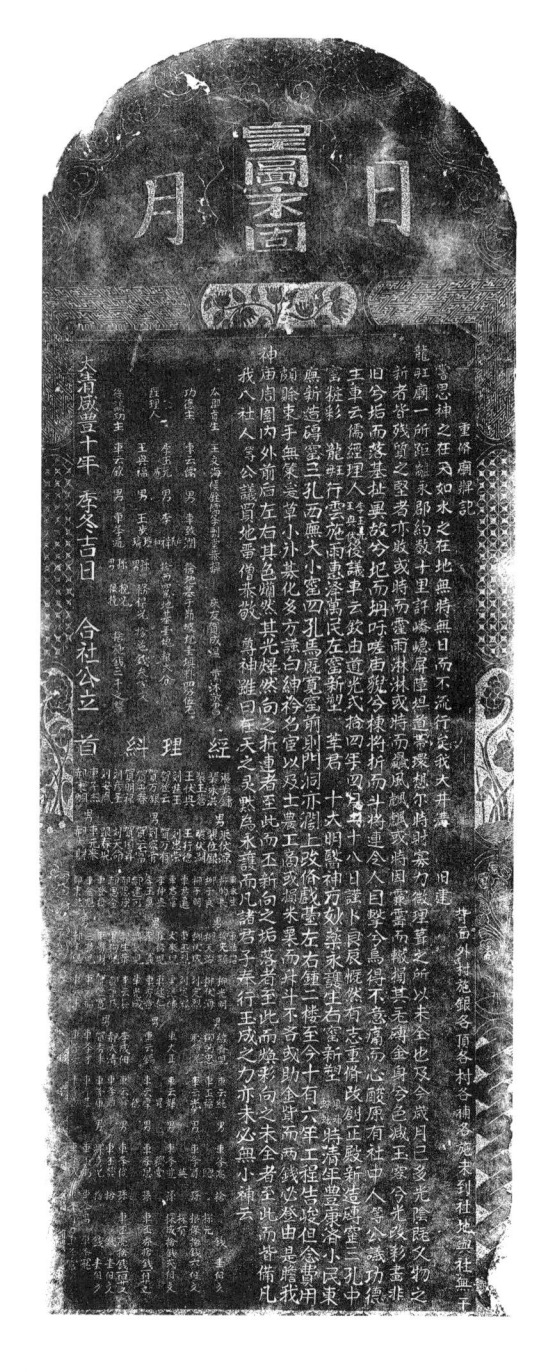

【碑文】

重修庙牌记

背面外村施银各项各村各补各施未到社地与社无干

尝思神之在天，如水之在地，无时无日而不流行矣。我大井沟旧建龙王、龙母庙一所，距离永郡约数十里许。嶙嵥屏障，坦道带环，想尔时财寡力微，理茸之所以未全也。及今岁月已多，光阴既久，物之新者皆残，质之坚者亦败，或时而霪雨淋淋，或时而飍风飙飙，或时因霡霂而辙损其瓦砖，金身兮色减，玉容兮光改，彩画非旧兮垢而落，基扯（址）异故兮圮而坍，吁嗟庙貌兮栋将折而斗将连，令人目击兮乌（焉）得不意痛而心酸。原有社中人等公议功德主车云儒，经理人李玉元、王兴伏，后议车云钦，由道光二十四年四月二十八日谨卜良辰，慨然有志，重修改创。正殿新造砖窑三孔，中窑妆彩龙王龙母，行云施雨，惠泽万民，左窑新塑华君十大明医，神方妙药永护生，右窑新塑风神、虸蝝，时清年丰，康济小民。东庑新造砖窑三孔，西庑大小窑四孔，马厩宽窑前则门洞亦阔，上改修戏台，左右钟二楼。至今十有六年，工程告竣，但念费用颇赊，束手无策，爰草小讣募化多方，谨白绅衿名宦，以及士农工商，或捐米粟而升斗不吝，或助金资而两钱必登。由是瞻我神庙，周围内外，前后左右，其色烂然，其光烨然。向之折连者，至此而丕新；向之垢落者，至此而焕彩；向之未全者，至此而皆备。凡我八社人等，公议买地留僧，恭敬尊神，虽曰在天之灵默为永护，而凡诸君子奉行玉成之力，亦未必无小补云。

本郡贡生王文海侯铨儒学副堂恭撰

床友贺成温熏沐敬书

功德主

车云儒　男车致润舍地墓于峁坡地一坝粮四分五厘

经理人

李玉元　男李仁　李义　李祥　李玉应　男李和舍西窑地基一块粮二分

王兴福　男王步璋　王步琦　孙男务保光舍施钱三百文

后议功主

车云钦　男车学通　孙男挽儿　根挽舍施钱三千文整

经理纠首

张步镛　男张伏源　裴永洪　男裴位银　裴玉苍　男裴伏湖　王伏兴　男王行德　刘进玉　男刘忠荣　贺登云　男贺万有　贺万银　男刘家管　贺世春　男贺云富　贺明禄　男贺国昇　刘彦圣　男刘天命　刘安凤　男跟春儿　车子杰　男车元来　郝秉□　男郝大财　车永生　男车继招　柳的长　男柳光显　柳于良　男柳天治　柳于明　男柳伏成　车君选　男车丕烈　车君富　男犬来儿　李仲兴　男拴捞儿　李玉应　男李义　郝建可　男靖气儿　郝思强　男郝生恭　郝思全　男黑狗儿　车登榜　男车贵财　车金魁　男三孩儿　郝秉就　男郝来儿　柳光明　男绞齐儿　柳伏海　男柳的忠　刘定烈　男耻命儿　刘定银　车继绪　男车大正　车继仁　车秀章　男车云锡　车光成　李云长　男李成佃　郝秉成　男郝大清　贺登宽　男贺秀来　车云福　男车学才　车云生　男车学元　车云纯　男车学高舍钱一百文　车丕福　车云光　男车学聪　车学贤　车学英　孙探元　根保　探有舍钱六百文　车云辉　男车学道　孙探成舍钱二百文　车云升　男车穆管　车云厚　男车学恩　孙车丕秀舍钱一百廿文　车云德　车云舜　男车学俊　孙车丕亮舍钱一百廿文　车学满　男车丕发舍钱一百文　车学库　男探喜儿舍钱一百文　车学恭　男车丕禹　车学昌　车学宠　车学贵　男车学成　车学有　车学富

大清咸丰十年季冬吉日合社公立

二二三　重修行宫碑记

清咸丰十年（1860）刊。

碑高 154 厘米，宽 93 厘米。

现存于运城市稷山县西社镇沙沟村行祠。

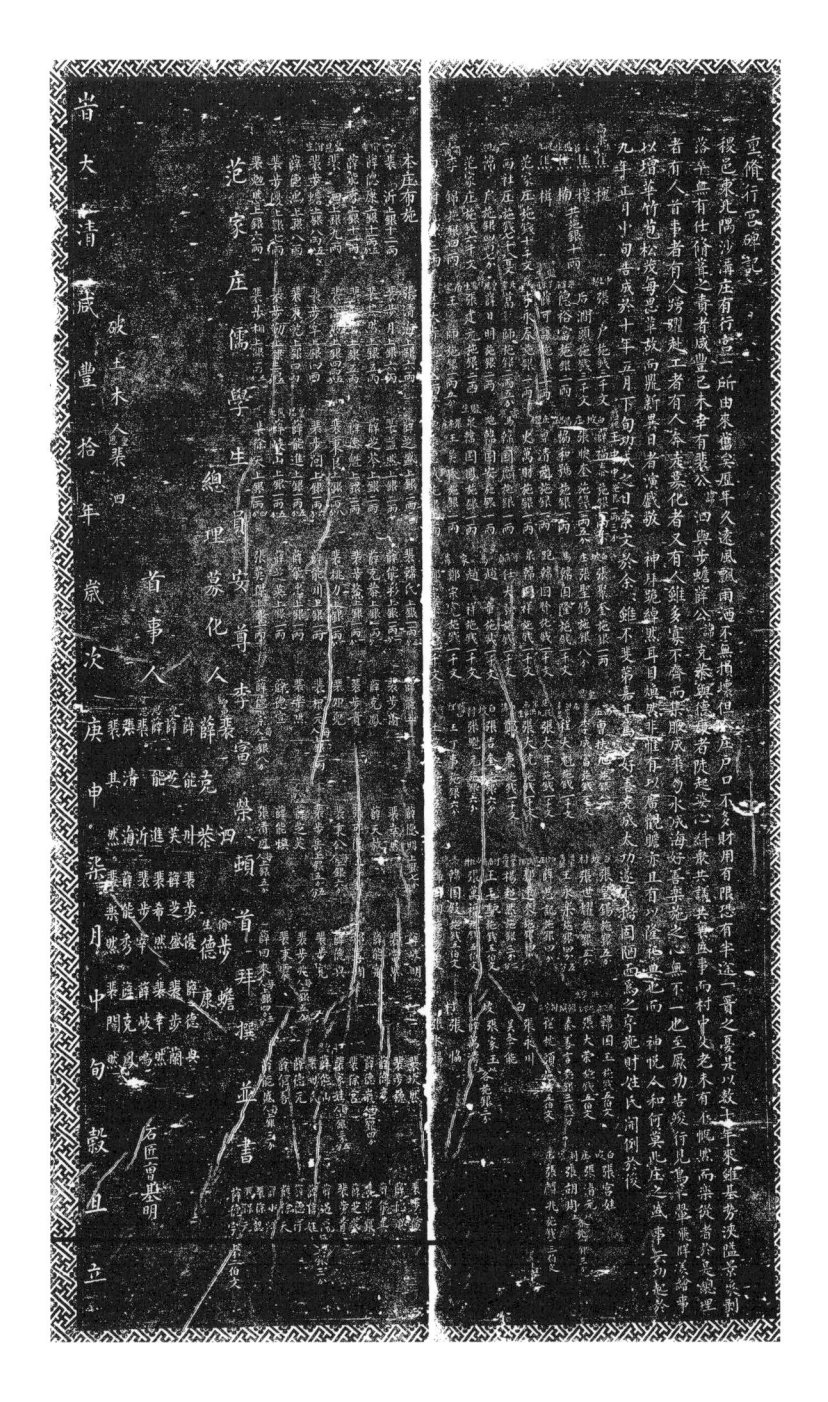

【碑文】

重修行宫碑记

稷邑东北隅沙沟庄有行宫一所，由来旧矣。历年久远，风飘雨洒，不无损坏。但本庄户口不多，财用有限，恐有半途一篑之忧，是以数十年来，虽基势浃隘，景象剥落，卒无有任修葺之责者。咸丰己未，幸有裴公讳泗，与步蟾薛公讳克恭，与德康者陡起婆心，纠众共议，共襄盛事，而村中父老未有不慨然而乐从者。於是总理者有人，首事者有人，踊跃赴工者有人，奔走募化者又有人，虽多寡不齐，而集腋成裘，勺水成海，好善乐施之心，无不一也。至厥功告竣，行见鸟革翚飞，群羡绘事以增华；竹苞松茂，每思革故而鼎新。异日者演戏敬神，拜跪绰然，耳目焕然，非惟有以广观瞻，亦且有以隆祀典也，而神悦人和，何莫此庄之盛事云。功起於九年正月中旬，告成於十年五月下旬。功成之日，索文於余。余虽不斐，第嘉其笃心好善，克成大功，遂不揣固陋而为之序。施财姓氏开例於后。

高渠生员焦槐　生员焦模　监生焦楠　从九焦楫共施银十两　范家庄施钱十千文　西社庄施钱七千八百文　马跑泉韩户施银四两七钱　范家庄施钱六千文　县城州同李锦施银四两　白坡村施银三两　中社□张户施钱三千文　后涧头施钱三千文　张家庄德裕当施银二两　监生□水□薛可让施银二两　县城监生李永春施银二两　北窑葛师施银二两五钱　皇恩薛日明施银二两　白坡村监生张建元施银二两　南窑王师施银一两五钱　□生李大贵施银一两五钱　贼凹里王□中施银一两三钱　白坡庄薛福泰施银一两五钱　张映奎施银一两五钱　马凸岭协和号施银一两　庄豆村皇恩曹清兰施银一两　史万财施银一两　马跑泉耆宾韩国麟施银一两　韩国安施银一两　监生韩国凤施银一两　张家庄王吴氏施银一两　□□张德成施银一两　白坡庄张聚奎施银一两　张圣锡施银八钱　马跑泉韩国隆施钱一千文　韩国贤施钱一千文

韩国祥施钱一千文　河南府任大发施钱一千文　马家沟皇恩赵章施钱一千文　赵祥施钱一千文　郑宗宽施钱一千文　郑宗乐施钱一千文　西庄曹扶旭施银八钱　皇恩范家庄李成富施钱一千文　刘家庄奉祀生程大魁施钱一千文　范家庄从九张大年施钱一千文　供事生张大统施钱一千文　马家沟郑廉施钱一千文　白坡村张吉奎施银六钱　张魁元施银六钱　贼凹里王丁事施银六钱　河南府王万兴施银五钱　白坡村张皇锡施银五钱　张世耀施银五钱　张家庄堡王永乐施银四钱五分　白坡庄薛恩记施银四钱　贼凹里郭远来施银四钱　张家庄堡杨超然施银三钱二分　河南府王毛驴施钱五百文　东杜村张万福施钱五百文　马跑泉韩国殿施钱五百文　韩国相施钱五百文　供事生马跑泉韩国玉施钱五百文　范家庄张大荣施钱五百文　韩城秦善言施银三钱一分　刘家庄程枕头施钱五百文　白坡村张永川　吴学能　张家玉　薛万清　张协　张水锡　以上各施银三钱　白坡庄张宫娃　张清元　刘家庄张胡周　以上各施银三钱　张麟兆施钱三百文

本庄布施

皇恩裴沂上银十二两　俏生薛德康上银十一两五钱　薛能秀上银十一两　皇恩裴泗上银九两　俏生裴步蟾上银八两五钱　薛德鸿上银八两　裴步优上银七两　裴勉然上银六两　张清海上银六两　裴步月上银六两　裴其然上银五两　裴希然上银五两　裴□然上银四两五钱　裴步宰上银四两　裴秉乾上银四两　裴步勤上银三两五钱　裴步相上银一两五钱　薛芝盛上银二两　裴益然上银二两　薛芝芩上银二两　薛德魁上银二两　裴秉良上银一两八钱　裴步河上银一两六钱　皇恩薛能进上银一两五钱　从九薛岐山上银一两五钱　裴徐天上银一两四钱　裴韩氏上银一两三钱　薛能彩上银一两二钱　薛克恭上银一两一钱　裴步鳌上银一两一钱　裴桃力上银一两一钱　薛能川上银一两　薛能忠上银一两　薛芝英上银一两　张英杰上银一两　薛能玉　裴步兰　薛克凤　裴步贵　裴卯儿　裴根元每人上银一两　裴乐然　薛德宣　薛德崇每人上银八钱　薛德明上银七钱　裴幸然　薛天赦　张可复　裴秉公每人上银六钱　裴步岳上银五钱五分　皇恩薛芝芙　薛能焕　张清凤每人上银五

钱　薛岐明　裴当然　薛能实　郝善周　薛德兴　裴步宽每人上银五钱　裴秉震　薛回来每人上银四钱五分　裴坎然　裴步稳　薛德彦　薛德峨每人上银四钱　裴徐宫　裴家娃每人上银三钱五分　皇恩薛能山　裴田氏　薛德元　薛能善　薛能盛每人上银三钱　裴步俭　薛德□　薛能其　裴步银　薛芝葵　裴步青　薛过□每人上银三钱　薛信娃　薛德行　薛徐天　薛小河　裴徐认　裴保元　薛德宇上钱二百文

范家庄儒学生员安尊李富荣顿首拜撰并书

总理募化人皇恩裴泗　佾生裴步蟾　薛克恭　佾生薛德康

首事人薛能川　皇恩薛芝芙　皇恩薛能进　皇恩裴沂　张清海　裴其然　裴步优　薛芝盛　裴希然　裴步宰　薛能秀　裴乐然　薛德兴　裴步兰　裴幸然　薛岐鸣　薛克凤　裴阎然

石匠曹基明

破土木人皇恩裴泗

时大清咸丰十年岁次庚申七月中旬谷旦立

二二四　重修天齐献殿戏楼暨二山门碑记

清同治元年（1862）刊。

碑高132厘米，宽58厘米。

现存于临汾市襄汾县贾罕乡南贾村天齐庙。

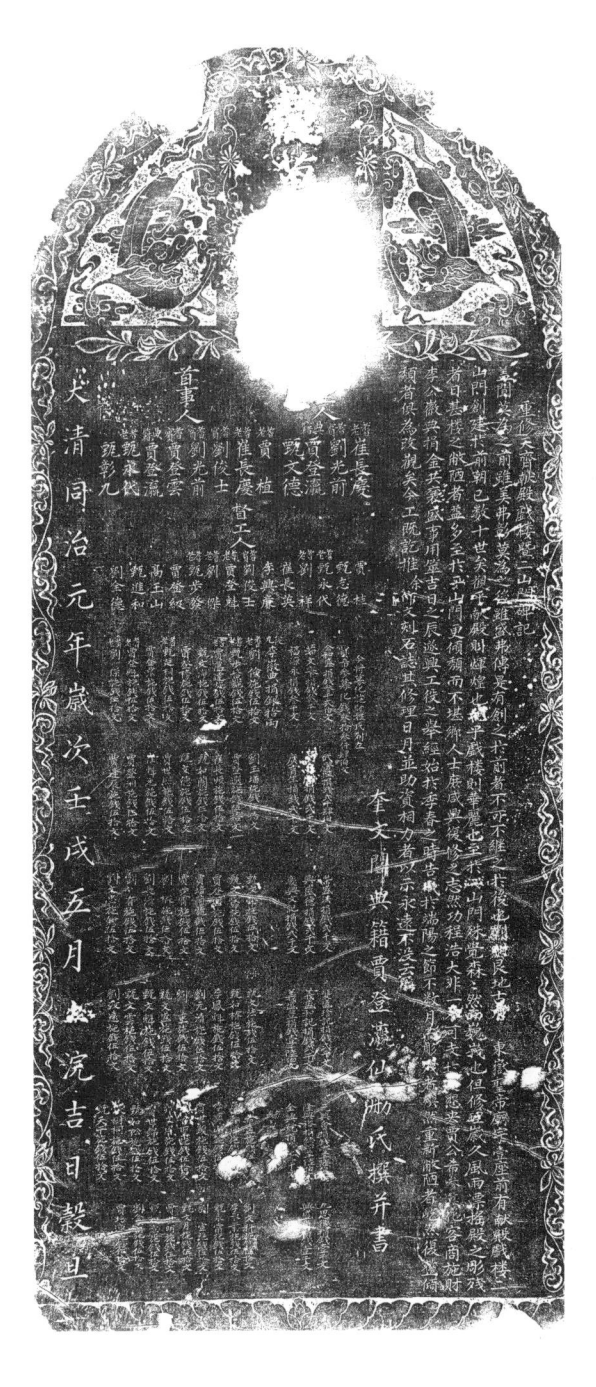

【碑文】

重修天齐献殿戏楼暨二山门碑记

盖闻莫为之前，虽美弗彰；莫为之后，虽盛弗传。是有创之於前者，不可不继之於后也。□□艮地，古有东岳圣帝庙宇一座。前有献殿、戏楼、二山门，创建於前朝，已数十世矣。观乎献殿则辉煌也，□乎戏楼则华丽也，至於二山门，殊觉森森然而巍峨也。但修理岁久，风雨漂（飘）摇，殿之彫（凋）残者日甚，楼之敝陋者益多，至於二山门更倾颓而不堪，乡人士庶咸兴复修之志。然功程浩大，非一人可支。於是恳央贾公希参募化客商施财，李公徽典捐金共襄盛事。用筮吉日之辰，遂兴工役之举。经始於季春之时，告成於端阳之节。不数月，而彫（凋）残者焕然重新，敝陋者屹然复整，倾颓者俱为改观矣。今工既讫，推余作文，刻石志其修理日月并助资相力者，以示永远不没云尔。

奎文阁典籍贾登瀛仙舫氏撰并书

□理人耆老崔长庆　耆宾刘光前　典籍贾登瀛　甄文德

首事人耆老贾植　耆老崔长庆　耆宾刘俊士　耆宾刘光前　耆宾贾登云　典籍贾登瀛　耆老甄永代　甄彰九

督工人贾桂　甄志德　耆老甄永代　耆老刘祥　崔长英　李兴廉　耆宾刘俊士　耆老贾登魁　耆老刘杰　耆老甄步发　贾登级　高玉山　甄进和　刘全德

今将募化施财姓氏列左

贾希参募化钱三十三千四百文　公和盛捐钱三千二百文　茹文举捐钱三千文

福源永捐钱三千文　从九李徽典捐银十两　耆老刘俭施钱五十文　耆老甄步鳌施钱五十文　耆老贾万达施钱五十文　甄文海施钱五十文　贾登榜施钱五十文　耆老甄廷相施钱五十文　贾登业施钱五十文　耆老贾登魁施钱五十文　耆老刘杰施钱五十文　武□升捐钱二千四百文　□□□捐钱二千文　广育生捐钱二千文　刘玉

璠施钱五十文　贾登选施钱五十文　崔长顺施钱五十文　甄如兰施钱五十文　甄文德施钱五十文　贾世熙施钱五十文　崔魁元施钱五十文　贾登洲施钱五十文　贾逢辰施钱五十文　荣盛洪捐钱二千文　兴盛德捐钱二千文　庆兴文记捐钱二千文　甄文学施钱五十文　甄文鹅施钱五十文　贾登□施钱五十文　贾培兰施钱五十文　贾步霄施钱五十文　刘枞施钱五十文　刘长清施钱五十文　刘有施钱五十文　刘文忠施钱五十文　双盛珍记捐钱二千文　义盛和记捐钱二千文　义盛丰捐钱一千六百文　甄文法施钱五十文　甄如椿施钱五十文　李凤魁施钱五十文　刘元清施钱五十文　刘重施钱五十文　甄文盛施钱五千文　甄文魁施钱五十文　甄文云施钱五十文　刘敦远施钱五十文　元兴会捐钱一千六百文　隆兴裕捐钱一千六百文　全兴号捐钱□千文　□希孟施钱五□文　高□辉施钱（阙文）　李凤□施钱五□文　贾世显施钱五十文　□□圣施钱五十文　甄文风施钱五十文　贾世锦施钱五十文　甄如松施钱五十文　□树桐施钱五十文　甄天干施钱五十文　九思德捐钱一千文　兴盛□捐钱一千文　刘文科施钱□十文　李永业施钱五十文　甄永常施钱五十文　刘宣施钱五十文　甄文月施钱五十文　贾世明施钱五十文　甄如意施钱五十文　刘全心施钱五十文　贾培莲施钱五十文

大清同治元年岁次壬戌五月上浣吉日谷旦

二二五 重修关帝郊禖二殿与表南房墁院心并补修阁庙殿宇碑记

清同治元年（1862）刊。

碑高194厘米，宽90厘米，厚46厘米。

碑额书"重修碑记"。

现存于晋城市阳城县台头乡马沟村玉皇庙。

【碑文】

重修关帝郊禖二殿与表南房墁院心并补修阁庙殿宇碑记

且功难历久而不敝，事必赖人以有为，此重修与创修有相因之势，而实有相成之时也。如斯境建庙村巅，以为祈报之所，由来已久。但风雨剥蚀，殿宇倾圮，庙貌荒芜，其何以为妥神之义焉。会咸丰元岁，永好王君、大恭李君、永金王君、大廷李君，四人躬膺社宰，目睹心伤，慨然以重修为己任。於焉倾己囊，於焉募众资，鸠工庀材，不数年将关帝殿与郊禖殿大为改观矣，表南房，墁院心，各祠之颓废无不俱事以修治。嗟嗟，以数家烟火而兴此钜功，倘非首事者戮力同心，经营尽善，安能觏此完美而邀神贶於无疆哉！迄今十有余稔，而工竣刊石，问记於余。余本不文，乐诸公之劳瘁与众善之好施，遂不敢谢以没字扫苔，而直书其梗概云。

邑庠生季瑜宋宗璟谨撰并书

总理社首王永金施钱□□□六百廿一文　王永好施钱七千八百九十四文　李大恭施钱十一千四百六十文　李大廷施钱十□千一百八十文　□□□外施钱八千二百文　郊禖殿王永怀施钱五百文

李大道施钱二千八百卅六文　李希斯施钱六千三百五十二文　李大贵施钱四千七百一十五文　许天命施钱八千七百卅六文　李永斌施钱二千三百一十九文　许天福施钱十一千一百七十八文　李大宽施钱廿千零二百廿二文　崔永魁施钱廿千二百五十六文　李希泌施钱三千八百一十三文　许天禄施钱十千零一百七十三文　李希白施钱三千三百五十二文　李大良施钱三千二百四十五文　李希桃施钱六千三百三十二文　李大金施钱三千七百六十七文　李希弼施钱五千五百六十二文　李大田施钱六千零六十文　李经云施钱三千五百六十文　□□海施钱二千三百八十文　李希

晟施钱三千文　李保仓施钱四千五百文　王永保施钱三千一百文　王永□施钱五千零四十文　李经太施钱四千五百四十文　韩元方施钱二千五百八十文　李经祥施钱二千零五十文　李大邦施钱一千三百八十文　崔守业施钱二千九百四十文　李经瑞施钱三千二百七十文　王永收施钱二千九百九十文　崔永盛施钱二千零廿文　韩小宋施钱一千一百八十文　韩元茂施钱一千六百八十文　崔年山施钱一千二百文　王仁施钱一千零廿文　李小江施钱一千二百卅文　曹荣施钱九百四十文　李润初施钱一千二百文　李小随施钱一千九百六十文　韩有美施钱一千四百卅文　崔永宽施钱一千文　李经茂施钱一千八百四十文　韩赵氏施钱一千五百九十文　李海水施钱一千二百卅文　崔靠山施钱一千零二十文　李小酒施钱一千四百五十文　瞿考山施钱九百五十文　李来贵施钱六百一十文　宋春林施钱八百八十文　李河水施钱一千五百六十文　李存金施钱一千三百文　宋小新施钱一千四百六十文　李善□施钱一千三百四十文　李大镖施钱二千零五十文　王小旺施钱一千三百五十文　李小计施钱二千二百八十文　崔守礼施钱九百七十文　李□□施钱九百三十文　李□□施钱一千二百文　李□□施钱五百五十文　李□□施钱九百五十文　李来锁施钱六百五十文　韩育丰施钱八百九十文　李三毛施钱三百五十文　王儒施钱九百七十文　李大成施钱七百卅文　李大敏施钱五百五十文　韩育松施钱四百八十文　崔永暖施钱七百卅文　李大荣施钱一百廿文　王守朝施钱九百一十文　李小通施钱五百五十文　李小官施钱一百九十文　李小掌施钱六百六十文　李胡乱施钱六十三文　共收布施钱二百零三千八百文

　　工饭钱四十九千八百五十文

　　树株使钱十九千三百文

　　木匠使钱三十七千七百廿文

　　石匠使钱十一千八百二十文

　　铁匠使钱二千六百五十文

　　油画匠使钱二十一千文

谢土立碑使钱廿六千二百文

砖瓦脊兽使钱四十千六百文

赎舞楼底房使钱十一千文

一应杂费钱四十一千七百文

板凳五条

共使钱二百六十一千八百五十文

大清同治元年岁次壬戌孟冬吉立

二二六　合村公议禁赌立约演戏碑铭

清同治元年（1862）刊。

碑额书"禁赌碑记"。

现存于临汾市隰县黄土乡谙正村玄都观。

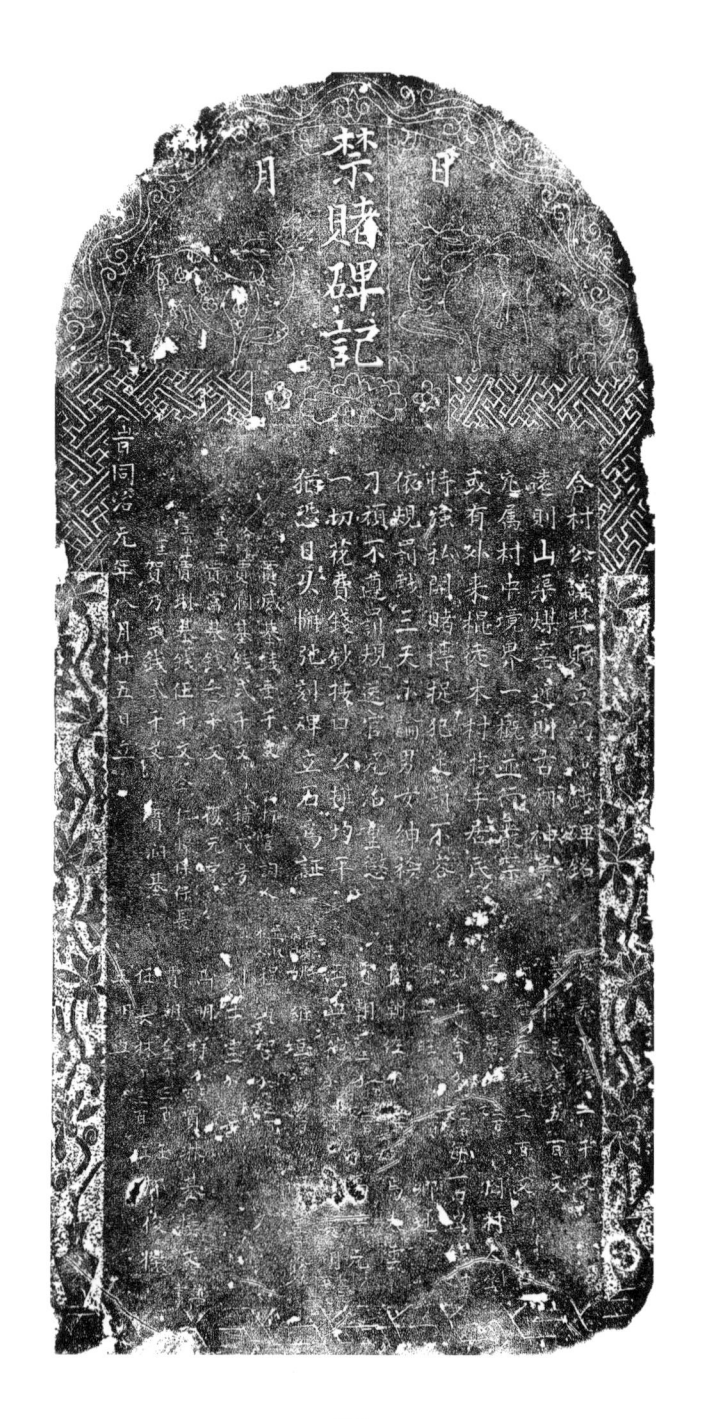

【碑文】

合村公议禁赌立约演戏碑铭

远则山渠煤窑，近则古庙神亭，凡属村中境界，一概并行严禁。或有外来棍徒，本村游手居民，恃强私开赌博，捉犯定罚不容。依规罚戏三天，不论男女绅衿，刁顽不遵罚规，送官究治重惩。一切花费钱钞，按口公摊均平，犹恐日久懈弛，刻碑立石为证。

　　从九贾威基钱一千文　介宾贾润基钱二千文　武生贾富基钱三千文　贡生贾琳基钱五千文　监生贺乃武钱二千文

　　打官词人　积成号　复元亨　仁怀保保长　贾润基

　　庆泰永钱二千文　秦德忠钱五百文　□智元钱二百文　王廷府钱三百文　刘壬全钱二百文　霍兴旺钱二百文　武生贾朝佐钱二百文　贾朝玺钱二百文　王兴德钱三百文　（阙文）　姚维垣钱□百文　并收钱人程兴智钱三百文　刘壬宝钱三百文　高明样钱三百文　贾朝金钱三百文　任长林钱三百文

　　王明兴

　　阖村人等每一口出钱十五文

　　乡地马大云　高清元　□□明　□善修

　　贾琳基撰文并书

　　玉工郝俊杰

　　时同治元年八月廿五日立

二二七　重修天宁寺碑记

清同治二年（1863）刊。

碑高254厘米，宽88厘米，厚17厘米。

碑额书"重修天宁寺碑记"。

现存于吕梁市交城县天宁镇卦山天宁寺。

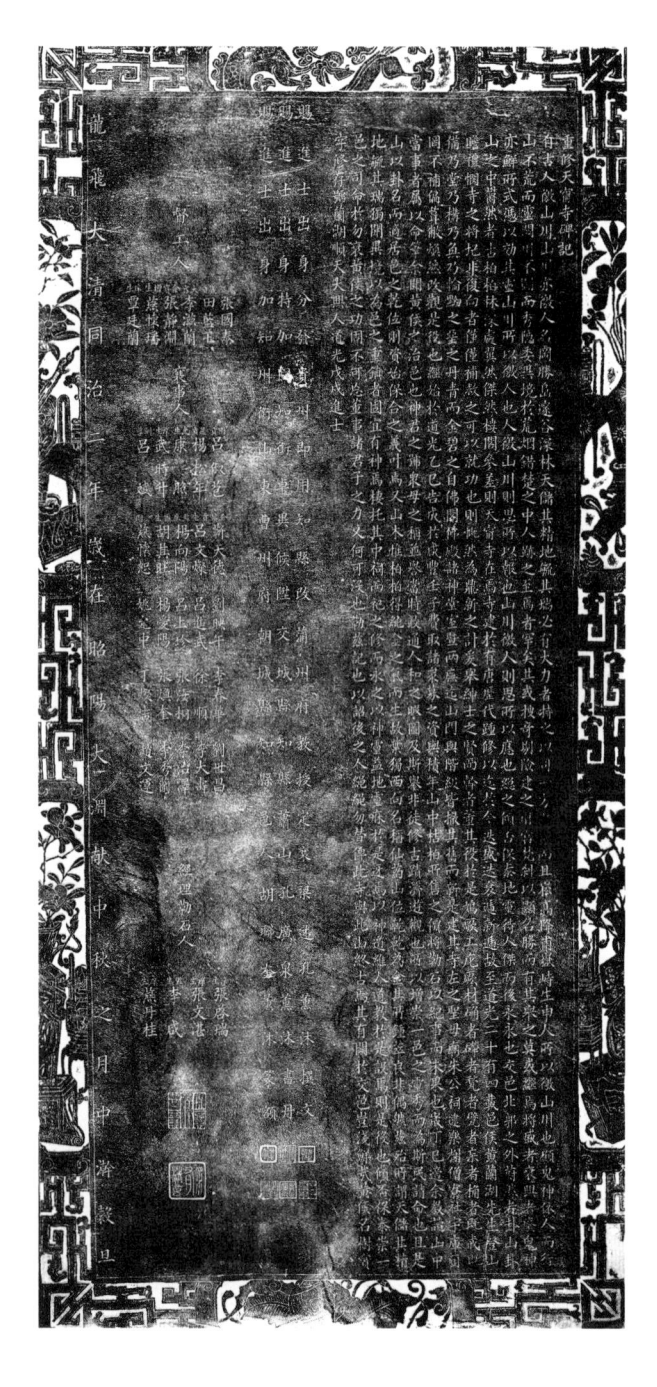

【碑文】

重修天宁寺碑记

　　自古人徵山川，山川亦徵人。名冈胜岛，邃谷深林，天储其精，地毓其瑞，必有大力者持之，以司一方之命。而且崧高降甫，岳峙生申，人所以徵山川也。顾鬼神依人而行，山不荒而灵闷，川不辟而秀隐，委异境於荒烟错楚之中，人迹之至焉者，罕矣！其或搜奇剔险，建之琳宫梵刹，以显名胜。而有其举之莫或继焉，将盛者衰，兴者废，鬼神亦鲜所式凭，以效其灵。山川所以徵人也，人徵山川则思所以报也，山川徵人则思所以应也！总之，倾否保泰，地灵待人杰而后永永也！交邑北郭之外，蔚然者卦山，卦山之中郁然者古柏，柏林深处翼然杰然，楼阁参差，则天宁寺在焉。寺建於有唐，历代踵修以迄於今，迭盛迭衰，递新递故。至道光二十有四载，邑侯黄兰湖先生登山瞻礼，悯寺之将圮，非复向者仅仅补救之可以就功也，则慨然为鼎新之计。爰举绅士之贤而干者董其役，於是鸠厥工、庀厥材，确者、荦者、甃者、甓者、宋者、桷者，既戒既备。乃堂乃构，乃奂乃轮，黝之垩之，丹青而金碧之。自佛阁、佛殿、诸神堂室暨两庑，迄山门与阶级，皆撤其旧而新。是建，其寺左之圣母庙、朱公祠，逮乐榭、僧寮、社宇、库厨，罔不补偏葺敝，焕然改观。是役也，经始於道光乙巳，告成於咸丰壬子。费取诸众募之资，与积年山中枯柏所售之价。将勒石以纪事，而未果也。岁丁巳，适余教读山中，当事者属以命笔。余闻黄侯之治邑也，神君之号、众母之称，并誉当时。政通人和之暇，图及斯举，非徒修古迹济游观也，所以增崇一邑之灵秀，而为斯民请命也。且是山以卦名，而适居邑之乾位，则资始保合之义叶焉，又山木惟柏，柏得纯金之气而生，故叶独西向，名称仙药。山位乾，乾为金，其所钟萃，良非偶然。兹殆所谓天储其精，地毓其瑞，独开异境以为邑之重镇者，固宜有神焉栖托其中，祠而祀之，修而永之。以神灵益地灵，庥於是迓焉；以神道维人道，教於是设焉。则是役也，倾否保泰，崇一邑之司命於勿衰，黄侯之功固不可忘，董事诸君子之力又何可没也！勒兹记也，以诏后之人，绳绳勿替，俾此寺与此山终古焉，其有关於交邑，岂浅鲜哉？黄侯名树宾，字修存，号兰湖，顺天大兴人，道光戊戌进士。

赐进士出身分发贵州即用知县改蒲州府教授定襄梁述孔薰沐撰文

赐进士出身特加同知衔卓异侯升交城县知县萧山孔广泉薰沐书丹

赐进士出身加知州衔山东曹州府朝城县知县邑人胡联奎薰沐篆额

督工人武举张国泰　岁贡田蓝玉　大宾李滋兰　介宾张静渊　增生燕怀璠　庠生覃廷兰

襄事人附贡吕俶苞　恩贡杨松年　武生康照　庠生武时升　训导吕斌　介宾靳天德　贡生吕文灿　监生杨向阳　监生胡其旺　理问燕怀恕　庠生刘映午　武生吕进武　从九吕上珍　监生杨爱阳　廪生姚允中　李春华　徐顺　张汝桐　张焕奎　丁灿吉　刘世昌　典籍李大寿　从九李治泽　李秀兰　赵文运

经理勒石人庠生张启瑞　庠生张文湛　监生李咸　庠生燕丹桂

龙飞大清同治二年岁在昭阳大渊献中秋之月中浣谷旦

二二八　乐楼序

清同治三年（1864）刊。

碑高 145 厘米，宽 72 厘米。

现存于阳泉市郊区百泉乡林里村关王庙。

【碑文】

（阙文）乐楼序

郡附贡生陈熙载撰并书

（阙文）山川神祇之祭。《书》曰：望于山川，遍于群神，其明征也。州北三十余里有山曰玉（阙文）丛生，画图一幅，佳景四时。春雨拟冠山之秀，秋烟争帽石之光，夏云绕而奇峰舞鹤（阙文）荡碧霭於清晨，松涛涌翠，绘绛霞於薄暮，□径铺丹，气佳哉！郁郁然，葱葱然，中无杂（阙文）也。山间旧有玉皇殿、二郎、八蜡庙、关圣帝君庙、昭烈皇后祠，岁时设祭（阙文）但年湮岁久，庙宇倾圮，将何以妥神灵乎？癸亥岁，白泉、裎林诸村社中公举耆（阙文）装圣像，以崇祭祀，即上下乐楼，亦议於宽敞处改建，以肃观瞻。於是量度工程，捐（阙文）君子，亦莫不输诚乐施焉。况乃产灵丹於石中，起沉疴於意外，香火云集，布施骈臻（阙文）重修者乐楼□改建者，焕然一新□此固神灵之□□，而亦人心诚□□由致也。传（阙文）降之福□□则有成，洵不诬也。□既竣，爰立琬珉，□即其事而志之，以垂不朽云。

（阙文）等布施

（阙文）五（阙文）四（阙文）仓三两五钱　□端义　□体泰　梁元各三两　葛珠二两五钱　□庠施银六两　□昌施银四两　（阙文）施银四两（阙文）贞□徒孙域静施银四十两

经理人赵绎二□　杜□□二两四钱　王其生　寿官赵鸿各二两二钱　王□窦荣桂　马威　刘生义　葛成各二两

□理□□祥玉　李应潮各二两　李廷辅一两七钱　郭常一两四钱　郑发福一两二钱　冯武一两一钱　梁鹤儒　李世成　葛全　冯居广　□沧各一两　冯实　耿存仁　李科元各八钱

经理人张瑁　王大章　王大成各六钱　王居府　冯根各五钱　王大兴　郑芳　郭吉　梁功　王进州各四钱　冯富三钱

王玘邦施山顶乐楼地基一段　蔡克敏施乐楼贴金木对二副　王文邦施描金木供器一副　王序施檩四条　王佑施檩二条　王靖和施檩一条　王晶施窑水使用　杨芝施兽一对

木匠黄德安施银五两　画匠朱云宝施银四两　瓦匠郭旺林　郭富林施银四两　画匠孙称义施银三两　泥匠葛贵施银二两　石匠李应壁施银一两一钱　泥匠刘太平施银一两　兽匠郭咏施银八钱　铁匠王衡施门钵一对　铁笔白聚莲施银一两

收布施钱二千一百吊零七千四百文

收药布施钱四百九十九千三百文

收卖木料柴钱九千六百五十文

通共收钱二千六百一十六千三百五十文

支木匠钱二百一十四千五百三十文

支泥匠钱三百四十四千二百四十文

支铁匠钱三十三千一百五十五文

支瓦匠钱二百一十九千二百文

支画匠钱二百三十七千七百六十文

支石匠钱一百八十八千一百文

支灰炭钱七十五千九百文

支小工钱二百五十四千八百五十六文

支绳索钱二十二千五百二十八文

支木料碑面石条钱三百八十九千五百文

支杂项钱三百三十四千四百七十四文

支开光钱二百七十八千一百零七文

支先年修马殿短钱二十四千文

通共支钱二千六百一十六千三百五十文

同治三年仲夏谷旦立

二二九　纯阳帝君庚建小花亭记

清同治三年（1864）刊。

碑高128厘米，宽52厘米，厚12厘米。

碑额书"永垂千秋"。

现存于运城市河津市城关九龙山真武庙。

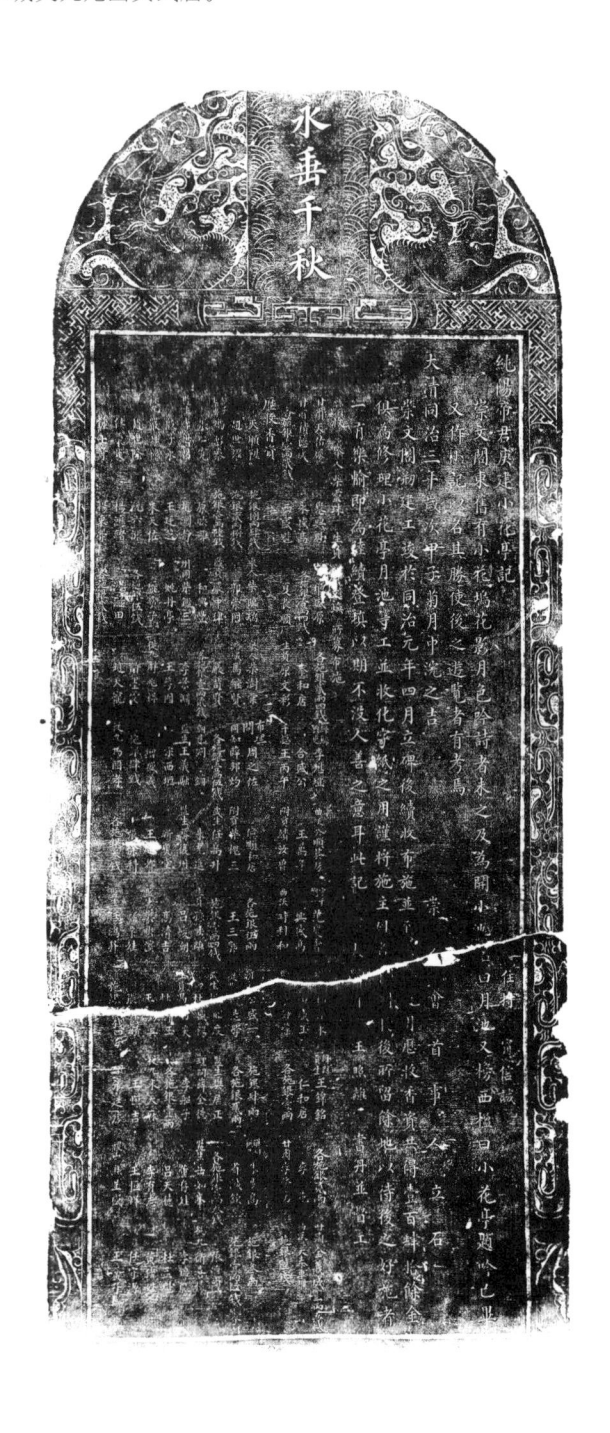

【碑文】

纯阳帝君庚建小花亭记

住持宁信诚

崇文阁东，旧有小花坞，花影月色，吟诗者未之及，为开小池，名曰月池。又榜西楹曰小花亭，题吟已毕，又作小记，以名其胜，使后之游览者有考焉。

大清同治三年岁次甲子菊月中浣之吉

崇文会首事人立石

崇文阁创建工竣於同治元年四月，立碑后续收布施，并至□□九月历收香资，共得一百四十余金，俱为修理小花亭、月池等工，并收化字纸之用。谨将施主姓名开列於后，所留余地以待后之好施者，一有乐输即为陆续登填，以期不没人善之意耳。此记。

太学生王照离书丹并督工

续收举人柴灵珠　生员□文焕所募布施

甘肃天佑厂　聚兴魁　增盛原各施银二两四钱

绛县典吏李懋垲　曲沃公顺□房　守千总范庆会　□合永　绛县贡生王锦铭各施银二两　甘肃全义成一两五钱　甘肃积德成　永盛高各施银一两四钱　泰和店　合盛公　王万年　兴盛高　恒盛玉　仁和店　李花　曲沃天泰车柜各施银一两二钱　西盛魁　夏长顺　生员原文彩　千总王丙午　附贡绩汝曾　曲沃时利和　黄钟藻各施银一两　甘肃李登第施银六钱

历收香资

天顺升施银八两四钱　举人柴临瑞　举人柴澍棠　布理问周之佐　亿顺和店各施银五两　朝□公盛□施银四两　解州从九朱步高施银三两　赵世耀施银二两八

钱　郭崇冈　潞城马继贤　同知薛邦灼　附贡柴槐三　王三郭　从九阮志学各施银二两　省诚钦施银一两六钱二分　朝□主簿冯启泰施银一两六钱　岁贡严中律　严苟贤各施银一两五钱　武生任高升施银一两四钱　武生□□度　监生樊居正各施银一两三钱　张连□　张心宽　原映离　和兴丰各施银一两二钱　朝邑刘铜　朱充进生员孙映离　杜盛阳　理问薛全德　监生岳如峰　从九卫喜怀　监生李世昌　赵渊静　州同柴鉴三　李景渊　监生王义融　监生乔复州　吕峻潮　生员冯□□　李船子　董存娃　李锦风　殷子永　王廷芝　姚丹亭　王萼园　宋西垣　靳□堂　高清吉　杜□玉各施银一两　吕天德　杜孟魁　从九严□怀　朱天佐　庞蛮子　从九解兆祥　增盛义　王建都　监生樊映滨　王□□　从九米天麻　李有志　黄猪娃　赵世隆　阮六涨各施银五钱　许墨雯施银四钱　张徐科　郝栗娃　张□积　王恒吉　王恒祥　任守源　侯秉炎　杨鸿绪　沈滋田　赵天宠　从九马国孝各施银二钱　监生任鸿升施银□钱四分　张廷彦　稷山焦呈盛　王盆子　钟士奇　杨东荣各施银二钱

二三〇　重修舞楼窑亭记

清同治五年（1866）刊。

碑高179厘米，宽60.5厘米，厚20.5厘米。

碑额书"永垂不朽"。

现存于长治市平顺县北社乡东河村九天圣母庙。

【碑文】

重修舞楼窑亭记

盖闻有非常之事，必待非常之人；有非常之人，斯能成非常之事。东峪村有九天圣母，由来久矣，问病即瘳，祷雨辄应。近者奉之而致敬，远者闻之而来朝，灵应之妙，民无能名。祭期献戏，建有舞楼，遍览碑志，创始难稽，历代重修，有文可考。第昔之舞楼规模卑狭，墙垣壅蔽，不足以壮观瞻，不足以舒耳目，历年既久，雨蚀风漂，檐瓦飞残，眉梁突出，倾圮之形，几不可以终日。岁在癸亥暮春之初，维首牛九斌、赵怀义、牛培牺等，掮谷九十余石，补修窑亭。葳事后，悯舞楼之崩坏，公议重修。奈工大费繁，难胜其任，因敦请牛公联奎等十余人募化总理，按亩掮捐钱四百七十千有奇，远近募化钱八百七十串有余。卜吉兴工，砖派畜而搬焉，木起工而运焉。旧者除之，新者阔之，北方正位，南面深尺，经之营之，庶民攻之，至乙丑岁，而厥工告竣。功成之日，予驰观焉，睹斯楼也，两墙并一，三面玲珑，轮焉奂焉，高矣美矣，不啻海市蜃楼，目前宛在，视昔之重墙叠壁，豁人心目。虽众人之勤劳，实圣母之英灵默有以助之也。问其端末，综计费钱一千三百四十五千缗。予不忍诸公之心苦、善士之名衔湮没而弗彰也，罔揣固陋而为之记。

平顺常家村贡生常山凤暨子廪生廷芝撰文

邑庠增广生员曹耀奎校

平顺乡清和村岁贡生即选训导牛联奎书丹　命子毓梅书碑阴

募化人武生陈抡元　九品牛步青　贡生牛联奎　九品赵怀义　七□军功牛万铎　秦联芳　王子岐　陈魁云　曹策勋　介宾张九皋　九品牛宏德　九品陈文选　武生牛怀林　王璧　王平　王三甫

修理维首人牛冻保　陈学宗　牛景丰　九品牛九斌　牛培牺　王成林　赵文

锦　秦国正　王赛常　牛居则　李跟门　王起乐　陈国发　曹安发　秦安元　牛李存　陈九长　张继则　秦保拴仝立

南垂四合社施钱五十千文　南垂正北社施钱三十五千文　监生牛毓洳在荫城捐钱三十五千文　牛毓棠在正定府捐钱三十五千文　曹保林在沈阳捐钱三十五文　耆宾王道安在荫城捐钱三十五千文　永丰牛　永茂成　富有恒在河沙捐钱四十千文　牛作新在泊头捐钱廿五千文　武生牛毓源疏捐钱五千文　北社社施钱二十一千二百文　西社社施钱一十六千文　常家社施钱五千文　项流社施钱一十千文　河东社施钱一十千文　下社社施钱四千文　南社社施钱四千文　李起才疏捐钱一千八百文　清和村施钱三十千文　庄则村施钱二十四千文　集林村施钱六十九千二百文　北坡村施钱四十七千五百文　秦家后施钱一十二千文　南池头庄施钱二十七千七百文　牛家后施钱二十三千四百文　常家后施钱二十八千文　王家后施钱六十四千二百文

东畔石工王沧江　木工李丙源　泥水张宏宽

西畔石工牛得水　丹青葛纯林　玉工王沧海刊

住持刘义元　徒申思法

大清同治五年岁次丙寅菊月谷旦告竣

二三一　炎帝庙重修花费碑记

清同治五年（1866）刊。

碑高197厘米，宽68厘米，厚24厘米。

现存于长治市长子县色头镇色头村炎帝庙。

【碑阳】

炎帝庙重修花费碑记

於咸丰元年春三月经始今将一切出入钱项开列于后

计开

入关帝社钱五百六十千文

入老君社钱一百三十二千文

入马王社钱一百五十四千五百四十文

入人丁社钱四百三十九千一百五十五文

入小铺户钱四十七千八百五十文

入斗行钱二十七千三百文

入摘铁放锯本利钱四百九十四千五百二十文

入放谷利钱八十二千文

入典房钱一百四十九千五百文

入地亩钱七千五百五十千零六百零九文

以上十综共入钱九千六百三十七千四百七十四文

买房使钱二百三十八千文

木料使钱二千零五十八千四百二十八文

石料使钱一千三百七十四千八百七十文

木石工匠使钱二千零九十六千九百一十文

砖瓦使钱一千七百九十二千七百七十六文

石灰土坯使钱二百一十四千二百零七文

土工使钱一百八十六千四百八十六文

头发麻绳使钱二百零七千六百八十三文

杂物器俱使钱二百五十九千四百一十九文

彩□□使钱六百五十七千五百三十七文

修工一切零花费钱五百五十一千一百六十九文

以上十一综共花费钱九千六百三十七千四百七十四文

董事维首吴之茂　职员赵优　杨朴　吴杰　李维聪　乡耆冀午科

崔向辰　吴跟辰　赵争气　吴永隆　吴秉南　赵木林　李丙元　崔太聚　赵年则　赵德隆　崔金水　崔昌好　吴六勋　崔天顺　赵贵则　李梦祥　吴成章　吴思俭　吴清林　冯高富　赵金则　吴启文　崔嚷□　赵舍则　赵□□　冯□□　吴林保　吴瑞林　赵天水　赵□□　赵德则　吴闯关　吴嚷嘴

执年社首吴俊　崔天德　崔余魁　赵贞　吴林茂　吴富林　崔火成　赵房则　崔讨吃　崔元和　崔银更　崔李好　吴具满　赵迷糊　赵水长　赵秋娃　吴小富　吴不论　吴岱海　冀进财　冯进福　吴遇兵仝勒石

龙飞同治五年岁次丙寅桂月谷旦

於同治三年春三月落成

住持介成　介香

【碑阴】

炎帝庙重修布施碑记

入地亩钱二百二十千文　共施地亩钱八百五十九千七百五十文

复生礼　兴隆庆　仁合号各施钱十千文　城中州长　公和中　和盛冠　祥兴长　永茂恒各施钱三千文　正兴和施钱五千文　复太东施钱二千文　双大□施钱四千文　凤邑大发楼　广顺典　阜源典　通裕典　源长典　升庆永　福庆典　大盛昌各施钱一千文　凤邑元大恒　广太元　义兴祠　文尉号　聚盛合各施钱一千文　邵村关帝社　杜廷柱　益丰典各施钱二千文　义恒典　武安岐　永春号　王瑾　聂洪行　瑞隆余　太山辅　通义太　太盛昌　敬盛典　植盛典　益太典　德松典　源德

典　复兴典　尚友行　雯茂典　恒昌号　赵廷弼　赵廷璋　经手吴桂林各施钱一千文　风宅地典行施钱四千文　登盛增施钱六千文　庆盛号施钱三千文　景太号施钱四千文　天兴中施钱三千文　正兴仁施钱三千文　程云施钱八千文　李馥施钱□千文　张店关帝大社施钱五千文　恒太炒炉　庆隆炒炉各施钱五千文　郜村大社　西宛大社各施钱三千文　邱村大社　东范大社　西沟村庄　龙全村社各施钱三千文　地河大社施钱十千文　庄里大社　鲍寨大社　王晃大社各施钱七千文　柳叶沟社施钱三千文　曹家沟社施钱五千文　敬盛面店　董家沟社各施钱一千五百文　平家庄社　体元号　启承号　全义号各施钱一千文　在城行施钱三千文　润生号施钱一千文　敬盛典　敬慎典各施钱一千五百文　洪大进　天庆号　庄头社各施钱一千五百文　董堆金　益元号　永升成　广太号　张三旦　河小娃　三盛号　下台社　寅盛大号　李秀林各施钱一千文　璩村关帝社施钱五千文　双兴合施银一两三钱　文盛号　横岭庄社　下马户社　上马户社各施钱二千文　青岗大社　河家沟社　发太号　公盛窑　太和炉　平小吃摇　（阙文）各施钱一千文　窑下大社施钱四千五百文　赵家庄社施钱六千文　□岗庄社　王家庄社各施钱十千文　刘家庄社施钱七千文　陈家庄社施钱三千文　吴家庄社施钱五千文　王文和施钱一千文　张玉桂施钱四千八百文　中和兴　乾元生　玉昌号　益顺窑　和成窑　十成窑　四盛窑　五美窑　七成窑　永和窑　茂盛窑　万成炉　仁裕存　太昌号　信义堂　积盛魁　郭炳源　郭盛则　和盛西炉各施钱五百文　董劣则施钱一千二百文　信义窑施钱八百文　西董社　和盛东炉各施钱六百文　环村西社施钱一千八百文　郭金水　小不伦各施钱五百文　芦根丑　赵岐　裕昌盐店　赵小广各施钱八百文　和太盛　三盛窑各施钱一千文　许银贵　王锦　李郁　和盛永　永盛号　常秦法　芦根述　芦根贵　各施钱五百文　丘新堂　王小吃积　曹小根　赵榆林　李三朝　天太号各施钱四百文　本村关帝社施钱五十千文　益荣典施钱七十二千文　蚝成协施钱七千文　生蔚永　万和号各施钱六千文　兴隆西施钱四千文　明升社　太成号各施钱三千五百文　培太号施钱三千文　春积永　顺兴程各施钱二千文　荣盛染坊施钱二千文　广太顺

施钱二千五百文　瑞生号施钱一千八百文　岳盛麻店施钱一千二百文　达盛号　悦兴号各施钱八千文　吴之茂施钱五千文　吴俊施钱四十□百文　良盛馆施钱七千五百文　复益元　和盛裕　李丙元各施钱一千文　曹海水施钱二千文　本村地铺主施钱八千文　零铺户施钱七千文　吴之茂　吴嚷嘴　吴启文各施钱六百五十文　赵贵则　吴闯关　吴赵名　吴富林　吴争气各施钱六百文　马工社共施钱七十四千五百文　外入本年马王社余钱九千零五十文　系少一□

秬河杨玉之书

大清同治五年岁次丙寅桂月谷旦

扶碑开光花钱八百五十九千七百五十文

二三二　纯阳洞创建香亭碑记

清同治六年（1867）刊。

碑高 159 厘米，宽 63 厘米，厚 16 厘米。

碑额书"皇清"。

现存于运城市河津市城关九龙山真武庙。

【碑文】

纯阳洞创建香亭碑记

住持道人宁信诚　　徒张嘉昌

尝思神道□□而敦孝弟以重人伦，崇诗书以端士品，彰善瘅恶，培植风俗者，纯阳帝君尤□□而化神焉。庙西隙地会人於咸丰十一年，捐资募缘，创建神洞、献亭各三间，继建崇文阁於上，以壮其观瞻。所营□□□□字纸，诚盛举也。第设豆陈笾，时飘零於阴雨，焚香献帛，或簸荡於风尘，非所以妥神灵，其何以昭祀事乎。今□会人募缘於外，各出囊资□建香亭一间，□筑檐前余地以固跟（根）基焉。此固会内人同心协力，有以共襄厥事。窃非□□村经营谋划，终始尽心，总理督工，夙夜匪解，能踵事增华建成厥功也哉。兹举也，一以妥神圣之灵，一以壮形势之观，前次之蓄志可邃，后次之□□□以舒，将见高屋建瓴，□蔼麟岗义安麓文阁，□（耸）□□呈凤岭之巅，神则彰善瘅恶，重人伦以正人思，人则为善去恶，隆士品以端士行。培植深而风俗美，德益盛而化自神。地灵人杰，有不福□□喜庆，科第联登者乎？余固为邑人，幸余兼为邑人勖矣。是为记。

诰封中□大夫候补儒学训导廪贡生柴惟荣华亭氏撰文

敕授徵仕郎候选直隶州府判恩贡生杨俊德晓农氏书丹

国子监太学生王照离竹村氏督工

崇文会首事人

太学生王振庭捐银四两　　募银一十八两七钱

忻州训导丁卯举人郝大中捐银六两　　募银五十二两九钱

增广生员□应龙捐银一两　　募银一十三两三钱

乙卯举人周君烈捐银二两　　募银二十七两五钱

钦赐翰林院捡讨郝耀南捐银二两　募银三十八两四钱

岁贡生许经魁捐银一两　募银十六两六钱

中谥大夫候补训导柴惟荣捐银三十两　募银二百九十五两四钱

太学生王照离捐银十二两　募银一百一十一两二钱

恩贡生杨俊德捐银二两　募银四十三两五钱

岁贡生庞廷献捐银一两　募银三十两二钱

生员周登庸捐银四两　募银三十两九钱

知□郎候补知县增生赵鸿礻毒捐银五十两　募银一百五十三两三钱

生员王炳章捐银一两　募银七两二钱

从九品李庚辛捐银二两　募银一十五两五钱

同治岁次丁卯阳月上浣之吉

二三三　补修昭懿圣母庙碑记

清同治八年（1869）刊。

碑高131厘米，宽64.5厘米，厚16厘米。

碑额书"垂不朽"。

现存于晋中市和顺县义兴镇邢村昭懿圣母庙。

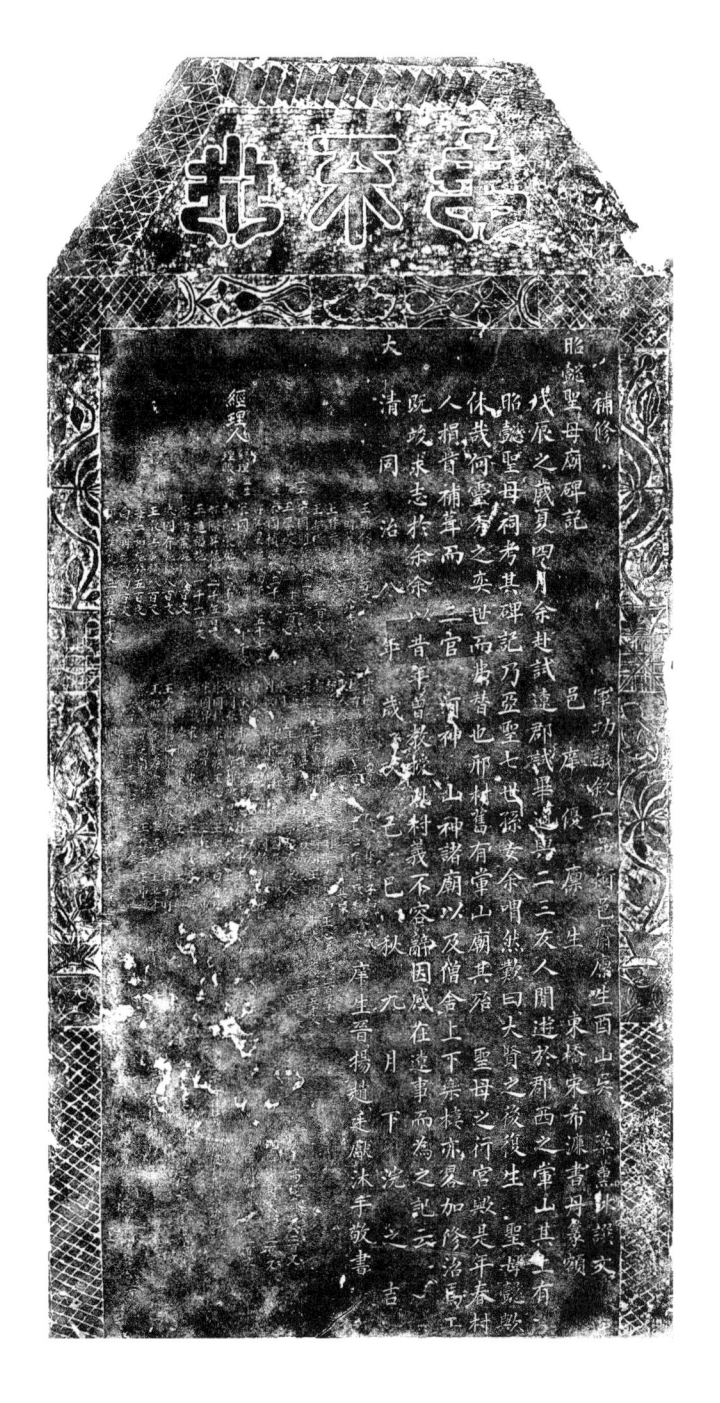

【碑文】

补修昭懿圣母庙碑记

军功议叙六品衔邑斋廪生酉山吴萃薰沐撰文

邑庠优廪生东桥宋希濂书丹篆额

戊辰之岁夏四月，余赴试辽郡，试毕，适与二三友人闲游於郡西之崒山。其上有昭懿圣母祠，考其碑记，乃亚圣七世孙女。余喟然叹曰：大贤之后，复生圣母，懿欤休哉！何灵秀之奕世而弗替也。邢村旧有崒山庙，其殆圣母之行宫欤？是年春，村人捐资补葺，而三官、河神、山神诸庙以及僧舍、上下乐楼，亦略加修治焉。工既竣，求志於余。余以昔年曾教授此村，义不容辞，因感在辽事而为之记云。

大清同治八年岁次己巳秋九月下浣之吉

庠生晋扬赵廷献沐手敬书

经理人

王德修施钱一百文　王明□施钱三百文地截六尺　王作云施钱□百文　王昭□施钱□千六百文　监工宋国明施钱六百文　王厚□施钱一千六百文　武生宋国桢施钱三千文　郝际星施钱四千一百五十七文　总理监生宋国昌施银子□□施钱十千文　理账生员郝际荣施钱六千文　郝际昇施钱二千五百文　王进福施钱一千六百文　李树业施钱八百文　攒钱宋国有施钱八百文　攒钱王敦善施钱八百文　□二和施钱五百文　白真明施钱四百文　郝际华施钱三百五十文　宋国秀施钱一千四百文　李有福施钱一千三百文　宋人秀施钱一千一百文　郝永贵　郝萃　巩其固各七百　宋国□　刘致□　白□□　郝永泉　宋国泰　宋国栋　宋国昇　郝□施钱五百　王李锁　王昭凤　蔡□义各钱六百　郝昇各钱五百五十　巩人和　王宝鼎各钱四百五十　武生王昭著　宋志濂　宋国威　李金元　郝双喜　郝宽　宋公濂各钱四百　宋人□

李树公　杨昭中　李长寿　曹笑兰各钱三百五十　武生宋法濂　郝儒　监生宋国圣　杨□显　巩恩□　巩诚和　武生郝继承　郝林　王元留各钱三百　郝隆昌　王心田各钱四百　宋国□　宋人德　巩过成　□马驹各钱二百五十　王心宽　王心荣各钱二百三十　赵芳林　王心存　巩三和　巩明□　巩明兰　巩双成　李□春　宋国宾　宋国镇　王天元　杜二牛　霍戎□　王昭荣　王存保　王作□　王德大　药观音　毕喜□　王作玉　郝奎各钱一百　巩子和　巩致和伙舍地截六尺　巩其泉　巩元和　王国□　□□□　宋人俊　郝际□　郭□虎　□根□　王富尘　王银□　白宜珠　李申　李保存　王德明　杜子明　王专才　王申□各钱一百　王心义施钱二百五十文　毕大孩施钱一百五十文　李淑□施钱二百五十文

　　铁笔高从贵施钱二百文　泥匠宋封东施钱二百文　木匠刘富连施钱二百文

　　圣云寺住持绪常　绪路　徒本遇　徒孙觉议

　　□□寺住持会同　绪莲　徒本善　本然　徒孙觉议　九峰□住持僧本向

　　住持僧绪错　绪荣　徒本祥　本容　本清　本秀　本源　徒孙觉染　觉林　曾孙昌禧施钱二百文

二三四　重修灵王殿碑文

清同治八年（1869）刊。

碑高161厘米，宽71厘米，厚15厘米。

现存于忻州市代县新高乡沿村荆山寺。

重修灵王殿碑文

盖闻莫为之前，虽美弗彰，莫为之后，虽盛弗传。莫为之前之人有两剑尤颓后之人善大成故有殿斯欤无补不完可以应久而常新沿村之旧有庙也创自前明佛殿西有父老曰观心伤麦聚栗而谋曰字之建楹厦经补修规模如昔惟是瓦甋墙垣不无剥落倾颓念忠村之父老何以致此今吾充裂不蔽风雨倘不甚为补修恐积久就废非惟人棟皆得安其居乐其业非颂神休七吾村之地广人稠皆得神以吾村之地惟是东乐二十七年重建东楼咸丰二年重建西神祠又新建明神庙重修白是不辄自道光二十七年重建东楼咸丰二年重建西楼咸丰二年重建西禅房且无员僧舍伽蓝若俱然心欲焕然照旧规若仍照旧规少者多派钱派其富而能助钱者以作饷工大费烦费照旧规少者多派钱多派者不均父老曰善如泉吾村之善者不及时神力之照助也闲其早计亦熟矣备闲其光派者富以依事未钱一百馀千及时神力之不数月而折旧易新坚苏丹瓶丹殿折本郡奉廉方正岁贡生崔鳌峰撰文儒士董履宽书丹

經首
張闊成
張大成　張維禮　張兆鳳
張永安　張全德　張志淇　張和
張廷相　張萬年佑
明相　張萬年

大清同治八年岁次己巳李秋毂旦

石匠　劉昇祿　沈匠　張永茂 張永言 張明艮　木匠　張如
画匠　弓彤　　住持僧清梅

【碑文】

重修灵王殿碑文

盖闻莫为之前，虽盛弗传；莫为之后，虽美不彰。言夫前之人有所创，尤赖后之人善於成，故有废斯举，无补不完，可以历久而常新。沿村之旧有庙也，创自前明。佛殿西有灵王殿三楹，屡经补修，规模如昔。惟是瓦甋墙垣不无剥落倾颓之患。村之父老目睹心伤，爰聚众而谋曰：殿宇之建，所以妥神。以吾村之地广人稠，皆得安其居，乐其业，非赖神休，何以致此。今龙王殿檐折瓦裂，不蔽风雨，倘不重为补修，恐积久就废，非惟不足以妥神，抑亦人心之大不安也。盍共图之？众佥曰：是谋也，非不甚善。但自道光二十七年重建东乐楼，咸丰二年重建西乐楼，嗣又新建财神庙，重修东禅房并东耳院僧舍，所费若干，俱从地亩派钱。今兹之举工大费烦，若仍照旧规，是地多者多派，地少者少派，其无地而能助钱力者，仍旧不派。似觉庙系合村，所派不均。父老曰：善，如众之见也。吾早计之熟矣，村中贫富不等，地亩互变，今拟兹举，量力原情，随心布施，庶免不均之议，而起钱亦不难。众闻之，莫不称善。於是竭力从事，募钱一百余千。及时鸠工庀材，踊跃赴公，不数月而折者易之，裂者补之，墍茨丹雘，焕然一新。固人力之共勉，亦未始非神力之默助也。工既竣，嘱序於余。适余馆於斯也，备闻其详，爰即所闻於村之父老者，详其缘起，而为之序。

本郡孝廉方正岁贡生崔鳌峰撰文

儒士董履宽书丹

经首张开成　张维礼　张大成　张永安　张廷相　张明　张兆凤　张和　张志淇　张全德　张佑　张万年

木匠张如

泥匠张永茂　张永吉　张明辰

石匠刘昇禄

画匠弓彤

大清同治八年岁次己巳季秋谷旦　住持僧清梅

二三五　村保维社首公议禁赌桑羊等碑记

清同治九年（1870）刊。

碑高126厘米，宽40厘米，厚13厘米。

碑额书"百代相传"。

现存于长治市长子县色头镇色头村炎帝庙。

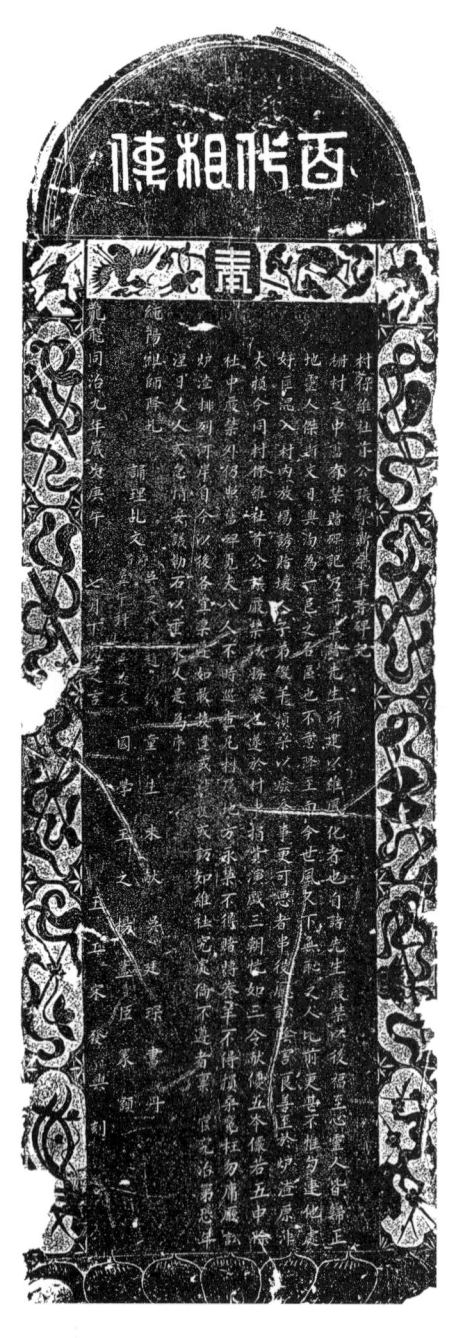

【碑阳】

村保维社首公议禁赌桑羊等碑记

栅村之中,旧有禁赌碑记,乃前辈诸先生所建,以维风化者也。自诸先生严禁以后,福至心灵,人皆归正,地灵人杰,斯文日兴,洵为一邑之名区也。不意降至而今,世风又下,无耻之人比前更甚。不惟勾连他处奸匪,混入村内,放场诱赌,坏人子弟,纵羊损桑,以废蚕事。更可恶者,串役厅讼,阴害良善,至於炉渣,原非大损。今同村保维社首公议严禁,诚胜举也。遂於村中捐资,演戏三朝,恍如三令;献优五本,俨若五申。除社中严禁外,仍照旧碑。觅夫八人,不时巡查,凡村属地方:永禁不得赌博;养羊不得损桑;冤枉勿庸厅讼;炉渣排列河岸。自今以后,各宜凛遵,如敢故违,或被获,或访知,维社究处,倘不遵者,禀官究治。第恐年湮日久,人或怠惰,妥议勒石,以垂永久。是为序。

纯阳祖师降乩

诵理乩文　乡耆吴之茂　冀午科　□宾赵优　□生吴启文

童生来献吴廷琛书丹

国学王之杨荩臣篆额

玉工宋发兴刻

龙飞同治九年岁次庚午七月下浣之吉

【碑阴】

鸣钟禁赌人赵二狗　崔祥成　赵黑则　赵舍则　吴万林　冯金富　吴万全　吴五狗　吴小银　赵丑闺女　吴补全　郑三贵　崔火成　崔过成　赵秋元　李双全　赵三卯　赵小孩

捐钱维首赵年则　吴瑞林　赵思会　吴六斤　崔天顺　赵德隆　马肥则　崔昌

好　赵小会　赵通成　崔大顺　吴规则仝勒石

当年村保四名　当年社首二十六名仝具

大清同治九年岁次庚午七月谷旦　住持介成

二三六　重修马王庙碑序

清同治九年（1870）刊。

碑高167厘米，宽69厘米，厚13厘米。

碑额书"芳名万古"。

现存于临汾市吉县壶口镇龙王辿马王庙。

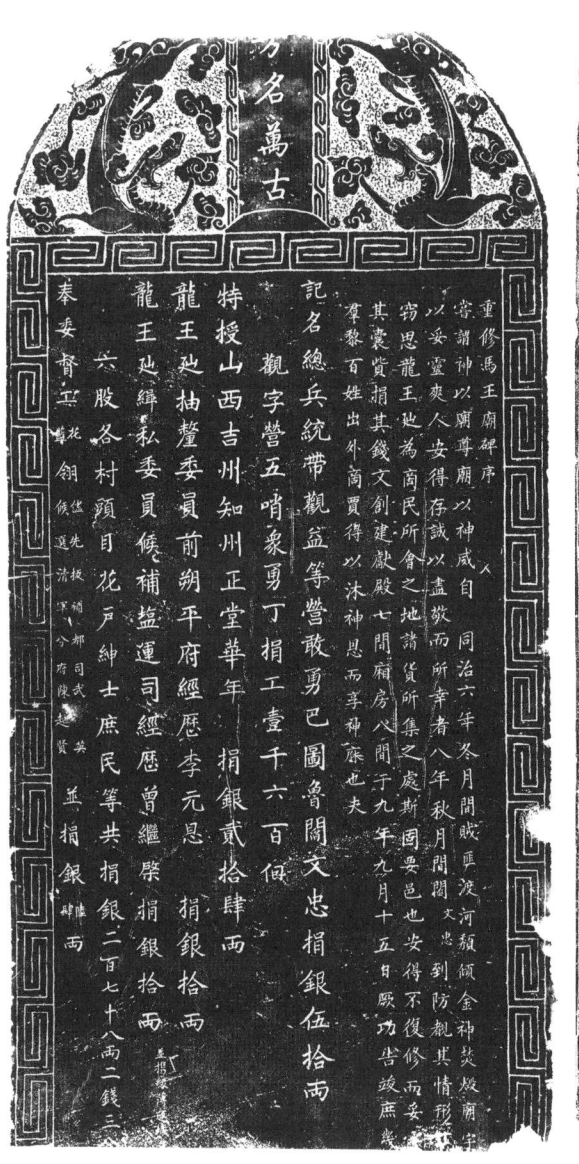

重修马王庙碑序

尝谓神以庙尊庙以神威自同治六年冬月间贼匪渡河颇倾金神焚毁庙以安灵爽人安得不诚以防觊其情形要以安得不复修而要窃思龙王辿为商民所会之地请货所集之虚斯固要邑也其衷贤捐其钱文创建献殿七间厢房八间于九月十五日竣功告成庶夫罄盘百姓得以沐神恩而亭神庥也夫

记名总兵统带观益等营　观字营五哨象勇丁捐工壹千六百佃

特授山西吉州知州正堂华年　捐银贰拾肆两
龙王辿抽釐委员候补盐运司经历李元恩　捐银拾两
龙王辿"繼"私委员候补盐运司经历曾继荣　捐银拾两
　　　　　六股各村头目花户绅士庶民等共捐银二百七十八两二钱三

奉委督工花翎候选道清军八府阴□赵贤英
　　　　　　　　　　　　　　　并捐银□□两

（右碑）

钦清同治九年岁次庚午阳月吉日

候选训导冯清泰撰书
　　　　　同学陈长春薰沐

[捐款人名及金额名单]

【碑阳】

重修马王庙碑序

　　尝谓神以庙尊，庙以神威。自同治六年冬月间，贼匪渡河，颓倾金神，焚毁庙宇（阙文）以妥灵爽，人安得存诚以尽敬？而所幸者八年秋月间，阎文忠到防，睹其情形（阙文）窃思龙王辿为商民所会之地，诸货所集之处，斯固要邑也，安得不复修而妥（阙文）其囊资，捐其钱文，创建献殿七间、厢房八间。于九年九月十五日厥功告竣。庶几（阙文）群黎百姓、出外商贾，得以沐神恩而享神庥也夫。

　　记名总兵统带观益等营敢勇巴图鲁阎文忠捐银五十两

　　观字营五哨众勇丁捐工一千六百个

　　特授山西吉州知州正堂华年捐银二十四两

　　龙王辿抽厘委员前朔平府经历李元恩捐银十两

　　龙王辿缉私委员候补盐运司经历曾继荣捐银十两并携缘薄运城（阙文）

　　六股各村头目花户绅士庶民等共捐银二百七十八两二钱三（阙文）

　　奉委督工花翎尽先拔补都司武英捐银六两　蓝翎候选清军分府陈起贤并捐银六四两

【碑阴】

　　提举衔前龙辿委员河东盐经历河南批验熊施银四两

　　蓝翎同知衔知县运防局委员盐经历刘楷　运防局委员盐运司经历高凤辉　道宪内委监印尽先府经历王佶　知府用前沁州直隶州正堂俞　钦加提举衔河东西场正堂潘　同知衔平陆县茅津渡分县陆　署河东运库盐大使恽　河东都运中场正堂屈各银二两　四川候补同知龚施银一两　清涧湾永安会　保德州大货社　上山河和心

会　船窝镇诚心会四共施银一百八十三两八钱　经□布施人益泰馆　吉生圆　郝继明　龙王汕万盛义施银十二两　悦盛诚施银十两　和兴公施银十两　万兴盛施银十两　运城志成信　蔚泰厚　蔚隆和　百川通　福泉海　蕯城复聚和各施银二两　曲沃协同庆施银一两　元丰玖施银一两　龙王三合钱局施银六两　张金魁施银六两　四盛合肉架施银五两　吉生园施银三两　汕街二合隆施银三两　杨广招施银三两　广兴合施银三两　运城魁盛公　新昇昌　中和厚　聚泰和　新泰厚　德义昌　正兴永　两益承各布施银一两　龙王郝继明施银二两四钱　春长号施银二两　集义成施银二两　一心磨房施银一两四钱四分　汕街礼长馆　通顺药局各施银一两二钱　永元成施银一两二钱　运城永和书　武庆隆　王恒盛　义盛福　祥恒永　聚昇公　夏县王德良各布施银一两　龙王晋兴合施银一两二钱　两心成施银一两二钱　平阳府梁华施银一两二钱　汕街源立盐店施银一两　万盛馆施银一两

龙王崔临瑞　卫永贵施银□□

铁匠田收儿施银□□

汕街永升长店　王富贵　二合馆（阙文）

木工头胡卜（阙文）

泥工头王生（阙文）

石匠工头吴仰哲　杨全德（阙文）

住持善友史金魁　善友宋全兴

汉中府人氏生员呼胡福元施银五两一钱五分又施钱廿八千文

孤魂祠遇节（阙文）

候选训导葛清藻撰书

候选同知陈起贤书丹

大清同治九年岁次庚午阳月吉日立

二三七　重修天池寺禅院并石桥碑

清同治十二年（1873）刊。

碑高182厘米，宽57.5厘米，厚17.8厘米。

现存于晋中市和顺县喂马乡窑堤村天池寺。

【碑文】

重修天池寺禅院并石桥碑

寺名天池，象形也。北山环列，南河绕流，青龙展爪，白虎安头，四维耸而中则低，古之命名良有由矣。至若夭桃隆冬吐葩，今古奇观，清泉桥下转澜，左右映带。登斯境者，咸谓风景□（如）是，庙貌□非，多□慨於有为之前，莫为之后耳。於是，岁在癸酉春，有住持僧广泰感老僧之婆心，成四方之善念，敦请河绪、窑堤、仪岭三村纠首二十余人，募化众善，随缘施布，共襄厥事，新盖寺后僧舍十余间，山门外普渡二桥依□（旧）。□□缺者补，废者举，中外焕然，以视夫□之瓦解墙□□，而今且足壮观焉。是举也，权舆於季夏，告毕於季秋，从之人复游于此地者，或为之登高赋诗，或为之临流写景，敲残棋，赏古桃，听鸟鸣之嘤嘤，与笙音（阙文）闻水声之潺潺与经声同调。融融焉，泄泄焉，啸歌畅达，遂觉俯仰之间，别有天地焉！其所谓物华者天宝，人杰者地灵，良非虚语耳。夫岂若南华之□□，徒庄周之诞妄也哉。是志之，以铭於石。

辽州儒学增广生员马德俊撰并书

三村纠首

白海洪施钱二千文　张更富施钱三千文　白玉魁施钱三千文　侯树烈施钱二千五百文　祁相施钱二千文　白存福施钱二千文　李发荣施钱二千五百　白仲福施钱二千文　侯迎富施钱二千文　白精花施钱二千文　曹□施钱二千文　白□成施钱二千文　萧天□施钱二千文　白富花施钱二千文　□大宽施钱一千五百　白良贵施钱二千文　白桂月施钱二千文　卢落地施钱二千文　白银施钱二千文　胡德昌胡德□施钱三千五百　白□桂施钱一千五百　白明山施钱一千五百　白先仲施钱一千五百　米太安　米太和施钱二千文　白云施钱一千文　白明点施钱一千文　窑堤□白俊秀

白庆余　白旻　张联斗各施钱一千二百　刘奎文　白涛　白迎和施钱八百　白□

白富玉　白九林　白梦花　任和昌　白善计　药玉秀各施钱六百　白连地　白□□

各施钱四百　白□田　张槐　白瑞　白二孩　高义保　白□　王存良　白金祥各施

钱五百　白佑□　□□□　白有保　白□元　白桂生各施钱三百　赵付奎　白善地

白五成　白大孩　弓意诚　朱九明　任和意　白连春　白如□　冀□祥　白□九各

施钱二百　河绪村侯永昌施钱一千二百　高楼　萧路绪宿旺各施钱一千　侯维□

侯维忠　侯维绪　萧世酉　□□□　□□□　冀银保　赵□凤各施钱八百　高其林

高保林　温思和　樊黑小　李万湖各施钱六百　高攀桂　白万有　萧长命　白进

海　韩乃成　高富兴　萧玉林各施钱五百　侯存富　牛光盛　宋□名　白喜财　牛

士永　李法旺　刘更财　杨来成　萧三月　侯金富　赵官直各施钱四百　李栋　葛

文兴　白正言　米万库　□富□各施钱三百　白双牛　牛占山　李花　侯进山　杜

□孟　李如法　董来喜　白文禄　高保银　韩成亮　米□年　胡德银　王中法　郭

巨旦　李清明　萧克勤　胡八月　杜万库　李和尚　李更年　白毛成　李万富　耿

二孩　白袍伏　成双喜各施钱二百　前仪岭王保驼施钱一千四百　白云保施钱一千

二百　白言真　白太元各施钱一千　白海金　白云高各施钱八百　李法金　王三驼

各施钱五百　白会元　李法□各施钱四百　白海珠施钱三百　白福元　张书成　白

午年　白来成　白承恩　白毛小各施钱二百

玉工王廷梁

木匠刘魁文

泥匠任石芝

瓦匠张□

画匠刘锡□

住持僧广泰　广铃　广修　徒心镜　心慧　心妙

大清同治十二年九月二十日

二三八 重修玉皇庙碑文

清同治十三年（1874）刊。

碑高162厘米，宽58厘米。

现存于晋城市泽州县高都镇横岭村。

【碑文】

重修玉皇庙碑文

县治东北距城四十余里，有村横岭。其东北隅，旧有古庙，专祀玉帝尊神，位无二上，泽被群生。雄标大刹，胜拓高冈。钟声留夜月，松影接朝晖。其创建重修皆无可考，迄今历有年序矣。问夏屋之渠渠，史湮岁月；慨春台之寂寂，檐断香花。因阅长年，遂迁妙境，瓦栋参差，檐椽闪裂，铜环剥蚀，玉砌倾颓。于兹不议振兴，嗣后必将废坠。爰有维首从九焦永绅等，不惮经营，无烦勤计。念浩刹之倾覆，群思补助；募异域之琛赆，共仰赞襄。谋广积缗，庀材鸠工，殿宇台阁，庶几告竣。夫勤苦绘形图象，落成遂壮其观瞻。作文勒石，志善士以垂千秋，崇义举以昭百世。是为记。

凤台县生员张心铭撰文书丹

焦会元化钱一百三十文　焦文升化钱四十九串文　监生焦书瑞化钱三十八串文　焦永绅化钱廿九千四百文又将此钱买麦得利钱十千文　焦金顺化钱十一千五百文　焦清源捐钱五千文　焦永文捐钱一千文　焦永清捐钱四千文　焦修源捐钱三千文　焦文俊捐钱一千五百文

西华福昌号　泰顺合捐钱十千文　周口泰顺合　裕顺泰捐钱六串文　樊城刘谦益　陈州刘双兴　赊镇大顺店　舞渡大兴店各捐钱五千文　中湘瑞兴机　西华运兴号　樊城永茂世各三串文　舞渡涌泉店　源潭赵和兴　周口闰鹤田　李恒足　陈州刘三义各三串文

周口合盛和　合盛公　代县合顺远　周口乾盛兴　庆益义各捐钱三串文　六吉昌捐钱二串文　周口义兴泰　永顺全　馥泰广　老河口意顺合　长兴顺　周口利记各捐钱二串文　天佑店捐银二两　周口永恒典　李福昇各捐钱二串文

庆益钱局　复生礼　张泰兴　源兴永　敬远店　泉生涌　王兴耀各捐钱二串文

永兴号捐钱一串文　伯盛信　长德祥　元泰升　万盛号　闫达中　顺成号　玖成号各捐钱一串文

元盛号　双瑞公　许三顺　云桂室　全兴长　豫太丰　太顺庆　通兴和　泰兴永　同发永　永远号　豫茂恒　万全号　复兴号各捐钱一串文

协兴玉　通议合各捐钱一串文　山东牛名山捐钱三串文　吉隆典捐钱三串文　济裕盐店　悦来信　日昇庆　菏泽户房　同合烟店　协庆义　粮房各捐钱二十千文　协兴衣店捐钱二串文　合成永　吉太和　义和号各捐钱一千文

三兴号　兴隆长　源兴永　谦吉章　广成号　郁隆永　怡源永　福隆茂　太兴号　东义合　同盛亭　广兴酒店　永裕号　三源号　辉邑公恒号各捐钱一千文

辉邑依成坊捐钱五千文　义顺坊　万盛坊　敬□坊　李三馀　东依成　泰顺坊　靳永先　广成号各捐钱一千文　段龙捐钱二千文　郭万顺　义德号　东安邦　刘景清各施钱一千文　冯致中捐钱五百文

元和堂　复太永　敬合油房　福豫丰　三合公　□太峰　义合忠　合成店　恒义隆　闫学智　段珂　任甫洲　李守直　郭万和　成义公各捐钱五百文

睢洲福盛坊捐钱四百文　玉隆泉捐钱二千文　玉盛行　从太永各捐钱一千文　吴荣兴捐钱一千文　义兴利　同兴文　太顺钱店　永利布店　耀源泉　永盛公　福太布店　吕芳春　吕文兴　贾凌云各钱五百文

太顺油房　和万钦各施钱五百文　刘庄捐钱五千文　黄三河　奎隆庄各捐钱四千文　续家　桃园　焦窑各捐钱三千文　善获　南坡　岭上　玉寨村　大兴村　北上碾　瑞兴德各捐钱三千文

维首焦满女　焦文凤　焦本立　焦培元　焦永庆　焦世谧　焦余祯　焦世润　焦仁昌　焦仁洛　焦永清　焦永怀　焦珠铭　焦喜源

梓工段和意　玉工张水遂　绘工王同春仝勒石

住持体信

大清同治十三年十一月二十日立

二三九　重修二仙宫碑志

清光绪元年（1875）刊。

碑额书"万善同归"。

现存于晋城市泽州县柳树口镇许圪套村二仙庙。

【碑文】

重修二仙宫碑志

尝闻功业创於前人，修为赖於后世，凡事皆然，而立庙为尤甚。吾石瓮河踞太行之巅，临丹水之左，为一方之总号。奚号石瓮？因河有石泉，其形如瓮，内有源水清流，涌出不竭，诚山川之灵脉也。一河之村，实繁有徒，取名不一。观吾圪套村，后有来龙远脉，峰峙如屏，左有青龙围绕，右有白虎抱护，前有长河，宛如玉带环抱。登高而望，村居中央，脉络相联，风水灵秀，幸先世卜居之宏村也。村东旧有二仙古庙一所，开创无稽，重修罕觏。内分上下两院，吾主神等素见上院神殿日久年远，风雨损颓，每逢入庙，恻然神伤。于是众主神会通合村人等公议，补葺兴工，量力捐资，复募化邻村善士施财共计钱项八百千有余，将上九间并东西两厢神殿焕然重新。诹日作事，屡年开工。不意始终经营之间，世官许公悠然而亡，明实毋公未久亦亡。自二公去世，众公同心协力，仍然相继前进。今朴作既勤，丹青备饰，向所谓创前修后，鸟革翚飞，外可以壮观瞻，内可以妥神灵，不又见于今日乎？工程浩大，经年告竣，略列数言，以垂不朽。

凤台县邑庠生如玉张进美撰

会都郭善成书

计开善士芳名　各施银数列左

毋通裕施银一两五钱　毋天林施银一两五钱　赵正稳施银一两三钱　全兴公施银一两　毋天珠施银一两五钱　温邑张德堂施银一两　毋海财施银一两　李长太施银一两　毋国俭施银一两　许法祥施银一两二钱　许同兴施银一两　董文成施银一两　许贵林施银一两　许林林施银一两　许安昌施银一两　许继法施银一两　许万一施银一两　许万稳施银五钱　许相温施银六钱　许法德施银五钱　许万礼施银

五钱　王子法施银五钱　许相瑞施银五钱　郝广运施银五钱　毋永顺施银五钱　赵广成施银四钱　张福运施银四钱　鲁德宝施银四钱　鲁永国施银四钱　许国成施银四钱　许万印　子法福施银八钱　许万书施银六钱　许法璋　子丹国施银一两二钱　许安邦　许安宁施银一两　许法进施银一两　许万太施银五分　许法旺　子宝德施银五分　许安家　许安纲　许安伦施银一两五钱　许同顺施银四钱　许万明　子法丰　法周　法文　法武　法岐　法光　孙□义施银二两三钱水六十担檩一条　许春法施银四钱　许春旺施银四钱　许春枝施银四钱　许春怀施银三钱　许永洛施银三钱　许安永施银三钱　许法贵施银二钱

主神许万德施银四十二两六钱　许万银施银三十七两三钱　许法明施银二十七两九钱

管粮许万印施银二十五两　许安旺施银二十六两七钱　许有苗施银四两五钱

管账许有发施银二十四两二钱　毋清福施银二十八钱

管石土许法林施银二十三两四钱　许门毋氏施银二十二两五钱

拨饭许法松施银二十二两四钱

管钱粮许万明施银二十一两五钱

催工许法智施银二十一两三钱　许安□施银十八两

管粮许法金施银十七两六钱

管木工毋明全施银十六两九钱

管钱粮许有运施银十六两七钱　许法全施银十六两六分　许万库施银十六两四分

管账许万正施银十五两七钱

管丹青毋明山施银十四两九钱

拨饭毋明康施银十三两七钱

催工许安福施银十三两八钱　许法富施银十三两三钱　许万元施银十二两九钱

管坯许法良施银十三两二钱　毋明伦施银十二两四钱

管木工许万苗施银十二两三钱　　许万国施银十二两　　许法海施银十一两九钱

管□根许法进施银十一两四钱　　许法山施银十一两一钱

催工许法清施银十两零六钱

管钱粮毋明仓施银十两零三钱　　毋明□施银十两零四分

催工许法有施银九两九钱　　许法安施银九两五钱　　毋壬□施银九两五钱

管石工毋明□施银九两

管丹青许法元施银八两四钱

管坏许法重施银八两三钱

管钱粮许法拴施银七两九钱　　许洛旺施银七两六钱　　许法仁施银六两五钱

管钱粮许法昌施银七两一钱

管石工　许安虎施银七两　　许法成施银六两八钱

催工许安山施银六两六钱　　许安昆施银七两一钱　　许法亮施银六两四钱　　许安金施银五两九钱　　许安温施银五两五钱　　许安德施银五两三钱

管丹青许万好施银五两二钱　　许洛山施银五两

催工许安元施银四两六钱　　许安登施银四两六钱　　许仓库施银三两八钱　　许法通施银三两五钱　　许洛昌施银三两□钱

管钱粮许洛松施银三两一钱

管钱粮许法恭施银三两一钱　　刘顺兴施银三两一钱

催工许法让施银二两六钱　　许有本施银二两五钱　　许安□施银二两五钱　　毋士兴施银二两三钱　　许法俭施银二两二钱　　许法银施银二两二钱　　范金重施银二两二钱　　许安明施银一两七钱　　许法印施银一两四钱　　许万公施银一两五钱　　许万暑施银一两四钱　　许安顺施银一两三钱　　许海宁施银一两二钱　　许□□施银一两一钱　　许法□施银二两　　许稳拴施银一两　　许春重施银六钱

玉工张俊盛　许安虎　杨深

梓工王流聚　赵旺铎

丹青刘步昇　　常荣祥　　赵法全

大清光绪元年岁次乙亥巧月吉日

圪套村众主神统维首合村人等立石

二四〇 修庙碑记

清光绪二年（1876）刊。

碑高130厘米，宽61厘米。

现存于长治市沁源县庄儿上乡涧崖底村介神庙。

【碑文】

修庙碑记

　　凡有功名教者，皆宜立祠祀之。非惟表其恭敬之心也，亦谓古人之行事，可为后世之规模，庶几思所取法而已。介神之行事，详於《左传》，更详於州县志，其足令人则效者甚多也。吾知谒斯庙者，思当日割股奉君，则忠义之心奋然而起；思当日负母偕隐，则孝敬之念蔼然而生；思赏从亡而不言禄，则矜伐之心涣然而释，岂不大有益於人心哉。庙之创建，未知何代，考诸旧碑，重修於嘉庆二年，又重修於道光廿一年，迄今三十余载，复见倾颓，爰各户捐资共议修补。同治六年，先修土地庙与石窑。因年荒而中止，迨十二年重议开工。苦无佃主，乃伐史户垈山，又募化四方邻近，勉襄盛事焉。於是不数月而焕然重新已。谨将施钱姓氏，勒诸贞石，亦不没人善之意也夫。复撰俚语一段，冠於碑首，欲人慎厥思也云尔。

　　沁州儒学生员张化撰并书

　　长泰当施钱二十千　史明珠施钱十千　史书年施钱九千　史根元施钱八千　梁景兴施钱六千　史昌益施钱五千　史盛世施钱五千　史茂世施钱五千　史明智施钱四千五百　史金管施钱四千五百　史永清施钱四千　史元仁施钱四千　史泰年施钱四千　史致中施钱四千　王国文施钱四千　史昌明施钱三千五百　梁国瑞施钱三千五百　史生文施钱三千　史元富施钱三千　史元杰施钱三千　史长科施钱三千　史致和施钱三千　赵清魁施钱三千　史明官施钱二千五百　史进德施钱二千五百　史昌林施钱二千五百　史昌德施钱二千五百　史生武施钱二千　史进荣施钱二千　史官庆施钱二千　康室有施钱二千　史进福施钱二千　史茂盛施钱二千　史尚友施钱二千　史双世施钱二千　李学仁施钱二千　史永明施钱一千七百三　史生斌施钱一千五百　史昌□施钱一千五百　史元□施钱一千五百　史元信施钱一千五百　史还

贵施钱一千五百　梁戊戌施钱一千五百　康安民施钱一千五百　史金成施钱一千五百　李学荣施钱一千五百　史宫永施钱一千三百　史进林施钱一千二百　史进善施钱一千二百　姚□成施钱一千二百

纠首史致中　史泰年　史金管　史元仁　史进□　史炎英　史生喜　史天生　史明珠　史永贵　史元富　史昌□　史昌□　史□□　史书□　姚□成

大清光绪二年岁次丙子六月谷旦立石

二四一　重修东庑碑记

清光绪二年（1876）刊。

碑高183厘米，宽70厘米，厚14厘米。

碑额书"永垂不朽"。

现存于吕梁市中阳县柏洼山真武庙。

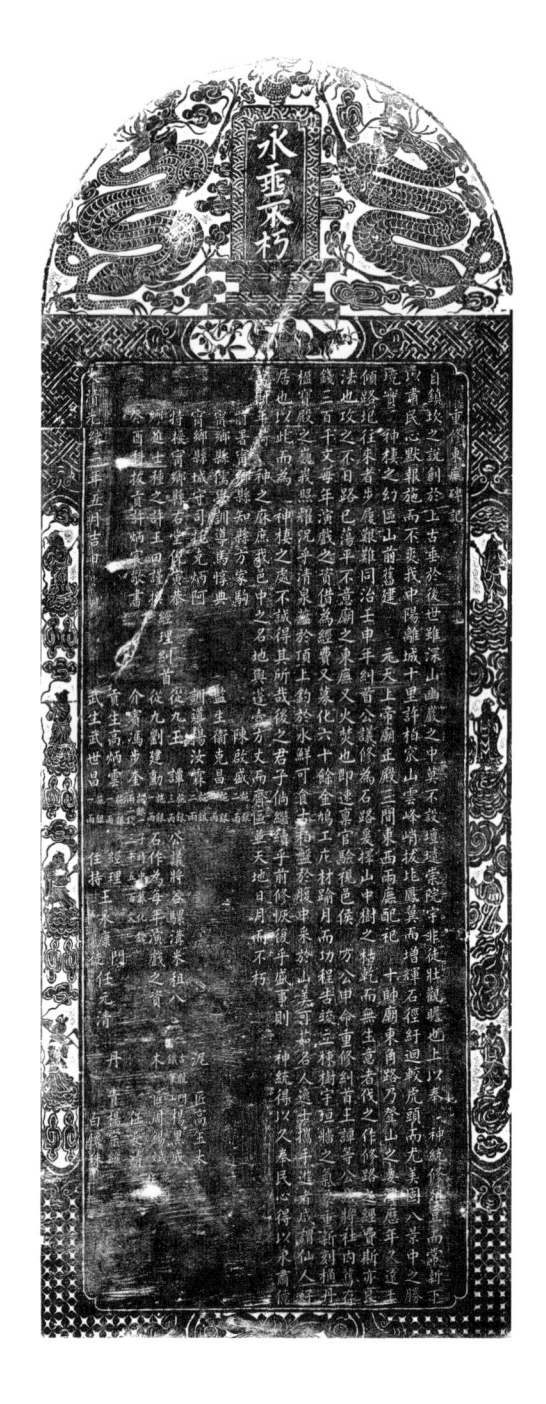

【碑文】

重修东庑碑记

自镇坎之说创於上古,垂於后世,虽深山幽岩之中,莫不设坛墠、崇院宇,非徒壮观瞻也。上以奉神统,修俎豆而常新;下以肃民心,默报施而不爽。我中阳离城十里许柏窊山,云峰峭拔,比凤翼而增辉,石径纡回,较虎头而尤美,固八景中之胜境,实神栖之幻区。山前旧建元天上帝庙,正殿三间,东西两庑配祀十帅庙,东角路乃登山之要津,历年久远,土倾路圮,往来者步履艰难。同治壬申年,纠首公议修为石路,爰择山中树之枯干而无生意者伐之,作修路之经费,斯亦良法也。攻之不日,路已荡平。不意庙之东庑又火焚也,即速禀官验视,邑侯方公申命重修。纠首王谭等公议,将社内旧存钱三百千文,每年演戏之资借为经费,又募化六十余金,鸠工庀材,逾月而功程告竣。立栋树宇,垣墙之气象重新;刻桷丹楹,宝殿之巍峨照耀。况乎清泉蕴於顶上,钓於水,鲜可食;古柏盘於腹中,采於山,美可茹。名人逸士携手游者,咸谓仙人好居也,以此而为神栖之处,不诚得其所哉。后之君子,倘继续乎前修,恢复乎盛事,则神统得以久奉,民心得以永肃,亿万斯年,荷神之庥,庶我邑中之名地,与蓬壶方丈而齐区,并天地日月而不朽。

前署宁乡县知县方家驹

宁乡县儒学训导马惇典

宁乡县城守司托克炳阿

特授宁乡县右堂倪寅恭

乡进士种之许玉田谨撰

癸酉科拔贡许炳宸敬书

经理纠首

陈启盛施银二两　监生卫克昌施银二两　训导杨汝霖施银二两　从九王谭

施银三两　从九刘建勋施银一两　介宾冯步奎施银一两二钱　贡生高炳云施银一两　武生武世昌施银一两

（介宾冯步奎）　子时中募化钱三千五百文

公议将谷骡沟米租八石作为每年演戏之资

经理住持王永康　门徒任元清

泥匠高玉太

古龙门铁笔工杨黑成

木匠周锡斌施银三钱

丹青任长清　杨宗维　白怀珠

大清光绪二年五月吉日

二四二　补修关帝娲皇广生殿并重建乐楼碑记

清光绪三年（1877）刊。

碑高 200 厘米，宽 72 厘米，厚 24 厘米。

碑额书"万善同归"。

现存于晋中市左权县羊角乡盘垴村关帝庙。

【碑文】

补修关帝娲皇广生殿并重建乐楼碑记

　　州东百有余里有黄泽关，东接豫界，西达晋都，固两省之通□，尤栖神之佳境也。旧建关帝广生庙一所，殿宇辉煌，乐楼壮丽，往来行旅，流览其胜，皆极口赞叹。自咸丰丁巳岁，贼匪造乱，军士失守，殿宇被灾，乐楼灰烬，后之游于斯者，不觉满目萧然，感极而悲，叹山谷之如故，悼今昔之顿非矣。至光绪丁丑岁，纠首侯瑞、侯珺、张辛年、霍相荣、武连庆等目击心伤，发愿重修，各捐资财，众亦相助。於是鸠工庀材，补修殿宇，重建乐楼，以及垣墉、门厕俱加修葺，刻其桷，丹其楹，不月之间复焕然维新焉。工竣，因略叙其始末，以为之□云。

　　郡儒学增广生员（阙文）撰书

　　经理纠首千总侯瑞施钱十五千文　郎中侯珺施钱二十五千文　张辛年施钱三千文　霍相荣施钱□千文　武连庆施钱二千文　石灰窑施钱七十千文　磨沟村施钱五十千文　洞子岩施钱五十千文　小店村施钱十五千文　圪道村施钱十千文　庄上村施钱十千文　新店村施钱八千文　例贡侯锡桓施钱十八千文　广和玉　积成泰　例贡侯璁　监生侯锡缨　侯锡社各施钱十五千文　杨生金施钱十千文　海泉店施钱六千文　泰和馆施钱六千文　窑门口　圪蚋铺　同义公　仁义涌　复盛馆　泰泉茂　魁盛田　德兴隆　武来全　张守祥　侯琦　侯锡荣各施钱五千文　毛草圪道施钱四千文　双和馆施钱四千文　武生贾安仁施钱三千文　佳兴店　和益店　郭喜功　泰盛店　牛□村　原喜羊　侯理　□广成　武万明各施钱□千文　□社东剑沟施钱二千二百文　□□□剑沟　□□科　军□□□□　□村源盛公　新店天和成　万合成　□□王永仁各施钱二千文　石灰窑武怀富　武统绪　张进□　□林郭荣清　刘林成　常桂珠　董怀珍　李月　程崃　杨美居各施钱二千文　掌子凹山神社　薛义德　孙

天庆　□兴山　关兴　马在山　赵周□各施钱一千五百文　广兴湧　兴泰合　王保成　刘□成　张□明　马庆福　张□富　宋□□　杨玉□　□修□　张素平　李□□各施钱一千文　王永福　杜万库　杜万仓　崔宗功　太谷武胜翼各施钱一千文　蓝正全　郭明春　王治安　智广明　崔宗义　陈谦和　曹万花　刘金明　续安义　德秦店　陈满国　暴兴义　武怀义　王有龙　乔太和　常义各施钱一千文　武进元施钱五百文

木匠杨玉山　杨俊文　玉匠潞邑李德花　泥匠邓成明　画匠李更秋共捐钱五百五十三千二百文

收□□□旧有□□□□千七百六十八文　通共花费钱六百三十千□二百五十文　□□□七千二百八十三文　从大社补足　千总侯瑞施碑石一块

大清光绪三年中秋月吉日（阙文）

二四三　重修石磐村诸神庙碑记

清光绪四年（1878）刊。

碑高153厘米，宽65厘米，厚14厘米。

碑额书"流芳百世"。

现存于吕梁市离石区交口镇石磐村圣母庙。

【碑文】

重修石磐村诸神庙碑记

尝闻莫为之前，虽美弗彰；莫为之后，虽盛难继。余州石磐村四村旧有圣母庙，基址宏厰，殿宇巍峨，神像繁多，殊难尽举。其所创建，由来远矣。往日之事不必细□□□，但历年既久，举凡庙貌神像与夫上栋下宇，不能不毁於风雨薄蚀之余。睹斯境者，皆有满目萧然，感极而悲者矣。於是主持本□请聚四村人等，相与商议，无不闻风响应，既出己资，兼设募化，用是协力同心，旦夕从事于焉。备砖瓦，持土木，鸠其工，庇其材，新建东西砖窑十二孔，马棚三间，窑顶建楼两座，东楼新塑前日光、后南海观音，西楼新塑前药王、后送子观音，补修乐楼彩画檐宇与东西神像□。是斯庙辉辉煌煌，焕然一新，岂独人力之所为乎？抑亦神圣之灵以妥以侑，而成此盛事也。工程告□，邀文於余，余惭无文，但□叙其终始，以志不朽云。

永郡增生梁业桂薰沐谨撰

男庠生德立敬书

经理

闫恩孝　男有安　孙生禄　生福　生祯施钱八十二千文　赔佃钱□十二千文

闫常有　男成月　成明　成珠　孙学文　学武施钱三十一千文　赔佃钱二十一千文

闫德成　男守身　守本　守福　守禄　守金　守玉施钱三十千文　赔佃钱二十一千文

闫恩宽　男有道　有通　孙生温　生良施钱二十四千文　赔佃钱一十六千□百文

闫有月　男森和　森为　森贵施钱二十千文　赔佃钱一十四千文

闫秉温　男君桂　孙施钱二十千文　赔佃钱一十四千文

闫有成　男生金　生玉施钱三十四千文　赔佃钱五千文

王福江　男洪昌　万昌施钱一十三千文　赔佃钱九千一百文

纠首施钱两

闫有良二十千文　闫有荣一十五千文　闫员富一十□千文　张金玉一十四千文　闫恩义一十二千文　闫斗荣一十二千文　闫永盛一十二千文　□有□一十二千文　□成玉一十千文　师□祯一十千文　任从信九千文　王道洪九千文　李登义八千文　闫思禄六千文　闫添槐六千文　靳祥六千文　闫富山五千文　师□德五千文　王永□五千文　郝从□五千文　刘兴玉五千文　闫□□□千文　闫□发□千文　白永□□千文　刘□□□千文

□匠□□□施钱五千文　□□□施钱二千五百文　□□□施钱二千五百文　□□□施钱一千文（阙文）

丹青冯□□施钱五千文　刘□□施钱一千文　郝□□施钱一千文

石匠武□□施钱二千文

清光绪四年二月吉立

住持本□　门徒觉宁　法弟□□　法侄觉安

二四四　重修乐楼碑记序

清光绪六年（1880）刊。

碑高176厘米，宽68厘米，厚14.8厘米。

碑额（阳）书"万善同归"，碑额（阴）书"永垂不朽"。

现存于临汾市吉县壶口镇龙王辿马王庙。

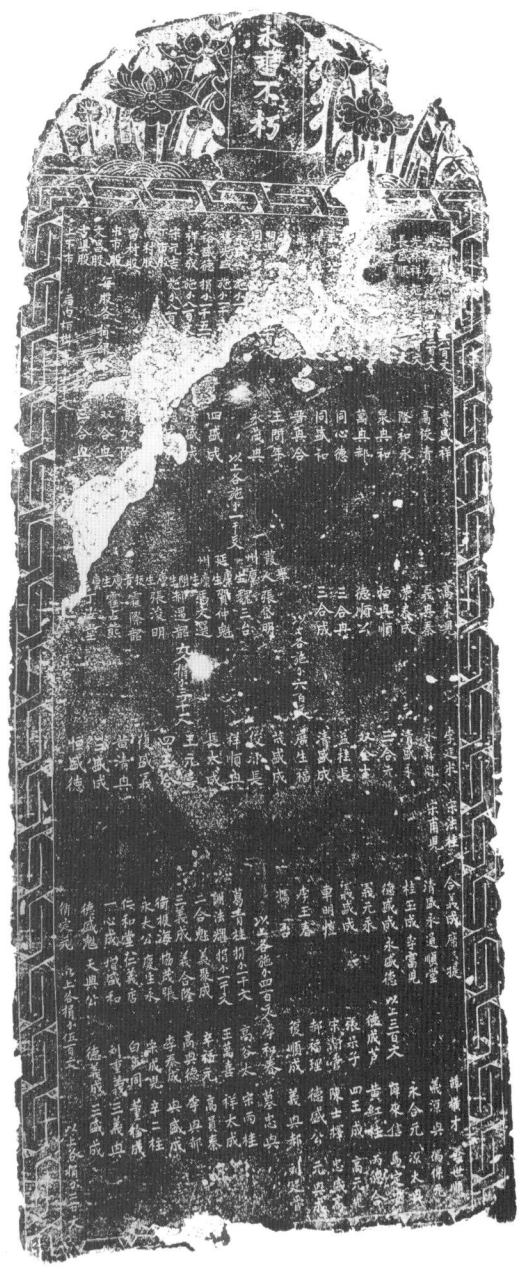

【碑阳】

重修乐楼碑记序

　　尝思莫为之前，虽美弗彰；莫为之后，虽盛不传。龙王汕旧有马王庙、财神、五瘟祠三楹。自遭兵燹之后，屡次修补重新，较前更觉焕然壮观。所留乐楼、山门尚未修理，此即为山九仞，功亏一篑。有绅士葛友莱，不忍坐视，集六股人商议，将乐楼改造，山门移之东角。但股中力微，难成巨功。因募缘於上下山河往来客商，各出资财，以勷盛事。起功于丙子夏，告成于丙子秋。功竣之日，施财君子，好善仁人，顾可□□弗传。勒诸琬珉，以示不朽云。

　　大货社共捐银四十两

　　廪生葛青藻撰并书

　　和心会共捐钱一十五千文　花名开列于后

　　龙王汕□□委员尽先补用巡政厅安捐银一两

　　首事人六股人等

　　石匠崔生玉镌

　　总理督工首事人监生葛友莱捐银五两

　　住持史如意

　　大清光绪六年岁次庚辰阳月吉日六股人等仝立

【碑阴】

　　五瑞祥施钱三□六百文　兴太元施钱□□三百文　光裕祥施钱□□□百文　长盛顺施钱□千□百文　厚生福施钱□千□□文　□□东（阙文）　王盛公（阙文）祥盛魁（阙文）　万盛（阙文）　明兴盛（阙文）百文　同心和（阙文）　永□□施钱一千□　禧光盛施钱一千六（阙文）　裕盛德捐钱一千五百文　祥太成施钱八百

文　宋元吉施钱八百文　下市股　南村股　留村股　中市股　文昌股　古县股　上下市每股各捐银□□

庙内柏树卖钱十千文

贵盛祥　高俊清　隆和永　泉兴和　万兴郝　同心德　同盛和　晋兴合　王问年　永茂兴　以上各施钱一千文

四盛成　清盛成　德盛成　□□□　高加□　双合兴　三合兴　高来见　义兴秦　荣泰成　恒兴顺　德顺公　三合兴　三合成　以上各施钱六百文

葭州举人张岱明　廪生魏三台　延州廪生贺仲魁　廪生冯文选　附生郝遇韶　廪生张浚明　拔贡霍际韶　廪生霍占熊　廪生丁汝堂九人捐钱三千文

李廷米　永升魁　清盛永　三合元　双全吉　益桂长　清盛成　广生福　茂盛成　俊源长　祥顺兴　长太成　王元喜　四王合　复盛义　黄清兴　三盛成　恒盛德　宋法桂　宋甫见　合义成　清盛永　桂五成　德盛成　义元永　义盛成　车明恺　李王春　冯台　以上各施钱四百文

席□提　通顺堂　李富见　永盛德　以上三百文

葛青桂捐钱一千文　谢法耀捐钱一千文

二合魁　义聚成　三义成　义合隆　卫振海　协茂张　永太公　庆生永　仁和堂　仁义店　一心成　增盛和　德盛魁　天兴公　卫定元　以上各捐钱五百文

德成芦　张呆子　宋□管　郝福理　复顺成　李和春　高谷太　王万喜　辛福元　高兴德　李秦成　宋成见　白步同　刘重义　德义成　薛横才　义源兴　永合元　薛来信　黄红柱　四王成　陈士择　德盛公　义兴郝　墓忠兴　宋丙桂　祥太成　高员秦　李兴郝　兴盛成　辛二柱　董栓成　三义兴　三盛成　□世顺　冯保元　源太兴　马定安　两德合　高元□　忠盛高　元兴成　刘廷管　以上各捐钱二百文

二四五　重修骷髅庙碑记

清光绪十年（1884）刊。

碑高108厘米，宽114厘米。

现存于晋城市高平市唐庄乡谷口村骷髅庙。

【碑文】

重修骷髅庙碑记

高平城西五里有地名杀谷，乃长平之役，秦将白起坑赵降卒四十万处。唐明皇幸潞，见头颅似山，骸骨成丘，触目伤心，敕有司掩埋之，鸠工建庙，颜其额曰骷髅庙，易其谷曰省冤谷。春秋祭祀，守土者亲诣致祭，历代相因。庙宇虽屡经修葺，而年湮代远，渐就颓圮。己卯冬，予莅任斯邑，遵举祀典，步履於庙，目睹蓬蒿瓦砾载道，自头门以至正殿，朽败不堪，神像露坐，碑碣倒碎，感前人之创造良艰，后之人岂能听其因陋就简而不为之兴复也。爰命本邑绅耆取材度木，量地重修，咸称善举。嗟乎！古之人行一不义，杀一不辜，而得天下，犹且不为，矧以争城夺地故，竟视数十万命为草芥乎？倘一旦废其禋祀，则冤抑之气无所凭依，势必变为疠疫，以为生人害，是则守土者之咎也。遂捐俸金以为之倡，向义者闻风乐输，聚钱数百千，择日兴工，尽卸其旧而改作之。崇基隆栋，规模宏敞，周缭崇柱，苫覆陶瓦，创制一新，庙内神像仍崇祀大王，群魂亦得所依而与享焉。於是识其岁月颠末，俾后之官斯土者，乐施以崇其祀，生斯土者，培葺以壮其观。是役也，教谕渠君丕烈、训导张君金堂、典史吴君开阳、把总王君福元，及诸绅董与助义者，相厥成焉，悉附名泐碑，以垂不朽云。

钦加盐运使衔即补清军府知高平县事加五级纪录十次　楚北陈学富撰文

敕授文林郎丁卯年优贡知县庚午科举人掌教仰山书院　邑人李廷一书丹

今将捐资姓氏一切花费列后

是役也，起义倡捐原系陈慈门政张公，名成，字清臣，江苏人。邑人恐湮没其善，复赘此，并垂不朽。

高平县正堂陈捐银二十两　高平县教谕渠捐银四两　高平县城守司王捐银四两

高平县右堂吴捐银二两　高平县正堂庆捐银三十两　高平县训导张捐银四两　掌教宗程书院李捐银四两　高平县右堂朱捐银三两　善后局捐钱四百千文　城关众字号捐钱三百三十千文　阖邑当商捐钱九十六千文　安和丰官运局捐钱五十千文　寺庄镇捐钱六十千文　赵三元堂捐钱七十千文　毕赞周捐钱三十五千文　张朝元劝捐钱一百零八千五百文　贾必信劝捐钱二十八千五百文　祁之锟劝捐钱二十八千文　张国光劝捐钱五十千文　赵鸣琴捐钱二十千文　郭廷选捐钱十三千文　郭堍捐钱十三千文　城西南捐钱十八千文　缑鹤年捐钱十千文　祁三元捐钱八千文　祥记捐钱十千文　义合成捐钱五千文　泰顺成捐钱一千文

　　张善庆　庞用中　吴丕烈　缑樾各捐钱三千文

　　共捐银七十一两　易钱一百零九千八百九十文　共捐钱一千三百六十六千文

　　一应木料钱二百六十二千五百九十九文

　　砖瓦脊兽钱一百七十四千零二十九文

　　石灰笆发纸鳔黑礜麦糠钱八十七千五百九十三文

　　石柱石头钱四十四千六百八十文

　　一应铁货钱八十六千文

　　拉物料车脚钱三十千零五百三十九文

　　麻绳苇席钱十二千文

　　木匠工钱二百五十一千文

　　泥水匠工钱一百七十五千二百二十文

　　石匠工钱五十三千三百四十文

　　彩画匠工料钱一百一十九千二百四十文

　　讽经二次经资花费钱三十八千文

　　各行匠人犒劳礼物钱五十六千六百五十一文

　　煤炭灯油一切杂费钱六十九千七百二十八文

　　共使钱一千四百六十千零六百一十九文

除使净余钱十五千二百七十一文扶碑敬神用

劝捐维首郭天骏　郭塽　祁之锟　王国佑　孙思恭　何殿邦　张朝元　张国光蒋忠贤　贾必信

督工维首吴丕烈　张善庆　庞建中　缑樾

石匠李逢春

泥水匠贾喜贵

木匠李全忠

彩画匠傅明科　常瑞祥

铁匠申海水

住持妙意　证慧

仝勒石

大清光绪十年岁次甲申三月中澣之吉

二四六　重修东堂阁碑记

清光绪十年（1884）刊。

碑高146厘米，宽61厘米，厚17厘米。

碑额书"重修"。

现存于晋中市左权县羊角乡禅房村龙王庙。

【碑文】

重修东堂阁碑记

　　且地灵人杰自古然，大於创建，功莫深於落之，风气补修。州东八十里禅房村有东堂阁一座，真武、关圣神象森严。补修庙与金庄（妆）圣象（像），往来行莫不喜其好，盖材君见，同合社人。历年久远，风雨漂（飘）摇象矣，说者谓皆其村无不深痛其不壮。志不朽云。

　　段法元钱七千四百文　张东方钱二千五百文　张财德钱二千文　王中平钱二千文　王怀义二千文　王怀里钱二千文　张毓银钱一千五百文　赵□盛钱一千五百文　刘起法钱二千文　张德福钱一千文　王贵锁钱一千文　张毓增钱一千文　段法贵钱一千文　张财钱一千文　段合成钱一千文　张书文钱一千文　张旺钱一千文　王顺山钱一千文　赵起财钱一千文　王朝贵钱六百文　张德清钱一千文　张德祥钱八百文　张毓秀钱八百文　王谷元钱八百文　赵万春钱八百文　籍来锁钱六百文　张文魁钱五百文　张毓珠钱五百文　韩福林钱五百文　赵合星钱五百文　郭手苍钱五百文　张福全钱五百文　李大贵钱五百文　张德汸钱四百文　董万富钱四百文　王永金钱四百文　樊义春钱四百文　张有旺钱四百文　杨金法钱四百文　李昌泰钱四百文　张毓财钱四百文　马兴全钱三百文　张毓林钱三百文　段风交钱三百文　赵小三钱三百文　张喜成钱三百文　路二小钱三百文　樊四金钱三百文　张毓喜钱三百文　杨孟连钱三百文　张丑小钱三百文　张掌成钱三百文　张雪来钱二百文　赵和钱二百文　韩金锁钱二百文　刘巨财钱二百文　刘文库钱二百文　张永元钱二百文　李长敬钱二百文　郭海成钱二百文

　　张玉珠书

　　阴阳张来明

　　木匠宋福三

石匠王存义

画匠张成珠

共花费大钱六十二千六百九十三文

共起钱粮大钱四十四千文

怀树钱五千二百文

大清光绪十年十月十二日立

二四七　新修请宫碑记

清光绪十年（1884）刊。

碑高198厘米，宽68厘米，厚19厘米。

碑额书"百世流芳"。

现存于晋中市寿阳县平头镇宣崖村三官庙。

【碑文】

新修请宫碑记

凡事之可称宏功者，则当笔之於书，堪谓盛举者，或又勒之於石，以其能传后世而垂无穷也。宣崖三官圣庙由来久矣，凡演剧酬神，庙前搭棚以妥神灵，□其后佥以为不恭。村中父老意欲开拓三官庙基，增广请宫，众志翕然，如响斯应。奈村中硗田数顷，粮石不丰，譬之驽才驰远，力小任重，鲜有不废弃半涂（途）矣。於是广募四方，得仁人君子以襄盛举。不年余而布施咸集，伐木取材，鸠工大作，丹楹刻桷，翚飞斯成。今正殿三楹内修三龛，东为关帝之龛，西为三官之龛，以玄天之龛居中。殿西财神祠一楹，社房二间，玄天、关帝之神供以木主，惟三官、财神之像塑以金身，每遇春祈秋报，赛社迎神，请诸神法座於殿内，殿外隙地宽阔，足以俟其笾豆，众人酬奠，不至错履摩肩，此非开一村之盛事，垂千载之伟烈者欤？是为记。

段王镇儒学生员孟培材撰文书丹

段王镇儒学生员于步鳌题额书丹

经理人社首杨秉智　杨秉奇　杨立基　杨义达　杨本植　杨生荣　王建树　杨泽猷　杨元池　杨增池　于奏功　杨泽　杨文会　杨久亨　杨泽库　杨秉元　杨生基　杨佐清　潘寺章　杨俊森　杨魁龙　张恩如　王世昌　杨河印

泥匠高起云

铁笔侯建基

木匠三成永

画匠刘锦云

善友王丕明

阴阳王正德

大清光绪十年岁次甲申小阳月望后谷旦勒石

二四八　整修佛堂碑记

清光绪十二年（1886）刊。

碑高38厘米，宽68厘米。

现存于晋城市阳城县白桑乡刘庄村。

【碑文】

整修佛堂碑记

从来庙赖神栖，社因民立，社之所关大矣哉！在庙宰社者公举四名，三年一替，春祈秋报，咸宜齐明盛服以承祭祀。兴修王君等，于九年入庙宰社，遵照社规，不敢紊乱。村中佛堂，多历年所，风雨催残，墙垣倾圮，坡脊倒坏，观之无不悲伤。诸君与村众公议，按社分摊捐，兴工补葺，焕然聿新。兼之三年积余，置买物件列后，诸君之勤始慎终，诚可谓抚躬无愧耳。兹值瓜代之期，嘱予略叙巅末，勒石志之，永垂不朽云尔。

邑儒学生员卫世卿撰并书

关帝会施门□·挂　赵兴川施□□□地四亩自封粮　康柱施庙东地二亩自封粮　蔡德魁施小井后地半亩自封粮　社十三年共积余摊捐钱九十八千六百□七文　佛堂补修使钱五十七千六百卅□文　□□□衣六挂使钱六千四百四十文　宰猪锅□口使钱三千一百五十文　封粮使钱五千六百五十文　诸客使钱五千五百七十□文　零花费使钱七千六百四（阙文）　并后立石使钱十二千五（阙文）

执年宰社栗□□　王日□　李嘉□　栗长□仝立石

光绪十二年四月□旦

二四九　重修关帝庙碑记

清光绪十三年（1887）刊。

碑高 155 厘米，宽 67 厘米，厚 19.5 厘米。

碑额（阳）书"百世流芳"，碑额（阴）书"碑阴"。

现存于吕梁市汾阳市栗家庄乡刘家堡村关帝庙。

【碑阳】

重修关帝庙碑记

　　大凡建非常之功者，甚赖被苍笃贶，神运斡旋，更兼人力弗懈，善念有余，事可观厥成已。如我刘家庄堡，始因明末避兵敛迹，继而营落户口，尔乃爰居爰处，遂祀关圣帝君，以永祈平康焉。至今人民安堵，不谓神明默佑之赐欤！若以追述创建原渊，历修形致，前贤俱已落珉流芳，无庸再赘。虽然，年久不无颓败之虞，村人难免目击之感。於光绪初年，多藉卫通、霍永盛、李继亮、李继成、赵德昌、李绍前、武羛诸公，外募自施，共积金百十余千。彼一时，部某诸人经手此项，非余等所能彻底者也。大约屡次补葺南社房、龙王殿，全系囊倾矣，只存霍姓之银微木。到甲申岁，新筑堡墙，不既添，费已尽欤。余等极忆量力营谋，总是资斧不给。甚赖好善之李继成、郝广成，首倡争先，本村募化，或人力，或资财，共积数十多金。嗣而又蒙李继亮、李重明、赵德昌诸公，连募带施，共得银百十余两。随将关圣殿、观音殿、献棚、南楼等处，重振一新焉。此惟三勋并集，岂人力所易得而成者哉，微神运而何以凑功？余本不文，仅据其实，以敬勒成书，庶不致久湮无稽云尔。是为序。

　　汾阳县由学申举乡耆高朝栋薰沐撰并书丹

　　经理募化李继成　郝广成

　　督工纠首刘尔璞　杨天禄　温振兴

　　大清光绪十三年岁次戊子夷则之月谷旦

　　铁笔匠李定寿

　　泥水匠杜春

【碑阴】

　　从前募化诸公

卫通外募银五十四两　钱四十四千四百文　霍永盛外募银廿二两　赵德昌外化银十两　□□□自施钱□□□　李绍前募钱十千文　武巽募银六两

以上前社首经手

李继亮二次募化众号　高邑义和盐店　富盛当　福裕成各施钱四千文　聂店王杞　公和当各施钱五千文　王文朝　元□□胜当　义成店各施钱三千文　□□广泰赵　恒裕店　东兴店　虢氏通兴堂　信和成　义和合　□□同盛富　正心诚　一心诚　元积成　增盛店　义和号　锦泉店　宝和店　德祥成　福□成　福裕昌　义盛当　广和成　广庆成　永成号　义和成　义兴号　源兴涌　义聚和　以上各施钱□千文　源盛德　信义成　福兴长　同逢吉　源泰长　兴泰永　同元功各施钱一千文　赵德昌二次众外募号　元氏和店　马氏源懋远　和成恒源号各施钱三千文　同心成　东□镇复隆裕　裕德昌　同庆泰　益盛和　泰和兴　万恒泰　广顺店　裕和泰　以上各施钱二千文　东汪东同盛　文宝堂　义聚昌　义聚盛　德懋昌　万兴成　元复永　广增号　同隆号　同泰号　义源号各施钱一千文　李重明外募众号　库伦兴茂永施银三两　永昌魁　兴瑞魁　源盛和　福盛玉　涌泉美　天泰昌恒兴隆　裕太永　天舜成　兴盛魁　林盛元　义合盛　中和裕　万源长　大亨昌　义合忠　源发长　协裕和　三盛永　万顺亿　永泰安　以上各施银二两　永茂公　干裕永　天兴德　万顺德　松成德　双舜全　恒义源　万隆涌　永庆成　义和荣　德丰世　协裕亨　天源魁　永义厚　兴盛元各施银一两

以下本村善信

赵德昌施银五两　郝广成　男雨安施银一两五钱　霍大绅施钱四千文　李继亮男仰贤　卫邦珍　任德恒各施钱三千文　李继成　男希贤　杨天禄　侄殿瑞　刘尔璞　男兆熊各施钱二千文　卫秉□施钱二千二百文　李绍前　男李清　郭而耀　男玉珍各施钱一千五百文　刘安畿　刘尔寿　李天明　霍大富　温振兴　刘裕恭　刘集贞　刘裕俊　刘安信　郭而良　杨德春　卫邦鸿各施钱一千文　郭而辉　孔兆庆　赵宗仁各施钱七百文　刘家庄村大社施钱一千五百文　刘安家　郭而兴　张其元　郭而恭　刘尔琪　池天常各施钱五百文

795

二五〇　山西太原府阳曲县白马掌敷花乡中兵村重修徘徊寺圣母庙碑序

清光绪十四年（1888）刊。

碑高164厘米，宽77厘米。

碑额书"流芳"。

现存于太原市阳曲县泥屯乡中兵村徘徊寺。

【碑文】

山西太原府阳曲县白马掌敷花乡中兵村重修徘徊寺圣母庙碑序

盖闻天地之间，往而必返者理也，旧而复新者情也。人之安息，犹爱其深宫大厦，何况于神乎。然寺庙虽多，而灵应且异，有如我中兵村圣母庙。古刹参天配地，保全婴孺，救灾捍患，逐疫驱瘟，祷之无有不应，求之无有不灵，泽被苍生，普济群黎，大有功德于民，岂如他乡之神灵哉！迨自乾隆年间重修以来，百年有余，而殿宇廊庑皆风雨漂（飘）摇，各塑圣像亦为剥落，将有灵应之圣地，几成瓦砾之废方。老幼互相嗟嗒曰：残毁甚矣，若不撤旧更新，何以安神而祈永祚哉。于是村中不忍坐视，公议重修，但寺院甚大，村小力微，诸物腾贵，百工艺高，恐其独力难成，遂募化四方。不料神灵默动，各发虔赀，鸠工修葺，翻盖庙宇，金妆圣像，焕然一新。工程虽大，不日成之，非神力相助，而人力孰能如此？所以安神者在是，奠祭者在是。入其庙而瞻其像，恭其礼而睹其偶，恭之敬之，俨然人望而畏之曰□哉，此圣母之端肃焉耳。今工已竣矣，光已开矣。以及施财众姓请登芳名於左，勒碑刊石，以志百世不朽云尔。

阳曲县儒学附生义汝舟沐浴撰书　男天福　天德

铺垫主义玉明　王国富　义玥

总管义玉岚　义昌春　义玥　义宝安　义国祯

募化纠首义生顺　卢金魁　义爱云　义□□　义兆元　义步云　王殿金　郝如玉　义仁怀

经理纠首义银　义如春　义宗霖　义荣　义茂华　义玉林　义文元　义国亿施银一两　义国武　义典谟　义作梅　义荣贵

共收布施钱五百五十二千四百四十文　共起粮石钱五百八十一千八百八十三文

二宗共入钱一千一百三十四千二百七十三文

　　录事义云岚　义良谟　卢金魁　义需泉　义玉书　义正绪　义锦花　义茂富义宝宁　义存忠　王俊德　义祥　义彩云　王俊德　义需元　郝如玉　义银　义昌法　义荣　义昌银　义茂财　卢玉魁　义正绪　义作楫　义斌公　义正绪　义玉壅义庆银　义永亮　义德正　卢金魁　义银　义富贵　义荣贵　义天宜　王俊德

　　木工申占魁施钱一千文　泥工兰生明施钱一千文　画工义宝善施银一两　铁笔先生牛玉石　瓦匠白进财施将出头一对　义茂富施膳架神幔一方

　　出木植钱一百六十九千三百零四文

　　出砖瓦钱四十五千五百零一文

　　出石灰钱五十一千八百文

　　出铁器钱四十一千五百·七十文

　　出木泥工钱二百五十二千五百五十文

　　出画工钱二百四十五千六百文

　　出杂使钱一百一十一千九百五十七文

　　出开光花钱一百八十千零□□文

　　出石匠工钱（阙文）十七千文

　　花□钱一千一百二十六千零五十一文

　　本寺住持清增

　　大清光绪十四年夷则月谷旦立

二五一　重建五龙庙碑记

清光绪十五年（1889）刊。

碑高163厘米，宽70厘米，厚16厘米。

碑额书"永垂不朽"。

现存于忻州市代县新高乡董家寨五龙庙。

【碑阳】

重建五龙庙碑记

尝思神之灵应因乎人力而益显，人之成功赖有神助而愈易，是所谓神人相感而事乃克济也。即如西南乡董家寨村，旧有五龙庙一所，为祭天祷雨之处，春祈秋报之所。阶前二柏掩映，户外众柳围绕，洵称胜境也。故自创建以来，屡为补葺，□有失坠。奈所居地势卑污，又兼淫雨连年，宫殿栋梁尽属颓萎，圣神金碧俱为剥落。噫！如此佳境而可使之倾圮欤。但功程浩大，任非易胜。不意丁亥年正因议社事，众聚相顾而言曰：神失所栖，人何以安？举议重建，而村人莫不慨然应允，富者咸愿罄出余囊，贫者亦皆努力输资。遂即鸠工庀材，改建玉皇阁、观音阁、戏台、钟楼，以为欲固其巅，当先培其根，於是易砖甓而为磐石；次建五龙殿、地藏菩萨殿、十王殿，欲闲其楹，宜先大其木，是以去腐朽而运良材。比及东西禅室、戏屋，移基丈数，前后务为整齐；中央牌楼、花墙，加址尺余，高低取其合度。又为新建山门二座，闬闳比旧既已高广；耳室两间，墙垣视昔更为周密。三年之内，不惟朴斫是勤，亦皆丹雘维新，此岂非神之灵应而人能成功若此之易乎？众经理等因工告竣，嘱余为文。余自揣学本浅薄，又且久病荒谬，焉能当此大任，仅以俚言，撮其工之始终之情形而为序。

  儒学增生贾钊撰

  州署刑书周志孔书

  今将东口西口布施开列於后

  至於本村布施各项花费另有碑铭

  经理人登仕郎董连芳　周鹤　介宾周占魁　军功六品衔董聚库　介宾张如清　董万秀　张志　朱肯堂　董存庆　董存璠　介宾周志高　周佐　张清

  石匠郝迁乔

木匠董含发　王秉义

泥匠张云峰　王万钰

画匠裴九宫　张锦桃

僧正明　徒觉佑　觉众　侄觉诸　觉义　孙道德　道宝　道修

大清光绪岁次己丑瓜月日勒

【碑阴】

西口募化人董聚□　董存有

□□□□太平社施白银八两

□和义施白银六两

德泰祥施白银六两

德泉店施白银五两

大德店　大德当　天合功　光盛当　三成当　以上各施银三两

贾皮房　享兴泉　丰盛长　源盛兴　德泰长　王恒裕　义成荣　德润和　聚义长　天泰泉　天意公　以上各施白银二两

仁和信　天隆和　与合美　范天乐堂　天顺炉　天成永　万德长　德泉昌　聚润泉　郭贞干　郭俊　以上各施白银一两

天顺泰　东升以店　恒古昌　德生昌　裕盛厚　广聚店　永兴店　以上各施白银三两

永德魁　天和昌　以上各施白银一两

化城元利魁施白银七两

□裕魁施白银五两

永聚店　信成厚　蔚庆厚　隆□厚　魁义德　永顺合　德兴店　谦恒泰　□顺成　义丰店　永兴元　大成兴　义和兴　以上各施白银二两

东口募化人董存福

庆和隆施白银一两五钱

天和隆　庆丰永　玉顺生　里拉庆尔台　打尔架梅林　尔林庆圪速　七蜜的色令　东谷尔布圪令　以上各施白银二两

吉圪尔机圪令　朋送圪扎浪　以上各施白银一两五钱

吹进扎布张盖　什拉布　张木牙　合迷　东谷尔布　五泥尔　公群圪不什　金罢圪令　三在把尔咥　以上各施白银一两

天元店　万泉店　万兴奎　双合永　圪力圪喇嘛　公生台九　七登刀尔计　那力骂　猛克把兔　把兔尔居　把力骂张盖　七不流圪令　江七布　老不咥圪力圪补独昔列　以上各施白银一两

尔居把达尔施白银九钱

七令　根庀尔　七不圪孔独　以上各施白银五钱

共银一百六十七两四钱

刘进善　永泰成　兴盛堂　刘进元　以上□□施白银一两

王庆奎施白银五钱

共银一十三两

石匠郝迁乔施钱三千文

木匠董含发施钱一千五百文　王秉义施钱五千文

泥匠王万钰施钱三千文　张云峰施钱三千文

画匠张锦桃施钱三千文　裴九宫施钱二千文

二五二　重修兴龙山庙暨改建□楼碑记

清光绪十五年（1889）刊。

碑高198厘米，宽57厘米，厚15厘米。

碑额书"乐善好施"。

现存于阳泉市郊区陈庄村龙泉寺。

【碑文】

重修兴龙山庙暨改建□楼碑记

燕龛介宾史华黻篆额

燕龛郡庠生史聊魁书丹

兴龙山旧有神庙，南面□岩，东肩峻岭，北枕大河，西控方山，层峦耸翠，叠嶂环青，境实（阙文）孕子钟祥，则广嗣延庥，殆灵严之福地，神皋之奥区也。庙之创建修葺，不一其举，俱（阙文）补修，迄今又五十余年，风侵雨蚀，雀啄鼠穿，瓦木朽腐，墙壁倾颓，非所以妥神灵光（阙文）拜之余，佥曰：倘弗重修，奚□缮后？己丑春共商盛举，罔不怂恿厥叓，遂募缘于临近（阙文）材督工补修正殿、配殿，以及过庭碑室数处，又改建乐楼一座。凡所残缺，莫不整理继（阙文）宇，华檐散彩，绀瓦飞翚，金碧增光，丹青生色，巍然壮观，极一时之胜概。故登是山也（阙文）一新，今昔顿异。窃叹天壤□□，盛衰兴废之机，无往不相为循环。韩子云：莫为之前，虽美（阙文）前人之创建，尤赖后人之□修，所关岂浅鲜哉？是庙之修，经始于光绪十五年三月（阙文）共费金六百余两，越数日□□工告竣，父老嘱余为记，第自惭拙，诺恐无以示来，兹（阙文）善士之乐施，其功俱不可□□姑志于石，以纪其大略云尔。

孟邑优廪生员王（阙文）

会茶

程家庄合村　北□梁鹏施银三两五钱　梁德春施银八两　梁德广施银六两　庄里梁德让施银二两五钱　程连贵　男裕福　龙光峪　程连枝　男裕和　程连银　男裕怀　程连满　男裕城共施银二两

开光□供

程家庄程德清施银八钱　程德亮　程德鏊施银五钱　程和合施银五钱

程家庄

总纠首程旺荣施（阙文）钱

经理程维礼施（阙文）　程生福施（阙文）　程诱施（阙文）三钱　霍兴筵施银□两三钱　郭满施银□两　白有州施银□两　程本生施银□□　王大贵施银□□五钱　李万稹施银□□四钱　程万金施银□□□钱

经理账目人程生运施银□两□钱　程生发施银□两□钱　李寿谦施银二钱　程永财施银五钱

北庄

总纠首胡德福施银三两

经理人赵兴财施银六两五钱　傅和施银二两二钱　胡德寿施银四两五钱　胡明施银二两六钱　刘满银施银二两二钱　胡阜施银二两　傅恒施银一两五钱　季恺兑施银一两

燕凫村

经理人介宾史华黻施银三两　介宾史缠铭施银十一两　温满鸿施银一两二钱　史银忠施银一两　史启田施银七钱　荆山堂施银六钱　史兴年施银五钱　史鳌魁施银四钱　史启德施银四钱　史万晋施银四钱　史启珅施银四钱

西沟村

经理人白全福施银（阙文）　白世铣施银（阙文）　白万□施银（阙文）　白全海施银（阙文）　白有祥施银（阙文）　胡满清施银（阙文）　白有恺施银（阙文）

曹家掌

经理人曹福山　曹尚连　曹公祥　高宝喜

大清光绪十五年岁次己丑季冬谷旦

二五三　重修碑记

清光绪十六年（1890）刊。

碑高134厘米，宽62厘米，厚17厘米。

碑额书"万古千秋"。

现存于临汾市汾西县邢家腰乡土地堎龙天土地庙。

【碑文】

重修碑记

且夫创建者前人之功，补修者后人之力。兹数十村，旧有土地孤祠一座，名为土地壑，年深日久，代远年湮。是庙创于嘉庆初年，至金（今）九十余年矣。其后虽有补修，不过择其要者略为整饬耳，初未尝大壮观瞻也。如无丁亥年间，风雨甚繁，正神宫殿倾颓，东西厢房摧残，过路行人犹且目睹而心伤，纠首事人等何得置诸度外而袖手旁观耶。于是数村公议具疏，共祈四方君子，好善募化，以为神举之助，约得数百余金。而修治南北神殿、戏台，补缺东西两□厢房，金妆神像，绘画新旧，遂莫不焕然更新焉。虽人心之乐施，实神灵之默感也。兹值□□告竣之日，爰勒诸琬琰，以垂不朽云。

儒学廪膳生员姜□玉　　□童卫景仰沐浴敬撰

东社　南社　北社

王文进化钱十千念（廿）二百　监生卫中魁化钱八千九百　王思堂化钱五千七百　奕丙南化钱四千六百　奕周南化钱四千五百　卫中银化钱四千文　监生逯秉纯化钱四千九百　段庆彦化钱四千六百　贾长海化钱六千二百　张云禄化钱四千二百　生员卫瑞熊化钱三千八百　卫德仰化钱三千□百　卫□炳化钱三千二百

奕进南化钱三千七百文　监生卫瑞凤化钱三千一百文　贺邦基化钱三千文　王生艮化钱三千七百文　李九得化钱二千七百　韩国玉化钱二千七百　奕化南化钱二千六百文　王海珠化钱二千一百文　逯秉国化钱二千二百文　严福兴化钱二千一百文　卫瑞铭化钱二千文　职员卫瑞兆化钱二千文　卫明忠化钱一千五百文

马金□化钱二千六百　卫中祥化钱一千一百　奕光南化钱一千九百　王永福化钱一千八百　监生奕从郎化钱一千二百　奕万明化钱一千文　马文光化钱七百文　程茂盛化钱一千五百　郭庆成化钱一千五百　宋四元化钱一千文　程居和化钱五百

文　邢明亮化钱五百文　卫福管化钱五百文

总管事王恕堂施钱一千文化钱九千七百文　程廷芝施钱一千文化钱八千五百文

书碑监生卫瑞鸾施钱一千文化钱八千六百文

纠首武云周施钱五百文化钱十千二百四十文　贾寅丙施钱一千文化钱八千九百文　王文林施钱一千文化钱七千文　卫中铎施钱五百文化钱六千一百五十文　庞桂先施钱五百文化钱四千五百文　张云祯施钱五百文化钱五千八百文　闫顺元施钱五百文化钱五千五百文　程廷郎施钱五百文化钱五千三百文　马富施钱五百文化钱五千七百文　荀清云施钱五百文化钱五千文　王锦堂施钱五百文化钱四千文　奕清南施钱一千文化钱三千二百文　苏玉昌施化钱三千文　周登顺施钱五百文化钱二千五百文　卫瑞森施化钱三千四百文　逯连昇施化钱三千三百文

周毛候　焦清泉　郭斗幹　奕荣全　郭戊寅　乔彦秀　郭朝梁　朱丙长　朱海云　朱玉昌　朱孙云　刘根彦　王明未　郭洪先　韩丙桂　郭文兴　张治节　张大青　张俊棠　张长管　荀金智　荀金义　水天林　水天山　水廷印　王□　奕金海　奕金宦　李春花　李春光　薛瑞其　薛玉良　张扶财　牛世晖　韩祭春　周□成　韩国芝　郭支元　付廷贵　赵春茂　任乃信　赵玉秀　张根□　宋□　杨□金　王金有　□青娃　李金彦　张瑞林　张□林　郝方珠　郝正邦　郝光中　郝光□　郝光凤　张双□　张呆□　郭鸿瑞　郭长点　王福久　张魁　王魁　张长恩　郭元亨　荀金万　□□□　□金□　刘有□　□□□　□珍□　刘申□　贾金□　刘云□　徐双喜　□□郎　□□祥　刘成□　刘□□　徐□□　徐□顺　刘□□　赵□秀　刘金□　赵□子　李青福　□有桂　王立艮　刘全奎各施□百文

（阙文）

大清光绪十六年梅月初六日吉立

住持孟廷□施化钱六千六百

泥匠亢清林

木匠吴长劳　马青山

丹匠王锡亮　郭□师　贾有管

石匠

二五四　重建后稷庙钟楼记

碑阳，光绪十七年（1891）刊。

碑高165厘米，宽54.5厘米。

题名碑一，高165厘米，宽54.5厘米。

题名碑二，高158厘米，宽46厘米。

题名碑三，高158厘米，宽46厘米。

题名碑四，高301厘米，宽83厘米，清光绪十八年（1892）刊。

题名碑额书"公正廉明"。

现存于运城市稷山县稷峰镇后稷庙。

【碑阳】

重建后稷庙钟楼记

　　县城庙祀后稷，自元明以迄我朝由来久矣。迨道光丙申，不戒於火，正殿三楹顿成灰烬，而长廊两翼亦复荡然一空，瓦砾八秋，明禋几废。幸赖邑令李公倡议兴修，慨捐廉俸五百金，并邀好义富绅以次倾囊，未经浃旬，而已集资逾万矣，何易易也！乃属耆老，聿鸠厥工，壮丽辉煌，告成不日，又於阶前添建钟鼓二楼，以昭美备，鸟革翚飞，直冲霄汉，麟麟炳炳，洵一邑之大观。无何，光绪丁亥，钟楼东廊又遭回禄，以侑献享不成音矣，以序东西不成列矣，修废举坠，岂容少延？乃司事者屡谋重建，总苦囊空，迟至庚寅六月，城乡广募商贾兼营，且括庙中租息赢余，始得集腋而成裘焉。难哉！大是役也，需款千金上下，视前此之万金特十一耳，何先后四十余年，昔也筹其多而较易，今也筹其少而转难，岂民风不古若耶？盖自丁丑大饥而后，地方元气未复，民鲜盖藏，二十余万黔黎，消耗十之六七，求如当年庶富景象而不可复得矣。凡我桑梓，均有室家，崇俭黜奢，宜图补救，赋《蟋蟀》而咏《山（有）枢》，当如何思患预防，以复家给人足之盛矣乎？此则余抚今追昔而感慨系之者尔。工始於秋，成於冬，泐之贞珉以备稽考，其余缀补零修，增添旁院，略而不书，提其要也。

　　钦加道衔前兵部升用员外郎历知河间府景州多伦厅同知事深州直隶州知州癸丑进士邑人王炳坛敬撰

　　敕授文林郎保荐升用知县前稷山县儒学教谕优廪贡生竹林武光昌敬书

　　大清光绪十七年岁在重光单阏执徐月谷旦

【题名碑一】

　　军功六品衔稷山县城守部厅武占鳌捐银一十两

敕授修职郎稷山县儒学教谕廪贡程鹏飞捐银十二两

大挑二等己卯举人思文书院主讲解昌言捐银八两整

钦加同知衔赏戴花翎稷山县知县蒋斯彤捐银五十两

保荐升用知县前稷山县教谕武光昌捐银一十两

钦加内阁中书衔稷山县儒学训导马佩金捐银一十两

军功蓝翎六品衔稷山县典史王以肃捐银八两整

【题名碑二】

总理督工人

诰封五品廪生解振家　深州知州王炳坛　介宾苏仿雍　廪生王建勋　□□□□姚凤芝　□□□□张耀辰　□□□□马灵椿　和州州同杜煌　从九吴云峰　郎中衔杜焌　州同□□□□郑鉴如　生员武寿昌　从九赵邦俊　从九王淮　从九薛梦元　监生郑思敬　从九马尚德　□品□□薛万椿　从九赵临渊　从九仪文煜　王鉴塘　李世泰　崔泰云　毛吉士

募化首事人

隆兴丰　亿茂谦　致祥号　从九丁亦温　从九李清荣　从九刘汝杰　义顺隆　天成公　隆兴和　五品衔尚德宝　□印厅杜煐　从九贾德溥　永丰马　亿庆豫　恒盛正　监生梁炳离　从九杜连吉　从九梁永发　三盛源　日生明　三镒合　从九贾长兴　王福堂　从九薛炳离　通顺德　和兴永　永泰合　从九段维楠　耆宾郝步元　从九高茂盛　保元通　同盛和　新兴合　从九孙俊秀　从九解魁盛　监生裴文蔚

【题名碑三】

本街绅商捐资

安遇堂捐银一十二两　思义当　源香当　恒义当　以上各捐银十两　协大和捐银八两　聚义永捐银六两　亿茂谦　复兴泰　以上各捐银五两　顺兴林捐银四两五

钱　永福临捐银四两　同泰丰捐银三两五钱　全盛通捐银三两五钱

估衣山货银钱三行捐资　三盛合　三盛玉　恒盛裕　以上各捐银七两　致祥号捐银六两　永源鸿　泰和老　天盛合　万兴隆　以上各捐银三两　永顺诚捐银二两五钱　义成泰捐银二两五钱　世德恒捐银二两三钱　恒心合　世德和　万顺泰　聚兴成　恒顺通　正心永　以上各捐银二两　和兴永　三镒合　天成公　以上各捐银五两　义顺隆捐银四两零五分　同茂合　万利楼　长兴和　元利楼　永丰成　隆顺公　同盛号　永顺基　兴隆厂　以上各捐银二两　新盛和捐银一两八钱　聚盛和　永茂合　泰丰仁　以上各捐银一两五钱　隆兴丰　恒盛正　通顺德　隆兴和　以上各捐银四两　永裕厚　顺兴合　全盛西　长裕合　裕盛隆　以上各捐银一两五钱　二茂合　大兴成　以上各捐银一两三钱　元化楼　大晋隆　以上各捐银一两二钱　永盛泰　长盛合　保元堂　秦晋合　以上各捐银一两　永丰马　永泰合　亿庆豫　日生明　以上各捐银四两　长顺合　元顺成　元贞楼　永盛厂　三盛楼　宝盛兴　三成楼　隆祥和　三盛合　聚仙园　二盛魁　协和园　以上各捐银一两　顺兴德捐银八钱　新兴合　复盛和　三盛源　同盛和　以上各捐银四两　永盛号　四盛德　元和楼　福兴号　万盛园　广遇丰　二盛合　成林茂　三盛号　以上各捐银八钱　春泰永　吉盛玉　忠信升　茂盛号　以上各捐银七钱　保元通　永兴富　泰和成　士兴和　长发泉　以上各捐银二两

【题名碑四】

谨将出入银钱捐资总目清算详明开列於后

官绅士庶共捐银七十六两五钱　钱七千文

阖县村庄共捐银七两九钱　钱三百三十三千四百文

本街铺户共捐银一百九十六两六钱　钱五千八百八十文

外处募化共捐银五百五十二两　钱二十五千五百文

银口　估衣　山货三行共捐银一百零四两零五分

812

本社三甲共捐银一十八两七钱

马灵椿捐银四两　姚凤芝捐银四两　杜焌捐银四两　杜煌捐银二两　集太盛捐银一两二钱　解振家捐银一两　王建勋捐银一两　郑鉴如捐银一两　张耀辰捐银五钱

以上共总捐银九百七十四两四钱五分　钱三百七十一千七百八十文

出兑换银六百八十六两零二分

入兑换钱一千一百零七千七百六十文

出木匠材料工价钱四百八十八千零六十五文

出画匠颜料工价钱三百一十七千四百六十文

出铁匠材料工价钱四十七千零四十五文

出石匠材料工价银一百二十两

出琉璃脊兽筒瓦银一百零五两

出犒劳匠工费用钱五十六千文

出石灰土坯载土钱四十四千六百九十文

出砖瓦苇箔橡席钱六十千零一百文

出修各处新对联钱五十四千二百五十文

出缘簿纸墨笔炭钱二十四千文

出发路差给住持钱一十九千文

出赔色行息短平银一十八两四钱三分

出谢土席费戏价钱三百六十八千九百二十文

以上共总出银二百四十三两四钱三分　钱一千四百七十八千五百四十文

除使现存银四十五两整

绅士盐当经理督工人

介宾苏仿雍　深州知州王炳坛　诰封五品解振家　□□□张耀辰　廪生王建勋　署正马灵椿　和州州同杜煌　同知姚凤芝　郎中杜焌　生员武寿昌　从九吴云峰　州同郑鉴如

三行本社经理督工人

从九赵邦俊　从九王淮　崔泰云　监生郑思敬　从九薛梦元　从九马尚德　李世泰　□□五品薛万椿　王鉴塘　从九赵临渊　毛吉士　从九仪文煜仝立石

大清光绪十八年孟秋之月谷旦

二五五　补修真泽宫碑记

清光绪十八年（1892）刊。

碑高 215 厘米，宽 83 厘米，厚 30 厘米。

碑额书"同心乐善"。

现存于长治市壶关县树掌镇神郊村真泽宫。

【碑阳】

补修真泽宫碑记

　　神奇之说，儒者弗道。然有功则祀，载在《礼经》，是奇而正也。二仙真人者，姓乐氏，潞郡屯留人。系出微子之后，戴公之孙，父山宝，母杨氏，际唐之末造，躬耕偕隐。真人姊妹孪生，并著异表，顶上隐隐作五色光焰，手指现十螺纹，见者知其有自来焉。及失恃，继母吕氏遇之虐，性均至孝，蓬跣作苦，劳而不怨。尝於冬日入山采茹，号泣母墓侧，血泪交并，入土生苦苣，叶有斑，若血渍然，摘归禀告其继母。他如土物可供膳馐者，辄携以佐甘旨。后移居壶关紫团山益阳里。一日母令拾麦，无所获，正彷徨间，行至罗神山曲，倏黄龙从空而降，负少者以升。须臾又降，长者亦升。时天色晴□□□云，观者咸见。二真人金缕绛衣，凤冠绣履，腾霄径上，良久乃隐，事在唐昭宗乾宁二年。土人感其因孝成仙，建庙於翠微山之北，岁时祀之，屡著灵应。山中有台，仙人手足印宛然可辨，因名为升仙台。宋崇宁间，官军讨西夏，途次粮匮，忽二女子鬻饭以供，饭不逾数釜，而众军士取给无或缺，咸惊以为神。师还奏闻，爰加封号，长曰冲惠，次曰冲淑，庙额曰真泽，数封为壶邑之水神，大启祠宇，厥后四方祷雨辄有验。金末庙圮，元至元五年重修。自明迄今，明禋时举，其灵贶不可殚述。今上即位之十有一年，邑中人士鸠工庀材，聿新庙貌，阅岁蒇事，邮示崖略，而属予为之记。予惟百行之原，莫先於孝；百世之祀，特重有功。二真人善事继母，利及生民，则其为人也有完行，而其为神也非淫祀矣。邑之人入庙瞻拜，顽廉懦立，将於是乎兴，又岂假白日飞升之说，侈神异而耸观听哉！钦孝旌功，二者均不可以不记。予故谨次颠末，用申景慕焉。

　　赐进士出身头品顶戴兵部侍郎兼都察院右副都御史抚浙使者新乡卫荣光谨撰

赐进士及第上书房行走教习庶吉士前山西提督学政闽县王仁堪书丹

例授修职佐郎吏部候选儒学训导廪贡生本邑郭士麟书额

壶关县正堂胡捐银五十两

壶关县右堂胡捐银三十两

壶关县部厅张捐银三十两

陵川县正堂崔捐钱一千文

敕授儒林郎侯铨州正堂邑庠生总理杨逢时

社首监生冯香保　赵九钦　盖晚成　丁思武　杨振槐　张中尧　丁时恩　赵余科　冯堂孩

维首杨振歧　盖记洛　杨振境　丁思惠　丁桓中　赵广成　郭拴魁

住持头门丁元松　徒侄狄甲嵩　徒孙丁子耀

木匠李群法　郭秋藏

泥水吕一霞　赵九钦　吕起元　崔三多

工头杨永成

丹青王顺孩　赵秋魁　靳玉藏　赵金玉　赵喜年

刊石李文龙　李仲林　崔抱奇　李凤林仝立

大清光绪十八年岁次壬辰四月上浣吉旦

【碑阴】

壶邑靳家掌　寨上村　十里　东七里社　东川香社　泽井村　常平村　南凤村　南园村　孝字约　东韩社　北头社　寨里村　林青庄　南村社　地河村　东陈大沟　岭西社　泉则头玉皇社　闫家沟　西井头　后社大佛堂　河下村　太义四大社　太义掌　西池社　北阳户　清洞关帝社　南山家村　西堡社　沙窟西社　沙窟东社　常井头　东王宅　流泽村各捐钱二千五百文

明自掌　鳌字街　北岭村　石峪村　交界底　北庄村　常家池　徐家后　东崇

贤上社　天仙社　□□关帝社　曹家村　何家村　西沟村　东府底　苏庄东社　长畛社　中村社　南坪村　韩村社　长畛村　西魏庄　东魏庄　南河村　张璧村　官头社　换马村　故关村　河峪村　布村镇　赵掌村　王章村　王家河　杜家河　清流村　公合当行　老东河村　秦庄村　石门大社　马驹村　迎乐村　刘寨大社　固村侯申荣　西黄也池　南山后　郭堡村　固村大社　铺户社　西韩社　北岭上　向庄村　牛居村　郭庄关帝社　角脚底　淙上村　西崇贤上社　郭村社　六家村　长治北和村　南呈村　北呈村　北漳村　鲍寨村　后河维信　李家岭　东马安　西马安　西河沟　桥蒋社　东南山社　冯家炉　申家沟　桃山头　平川社　庄河村　西陈丈沟　东伞村　南马大社　附城镇布行　天义井社　平居社　北山村　北冶村　东牛皮掌　磁河外社　北炉河社　南炉河社　东平上村　南河社　南茔社　东关社　关家村　西五庄　东蛮掌　赵西庄社　平家庄　峰北底　后掌社　桑掌社　枛脚头社　小河村　横河西社　北头社　北山村　北苍耳壑　师庄北二社　龙王社　西八村三社　南窑沟　东平村　石后坡　狗湾村　曹家沟　南沟村　南伈泉　北伈泉　南池三社　董家村　黄家川　紫岩掌　高家圪坨　魏庄岭　岭南底　石南底　霄太当　小潘底　阁老掌　石景山　义门社　猪尾社　托蒲社　横河头　涂家沟　东石盆　同古碛　冯庆国　老槐村　潏碣社　牛中立　掌沟社各捐钱二千文

　　王家庄　苟家村　冯庄村　西府底　陵邑东崔村　雍万大社　西沙院　领东村　王村　陈坯村　姬兴庄　许家村　西坡村　黄叶河　璩村西沟社　马户　张店村　青仁村　邹村　宋家庄　范家庄　东常村　东王村　长治河峪村　朔村社　西坡村　交理村　王晃村　椅掌村　田庄村　花落大社　梁泉大社　小韩庄　杨庄社　寺湖村　泉村社　林则村　西牛皮掌　和家脚　相公池　河西社　北坡村　邰则掌　庙上村　西沟村　赵东社　郭马成　龙掌村　张家沟　杨家山　北楼底　北窑沟　八义社　南山村　东山村　沟里村　西平村　常长村　辛呈南社　南王庄　东韩村　沙峪村　申川村　小河村　韩日思　唐王岭　中和村　西和村　辉河社　屈家山寨河李接运　小南山　向掌社　西底社　南头社　石井会　小苇池　刀彰社　南岸

村　当崇社　南越村　西沐浴　固店村　庄则上　信家犳　西河南　池后社　五龙头　水池社　东归善　石岩头　三王头　东形掌　崔家掌　蕨要村　掌后社　南岭上　南庄村　河西村　大端村　秦家庄　郊里村　畅村□社　南沟社　官地社　龙郡池　前□水王拴礼　翠谷冯和林　槽家背　邪村各捐钱□千五百文

　　高邑郭庄北社　申良海　荒窝村　张家村　李家河庆余堂　李甘泉　程家沟　东吴家村　马岭上　小川村　东□底佛会　苏庄西庄　袁增德　东沙院　下台村　团池村　□则村　庄里村　玉皇庙　东魏庄牛立基　河西村　柳村底　东石村　浩庄村　黑土坡　水沟村　王家河　东坪村　郭佛陀　石堂会　大铲村　沙返村　南河村赵儒修　长子陈家庄　田家庄　后沟村　崇瓦张　善村李致中　长治李家岭　崔家山　义合村　郭家庄　王家庄　秦家庄　西常村　西漳堡　须村　南岭头　上村五社　酒村三社　西北呈　上霍村贾中魁　下霍村　太堡头　炉则村杨发支　草坡王虎林　王元贞　后村王维理　李家岭李梦聚　李梦江　李喜有　李来拴　冯安天德恒　靳庄社　原庄原梦祥　司家河平海湖　大庄上社　郝中兴　张□　脉龙村　马家庄　牛家河　张铲村　申忠正　北庄社　尉寨社　碛池村　乔山社　寺□□佛会　池下关有林　和扎根　秦来新　张□有　赵家背　磁河□社　磁河佛会　李□孩　顺兴法　南召吴秋太　艾□段福德　司家岭司和魁　桥□河东社　李常茂　墓□宋聚惠　宋玉保　赵存礼　□□□尚德美　小□车保太　高岩村　太义关帝社　南苍耳壑　关□脑社　石□庄石坡社　河西社　灯棚社　南楼底　横领村　韩村南社　辛呈村北社　璩家沟　韩村常绵　常铭　羊圈沟　东故□　东池村　后坡村　坡□村东社　又南社　中村杨焕章　南王庆培枝　北王庆　辉河村王崇德　圈山村　邵则上原海林　北岭头　景家庄　张掌孩　李群泫　郝庭贵　王苍顺　宋魁□　东村佛会　寨□李成林　周拴洪　周兴□　东□村秦永存　西□村□茂当　□□张上达　黄家川西社　寨上社　斛市社　大东脚　领上后河社　魏家湾　西□公□吴邰家山　崔家庄侯绪宗　树掌李忠林　□双岗牛成祷　牛成普　□东掌佛会　石□栗进魁　王震芳　□井李日升　石坡马文魁　王□平润生　大河口王伏生　二□郭

清　韩聚　头□平富　头皂郭兰　二皂崔顺　头壮程茂　修善□兴义　□登张志南东潘上　□□底郭尚先　□泉牛成元　拱山底牛会无　永□坊杨德力　岭北社　□云寺　□□□郭永清　树沟郎永宦　岭东梁惟和　□□水冯替秀　南川村李积成李保各捐钱一千文

马岭上修德堂　袁永珺　铁炉村　张存礼　姬昶　赵凤祥　小张村　乐善堂　南沟庄　二仙社　南圈沟　苏村西社　张起祥　龙泉庄　王家庄　赵家庄　刘家庄　赵□郭维邦　郭拴住　郭文孝　郭会智　侯玉昆　王海松　王金贵　赵□和　靳维林　下川佛会　王松亥　王四□　韩长乐　王赵成　王长春　王会林　后河魏文彪　张成身　苏鹏清　牛石亥　牛拴亥　魏文东　魏万鸿　魏万恒　魏文丑　张刘聚　靳顺孩　李家岭李仝魁　李王有　李金凤　李买孩　李年孩　李三闺女　李银贵　李闹和　马安张东聚　张牛则　李□成　李东和　李金玉　李金荣　李喜全　李王保　李人成　佛会　张圆贵　张三灵　张圪□　李稳□　李长生　张买孩　张德宽　张祥兴　原庄佛会　原贵顺　郭富荣　郭英杰　郭引才　璩长合　杨家□佛会　徐卯全　平金潮　平积顺　平兴枝　平金堆　平藏狗　平兴林　苏村张乾　郝敬修　杨德仁　杨永谦　郭鲤　杨林　郭定宫　秦长才　赵通田　都子俊　程双庆　宋李春　赵新安　闫春发　庞宋和　庞祥孩　庞进保　慎修堂　靳聚生　秦永芳　秦富花　秦二坤　秦三坤　秦法喜　秦四洞　秦新鹤　秦和玉　秦金□　王喜拴　侯都贵　李喜芳　秦□成　李□盛　李德盛　李卯孩　李月德　冯小落　赵和兴　李六孩　王成保　赵拴成　王永年　秦狗□　张□彪　张海德　牛魁□　刘明远　郜来□　张荣信　靳永富　秦松亥　秦松午　秦群贵　牛成福　牛白狗　南□平成孩　王振玉　王时桃　张风云　张明孩　王来成　赵荣芳　张考林　秦金迟约所　王居洛　车根成　车忠孝　薛盛　车苍保　马和成　马苍　马良　车都气　盖玉芳　盖来喜　庞保柱　张发则　翟昭元　贾盛义　车永宗　席富则　李德顺　李福□　崔向暄　李鳌□　□铁□　李泉勇　刘玉龙　冯根苍　□□□佛祖社　官道村南社　北社　河西社　秦恭　李福恭　李□主　西社　张家社　周家社　冯林

刘　河东社　荫城陈敬信　原福喜　城寨张魁修　张喜财　张金来　盖川底盖许庆　盖狗□　李小来　李狗孩　盖法松　西坡郭子盛　姜根锁　郭财刘　郭子富　郭存富　王秦和　张天保　张郭□　张三明　张牛成　王槽□　王永太　张小三　张顺兰　赵成则　张官和　宋小肥　宋小如　马□则　姜郭则　姜春生　马稳太　王改顺　高印户　□□刘董成　周王秀　李银发　□洪女　李景拴　□存保　张金□　郭广顺　秦和邦　□有苍　秦书春　秦湛和　秦双和　李七则　王斗锁　王根落　王石熬　王四女　高□□振兴号　郭钊财　王梓　徐六德　岳云生　王德魁　申家岭　张文炳　魏全祯　李合义　□庄佛会　北□□郭万祥　田□清　许金林　张□先　□秋龄　侯广文　段东□　李□□　牛戊寅　李铁保　杨海水　杨立景　雷其□　李李氏　赵天元　赵天文　□勇海　赵金龙　赵松□　赵松兴　赵福姐　赵连枝　赵群　赵秋喜　赵□姐　牛立中　马仁山　南凹盖狗则　牛连僧　郝承熙　宋福成　郭承恩　璩联珍　李庆鸿　雷根成　张双锁　秦顺　张全　郭富　赵华　王兴　周义　平□兴　闫小女　王仙保　贾顺□　王二□　张修文　张焕□　张修□　闫发□　秦三亥　杜云山　杜祀山　杜鸿儒　王贵玉　张文岐　苏文雄　王景堂　秦继太　王栓□　秦焕　王庆余堂　郎金孝　傅稳荣　郎辛福　秦五鸿　张永成　宁景星　李来德　牛汉魁　郎毓福　马中香　王丕相　梁学孩　郭街　武天顺　王□孩　王文新　武法科　□□玉　牛山虎　侯敬平　牛中和　牛□斗　刘光成　王□孩　王文聚　苏小明　靳顺兴　苏珍　李文学　崔本荣　崔鹤牛　□□聚　崔□鹤　王三和　□□松　荣振强　杨永年　李天隆　赵□女　秦苏□　秦德任　喜春　任郝□　赵□昌　冯白狗　李新落　赵淑祥　秦肎狗　秦魁□　秦祥太　荣玉新　靳凤孩　杨年松　满柳坡苏买松　靳三友　丁补则　李九富　靳李肎　王清元　王元孩　靳聚财　牛二科　苏贵林　苏聚元　苏官成　苏苦孩　牛全成　靳和孩　王森荣　苏松富　周拴捞　靳德聚　苏金枝　张群成　李兴旺　张新科　靳新科　靳平孩　赵新和　靳狗□　靳□年　靳祥孩　靳狗孩　张文顺　李秋和　李德文　赵梦新　赵□孩　赵文孩　李官林　李春英　李东□　魏李肎　赵扎根　宋扎

根 栗三女 王小□ 李小白 郭春法 郭元法 鲍羊则 王娘孩 杨来□ 杨来祥 杨聚祥 杨□祥 杨文和 王祥和 赵李英 李金聚 李荣聚 李小㲾 杨聚明 杨聚和 杨荣孩 张永财 张永聚 赵明 张怀忠 冯斗太 赵东法 赵永豪 赵成林 郭贞孩 王中 赵□保 李小□ 李得事 张永法 张仗保 李□三 赵更法 李贵□ 栗黑孩 赵来聚 赵根魁 杨双成 杨买□ 李天全 杨振明 潘成则 李永清 李天满 李福祥 李贵□ 宋□安 宋景明 程赵和 杨来成 李贵川 李圪娘 李狗孩 李田成 高聚孩 王金魁 侯新□ 崔聚 牛玉孩 王小狗 王东㲾 王靳㲾 李□牛 宋㲾孩 张逢和 王振海 赵小四 周满圈 郝五孩 刘双成 王徐□ 杨保兴 赵王则 高景元 赵常拴 万□林 红脑张文徐 杨春祥 赵玉贵 赵来山 李杨 高黑孩 张金有 张根成 王文和 王聚林 王文科 赵全忠 □清山 □文聚 赵二狗 郭三和 王丑孩 张金祥 李来苍 杨逢财 王红孩 张双五 李拴 李利成 郝保林 郝太和 郝太安 赵满成 张桃命 张□成 张仓则 和靳成 张凤林 张魁成 张□山 赵范成 张长春 李赵拴 □四则 李广成 李仓则 李建朝 李运成 李拴孩 李保拴 贾石命 成景义 秦玉兴 张喜春 丁增□ 牛张存 王□林 赵牛祥 郭□平 赵喜成 郝太舒 赵成 郝申存 赵秋成各捐钱五百文

二五六　补修真泽宫募化四方布施碑记

清光绪十八年（1892）刊。

碑高 210 厘米，宽 91 厘米，厚 18 厘米。

现存于长治市壶关县树掌镇神郊村真泽宫。

【碑阳】

补修真泽宫募化四方布施碑记

神郊南大社北大社捐钱六十六千文　树掌四大社捐钱六十千文　云盛浣捐钱三千文　河东社捐钱十四千文　芳岱社捐钱十二千文　福头社捐钱十一千文　马家庄捐钱十千文　石盆社捐钱十一千文　口头社捐钱五千文　三教口捐钱七千文　高岸上捐钱六千文　郭堡庄捐钱十一千文　塔地社捐钱七千文　牛家掌捐钱七千文　大会社捐钱五千文　东大会捐钱六千文　磨掌社捐钱十千文　善士会捐钱一千文　南郊社捐钱五千文　后沟社捐钱五千文　佛会捐钱一千文　上庄社捐钱五千文　东井岭捐钱六千文　大井社捐钱八千文　郭家陀捐钱六千五百文　双井社捐钱六千文　新城社捐钱六千五百文　荫城镇捐钱廿四千文　西火镇捐钱十千文　桑梓镇捐钱十五千文　林邑李永昌捐钱十千文　道口山西会馆捐钱十千文　壶邑三郊口捐钱十千文　司家河捐钱十千文　库头社捐钱八千文　黄崖底捐钱六千文　齐王寨捐钱六千文　陵邑东碳脑捐钱十千文　嘴则上捐钱六千文　冶头行社捐钱八千文　张村社捐钱六千文　杨寨社捐钱六千文　平城广合当捐钱六千文　元茂当捐钱四千文

永成泰　天德泰　天锡徐　五福堂各捐钱三千文

德兴合　隆泉德　忠正□　祥盛衣店　德元贞　三合成　魁兴成　和成仁　广兴成　正兴益　同益元　双和号　恭兴云　□和楼各捐钱二千文

同顺成　靳玉成各捐钱一千五百文

西德兴　祥泰号　得余长　通顺甡　馨远楼　义泉公　元兴益　恒盛坊　万合堂　聚盛元　全生堂　荣兴坊　三意和　元兴德　和义泰　至诚信　合成坊　福成连　赵庚申　王顺孩各捐钱一千文

玉顺兴　三义泉　三合益　万育堂　顺成永　永昌合　天成仁　郭士耀　常太保　韩子昌各捐钱五百文

阳庙泰顺明捐钱二千文

全泰澄　高庄新盛和　濬邑元泰仁　玉兴号　广盛和　滑邑成兴新　万成福半坡店万昌恒　焦虎集复泰来　两门复成意　天顺泽　滑邑万昌义　道口郭公馆隆盛号　永瑞成　全盛店　张村郭文田各捐钱一千文

东庄万福成　东兴号　万盛号　屯则聚成王　城杜父合允　小公乔复成永　永源德　兴源德　永隆福　复兴德　润际隆　薛德麒　刘式金各捐钱五百文

平城泰顺合　涌川合　双玉生　□郡锡货行各捐钱三千文

菜□□张山社捐钱十二千文　六泉牛中立捐钱四千文　礼义镇捐钱五千文　会馆捐钱三千文

八义镇　赵村社　内王　草坡社　秦寨社　三王大社　小河社　靳家庄　土池社　大河社　杨家池　徐家社　柏家汕　凤凰山　孙石窑　杨村社　阴山坝　丁家岩　盘底社　石河沐　板安窑　庄则上　马鞍驼　回车社各捐钱五千文

壶陵水捐钱十五千文

河郊沟玉皇社捐钱十三千文

西柏坡　柳泉社　牛洞上　鹅屋社　红脑上各捐钱十千文

满柳坡　东柏坡各捐钱八千文

河郊沟祖师社　籽粮庄各捐钱六千文

黄崖底后社　河郊大王社　东韦水　安居社　恶石掌各捐钱四千文

东恶石掌　红岭社　秦家庄　砲掌王魁林　碾盘街　杨树背　柿园社　天柱沟东管上　大河大王社　林邑关帝社　杨家池大王社　河郊三圣社　岭东社　荞麦山寒山峪各捐钱三千文

仙君社　黑山贝　前三庄　云盖寺各捐钱二千五百文

高庄涌源油房　柿园隆盛官房　上秋沟　重兴店　独家水　大河汤副爷　龙口社　洪底社　神郊张拴成各捐钱二千文

柳泉李新科　李双全　李东全　李拴科　李文全　李恩科　牛洞上张天祥　张庆和　张永富　□山□李成孩　达连磴王德酉　黄崖底任东法　三郊口王三□　辘

铲城各捐钱一千五百文

洪岭秦桂枝　柳泉李喜全　郭广兴　郭广隆　牛洞上张润成　张仁和　赵双成　金山寺杨清　杨振保　杨振忠　杨振良　阴山坝李贵方　李新兴　李贵成　李永魁　林淇范有信　砲掌杨逢羊　达连碨王新孩　鹅屋郝补林　赵里兴　郝东成　郝东晨　郭金和　秦法祥　壶陵水李秋成　李起法　赵迎保　赵存贵　李全财　杨拴成　壶陵水赵起林　赵银太　赵秋拴　北东坡王建中　黄崖底杨东明　荣贵　王金多　张四孩　张满祥　张引慁　李林　大河原保荣　秦银山　陈富魁　吕全喜　原聚和　原金锁　碾盘街张文法　郑财　杨树昔侯聚铭　柿国靳保孩　三郊口义升同　顺兴炉　义和堂　双盛店　源生隆　□成店　齐王寨牛礼文　牛恒学　牛三全　柏家汕　靳武元　马凤鸣　嘴则上福德盛　南湾广升堂　盘底刘七斤　西柏坡修善堂　西坡郭秋长　工庄秦怀常各捐钱一千文

南炉河张凤云捐钱五千文　郭家村南四社捐钱九千文

陵邑古郊村　安阳大社　浙水村　壶邑常胜会　紫困洞　芳善青龙宫各捐钱八千文

南□□皇王社捐钱十六千文

汪流水　城寨社　寨河社　赵汕村　冯村社各捐钱七千文

禄百尺捐钱五千五百文

东村社　西牢村　大南山　五集社　杜家岩　陵邑大会村　南窑上　东上河各捐钱六千文

建宁北社　鸦村社　西故县　常行社　北行头　南行头　崔家庄　和村社　西坡社　芳善土地堂　河西社　三王社　北大掌　北璖寨　峰山掌　炭场平　上好牢　下好牢　黄花水　上石坡　庙郊村　爱包村　东大佛掌　东璧村　云谷图　上郊村　三岔村　侯庄　郑家岭　解河　石家坡　东南掌　西南掌　后哭水各捐钱五千文

井则河　大佛掌　黄虎掌　龙镇社　西掌社　郭良村　前双岗　石门村各捐钱四千五百文

建宁北大社　苏村社　南召社　窑上社　刘家庄　东火社　韩店社　东和约社　岭后社　盖川社　东赵村　东牢村　北平头　南平头　龙尾头　禾登社　王村社　碾谷砣　庄头社　北峪村　后双岗　脚头社　寨则村　小召村　路城村　东掌社　松庙社　汲好水　岭东社　黄松贝　浙水上庄　壶邑郭家脚各捐钱四千文

北马庄　紫水社　韩庄社　桥上村　西河社　白家庄　弟字沟　大安社　梭水底　井掌凹　双炉村各捐钱三千五百文

蔴巷村　瓜掌村　罗东掌　梁家碣　□家庄　沙堰村　长林村　南湖村　贾世有　东脑后　城会村　羊围西庄　西七里　晋庄社　李家掌　睢庄村　大河口　壶邑中立当　中立行　在城当　在城行　陵邑嵩铲村　寺沟村　佛堂掌　西坡村　庄头村　棱头村　西河社　南庄社　塔题掌　建宁北社村　李家河　化璧□　东韩村　东庄村　长子河峪村　小应城　西南呈　赵屋村　观音堂　陵邑下川村　后河村　原庄社　杨家河　三教堂　郭家沟　西尧村　东尧村　蔡家坪　池下社　柳义社　蒲水社　金家岭　神后底　西山底靳根华　侍郎岗　南城社　赵掌水　廖池社　西赵豁池　东赵豁池　南大掌　西□南掌社　墓河村　石炭峪　北宋村　范家山　青岗村　师庄村　龙山村　南宋璧　王坊村　南王庆　李坊三社　南和村　南凹社　井背社　三井社　东赵村　西窑沟　百佛图　闲阳河　胡炉沟　地南头　东坡村　曹家沟　魏家庄　高崖头　新寨社　宋璧　川底社　贾庄　大会佛会　樱桃沟　井东村　墓城村　陵邑得义社　潘家掌　沙场社　赶马礅　西石盆　苍掌村　庄头社　南圪台村　石圪□掌　岭东后沟社　里沟社　□盘社　天池社　西八渠　岭后底　神南底各捐钱三千文

邑庠生盖裕昆敬书

平城劝捐人郭士耀　韩子昌　宋保太　赵梦虎　神郊杨旺时

大清光绪十八年岁次壬辰四月下浣吉旦

【碑阴】

□邑杨逢经　□□荣枝　杨振明　杨自明　杨为　董逢义　赵本孩　牛小保　元章锁　□魁忠　张兴□　张兴枝　张呈祥　任牛成　王喜明　元昇财　徐得玉　王新太　牛锁孩　姬万明　赵魁□　赵三魁　许林　任起云　宋聚成　秦赵锁　盖有贵　赵逢祥　郭法行　赵新保　吕荣　牛景春　任见全　李场孩　郑林秋　侯买成　元来玉　赵明孩　元秀　张德　刘金台　靳林□　原聚成　张贵保　李□章　郑魁□　苏聚宽　张元喜　张荣　张荫　郑常明　张□法　郑□明　郑聚明　郑元明　郑松明　郑新明　杨树背苏费明　任振成　晋二锁　晋成枝　晋掌印　晋松枝　晋黑丑　晋松孩　张庆云　张本宽　晋凤禄　张安法　何心法　刘根林　张本多　孙景和　三郊口牛魁□　王徐合　杨聚有　申虎成　杨双喜　葛兴聚　牛杨聚　杨春元　郭永和　郭富　郭文彩　王金松　义顺坊　李永春　贺法成　李公　郭永昇　郭柏会　李根拴　刘群山　郭文和　刘守礼　王黑狗　张东元　牛银贵　葛小七　牛拴和　牛发孩　牛成山　牛王□　万成林　王聚的　柏家汕靳本玉　靳保山　靳文苍　李法科　靳来保　王赵锁　赵记花　郭三科　李凤山　嘴则上侯朝选　李金山　陈喜成　苏振忠　李魁庆　牛春印　□玉岐　崔红孩　王应稳　葛根贵　秦保山　牛东印　秦牛林　郎□法　王魁东　崔二荣　崔存成　秦本宽　原魁孩　葛松来　牛魁聚　牛法昌　□全林　崔□孩　葛孩　凤凰山　申法修　郎永山　李本川　郝安　□增太　郎永资　原小七　宋□□　李祥太　李文广　刘法全　李永太　南湾社　靳平魁　苏禄　苏福　张成　贾同山　原□孩　宋起富　郭保山　孙富则　霍玉　孙石窑李富　葛中秋　宋三林　申琇　申琦　申珵　李子岗　赵怀智　原松和　李长　王清　杨节仁　王景贵　郑兴　赵安林　□□掌　秦祯□　张兰田　龙兴寺　董□太　郭根锁　李景朋　杨双喜　崔威山　崔立山　董法枝　崔来则　崔保则　崔安山　崔偏则　郭建嵩　郭文魁　郭永秀　赵来祥　郭景懋　郭永茂　郭长旺　郭锁则　杨玉山　杨买保　杨根山　丁凤锁　王兴祯　杨买则　杨金山　丁凤元　圪□□秦增来　秦景来　秦运来　秦泰来　秦秋魁　秦满维　秦九仁　回车

828

村郭六斤　郭新春　郭六女　郭小元　郭五斤　宋新林　杨盛满　秦和兴　秦生□　郭拴祥　郭法成　冯小全　侯李保　刘□恒（阙文）

张村社捐钱七□

秦寅卯　王太和　裕昇成　小东脚社　梦村社　瓜掌佛会　张遂成　张喜成　赵李和　赵秋和　靳根喜　李拴牢　杨冰　栗逢全　李贵贤各捐钱六百文

王同聚　李金荣　李金玉　张乾　秦都顺　冯跟苍　五集盐店　二众佛会　赵郭拴　宁魁女　刘牛孩　祥兴魁　郑□昌　王□宽　郎□棚　梁□学　赵□孩　僧人贞兴各捐钱□百文

上河村捐钱七千文

（阙文）

积成公捐钱一千文

北召村捐钱六千文

天津通顺号　乐亭县双发合　获鹿县三合永　复兴魁　□州复兴公　山东周村成兴东　成兴西　山西凤台万盛店　会元店　吉星茂　河南恒□□　清化镇隆兴合　协和店　复兴店　同兴店　祥瑞恒　积茂同　同心北店　四泰裕　路元来　清丰县三义隆　西丰店　道口镇郭公馆　三义合　益兴亨　复兴恒　以上廿六户共捐银四十九两

道口□南□□　顺成冯　全盛店　玉成永　□云台　德兴成　庆余长　同茂永油行　大名府泰□恒　南乐县元泰号　清□和兴公　楚旺廉星聚　内黄□□时　滑县当行　成兴新　顺兴隆　永隆福　济盛店　同合烟店　广聚当　陈庭芳　复兴德　濬县元泰仁　双兴和　滑县张世俊　张世太　李心□　李心铭　义盛永　寿掌赵存兴缘簿一本　以上廿八户共捐钱六十千

此两项银钱系五人劝捐

劝捐人杨振岐　冯德修　顺成冯　冯德昭　赵嘉行

树掌花户　仪生堂各捐钱十千文

体仁堂　积余堂　仁义堂　培厚堂　顺德堂各捐钱二千五百文

李忠林　李三□各捐钱三千文

冯保咸捐钱二千文

余义堂捐钱一千五百文

岁贡生赵树德　姬替秀　冯永禄　冯海泉　冯德修　冯德立　冯子顺　李志学各捐钱一千文

冯琮瑀　李毓新　冯积书　明道堂　冯新魁　冯有水　李增祥　冯琮志各捐钱五百文

赵胖泽　赵新春各捐钱四百文

赵进财　赵天才　冯明贤　李增旺　李福元　李自新　李六斤　李凤岐　赵小狗　赵新庆　赵林中　冯志礼　冯松和　冯人桐　冯久安　冯天花　冯来□　冯杰凤　冯积经　冯庚午　冯春吉　冯长善　冯庭魁　赵牛孩　冯拴成　冯大杰　冯檀珠　冯苟仁　冯银孩　赵立成　□恒堂　赵替则　傅拴狗　赵玉科　冯大谟各捐钱三百文

李二狗　赵煊　李海科　李杨拴　秦鸿儒　赵存恕　赵金锁　李进财　李居庆　王新□　李舍则　李拴玉　李科则　李赵喜　赵新年　赵张文　冯来成　李居中　马喜保　冯拴　冯安顺　冯贵孩　冯得才　李海满　冯鸿业　马拴喜　冯拴柱　冯根生　冯六斤　赵拴牢　赵富则　赵新堂　秦拴红　孙吉清　赵俊矩　赵合中　李狗则　赵来拴　董五斤　赵银拴　冯狗女　赵小归　李玉吉　赵新珠　冯玉成　冯克贤　冯克勤　冯积忠　牛明德　冯玉喜　冯金槐　冯天富　冯玉珠　冯玉书　冯金顺　冯新春　冯买锁　冯拴柱　牛小孟　冯积岐　冯荣先　冯年□　冯作桐　冯天祥　冯白狗　冯子玉　冯大熙　冯大庭　赵计兰　赵存拴　赵秋长　田聚庆　冯乐孩　冯驴孩　赵三牛　冯斗成　冯引年　赵新孩　赵银孩　赵玉斗　赵偏脑　赵存孝　冯替锁　冯清玉　冯炼成　冯牛全　冯乾锁　冯昌锁　冯道则　赵坤墹　冯太焯　冯平□　冯索珍　冯驴孩　冯魁泰　冯接中　冯存中　赵买孩　赵存

裕　冯咸中　冯绮中　冯来□　静安堂　冯垒吉　冯魁吉　冯金魁　冯忠孩　冯赵水　冯琮龄　冯琮尧　王拴□　冯琮信　安乐堂　冯有蓝　冯贵兰　赵金牛　赵冯则　赵冯常　冯根孩　冯琮仁　冯替中　冯申全　赵五孩　赵新和　冯冬冬　赵金锁　赵金元　赵顺顺　赵发日　赵庚寅　赵银水　赵海水　赵为凤　赵和则　赵金中　赵光喜　赵垒金　赵凤魁　赵未礼　赵存魁　赵存恩　赵宝居　赵存喜　赵替秀　赵拴孩　赵日有　赵迎保　赵锁秀　赵镜中　赵光则　赵未保　□门王氏　赵金水　赵□年　赵金拴　赵□年　赵为新　赵元海　秦金换　赵来保　李凤山　冯根庆　赵双喜　冯赵棋　冯来聚各捐钱二百文

树掌铺户

德盛当捐钱二千文

公和成捐钱七百文

同心恒捐钱六百文

云盛号　长生堂　同合成　全兴号　保和盐店各捐钱五百文

元盛号　仁盛号　德义染坊各捐钱四百文

东炉上　王增成各捐钱三百文

立成号捐钱二百文

西炉上捐钱三百文

森掌村牛稳成一千　牛秦成八百　牛遇福七百　牛子建六百　牛元则六百　赵六则六百

赵广庆　牛四祥　牛拱□　牛月则　牛魁元　牛牢则　赵买姐　赵桃姐　赵小牛各捐钱五百文

牛聚成五百

牛来锁　牛海中　牛吉祥　牛银中　赵贵元　赵兆姐　赵荣孩　牛冯科各捐钱四百文

赵金锁三百　牛五祥三百　牛凤山三百

牛李替　牛小群　赵荣姐　牛仁孩　牛□孩　牛银山　牛拴狗　赵金水各捐钱二百文

牛余中八百

河东花户

赵侍通三千　冯福顺一千　赵顺成八百　冯福清八百　赵文和六百　李赵拴六百　李天虎六百

冯福昌　赵李和　赵金兰　赵狗则　靳泥中　赵保拴各捐钱五百文

积余公捐钱四百文

冯永存　李兴有　李牛孩　李四则　赵双全　赵景法　赵景安　靳德福　靳逢春　赵双和　赵秦和　赵景仁　赵仁和各捐钱三百文

赵新和　□保群　李靳拴　李群拴　李小狗　李礼存　李二存　李兴锁　靳□孩　赵景锁　赵广和　赵景长　赵贵则　冯闺女　李忠则　靳丙辰　靳德明　靳德成　赵天成　赵子成　赵六戌　赵牛和　李天福　赵忠和　赵李庆　赵来和　靳金保　靳聚和　靳运和　靳俞良　靳愈恭　靳天堂　靳水成　牛富则　靳创则　赵铁孩各捐钱二百文

李喜福五百　芳岱社捐钱六千文　福头社捐钱六千　□家庄捐钱□千　上河社捐钱八千文　后沟社捐钱八千文　南郊社捐钱八千文　苏家湾捐钱三千文　赵豁池捐钱四千文

本村花户

文元堂捐钱五千文　丁蒙思捐钱三千文　丁狗则捐钱二千文　丁会保捐钱一千五百文

赵炳章　丁双全　张恩枝　丁桓中　丁思惠各捐钱一千文

张贤惠八百　张海松七百　丁赵魁七百　张松则六百　张积玉六百

张杨忠　丁丹桂　丁思武　丁仁枝　丁买姐　丁买兰　丁保和　丁拴孩　丁有□　丁仁桂　赵水□　丁郭□　丁计狗　赵广红各捐钱五百文

丁景成　丁镜明　丁肥孩　丁日龙　丁金保　张海科各捐钱四百文

丁猪新　丁成科　丁秀孩　丁运拴　韩□仁　丁阳孩　丁国恩　丁书云　丁新保　张拴玉　丁铁本　丁来全各捐钱三百文

丁通顺　王兰柱　丁来□　丁德五　丁德科　丁永年　丁春喜　丁买孩　丁王新　贺仁喜　丁林中　丁冯太　丁明恩　张秋孩　张六斤　丁王保　□□玉　张新□　张买□　丁兴全　张法会　张丑孩　张春祥各捐钱二百文

丁保恩三百　璩长财一千　丁时恩五千　丁学奭五百　郭广文五百　盖喜成五百　杨振亮四百

杨顺时　杨振明　郭赵新　丁学海　丁学建　丁时来　丁丑孩各捐钱三百文

杨应时　杨魏孩　杨锁孩　杨金贺　杨新庆　杨振庆　杨来中　杨振中　杨牛拴　盖春柱　盖仁柱　盖辛柱　盖水成　郭长□　郭存科　郭张记　郭来平　郭金平　郭新科　郭□□　郭官来　郭广六　丁学鉴　丁锁则各捐钱二百文

杨群中一千　杨毓华五百　杨三女四百

丁买水　杨安根　丁耀枢　丁耀垣　杨毓琴　杨金狗　杨长凤　杨振国　杨群松各捐钱三百文

杨振海　杨耐时　杨春荣　杨来科　丁小孩　杨巧长　杨法科　杨振钊　杨记垄　丁兆年　杨金祥　杨文郁　杨旺时　杨文锦　杨买牢　杨聚保　杨合中　杨金水　杨长生　杨增云　杨振□　杨毓□　杨中瑞　杨裕则　杨毓锦　杨毓春　杨春平　杨福海　杨狗□　杨保玉　杨逢玉　杨聚顺　杨广成　杨记□　杨拴长　杨群孩　杨猪孩各捐钱二百文

杨振岐五千　杨张时一千　杨宋和一千　杨补成　杨景广五百　杨根楼五百　杨命则四百　杨根境四百　杨天长三百　杨振河三百

杨拴柱　杨□则　杨三科　杨苏群　杨来中　杨仁喜　杨郭存　杨根道　杨有道　杨文田　杨振棕　杨振松　杨振柏　杨泉则　杨景泉　杨吉祥　杨来裕　杨振良　杨玉锁　杨振玉　杨魁时　杨海荣　杨保□　杨万□　杨海水各捐钱二百文

盖孝□一千　盖慈善五百　盖慈福五百　盖慈广五百　盖余海五百　盖慈鸿七百　盖余恩七百　盖余增七百　盖□九□百

盖裕□　盖慈春　盖买和　盖慈□　盖余盛　盖余利　王张强各捐钱二百文

王引红捐钱一千　胡义泰捐钱一千　赵双喜三百　赵六斤三百　石庭秀三百　张□□三百

二五七　补修三峻庙记

清光绪十八年（1892）刊。

碑高36厘米，宽60厘米。

现存于长治市平顺县北社乡北社村三峻庙。

【碑文】

补修三嵕庙记

庙自道光乙巳而后，四十年来修葺之事无闻。正殿渗漏，戏楼荒芜，角殿两廊脊欹檐落，角楼破损，房屋厦棚亦皆椽腐瓦零。目击神伤，久欲兴修，而有志未逮。至今七月秋雨淋漓，东院南墙忽然倾圮。两社共商，起地亩，捐门头，得钱六万文，构材物、督匠头，爰次第而兴修焉。於是漏者糊之，欹者扶之，落者起之，荒芜腐零者，亦皆补缺而增修之。经始於七月下旬，告竣於十一月中旬。庙貌虽未焕然一新也，亦聊为兴废起衰之一助云尔。

  曹姓社门头钱五千六百文　地亩钱三十四千四百文

  众姓社门头钱三千八百文　地亩钱二十五千文

  外收门头钱一千二百文

  总理工程乡饮介宾曹德昶　庚辰岁贡就训导职原攀瀛

  构（购）买材物乡饮介宾曹腾蛟　乙亥恩贡王凤灵

  郡学廪膳生原庆澜撰文

  乡学廪膳生曹□仁书丹

  泥水曹小月　玉工张发云

  光绪十八年十一月上浣谷旦

二五八　重修天齐庙并新建乐楼台碑记

清光绪十八年（1892）刊。

碑高152厘米，宽79厘米，厚21厘米。

碑额书"题名观今古"。

现存于阳泉市郊区苇泊村岳渎庙。

【碑文】

重修天齐庙并新建乐楼台碑记

特授修职郎翼城县教谕覃恩加二级辛未大挑二等己未恩科举人阎奋鹏熏沐敬撰

庙宇之设，将以祝风雨、祈寒暑、重祀典、酬神力也。苇瀑村之东北隅有台曰天仙，高数十余仞。台上旧有古庙一所，阶齿数十余级，层累直上，疑若登天。崖头环堵於周围，浑如削壁。由中门而入，步至坛，兽脊髭髯，檐牙高啄，梵宇开张，众山朝拱。当春夏之交，树林荫翳，禽鸟上下，俯仰一切，气象万千。休哉！洵一方之壮观也。庙之正殿塑东岳天齐神位，东殿曰三义庙，西殿曰子孙苍岩圣母元君，又东曰灵官、马王，南有旧建三官庙，东西建禅楹两屋。欲稽其由来，奈代远年湮，无所考据，不知其创於何代，建於何年。历元迄明，屡经修葺，至本朝嘉庆、乾隆间又重修两次，迄於今百有余岁矣。被风雨之漂零，遂致碧瓦参差，丹楹剥落，素绚无光，金妆失色，又苦无乐楼以妥神也，每值春秋报赛之期，橡杆帏帐，大费人工，若遇风吹雨洒，歌舞无依，非特神灵不畅，即人心亦为之不安。村中耆老拟欲整旧鼎新，苦於资财不给，未敢轻举。辛卯春，村中募银千有余两，又於外乡邻村左右募银千有余两。由是鸠工庀材，不数月而旧者新，新者建矣。暨自今祀事克修，礼乐并举，馨鼓轩舞，所谓民和而神降之福者，胥於是乎在。经始於季春月，落成於孟夏月，共费金二千有余两。胡寿椿乞余为记，余本不文，姑详其颠末，以志不朽云尔。

撰择先生史晋贤

业儒举廷史邦贤　泰始靳广春沐手书丹

会茶纠首张书蒲　侄鹏德　鹏成　鹏祥　鹏玉　孙梦意　梦林　梦桃　梦庆施

银一十两

开光修供祭主纠首介宾张绰　侄思敬　孙楫　武生楷　权　男思九　孙栻　楷施银一百零四两

副功德主天德恒　元合店　玉盛德　万盛玉　涌泰诚

纠首十九人

韩正纪　侄瑞　孙仁义　仁德施银一百零四两　施乐楼地基一段

张敦型　男进笏　孙鸿声　鸿璸　鸿珍施银一百五十两

靳德旺　侄轮元　男发元　孙成泰　成明　成义施银九十一两

靳德一　男恕诚　忠诚　惠诚　孙占兆施银六十五两

靳德魁　男仁诚　宝诚　孙占根　占玌　占珍施银五十六两

靳德裕　男旺诚　孙占毓施银三十两

赵金海　男忠旺　恕旺施银二十六两

张和　男忠泰　恕泰　福泰　世泰　亨泰　孙鉴　铎施银二十六两

史永吉　男致堂　和堂施银一十九两五钱

李进寿　侄合　金　男全　命施银一十九两五钱

胡寿椿　男本年施银一十四两

靳思诚　男占桐施银一十三两

靳位　男广魁　广□　孙书云　书文施银一十三两

靳广富　男□诰　□诏施银一十二两

张东堂　男爱昌施银一十两四钱

郭守宝　男敦生　敦喜　孙书田施银一十两四钱

张广位　男富存施银一十两四钱

张允实　男正纲施银七两八钱

史邦魁　男开宗施银四两

大庙泥匠靳广富施银四两

西阁乐楼泥匠温世华施银一两

木匠刘长寿　刘慈云各施银一两

石匠任山谟　张永献各施银一两

油匠马来元施银一两

瓦匠刘鹏万施银一两

铁笔任挚施银一两

住持僧碍栋施银八钱

大清光绪十八年岁次壬辰仲冬葭月吉日勒石

二五九　增修马厩记

清光绪十九年（1893）刊。

碑高154厘米，宽65厘米。

现存于晋城市阳城县西河乡宋王庄村。

【碑文】

增修马厩记

邑西十五里许，有宋家庄焉。沟东旧有马厩一所，亦为演戏时优人息肩之处，素湫隘之甚。且历年以来，西边一带厂篷颓废殆尽，每逢演戏有期，觅房居优，寻厩系马，大不便。村耆屡议修复，但未遇其人，只空言无补耳。兹幸光绪十四年，公举永瑞陕君一等四人总理社事，接社之后即议修复。又逢历岁歉收，赀财难积，不获已，邀集社众商伐社柏数株配板售卖，是工乃敢举事，不然若只按社摊钱，恐村众力量不给。於是社众闻言，无不贴服，陕君等乃量度地基，卜吉经营，东南仍其旧，西则构以厦，北亦构厦三楹，上修楼房三间，兼又担石运甓，修砌大门外道路两丈有余。是工也，攻位於光绪十七年四月，落成於十八年三月。工匠物料约费一百余金，除卖板获金之外，俱系照地亩均摊，而一应花费备书于左，以示后人云。

邑学庠生卫景蘧撰并书

总理社首宋得魁　宋法香　陕永瑞　郭进贤

钱粮社首宋法芝　陕得禾　郭□鹏　宋得璠

拨工社首宋法镒　宋法让

拨饭社首宋小□　郭进福

开工命相张科头

木工宋江海　陕永茂

石工宋得君　宋东海　宋小汲　宋金银

玉工宋广东

二次入地亩钱廿九千三百零九文

入卖柏板钱一百零六千八百五十文

十四年十六年柏枝柴皮□头钱三千零九十文

以上通共入钱一百三十九千二百四十九文

砖瓦使钱二十五千零零三文

木石使钱二十二千一百一十九文

笆匠使钱二千二百零三文

石灰使钱六千六百五十七文

□□使钱一千一百九十三文

木工使钱三十二千九百七十文

石砖（阙文）

石工使钱五千七百七十五文

碑石工□使钱六千八百文

铁工使钱三千七百一十八文

（阙文）六千八百（阙文）

以上通共使钱一百二十七千三百六十一文

光绪十九年岁次癸巳律中姑洗中浣之吉阖社仝立石

二六〇　重修馆庙募化碑记

清光绪二十年（1894）刊。

碑额书"万善同归"。

现存于晋城市泽州县柳树口镇范山堂附近二仙馆。

【碑文】

重修馆庙募化碑记

柳树社施银十两　郭壁社施银五两　温邑同升合施银五两　班木社施银五两　宋永继施银五两　宋永述施银五两　北坡村施银五两　南掌社施银四两　郭家峪施银三两　寺南庄施银三两　柳树口村施银三两　□□□村施银三两　井宨村施银三两　□□全施银三两　周圪塔施银二两八钱　东岭村施银二两五钱　瓦角村施银二两五钱　高祖社施银二两　乌龙社施银二两　南社施银二两　毋太华施银二两　许角村施银一两五钱　毋昌瑞施银一两五钱　毋国禄施银一两五钱　坂头村施银一两四钱　店凹村施银一两二钱　旧口村施银一两二钱　毋金魁施银一两二钱　申角村施银一两二钱　后路上　焦谷堆施银一两二钱　永兴号施银一两一钱　王德仪施银一两一钱　毋通兴施银一两　寺北庄施银一两　周继祯施银一两　复茂德施银一两　毋明□施银一两　毋明元施银一两　毋国顺施银一两　河邑毕义和施银一两　李子群施银一两　南背村施银一两　许安庆施银一两　毋清祥施银一两　郑国仁施银一两　沙谷村施银一两　刘万太施银一两　赵双德施银一两　壶邑全顺正施银一两　司东村施银一两　增源合施银一两　赵士和　赵软和施银一两　河邑通太余施银一两　许发福施银一两　许发生　许发花施银一两　义兴隆施银七钱　泰兴隆施银七钱　河邑晋丰豫施银七钱　宋作书施银八钱　司得会施银八钱　韩明良施银八钱　常生瑞施银八钱　王全亮施银八钱　毋永虎施银八钱　樊虎女施银八钱　毋永成施银八钱　毋永文施银八钱　郜法永施银一两　王怀聚施银八钱　壶邑裕和号施银八钱　田玉礼施银六钱　司得福施银六钱　赵得坤施银六钱　王全拴施银六钱　义盛店施银一两　王凤楼施银六钱　清源益施银六钱　武刻文施银六钱　毋天智施银六钱　全顺坊施银六钱　史法公施银六钱　王春虎施银六钱　三盛永施银六钱　许乐国施银六钱　司德魁施银五钱　司金旺施银五钱　田永旺施银五钱　常凤玉施银五钱　毋广永施银五钱　吉顺行施银五钱　德太升施银五钱　双盛染房施银五钱　张

立兴施银五钱 常凤聚施银五钱 尚克宽施银五钱 刘□顺施银五钱 田士润施银五钱 田士成施银五钱 郑江礼施银五钱 常生聚施银五钱 常生礼施银五钱 周兴宝施银五钱 林永兴施银五钱 赵德明施银五钱 赵德元施银五钱 王全明施银五钱 赵德芳施银五钱 福兴云施银五钱 李成杰施银五钱 张兴元施银五钱 王子俭施银五钱 王子和施银五钱 毋永仁施银五钱 芦德芳施银五钱 毋永德施银五钱 芦得成施银五钱 许安然施银五钱 毋天温施银五钱 毋顺兴施银五钱 毋来凤施银五钱 许安众施银五钱 许法庆施银五钱 毋来得施银五钱 毋丑得施银五钱 许凤鹏 许凤□施银五钱 许改生 许改应施银五钱 许宝得 许宝河施银五钱 许乐宝 许乐平施银五钱 许乐风 许乐印施银五钱 毋清直 毋清濮施银五钱 司德羊施银五钱 毋国成施银四钱 赵成法施银四钱 毋海瑞施银五钱 王新明施银四钱 毋明聚施银四钱 毋良仓施银四钱 毋米贵施银四钱 田玉仁施银四钱 田凤洛施银四钱 王得智施银四钱 王得仁施银四钱 王得永施银四钱 田玉璧施银四钱 田玉王施银四钱 郑国祥施银四钱 赵法良施银四钱 田士礼施银四钱 许万一施银六钱 张进环施银四钱 王世厚施银四钱 常生金施银四钱 常小贵施银四钱 赵宝成施银四钱 赵宝群施银四钱 赵得和施银四钱 原得贵施银四钱 林家汉施银四钱 林川愈施银四钱 宋作宾施银四钱 王全成施银四钱 王得俊施银四钱 张兴聚施银四钱 张怀得施银四钱 张安印施银四钱 张安法施银四钱 张安顺施银四钱 李玉富施银四钱 张怀亮施银四钱 张怀温施银四钱 郝得旺施银四钱 田继有施银四钱 许火狗 许坤狗施银六钱 毋金狗施银四钱 王世元施银四钱 王世魁施银四钱 王世仁施银四钱 王世得施银四钱 连兆贵施银四钱 毋天伦施银四钱 毋永安施银四钱 靳贵义施银四钱 陈大武施银四钱 毋天申施银四钱 王世富施银四钱 刘万魁施银四钱 刘天生施银四钱 樊兴礼施银四钱 葛益羊施银四钱 张进法施银四钱 葛全成施银四钱 葛益祯施银四钱 邰永亮施银四钱 芦得正施银四钱 毋清德施银四钱 义盛行施银四钱 董洪金店银四钱 税局施银四钱 长义店施银四钱 芦得义施银四钱 芦通兴施银四钱 芦

稳兴施银四钱　马丙论施银四钱　李子芳施银四钱　闫仁义施银四钱　郜永福施银四钱　张得宽施银四钱　张进秀施银四钱　毋天忠施银四钱　刘重金施银四钱　刘文彬施银四钱　刘文炳施银四钱　赵元得施银四钱　葛果清施银四钱　葛果山施银四钱　葛益清施银四钱　毋永书施银四钱　许乐书施银四钱　张鱼河施银四钱　许来兴施银四钱　毋明谦施银四钱　王子银施银四钱　许得义施银四钱　广泰行施银四钱　清源永施银四钱　义和店施银四钱　长林店施银四钱　田来拴施银三钱　司得义施银三钱　司东旺施银三钱　毋太国施银三钱　毋氏施银二钱　毋水太施银三钱　赵水狗施银三钱　李得财施银三钱　王九锡施银三钱　田玉义施银三钱　田玉兰施银三钱　郑国士施银三钱　田士保施银三钱　刘恒芝施银四钱　郑江连施银三钱　赵富来施银三钱　赵保良施银三钱　赵保魁施银三钱　赵保璧施银三钱　赵群羊施银三钱　赵富义施银三钱　李子苦施银三钱　张安春施银三钱　张怀玉施银三钱　连兆荣施银三钱　毋天成施银三钱　毋永庆施银三钱　芦正禄施银三钱　奕来印施银三钱　葛益良施银三钱　葛益宽施银三钱　赵安水施银三钱　赵银水施银三钱　陈怀得施银三钱　毋顺朝施银三钱　许魁生施银三钱　许喜印施银三钱　仁义店施银三钱　合盛馆施银三钱　常铁炉施银三钱　皮匠铺施银三钱　安顺德施银三钱　兴盛店施银三钱　顺兴行施银二钱　□□店施银二钱　□心店施银二钱　银太饭铺施银二钱　士河饭铺施银二钱　□聚饭铺施银二钱　司得裕施银二钱　司得伦施银二钱　司水且施银二钱　郑北方施银二钱　田风国施银二钱　林永盛施银二钱　赵南羊施银二钱　董其法施银二钱　李生财施银二钱　张印财施银二钱　张印顺施银二钱　张守旺施银二钱　张安明施银二钱　张怀旺施银二钱　毋顺忠施银二钱　张怀祯施银二钱　宋拴柱施银二钱　王世法施银二钱　王来通施银二钱　王洪长施银二钱　王子贵施银二钱　王世山施银二钱　王子禄施银二钱　王子富施银二钱　王子来施银二钱　王子聚施银二钱　王来顺施银二钱　王子金施银二钱　毋永顺施银二钱　毋永江施银二钱　毋顺法施银二钱　毋顺福施银二钱　毋顺和施银二钱　毋顺仁施银二钱　毋正怀施银二钱　毋顺来施银二钱　王风台施银二钱　廉兆

旺施银二钱　毋大昌施银二钱　毋明兴施银二钱　靳生芳施银二钱　樊元德施银二钱　葛益智施银二钱　樊兴财施银二钱　樊兴富施银二钱　葛益恭施银二钱　樊兴德施银二钱　樊兴信施银二钱　葛逢安施银二钱　葛益旺施银二钱　张兴仁施银二钱　葛全堂施银二钱　葛全修施银二钱　葛全身施银二钱　葛逢君施银二钱　张士花施银二钱　连兴富施银二钱　刘致全施银二钱　刘风林施银二钱　刘致银施银二钱　刘风喜施银二钱　刘风管施银二钱　刘风德施银二钱　刘文金施银二钱　赵学贤施银二钱　赵学礼施银二钱　赵学喜施银二钱　张水土施银二钱

维首毋士轩　毋昌积　毋明公　毋国俭施银三两　毋天安　毋永良　许法让　赵正福　毋永德

毋明官施水窖地基一丈五尺

毋清旺施山门外路四丈

许安静施碑石一块

奎文阁典籍中甫张进环篆额

凤台县儒学文童生修甫毋通礼书丹

大清光绪二十年冬十月十二日立石

庙管毋元成施舞楼中间打□挂□八面施银一两八钱

石工李鼠年　王丙秀

木工王玉秀

丹青穆齐山西一半　赵法全东一半

铁匠赵义禄

二六一 施地亩碑

清光绪二十年（1894）刊。

碑额书"万世不朽"。

现存于晋城市泽州县柳树口镇范山堂附近二仙馆。

【碑文】

施地亩碑

人劝己而为善，其善小；人不劝而为善，其善大。有所感而为善，其善伪；无所感而为善，其善其真。□生节甫翁有可述焉，甲午秋商议社事，谈及赡庙，翁慷慨赴公，愿施地亩，是不因神感而为善也。璋忝社末，礼宜扬善，与众社友同商立石，以垂不朽。

候选儒学训导星槎张印汉撰文

散人许乐国丹书

国子监大学生毋国俭同弟国让，子可云、可观、可茂，侄可傅、可孝、可友、可家，施到四山、白铲、西掌地七亩，坡地粮一亩二分，又贴青莲寺粮钱一百文。

大清光绪二十年冬月吉日　掌神　主神閤社仝立

二六二　重修二仙馆庙碑记

清光绪二十年（1894）刊。

碑额书"永垂不朽"。

现存于晋城市泽州县柳树口镇范山堂附近二仙馆。

【碑文】

重修二仙馆庙碑记

有是哉！郡城之东，山有银乔，既如萃耸，亦如嵩高。枕珏山而景夸吐月，襟丹水而势若蟠龙。田肥民殷，本业以勤俭为尚；农桑劝课，习俗于敦朴是崇。当是时，山钟川毓，人杰地灵，真名境也。旧有二仙馆庙一所，正殿祀二仙菩萨，外祀山神，左殿祀禁王诸神，外祀蚕神，右殿则祀高禖尊神，东西南又有厢房、舞楼，庙貌形势亦略具焉。第逢祈报之时，端视之，上半之构森严；转顾之，下半之体势涣散。使无人焉从而继修之，何以壮观觇而妥神灵也？是以先掌神赵正稳量力捐资，购买土木，费钱百余串以备修下半院之需，特存志焉而未逮也。厥后新掌神许发璋坚志改为，成此美举，而愿效云从者，四社协力捐修，奈工未就已亡去五人。五人者：赵兴好、赵旺林、毋士国、毋法通、毋明稳。既焉，仍纠各社卒议兴工，按亩计户，近地捐资，度重量轻，远方募化。为首者合力同心，不避风雨之侵蚀；披星带月，何惮跋涉之苦劳。数年来而积储多金矣，於是鸠工庀材，诹日兴事。为高为下，度地势之荡平；宜费宜收，量财用之多寡。创舞楼九楹，山门东辟建看台两处，神马下装，越五年而工程告就。前明宏（弘）治九年间始创东殿、西殿，正殿之开创无稽。至今又修下院，上院之继修可验。周围四面轮焉奂焉，视前此尤觉爽垲闳大矣。至於补葺之功，除正殿外，庙中欹者正之，缺者补之，漫漶剥落者丹垩而涂膐之。煌煌乎殿宇周密，顿然改观矣。是工也，肇自光绪乙丑五月，成于甲午年十月。区区土木之功，岂足勒石示人哉？要非担荷者之力不及此。是为记。

  掌神乡饮许发璋施银八两代管账簿

  北社毋国德施银七两四钱

  泽州府学生员补卿张进炘撰文

东社主神

赵法文施银六两　赵兴法施银六两　赵兴狮施银三两五钱　赵正顺　赵正仁施银十三两一钱　赵永昌施银十一两五钱　赵天存施银十两六钱　赵永成施银八两五钱　赵天过施银八两四钱　赵旺太施银八两三钱　赵法礼施银七两九钱　赵法金施银八两五钱　赵德俊施银七两五钱　赵存昌施银七两二钱　赵良玉施银七两四钱　赵法温施银六两二钱　赵法全施银六两二钱　赵正印施银六两　赵仁德施银五两七钱　毋清璧施银五两五钱　赵旺宝施银五两四钱　赵万岐施银五两三钱　赵天魁施银五两一钱　赵正玉施银五两一钱　赵水德施银五两二钱　赵水上施银五两　赵德俭施银四两六钱　赵永宽施银四两七钱　赵永全施银四两六钱　赵法良施银四两四钱　赵法恭施银四两四钱　赵法俭施银四两四钱　赵法正施银四两四钱　赵双德施银四两九钱　赵正忠施银四两二钱　赵天文施银四两　赵月德施银三两九钱　赵毋德施银三两四钱　赵德贤施银三两九钱　赵天来施银三两九钱　赵永好施银三两九钱　赵水青施银三两八钱　赵玉山施银三两八钱　赵永方施银三两七钱　赵海鱼施银三两五钱　赵天臣施银三两四钱　赵法德施银三两四钱　赵旺铎施银三两三钱　赵法裕施银三两一钱　赵法齐施银三两一钱　李生祥施银三两一钱　崔法喜施银三两一钱　赵天礼施银三两　赵法智施银三两　赵元太施银二两九钱　赵万忠施银二两六钱　赵聚水施银二两八钱　赵兴贵施银二两七钱　赵良贵施银二两五钱　赵旺敏施银二两五钱　赵天义施银二两四钱　赵安定施银二两四钱　赵正福施银二两二钱　赵正禄施银二两二钱　赵福德施银二两一钱

西社主神

许万印施银十三两三钱　许法金施银八两　许万德施银六两八钱　许安通施银六两九钱　许有法施银九两　许安国施银六两九钱　许乐善施银七两　许仁旺施银六两七钱　许安温施银六两三钱　许万太施银六两二钱　许有运施银六两　许万明施银五两八钱　毋清银施银四两九钱　许安恭施银四两五钱　许法安施银四两四钱

许安玉施银四两一钱　毋清凤施银四两　许安俭施银四两　毋清旺施银四两　毋清富施银四两　许安刚施银四两　许乐魁施银三两九钱　许法坤施银三两八钱　毋清恭施银三两八钱　许法科施银三两七钱　许安斌施银三两六钱　许安贤施银三两六钱　许法善施银三两五钱　刘正义施银三两五钱　许安静施银三两五钱　许安居施银三两四钱　许安祥施银三两四钱　许安义施银三两四钱　许火明施银三两四钱　许安禄施银四两　许乐富施银三两　毋明官施银二两九钱　许安禛施银二两九钱　毋清义施银二两九钱　许安山施银二两七钱　许安家施银二两七钱　许安来施银二两六钱　许安光施银二两六钱　许法永施银二两四钱　许安仁施银二两四钱　许安昌施银二两四钱　许丑羔施银二两四钱　许法让施银二两三钱　许安坤施银二两三钱　许乐兴施银二两三钱　许万永施银二两二钱　许安富施银二两二钱　许万库施银二两　许来兴施银一两八钱　许保兴施银一两八钱　许铁保施银一两八钱　许双太施银一两八钱　许法武施银一两　许法周施银一两　许法丰施银一两　许法先施银一两　许安金施银一两

北社主神

监生毋国俭施银三十三两　毋明公施银八两　毋通礼施银六两　毋士轩施银二两五钱　毋清明施银十八两五钱　毋清月施银十六两五钱　毋国让施银十六两二钱　毋西芳施银十三两二钱　毋清政施银九两七钱　毋通达施银七两四钱　毋昌积施银六两八钱　毋清源施银六两五钱　毋海存施银五两七钱　毋昌玉施银五两六钱　毋海顺施银五两四钱　毋明贵施银四两七钱　毋清亮施银四两四钱　毋清水施银四两四钱　毋成厚施银四两五钱　毋通政施银四两四钱　毋天保施银四两五钱　毋天义施银四两四钱　毋隐伦施银四两三钱　毋许午施银四两二钱　毋国恭施银四两二钱　毋正明施银四两　毋通财施银三两八钱　毋清太施银三两七钱　毋太富施银三两七钱　毋昌文施银三两六钱　毋明仁施银三两六钱　毋狗旦施银三两六钱　毋清河施银三两五钱　毋清回施银三两四钱　毋清江施银三两五钱　毋国亮施银三两四钱　毋国太施银三两四钱　毋李氏施银三两四钱　毋水旺施银三两三钱　毋水太施银三

两二钱　毋国海施银三两三钱　毋金土施银三两二钱　毋正松施银三两一钱　毋明福施银三两　毋明进施银三两　毋明德施银二两九钱　毋清泉施银二两九钱　毋明光施银二两八钱　毋春德施银二两八钱　毋清礼施银二两七钱　毋来旺施银二两六钱　毋正隆施银二两五钱　毋成仓施银二两五钱　毋士安施银二两五钱　毋正来施银二两五钱　毋明香施银三两五钱　毋士俊施银二两四钱　毋明旺施银二两五钱　毋国禛施银二两三钱　毋通全施银二两三钱　毋存聚施银二两三钱　毋明来施银二两二钱　毋国贵施银二两二钱　毋太福施银二两二钱　毋士厚施银二两二钱　毋明政施银二两二钱　毋士财施银二两一钱　毋国方施银二两　毋士孝施银一两四钱　毋国祥施银二两　毋正稳施银二两　毋昌福施银一两七钱　毋明月施银一两　东户下施银一两一钱　司头门施银三钱

南社主神

毋永祥施银四十两　鲁德贵施银十七两　许法仓施银十两五钱　毋永俊施银五两六钱　毋永德施银八两　许法德施银七两三钱　毋天君施银七两二钱　毋顺稳施银七两一钱　毋天安施银七两　毋天云施银六两九钱　郝戊成施银六两一钱　张福太施银五两六钱　毋永秀施银五两五钱　鲁归正施银五两五钱　许万稳施银五两　郝广德施银五两二钱　郝昌魁施银五两一钱　毋顺艮施银五两　毋拴别施银四两九钱　毋魁成施银四两九钱　毋顺鱼施银四两九钱　毋兴义施银四两九钱　张法生施银四两八钱　鲁永昌施银四两四钱　毋拴德施银四两五钱　毋永官施银四两三钱　郝广全施银四两四钱　鲁太富施银四两三钱　毋元祥施银四两三钱　鲁太聚施银四两二钱　毋财旺施银四两二钱　郝小山施银四两一钱　毋顺明施银四两　郝永通施银三两九钱　毋顺安施银三两九钱　郝昌春施银四两七钱　鲁永财施银三两八钱　毋顺兴施银三两八钱　许永旺施银三两八钱　张永德施银三两八钱　郝永祥施银三两六钱　毋天会施银三两六钱　郝永好施银三两五钱　毋天羊施银三两五钱　郝永良施银三两四钱　毋顺来施银三两四钱　毋顺林施银三两四钱　毋天珠施银三两三钱　毋顺金施银三两三钱　毋永聚施银三两三钱　毋永稳施银三两三钱　毋天

回施银三两三钱　郝广田施银三两三钱　张山稳施银三两三钱　鲁太来施银三两三钱　张福顺施银三两　毋永全施银三两二钱　毋元太施银三两一钱　张法花施银三两　毋永喜施银三两　毋永公施银二两九钱　毋天全施银二两九钱　毋昌聚施银二两九钱　郝魁元施银二两九钱　郝广禛施银二两八钱　毋顺德施银二两八钱　毋二德施银二两七钱　郝永魁施银二两七钱　张法轩施银二两七钱　毋顺全施银二两七钱　毋天财施银二两七钱　张福金施银二两六钱　毋德义施银二两六钱　鲁顺德施银二两五钱　张福祥施银二两五钱　郝德顺施银二两五钱　毋天文施银二两五钱　毋顺玉施银二两四钱　毋松德施银二两四钱　毋天永施银二两三钱　毋中土施银二两三钱　毋顺羊施银二两三钱　毋永清施银二两二钱　毋元海施银二两二钱　毋永旺施银二两二钱　郝广和施银二两一钱　张法清施银一两八钱　毋天进施银一两　毋喜旺施银一两四钱　张金顺施银五钱　张魁德施银五钱

大清光绪二十年冬十月十二日立石

二六三　创立培文会记

清光绪二十五年（1899）刊。

碑高146厘米，宽61厘米，厚16厘米。

碑额书"乐赞盛举"。

现存于运城市河津市城关九龙山真武庙。

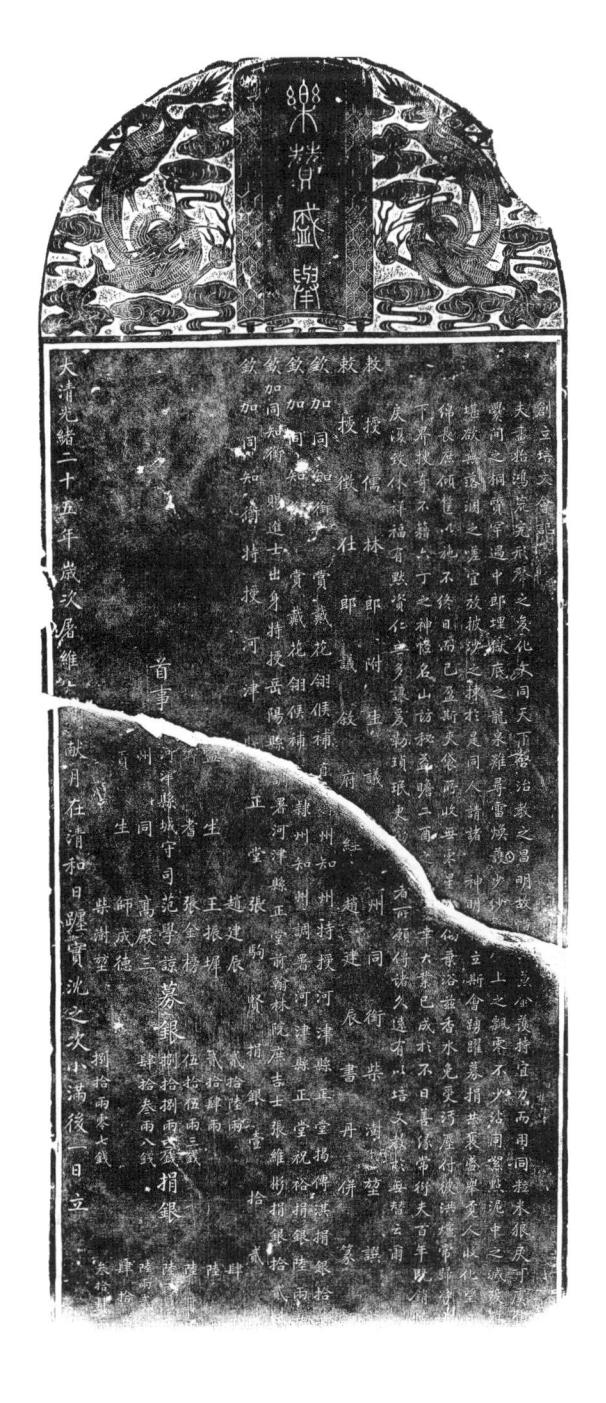

【碑文】

创立培文会记

夫画始鸿荒，究形声之变化；文同天下，启治教之昌明。故惜□兼金，护持宜力，而用同粒米，狼戾可虞。焦爨间之桐质，罕遇中郎；埋狱底之龙泉，难寻雷焕。护少纱□，壁上之飘零不少；沾同絮点，泥中之灭殁难堪。欲无落溷之嗟，宜效披沙之拣，於是同人请诸神明□立斯会，踊跃募捐，共襄盛举，觅人收化，望日绵长。庶倾筐以施，不终日而已盈；斯夹袋所收，无零星□偶弃。浴兹香水，免受污尘；付彼洪炉，常归净土。下界搜奇，不籍六丁之神怪；名山访秘，益瞻二酉之□□。幸大业已成於不日，善缘常衍夫百年。既销悖戾，复致休祥，福有默资，仁无多让。爰勒琬琰，更劝□者，所愿传诸久远，有以培文教於无替云尔。

敕授儒林郎附生议叙州同衔柴澍堃撰文

敕授徵仕郎议叙府经赵建辰书丹并篆额

钦加同知衔赏戴花翎候补直隶州知州特授河津县正堂揭传淇捐银十两

钦加同知衔赏戴花翎侯补直隶州知州调署河津县正堂祝裕捐银六两六

钦加同知衔赐进士出身特授岳阳县调署河津县正堂前翰林院庶吉士张维彬捐银十二两

钦加同知衔特授河津县正堂张驹贤捐银一十二两

首事人

赵建辰募银二十六两　捐银四两

监生王振墀募银二十四两　捐银六两

乡耆张金榜募银五十五两三钱　捐银六两

河津县城守司范学谅募银八十八两六钱　捐银六两

州同高殿三募银四十三两八钱　捐银六两二钱

贡生师成德捐银四十两

柴澍堃募银八十两零七钱　捐银三十四两

大清光绪二十五年岁次屠维大渊献月在清和日躔实沈之次小满后一日立

二六四　重建乐楼碑记

清光绪二十六年（1900）刊。

碑高 250 厘米，宽 83 厘米，厚 18 厘米。

碑额书"永垂不朽"。

现存于太原市尖草坪区上兰村窦大夫祠。

【碑文】

重建乐楼碑记

盖闻世风之转移无定，而物类之成败有时，虽假人力而为，其中真有不测之妙也。即如上兰村西北隅，古有窦大夫祠一座，邑乘所载，创建难稽。止知岁享御祭，特修俎豆之仪，并无戏演优觞，图报弦歌之榭。至道光年间，楼之宜成也，村人不谋而合，一倡百和，半为阖村风水，半为演剧酬神。遂因时度地，鸠工庀材，不数月而工告成。每岁七月望日，献剧一期，以为永久之例。讵意楼之宜破也，於光绪十八年六月六日，汾水怒发，汹涌异常，越坝襄陵，折堤摧洞，将此楼冲刷殆尽，基址半存。虽彼时人佥心伤，不忍坐视，而时尚未至，每议辄止。爰历七载，至光绪二十五年，乡约等复谋重建，仍虑工浩费繁，村力不及，竟有一二能募化村城布施之议，故众心颇信，决意重兴。虽将来布施无多，入不敷出，致有亏项，仍累本村，而藉其名，以成此工，又安知此时非楼之宜成。神灵默佑，故使其人而出此大言耶。今楼工已竣，随将钟楼壁鱼池墙以及各处檐台栏杆院心修之，是为记。

本村教职历任长子训导教谕应州学正樊尔荣薰沐书丹并撰

功德预垫钱主王成顺施五十千　苗蔚施三十五千　苗致礼施二十四千　苗传箴施二十二千　敦生庆施二十千　苗养成施一十五千　杨生亮施一十千　赵德成施一十千　王建玺施一十千　王华施一十千　吴光裕施八千　各垫五十千　苗印宽施四千垫三十千

总管史麟书　苗秀盛　苗蔚

经理苏和　苗文锦　苗好生　张如山　苗堃潽　苗秀文　王华　苗兴沂　刘清源　苗大生　赵鼎　康登元　苗印广　梁海道

渠长吴光裕　刘清源　杨思宽　苗印广

值年乡约武永寿　苗吐润　苗玉丰　康士达　苗蔚　苗秀盛　史麟书　梁朝万　苗攀桂　苗芝亭　张富汉　樊来福

次年乡约苗景旺　张如山　苗兴沂　苗秀文　苗垫濬　苗文锦　康登元　苗印广　史成库　苗养富　杨思让　王富有

铁工李福茂　王印安

石工李发年　于丕厚　赵泰和

木工苗大生

泥工张如

画工冯寿昌　白山居　苗喜元

大清光绪二十六年闰八月吉日立

术师苗垫濬

住持僧可旺　可茂　可昭　徒傅爱　傅绥　傅净　傅爱　孙心满

二六五　重修玉皇庙碑记

清光绪二十七年（1901）刊。

碑高 183 厘米，宽 71 厘米，厚 19 厘米。

碑额书"百世流芳"。

现存于晋城市城区西上庄社区庞圪塔村玉皇庙。

【碑文】

重修玉皇庙碑记

泽郡城西南五里许，山明水秀，望之巍严，观之尤美而凝萃者，庞家村也。村上东北向有玉皇庙，正副五楹，东隅高谋（禖），西隅关圣，创修于前明万历十三年。庞公所创，春祈秋报，四时享祭，神有灵也。年深日久，屡次整修，至同治三年，风吹雨露，屋漏倾圮。或有善士凤山姬公、秀林庞公、春发李公、柏林魏公入庙祭神，欣然举起善念，重修庙宇，另改规模，欲广而扩之。苦其无力，设法酿金，庙内有松树一株，发卖钱六十千文。又请积心会每分纳钱一百文，共二百余分，积钱一百余千。又按社分派收谷麦，积小累大，积钱五百六十串。重修正殿、角殿，改为九楹，化钱八百余串。至同治八年，修东西厢房六间，化钱二百余串，又请同心谷会每分纳钱二千文，共四十三分，积钱五百五十余串。至光绪三年三月开工，又修舞楼上下十四间，五月告竣，化钱五百余串。时遭大祲，膏田一饭，斗粟王（三）千，人死七分。诸君督工人相已而亡之，存廷芝李公、永吉魏公，见下院功未全备，又举善念。社有地一十八亩，每年种麦一季，屡年积钱六百余串。至十六年又修下院东西看楼上下二十四间，化钱六百余串；二十年，油漆、描画、开光、演戏，化钱二百余串；二十七年，捶石、立碑、演戏，化钱三十余串。除旧木料砖瓦不算，通共化钱二千三百余串。功成全备，人喜神悦，观然聿新，始终三十余年，修工之难而何不传乎？今将施地施钱姓氏芳名勒石碑上，千古不朽，万载而存焉。

本村李廷兰沐手著撰并书

计开

姬凤山施钱一百八十千文　魏柏林施钱三十千文　宋文兴施钱三十千文　李遇

隆施钱十五千文　魏永凤施钱十千文　泰兴永施钱十千文　魏永吉施钱五千文　庞秀山施钱五千文　魏双赐施钱五千文　李富山施钱五千文　姬香珠施钱四十千文　魏永吉施米八斗　李遇隆施庙东地基　吕振西施庙西地基　魏永吉施庙西地基　魏姓二门户下施杨树一株　同心会入钱五百五十千文　积心会入钱一百千文　售松树入钱六十千文　照社分收麦谷入钱四百六十千文　社地收麦入钱六百千文

　　姬凤山　刘治西　元盛玉　魏永凤　尚随林　同心永　吕振东　魏永山　马步云　彭志统　郭才旺　王宦　恒太魁　叶凤文　天来文　姬辛酉　魏柏林　庞秀林　李辛年　王五里　公和合　义合成　和合堂　杜成林　陈云亮　泰兴永　魏永吉　李春发　姬和　赵复元　兴盛曹　宋文兴　庞秀山　兴盛堂　叶凤庆　吕洛秀以上每人施钱二千文

　　修下院东西看楼总理督工人李廷芝　魏永吉

　　维首庞满狗　魏永才　李连成　魏永山　魏永凤　李春融　魏永朝　郭云田　魏永锡

　　道光年间修南阁五间　今拆阁改为舞楼　总理督工人吕涓川　魏天林　尚凤鸣　李富聚　史连奎　宋崙

　　修正殿东西舞楼总理督工人李春发　姬凤山　庞秀林　魏柏林

　　维首吕振东　尚嵩山　魏永魁　焦润生　尚随林　尚随才　贾贵芳　李春生　宋文兴　尚黑

　　木工段德盛　李春发　苗师傅　宋师傅　郭师傅

　　玉工李魁元　刘师傅　张师傅

　　油画匠崔师傅

　　住持李洛仙

　　大清光绪二十七年正月二十五日立

二六六　补修三教堂碑记

清光绪二十八年（1902）刊。

现存于晋城市泽州县柳树口镇宋掌村三教堂。

【碑文】

补修三教堂碑记

  大清国山西省泽州府凤台县移凤乡建福都大泽里宋掌村神庙破坏，出心修神。三教堂大殿三间，修裡人毋天保，重修揭瓦。毋天保同子金旺，孙奚戌、辛卯、三卯，化费银二十二两。毋天瑞同子金牛，化费银二两八钱。高禖圣祠西角殿三间，只因破坏，重修人毋天义同子土旺化费银六两，毋狗旦同弟人黑土，化费银二两七钱，毋天保化银二两七钱，毋天瑞化银六钱。东角殿三间厦一个，只因破坏，重修人五家：宋作书化银二两，毋天义化银一两六钱，毋天保化银一两，毋狗旦化银七钱，毋天瑞化银六钱。下圪当破坏，西方收瓦一千零七十个，添补东角殿所用，又补修东豹（抱）厦，将瓦使完。宋作宾施笆条三百五十斤，宋作善施笆条一百一十斤。诸神保佑合村人等平安，重姓人修成大吉。

  匠工人王玉秀　三共化银四十二两七钱

  时大清光绪廿八年十一月十五日吉立石

二六七　重修碑记

清光绪三十一年（1905）刊。

碑额书"重修碑记"。

现存于晋城市沁水县土沃乡交口村舜王庙。

【碑文】

重修碑记

且天下事有人创之於前，而未能修之於后者，前功所以尽弃也；修之於后，而未能创之於后者，虽美未必尽美也。交口村古有虞帝庙，自乾隆年间重修，年深日久，风雨飘剥，栋摧瓦解，目不堪睹者久矣。同治十三年，合社公举社首王清成、王存兴、张清源、燕存德，同心协力，先即紧要者修之。而东南门楼坍塌益甚，若不及时补葺，不惟神威莫庄，亦且人心难安。於是遂去旧换新，一封书改为挑角，檐牙高啄，其规模焕然一新，并修庙外□墙、门前石梯、石庀，共化钱一百有余千文。光绪二十一年，合社公举社首王清太、张凤昌、王栓材、张存仁重修正殿，并门楼三间，戏楼三间，共化钱六十有余千文。光绪三十一年，合社公举社首王作金、张凤昌、燕鸿时、张存仁合志经营，鸠工庀材，砖瓦椽木具于神分捐纳，卜吉兴工，重修舞楼并钐台，及补葺东西禅房，并大虫沟龙王庙，一概整旧如新，鸟革翚飞，瓦缝参差，浩浩乎真千秋之伟观欤。厥工告竣，共化钱一百有余千文，兹则勒碑刻铭，首事者请余作序。余年近花甲，笔砚常疏，深愧不文，而又深维此事不可以无序，因谨具始末云。

邑增生如日梁升秀沐手撰书

王作金施钱五千文

社首燕存德　王清成　张清源　王存兴

钱粮头张祯详　张清显　燕应昌

督工张进河　张怀玉

石匠王文代

住持觉明

木匠

社首王桂林　王清太　张凤昌　张存仁

钱粮头燕鸿瑞　王谨信　王启宝　张怀谦　张世兴　王宝林　张怀信　张怀仁

督工王维成　王清山

王文太施椿树一株

住持会管

社首燕鸿时　王作金　张凤昌　张存仁

木石头张世兴　张吉祥　王孝堂　王启玉　王宝贵　燕鸿瑞　王启玉

催工两宗张福田

（住）持会箫

石匠王国宝

木匠柳金发

时大清光绪三十一年岁次乙巳嘉平月交口合社仝立

二六八　补修金妆碑序

清光绪三十一年（1905）刊。

碑高 126 厘米，宽 72 厘米，厚 19 厘米。

碑额书"万古千秋"。

现存于临汾市汾西县邢家腰乡土地墕龙天土地庙。

【碑文】

补修金妆碑序

　　从来莫为之前，虽美弗彰；莫为之后，虽盛弗传。惟我汾邑土地壑，旧有龙天土地庙一座，暨三十六州县土地，不知创自何年，若补葺重修，则自本朝碑碣历历可书。且每岁仲秋八月初二日，四方香火云集，皆奉神之灵，人之兴胥於是乎见之。自光绪初年於正殿始增修三大帝君神宫，仍旧复新，为邑之胜境，护四方之福泽，即过客行人亦莫不感恩受福矣。乃十余年来，略为小补。至今又复倾颓，圣像剥落，难以壮观。於是纠首住持等同众议修，碍於力小，不敢自任。仍复再传簿疏，募化四邻乐施君子，以共勷盛事。不日半载工成，修废举坠，焕然　新，庶可以妥神灵而福庇於人也。因而勒碑刻名以志后之观瞻者，为善获福之报，不信然欤？自今以往，圣神之香火绵远，群黎之被泽恩光。后之君子其亦鉴於此，而不忍斯庙之废坠也哉。是为序。

蒲邑儒学生员亢逢垣沐浴敬撰

郭樊柱沐浴敬书

从九黄尔诰施钱二千文化钱一千五百文

董事纠首卫瑞森施钱八百文化钱一十二千文　程居孝施钱一千文化钱卅三千一百

管账监生王文选施钱三千文化钱四十二千一百

阴阳王锦堂施钱二千二百化钱（阙文）

卖德容施钱一千六百化钱十千六百　武荣周施钱七百文化钱四千文　张金元施钱一千文化钱五千六百文　段长贵施钱一千九百文化钱（阙文）　监生程彦甲施钱一千七百文化钱廿三千二百　逯秉全施钱一千文化钱囗千　逯文铭施钱一千文化钱十六千三百　卫德仰施钱一千文化钱六千囗囗　卫瑞福施钱一千三百文化钱三千九百　周登顺施钱一千文化钱六千二百　庞逢元施钱一千文化钱八千三百文　监生王

文运施钱二千七百文化钱廿二千文　樊化南施钱一千文化钱七千三百　樊景南施钱一千二百文化钱十二千文　卫中银施钱□千文化钱十七千二百　荀金魁施钱七百文化钱七千九百文

丹青郭开太施钱一千文

石匠畅洪银施钱三百文

丹青马周义施钱一千文化钱五千文

泥匠秦樊凤

木匠任景升

铁匠赵年娃

马耀堂　张福娃　郭清连　逯空管　王□洛　奕补泉　周学昌　李顺王　荀玉庆　周明光　刘法□　周玉堂　郭元成　刘启业　刘启钱　太连村各施钱六百文

大清光绪三十一年岁次己巳腊月中旬吉日谷旦

住持陈明喜

二六九　重修真泽宫碑记

清光绪三十二年（1906）刊。

碑高 221 厘米，宽 98 厘米，厚 21 厘米。

现存于晋城市陵川县城关镇岭常村二仙庙。

【碑文】

重修真泽宫碑记

盖闻民以谷为食，谷赖雨以成，雨泽不匀则呼天吁地，几欲祷祀而无门，此西溪真泽仙祠所由创建之遗意也。夫自创建逮及我朝，曾不知几经修葺，惟自康熙丁巳重修以来阅二百余年，不闻有踵事增华之盛，虽咸丰年略为碎修，而大工亦未敢举。延及光绪年间，倾圮已不堪睹，赖有邑侯曹、吴二公，以祷雨灵应，遂督率绅耆倡议重修，而且亲手作疏，广为募化。故动工於丙戌十二年，而告竣於丙午三十二年，其间屡经竭蹶。凡有兴作，皆因乎古，不敢改图。但於西南增修厢房三楹，以扩舞楼内场，局势颇觉合宜。前后总核大工，共花钱五千余缗，始得翚飞鸟革，栋宇重新。於戏休哉！是果谁之力欤？虽我执事诸君子相与共赞其成功，而凡取给於松坡，要未始非二仙护佑维持之力也。兹既废毕举而愿毕酬，庶此后甘霖普护，时无酷暑愆阳；嘉谷告成，人颂丰年乐岁。仙泽之旁敷，岂特在於一乡一邑？凡我善类当罔不被其休欤。因以事之本末并善士仁人，载在琬琰，永垂不朽。是为记耳。

——凡宫中地界内永禁牛羊入松坡牧放。如违者，有人扯至社内，得赏钱三千文。犯坡者献戏三天，倘或不遵，送官究处。

——买西掌张姓北平房骡屋五间，又买西角门外张姓地基一处。

钦加同知衔赏戴蓝翎候补直隶州署理陵川县正堂曹宪

钦加同知衔在任候补直隶州本任文水县调署陵川县正堂吴曾荣全督工

例授文林郎候选知县甲午科举人己丑恩科副榜邑人都桓篆额

例授修职佐郎候选儒学训导岁贡生邑人武培苣敬撰

优行廪膳生员邑人焦源清书丹

主神马志遽　李国华　焦源澄　冯家麟　曹学敏　杨长森　都觐扬　焦耀德

曹学曾　宁桂　赵孝先　李暹　王东平　刘秀山　都堂椿　赵逢原　娄伯墉　张凤藻　孙守斌　武培封　焦丑明　王丙辰　李公保　徐文鹤

西社维首和永顺　赵二满　和聚魁　周天魁　赵根松　和群枝　冯二保　赵金玉　和永坤　周李景　和恒兴　赵根来

南社维首娄和庆　张合孩　吴起孩　王昌荣　张发喜　娄仲谦　赵发庆　娄福玉　刘怀枝　娄和中　赵发义　刘海孩

北社维首王怀□　李先初　李法昌　马永新　秦文德　秦世才　刘来发　和圪搭　和斗孩　和发玉　刘凤山　何怀山

东社维首赵松孩　刘运孩　张九皋　张二恒　崔小昌　杨世瑛　张九如　张秦卯　赵小五　和万兴　张小明　常连枝

经理开光娄伯域　张巧孩

河头社捐银五百两　前郭家川社捐银三百五十两　后郭家川社捐银一百五十两　庄里社捐银一百六十八两　东观它社捐银一百六十六两　西观它社捐银一百六十六两　龙王社捐银三百五十两　井坡社捐银七十五两　庙头社捐银七十五两　后川村李荫堂施碑石一块作俸银十两

现时人心不古，凡真泽宫之松坡时有他人私相斫伐，若不严禁，流弊日深。今同主神、四社维首妥为永禁，谨将四至勒石以垂不朽。东至东窑掌沟，南至分水岭，北至大河，西至牛家掌河，立石后再有犯者，按人家议罚。

石木吕云清　张士成

泥水韩张育

铁匠和万兴

油匠徐龄　秦复先

石匠韩周全

玉工王福元

大清光绪三十二年岁次丙午闰四月谷旦

二七〇　重修五圣宫庙碑记

清光绪三十二年（1906）刊。

碑高125厘米，宽65厘米。

碑额书"万善同归"。

现存于朔州市山阴县古城镇快乐村真武庙。

【碑文】

重修五圣宫庙碑记

盖闻维圣降灵，维神锡福。此宫庙重於千年，烟祀隆於万世也。我村旧有五圣宫庙，已经几次补葺，迨年远而风雨攸□，鸟鼠攸去，刻画既失其华，丹楹亦失其□。兼之地址卑湿，石头砖瓦尽皆倾圮，甚非所以妥神灵而肃观瞻，岂非都人士之羞哉！阖村老者触於目者感於心，壮者怵於心者动於貌。於是各兴善念，共勷盛举，协力同心，愿捐资财，頙（鸠）合众工。改作圣宫五间，煌煌乎其规模阔大焉；添修禅房四间，恢恢乎其间架隆盛焉。至若钟楼、戏台皆仍夫旧，栖僧有所，瞻望辉煌，猗欤休哉！前人为之，而永言维新；后人继之，而焕然不坠。是人力为之小，实神灵默助之效大也。兹当告成，谨刻花费姓氏以志不朽云尔。

山阴县国学生李映斗撰书

岱岳镇

麻九英施钱五千文　巨星店施钱五千文　巨义店施钱二千文　仁义店施钱二千文　李宽麻铺施钱二千文　三盛美施钱二千文　复和兴施钱一千五百文　信义长施钱一千五百文　复合公施钱一千五百文　三成店施钱一千五百文　义德荣施钱一千五百文　永成玉施钱一千文

复盛长施钱一千文　陈观治施钱一千文　朱世元施钱一千文　朱芳施钱一千文　张瓦窑施钱一千文　恒泰成施钱八百文　源义永施钱五百文　曹皮房施钱五百文　泰来信施钱五百文　公和店施钱五百文　李在麻铺施舍眼珠十一对　廪生崔灵瑞施钱二千文　文生刘世昌施钱二千文　监生丰祥施钱一千五百文　贡生李泰来施钱一千五百文

山阴城

义长荣施钱三千文　天义德施钱三千文　天昌永施钱三千文　增庆泉施钱三千文　广沅当施钱二千文　永恒当施钱二千文　王孝德施钱二千文　利裕财施钱二千文　源义成施钱一千五百文　玉庆成施钱一千五百文　王维金施钱一千五百文　万顺泉施钱一千文　李宝麻铺施钱一千文　解安施钱一千文

安营村

郭秉铎施钱五千文　大顺永施钱三千文　公议桥施钱二千五百文　郭天财施钱二千文　新盛永施钱一千五百文　闫登柱施钱一千五百文　季全施钱一千五百文　季科施钱一千五百文

芦岭村

曹喜福施钱三千文　刘德聪施钱二千文　刘德祥施钱一千文　刘德安施钱一千文　刘廷佑施钱一千文　刘世儒施钱七百文　刘德成施钱五百文　刘廷仁施钱五百文　赵培成施钱一千文　葫成施钱一千文　李增施钱五百文　李财施钱五百文

安居芳

何成魁施钱一千五百文　何茂泉施钱一千文　何进朝施钱一千文　何茂昌施钱七百文　何兴粮施钱七百文　葫善施钱一千文　大南店施钱一千文　万昌店施钱一千文　源成店施钱一千文　亨升店施钱一千文　万明店施钱二千文　义成店施钱二千文

大清光绪三十二年十月下浣谷旦立

二七一　重修东岳庙碑记

清光绪三十四年（1908）刊。

碑高 293 厘米，宽 84 厘米。

碑额书"继往开来"。

现存于晋中市介休市大靳乡小靳村东岳庙。

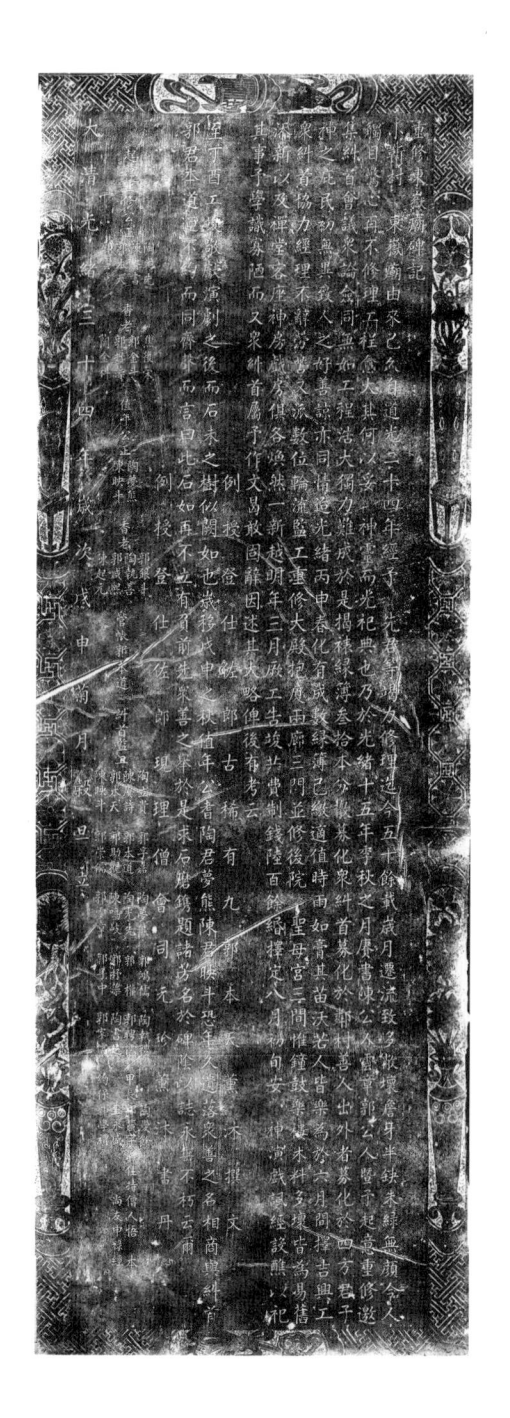

【碑文】

重修东岳庙碑记

小靳村东岳庙由来已久，自道光二十四年经予先君等竭力修理，迄今五十余载，岁月迁流，致多敝坏，詹（檐）牙半缺，朱绿无颜，令人触目惊心，再不修理，工程愈大，其何以妥神灵而光祀典也？乃於光绪十五年季秋之月，赓书陈公人、云章郭公人暨予起意重修，邀集纠首会议，众论佥同，无如工程浩大，独力难成，於是揭裱缘簿三十本，分散募化。众纠首募化於邻村善人，出外者募化於四方君子。神之庇民，初无异致；人之好善，谅亦同情。迨光绪丙申春，化有成数，缘簿已缴。适值时雨如膏，其苗沃若，人皆乐为。于六月间择吉兴工，众纠首协力经理，不辞劳苦，又派数位轮流监工，重修大殿、抱厦、两廊、三门，并修后院圣母宫三间，惟钟鼓、乐楼，木料多坏，皆为易旧添新，以及禅堂、客座、神房、戏房，俱各焕然一新。越明年三月，厥工告竣，共费制钱六百余缗。择定八月初旬，安神演戏，讽经设醮，以祀其事。予学识寡陋，而又众纠首属予作文，曷敢固辞？因述其大略，俾后有考云。

例授登仕佐郎古稀有九郭本天薰沐撰文

至丁酉工竣，敬献演剧之后，而石未之树，似阙如也。岁移戊申之秋，值年公耆陶君梦熊、陈君映斗，恐年久遗落众善之名，相商与纠首郭君本道，乃不约而同，齐声而言曰：此石如再不立，有负前先众善之举。於是求石磨镌，题诸芳名於碑阴，以志永垂不朽云尔。

例授登仕佐郎现理僧会司元珍薰沐书丹

起意重修公正陶光先　陈赓书　郭本天　郭云章

香老焦复荣　郭金斗　郭抒藻　陶金科

值年公正陶梦熊　陈映斗

香老郭银斗　陶执善　郭咸熙　陈起元

管账郭本道

纠首监工陶立贵　陈赓诗　郭本天　陈映斗　郭孚嘉　郭本道　郭助观　郭崇儒　陶梦熊　陶光先　陈鸣岐　郭云章　郭鸿儒　郭权　郭抒藻　郭孚中　陶执礼　郭聘儒　陶书芝　郭家儒

甲长陶庆余　郭箴宇　王永盛

约保郭学礼

住持僧人悟本

尚友申禄经

大清光绪三十四年岁次戊申菊月谷旦立

二七二　补修真武庙碑记

清光绪三十四年（1908）刊。

碑高 204 厘米，宽 73 厘米，厚 15 厘米。

碑额书"万福攸同"。

现存于吕梁市孝义市皮影木偶博物馆。

【碑阳】

补修真武庙碑记

今将花费开列於后

尝谓事之成败之理，虽由於天数，而实在於人心。当人心之涣也，事未有不败者；及人心之萃也，事未有不成者。凡事皆然，而修庙一事为尤甚。盖修庙者，事非一己之事，财非一人之财，败者最易，成者实难，而好善者不虑此也。邑之南乡王马村旧有真武庙一座，上□窑房三间，内供元天上帝，傍列十大元帅，下建正殿三楹，又供观音菩萨，上下俱有歇檐，左右钟鼓二楼，东西六厦，山门数间，外修照壁。庙东傍又有五道庙，是庙创於顺治初年，自嘉庆年间曾经补葺，迄於今又历年多，庙貌倾颓，神像剥落。纠首霍茂旺等日击心伤，於是商议振修。动工於光绪二十九年，绘画於三十二年，其余开光于三十三年季秋二十日。所有花费出入存项俱算清开明，今事既告竣，诚恐年深日久湮没不彰，爰将募施银钱之信士并经理人之姓名勒碑刻铭，以永垂不朽耳。

木邑南乡王屯村儒学生员任遇梁谨撰

本村武凤城薰沐敬书

管账人从五品马企良　武凤垣

纠首武忠昌　武重财　耆宾霍茂旺　介宾马有椿　介宾王凭　梁玉书　马秉千　武德成　杨林贵　武崇福　马治让　武汉文　马福旺　武治广

一宗入屡年庙上地租钱四十三千六百一十七文

一宗入募化布施钱四百三十二千二百八十文

一宗入众花户地亩□起钱一百二十二千五百廿七文

三宗共入钱五百九十八千四百二十四文

除出净存钱一百一十九千零廿二文　此钱拨关帝庙用

一宗出丹青钱七十一千六百七十五文

一宗出新旧泥工钱九千一百八十六文

一宗出黄黑炭钱九千八百九十五文

一宗出打会吃白面麻油钱六十二千六百文

一宗出谢客猪羊肉酒钱一十四千一百文

一宗出念经赁铺把执事钱三十一千二百文

一宗出买蔬头代□布钱十一千八百廿文

一宗出门扇席则□鼓材料工钱十三千零五十文

一宗出银布赔款钱五千四百文

一宗出买沙灯对□钱三千二百文

一宗出三成玉油匠用货钱二千零八十一文

一宗出聚义长全兴宏源盛店隆昌号货钱五十四千一百文

一宗出介孝买零星货钱四千九百四十五文

一宗出豆腐腐皮面筋厨□钱二十六千零七十文

一宗出戏价钱八十七千九百一十文

一宗出芝麻纸糖油醋水菜钱十一千八百一十七文

一宗出麻绳麻鸡蛋铁坑铲洋布钱六千五百五十一文

一宗出茶呼鼓担水跟役打更钱七千二百二十文

一宗出史武曹王师工钱五千四百文

一宗出买石碑桶□钱四十千文

一宗出杂买零星货钱一千一百八十二文

廿一宗共出钱四百七十九千四百零二文

石笔稷山县卫国璋敬

大清光绪三十四年三月二十七日谷旦立

【碑阴】

重修真武庙花费银钱碑

从九霍海泉募化银一百零五两九钱　己身施钱五千文

洪邑刘思善堂施银三两

宝丰当　宝和长　高显复泰店　解州敬信公　以上各施银三两

洪邑广和盛施银二两

裕盛祥　中信成　双合永　源合顺　尧都德昌合　洪茂源　福兴泰　春长庆　洪邑刘遵伦堂　运城义隆永　洪邑祥泰盛　绛州永昌正　太平中和久　古城永兴隆　永庆合　太平永德泰　襄邑德盛泰　曲沃蔚泰厚　以上各施银二两

解州庆余正　尧都天义永　大昌厚　赵城和丰久　大兴厚　介邑管隆长　洪邑吉祥典　春魁典　丰盛典　裕盛典　洪生长　三合顺　日升逢　裕和兴　义盛永　庆丰泰　蔚新源　洪邑永裕诚施钱二千文

霍州福生长施银一两　洪邑景九如堂施银一两　曲沃福兴花店施银一两　解州正泰永施银一两二钱　万邑敬信瑞　以上各施银二两

敬天元　德懋兴　德懋元　福生花店　荣邑正泰源　平邑日恒魁　晋益合　万泉敬信义　解州中和永　尧都同德合　余庆合　永兴源　和泰号　天德魁　义盛集　以上各施钱一千文

魏有鉴募化银一十二两　魏五福堂施钱二千五百文

□□姚五老爷　绩德堂　易州中和号　和兴成　中邑裕和成施钱五百文

□□姚大老爷　□□万顺亨　昌州六顺堂　万和昌　高锡九　万全水　广兴号　易州义盛□局　盐店　杨芳圃　东□兴　东兴德　谦益春　德盛号　王顺成　万和成　忠厚德　义顺成　太和元　王成祥　三益亨　永和昌　永积店　顺兴典　恒兴涌　永成长　以上各施钱五百文

本□马喜根募化钱八千文

生员乔荣详　洪邑兴泰和　□□信成店　协义和　义和茂　广生永　锦盛昌各施钱一千文

永和公　广和庆各施钱五百文

今将本村人名开陈于后

霍守仁施钱□千　介宾马有椿施钱□千　马有相施钱□千　□□马企良施钱□千　魏树旺施钱□千　霍守礼施钱□千　魏众和施钱□千　杨成施钱□千　梁孝忠施钱□千　马有旺施钱□千　武修光施钱□千　介宾王凭施钱□千　魏有桂施钱□千　霍守智施钱□千　马福有施钱□千

魏有良　贾登元二宗各施钱□□

陈德元　武礼金　武凤恒三宗各施钱□□

霍守义　马锡荣　武福喜三宗各施钱□□

□国治　从九品霍海泉各施钱□□

马福昌　王瑞各施钱□□

马妙芳施钱□千　贾吉立施钱□千　介宾王祥施钱□千　李继光施钱□千　魏树仁施钱□千　梁玉生施钱□千　武礼银施钱□千　杨智施钱□千

魏树森　马金旺　苏玉润　武应魁四宗各施钱□千

魏占元施钱□千

王敛　霍茂旺　武□□　武崇福　马锡奇五宗各施钱□千

王成业施钱□千　武礼根施钱□千　冯光前施钱□千

武生有　马万有　武继世　武治广四宗各施钱□千

王万庆　魏树凤各施钱□千

武泰□施钱□千

贡生□□光　武重才　武执清　马超清四宗各施钱□千

武执明　梁玉书　杨诗　王正怀　王正明　苏笃六宗各施钱□千

王正和　王天德各施钱□千

马超明　师直忠　马喜福三宗各施钱□□

马秉虔施钱□□　马喜柱施钱□□

王新政　武克勤二宗各施钱□□

王克仁　王明德二宗各施（阙文）

马金元　魏□泰　任永昌　任云肖四宗各施钱□□

魏有孝施钱□□

武礼清　梁廷柏　师守忠　王尚勇　曹文太　王□魁六宗各施钱□□

苏元兴　武重昌　武重□　王来根　史怀兴　马居清堂　师正忠　王兰八宗各施钱□□

武春林　武海旺　武世昌三宗各施钱□□

王忠　王锦　王恺　常秉仁　宋世昌　马企禄六宗各施钱□□

霍茂德　苏元亨　魏有钟　以上三宗各施钱□□

马万贵　马金锁　任守恭　魏有凌　王棋　杨林贵　孙诸元　以上七宗各施钱□□

耆宾武体富　武重富　杨兴才　武金泉　王可光　罗长寿　以上六宗各施钱□□

武礼旺施钱□□

生员马喜荣　杨三厮　马治让　杨兴盛　魏树枝　以上五宗各施钱□□

武子清施银（阙文）　武根喜施钱（阙文）

苏元瑞　马金福　韩金保　以上三宗各施钱□□

敦五堂　郑焕章　马怀□　以上三宗各施钱□□

武汉文　师清吉　武崇礼　武世华　武守命　董学禹　马凤庆　马德恭　以上八宗各施钱□□

武忠昌　武德成　武生绅　燕老三　马企龙　以上五宗各施（阙文）

武有根　万兴成　马秉德　马企献四宗各施钱七十文　武重元施钱三十五文

二七三　重修岱岳寺并兴隆寺碑记

清宣统元年（1909）刊。

碑高125厘米，宽64厘米。

现存于忻州市代县滩上镇高凡村神棚。

【碑文】

重修岱岳寺并兴隆寺碑记

盖语普天之下建庙供神，世之大义。窃念神则灵而民则诚，皆民有诚而神有灵矣。自村始有岱岳大寺，□建兴隆寺，不知创立何代，有碑记道光年间一概重修建新，至今六七十载。风雨漂（飘）摇，墙屋倾颓，意欲补修，但功程浩大，资财不继，致之神灵歉安，人心慌空（恐），不忍坐视。幸遇住持僧顿宪举直新传水陆，四方募化布施。前功天赐以毕，余钱八十余吊。公议崛峪有松山、桦林以留修庙需用，将松树椽植变易钱二百六十余吊。村中人力帮助，是为立意重修。自二十三年兴功，至今才得功毕，一概补旧换新，庙貌整齐，众神灵而安在乎。今已勒石刻铭，是为所后望也夫。

从九宋韶志撰文

童生宋思本书丹

将一应花费开列於后

一宗彩画戏台包揽工钱三十二千文

北观音殿山墙彩画公案钱一千五百文

利肆钱二千文

出木料绳索经箱钱三十四吊一百七十文

重修大佛殿三间、关圣帝君殿三间、北观音殿一间、闫（阎）王殿三间、奶奶殿三间、真武殿二间、龙王殿三间、山门、围墙，大殿后盖新禅房（阙文）又重修兴隆寺大佛殿三间、菩萨殿三间、山神龙王庙二间，里院蜈公墙一应全修，共包揽泥、木匠工钱一百四十一吊五百文。

三百文　出蓑草毛染草纸钱一十吊零九百八十文

出砖瓦毛头滴水钱三十九吊二百文

出石灰钱二十九吊三百文

出背木料砖瓦土基驼土工钱三十吊零三百七十文

出犒工利肆刊树工一应杂用钱二十五吊五百文

买宋绍行林脚底地钱三吊五百文

买宋立文龙王恼小场地钱二吊五百文

买字板钱一吊文

出开字钱二吊文

统共花费钱三百五十八吊六百四十五文

三十三年至元年又出砌坝钱一十三千二百文

出绳索犒工钱十一吊文

经理庠生郭定国　从九宋韶志　库生宋宜人　监生宋绍统　耆宾宋绍祖　耆宾宋绍善　宋绍艺　高名成　李和　介宾赵得富

住持僧顿宪

石匠卫元亨

木匠王丙午

泥匠田秋忙

画匠张敬孝

大清宣统元年岁次己酉夷则月谷旦立

二七四　重修炎帝庙暨村中诸神殿碑记

清宣统三年（1911）刊。

碑高195厘米，宽65厘米，厚21厘米。

碑额书"永垂不朽"。

现存于晋城市高平市团池乡下台村炎帝中庙。

【碑文】

重修炎帝庙暨村中诸神殿碑记

神农炎帝为万民生成之主，开百代稼穑之源。凡在井里，皆蒙其恩；悉属农氓，均沾其泽。与夫日中为市，交易各得，福世□民，厥德懋哉。是以本邑北界羊头山有高庙，城东关有下庙，下台村建庙，未知创自何代，称为中庙。况东西殿诸神皆有功於世道者，第年远代湮，迭经先维首重为修整，非止一次，兼营造外院文昌楼、西禅房以及东西游廊、戏台各几楹。想其间鸠工庀材，非易易也。又越数十年，风雨倾圮，坍塌累坏。不惟本□殿宇禅室不堪入目，凡村中诸神殿皆触目心恻，坐视难忍。当经维首等，皆集大庙，公同商议，蓄积工资，立意兴筑补葺，述其先事。奈工程浩大，经费不继，除在村里属劝输外，有村人诸位在外省贸易者，各处募化资财若干两，始充此工费用。若非神功之广大，无远弗届，何人心之乐输不约而同哉。视其旧制，非徒耀宏图以壮观瞻；睹其新模，聊堪妥神位以崇祀典矣。是役也，於光绪三十一年孟夏月兴工，宣统三年孟秋月告竣。余系邻里近村，亲见众维首等夙夜经营，不辞劳瘁，勤苦之情，岂忍湮没？所以不揣固陋，爰弁数语，载在琬琰，以襄盛事不朽云尔。

优增生乡饮介宾孟伯谦撰并书丹

经理维首殷塽　监生王聚柜　从九殷玉元　邢遇智　邢钰泉　王鉴　张魁祥　王振铎　孟希贤　郭桂荣

募化维首王聚义　监生王元辅　孟昭麟　张凤祥　孟希圣

泥水秦发育

丹青杨进喜

玉工李跟全刊

乡约王新发

住持王聚米

时宣统三年季秋之月谷旦仝勒石

二七五　重修关帝庙碑记

民国元年（1912）刊。

碑高 170 厘米，宽 72 厘米，厚 14 厘米。

碑额（阳）书"永垂"，碑额（阴）书"不朽"。

现存于吕梁市汾阳市栗家庄乡刘家堡村关帝庙。

【碑阳】

重修关帝庙碑记

盖闻神威赫矣，千秋肃毖祀之瞻，百世仰弘纲之重。忠扶末运，非徒存鼎足之乾坤。庙貌巍峨，义植阽危，岂但辟蚕业之日月。是以丹心炳青简而常新，浩气贯白虹而不朽。吾郡城西十里许刘家堡，旧建关帝庙於配享之神，皆庇护居民之正神也。奈历年久远，屡增修葺，迨后风雨飘摇，栋宇摧残，非所以妥神灵、昭感应也。兹本堡前者纠首刘尔璞虔心起意谨疏，幸有里人任德恒、霍大富、郭尔良三公继起之善，募化四方乐善之士，共积七百余金。又补注前者赵宗舜募化银一十四两，此项尚未存焉而提，咸勃勃乎。施财之乐助，因而延公输之金斧，惟欣之然。绳墨之奉行，栋宇之华丽，彩电之显明，顿展祥云之五色，仗赫濯之灵威，故金碧之辉煌，美哉轮焕！庶塞天之气常伸，待旦烛，待旦心，而握古之化益远系焉。是以於宣统元年春月兴工动作，次於二年、三年，重建山门，新建照壁，并左右围墙、戏台，并庙院内外地基，俱皆重铺一新。又重修南房一带后墙，并汇水之湍。西门顶又重建文昌阁一座，以壮其观感。复於九月兴工，彩画前后内外，俱皆换（焕）然一新。又补前者李公继诚於光绪三十一年秋月自施，彩画圣殿门面并献棚，俱已一新，费过钱一十五千余文，以感发后人之善。复又於四年春，将本庙后场内新建大门一座，并内外墙壁。前后数次，共费七百余金。功成告竣，勒绩芳名。神忻人悦，均沾润之於冀阶；瑞应祥征，爰度风调於风律。是为序。

汾阳县学师范毕业生王崇文薰沐撰书

经理纠首郭尔兴　刘集珍　李懋贤　卫祥麟敬立

宣统四年三月吉立

【碑阴】

□邑崇□氏　王文淦　男益□　益伦施银八两四钱

霍大富募化乌城众号银一百两整

开列於后

大盛魁　恒和义　恒隆裕　中兴和　以上各施银五两

天义德　恒隆光　天庆隆　兴泰隆　义盛德　兴隆和　裕盛和　元生和　以上各施银四两

大清银行　双舜全　德聚和　永德魁　永兴恒　永盛店　天顺店　三兴德　源盛　德盛和　恒隆厚　聚昌永　德丰魁　源盛长　福和魁　以上各施银三两

复源德　协和公各施银二两

郭尔良　男玉书募化山东宁邑东庄集裕和成　德森永　源茂泉三家各施京钱二千文

福源永　德升泰　毛廷献　贾玉河　公合长各施京钱一千文

泰邑楼德镇众号　德祥号　恒泰店　东德祥　德兴永　宫里镇　东盛永　广裕盐店　协盛号　以上各施京钱二千文

泰邑城永春堂　楼德镇裕成永　裕成公　元兴号　增盛源　天成店　天和德　天源号　同泰成各施京钱一千文

宫里镇恒裕店　西协成　王怀位各施京钱一千文

陈家寨福元号　大汶口张伯勤　苊子店李保亮各施京钱一千文

增补前者

赵宗舜　男吉昌募化山东东平大羊集邑协和成　日新章　肥邑演马庄　兴盛号　广盛号　同义号　恒裕号　信成号　元裕号　元昌号　平阴众号　同庆隆　长裕号　□□集益泰昶　广泰丰　孔村东来盛　以上各施银一两

本村堡施钱姓氏

刘尔珍　男兆凤　兆□银二两

刘家庄村社施钱二千文

刘世魁　刘世俊　刘世隆　郭尔兴　刘集珍　李希贤　李灏　霍大绅　卫东彝　郭家庄社　以上各施钱一千文

卫祥麟　刘玉敏　刘玉宽　郭玉成　刘兆熊　刘有元　王丰年　王文昌　于天□　赵培有　刘福有　以上各施钱三百文

刘尔玉　刘尔顺　刘尔珽　刘玉明　刘尔琰　刘尔管　郭永贞　赵宗然　赵宗点　张建元　孔映山　李廷俊　李起贤　温振兴　张其元　于福　赵世昌　向正才　李恺　刘玉德　陈尔金　刘尔瑷　以上各施钱三百文

杨□年三百文

郭玉振　义长厚施钱一千文

二七六　重修成汤庙暨创修前院东西看楼舞楼碑记

民国二年（1913）刊。

碑高 141 厘米，宽 52 厘米，厚 17 厘米。

现存于长治市长子县色头镇王晃村成汤庙。

【碑阳】

重修成汤庙暨创修前院东西看楼舞楼碑记

邑南四十里古有王晃村焉。居漳水之阳，在牛山之下。奇峰特立，如屏画而对峙；醴泉清流，似锦带而潆洄。非敢云胜地名区，亦忠信必有之乡也。其村之坤方建有成汤圣庙，天赐勇智，创统绪於六百年；躬庶君师，绵福祚於三十世。德懋官而功懋赏，义制事而礼制心。解三面之网，责六事於身。功德巍巍，实难枚举。帝宇之旁兼有牛马王、祖师、子孙诸殿，村人每奉祀焉。东西两道舍以及舞楼，不知建自何代，考之古碑，於前清乾隆年间重修。惟始创东殿三间，迄今为风雨摧残，殿宇有倾覆之忧，神像无金碧之色。村人祭祀每月睹而心愀，往来行旅亦低徊而太息，此何以妥神灵而崇祀典也？村人有志重修，欲将舞楼旧制减去，创修前院东西看楼、历年蒙学之地、舞楼及东西耳房，庶与正殿坎离相配，亦於村之联络，大有裨益。□□之间众□□辞不约而同，遂邀请堪舆，审度形势，於前清宣统己酉年，捐资鸠工但虑工程浩大，独木难支，又执缘募化，而赖四方好施仁人，乐善君子，共勤厥成，至民国壬子岁告竣。将合村庙宇一应补葺，约计木石甄瓦（阙文）千余约有奇。择吉演戏，开展神光，鸟斯革而翚斯飞，朴者华而故者新，神圣之金光复耀，庙貌之形色俱鲜，洵盛举也。特恐年湮代远相□无□故镌勒碑石，以垂永远不朽。是为记。

高等毕业相当资格连三赵廷元董沐敬撰

高等毕业相当资格□□原德□熏沐敬书

（阙文）陈法义　王来柱　陈□□　王金□　侯成□

头班社首董□□　王□有　张小福　郭承□　陈金旺　王兰只　陈□只　王石□　陈三眼　郭□□　王□旦

董事董□□　陈洁仁　李根锁　陈先□　陈□□　董□只　郭志安　陈大保　王八斤　王垒只　陈改明　陈凤泉　侯胖女　张□狗

二班社首郭小女　董四元　郭福喜　陈玉栓　陈板脸　王圪蚤　张凤只　张大嘴　陈金旺　王三碾　陈根棒

维首王贵兰　郭二红　陈发旺　陈醒闰女　郭玉臣　张五龙　侯有金　张小女　郭兴祯　王小孩　王栓柱　王安富

木工王泽聚

石工王永□

中华民国二年岁次丑仲癸秋谷旦

住持方有　徒广金

（阙文）玉工王永康　王林章镌石

【碑阴】

庄里社施钱十五千文　横岑庄施钱十二千文　地河社施钱十二千文　鲍寨社施钱十二千文　色头社施钱九千五百文　关学社施钱二千五百文　锦□□施钱四千文　璩村社施钱二千文　权盛永施钱四千文　德盛承施钱三千文　四松成施钱一千五百文　崇仁社施钱三千文　万盛成施钱一千五百文　张店社施钱三千文　峪只社施钱三千文　南坡社施钱三千文　郜邱社施钱三千文　东范社施钱三千三百文　上马户施钱二千文　窑下社施钱二千文　西沟社施钱二千文　崔庄社施钱二千文　下纪社施钱二千文　来雷艮施钱三千文　□□□施钱二千文　西□社施钱二千文　曹家沟施钱二千文　王家庄施钱二千文　刘家庄施钱二千文　崇瓦张施钱二千文　西南沟施钱二千文　□儿沟施钱一千五百文　什善社施钱一千五百文　赵庄社施钱一千五百文　鹿宿社施钱一千文　全盛永施钱一千五百文　刘根只施钱三千五百文　西□庄施钱一千五百文　董家沟施钱一千五百文　西张沟施钱一千五百文　西南沟施钱一千五百文　郭小女施钱一千五百文　王牛兴施钱一千五百文　庄头米施钱一千文

陈家庄施钱一千文　赵家庄施钱一千文　何家庄施钱一千文　立信盛施钱一千文　世兴源　存兴　刘南　贾印　陈毛闰女　陈叫七各施钱一千文　王双好施钱一千一百文　平家庄施钱六百文　原秋□施钱六百文　郭小女施钱五百文　郭顺只施钱一千五百文　张大嘴施钱五百文　双恒元施钱五百文　王新年施钱五百文　王梨猫施钱五百文　王送礼施钱五百文　王冻狗施钱五百文　四福堂施钱五百文　李金狗施钱五百文　孟三永施钱五百文

陈□旺　陈满全　陈风泉　陈四女　陈银山共施钱两千文

王正寅施钱一千五百文　李成福施钱□□文　范长荣施钱五百文　文盛店施钱三百文　王小铁施钱三百文　僧人方绪施钱三百文　崔小胖施钱三百文　赵彭新施钱三百文　吴银山施钱三百文　吴兆祥施钱三百文　崔进忠施钱三百文　赵小圪春施钱百文　原张喜施钱百文　原春发施钱三百文　原喜全施钱三百文　宋乙卯施钱三百文　张云山施钱三百文　张贵米施钱三百文　张圪春施钱三百文　张圪倒施钱三百文　张□山施钱三百文　张狗只施钱三百文　张有志施钱三百文　郭小□林施钱五百文　张红女施钱三百文　孟五闰女施钱三百文　赵元秋施钱三百文　王春求施钱三百文　王满兴施钱三百文　刘福奎施钱三百文　郭根河施钱三百文　陈福银施钱三百文　陈来柱施钱三百文　王小并施钱三百文　合盛号施钱三百文　□□子施钱三百文　陈根棒施钱三百文　王秃嘴施钱三百文　李计方施钱三百文　薛春只施钱三百文　成聚永施钱三百文　通义成施钱三百文　富盛长施钱三百文　兴盛义施钱三百文　元盛成施钱三百文　李六斤施钱三百文　王妈只施钱三在文　赵喜荣施钱三百文　杨狗女施钱六百文　李□信施钱三百文　孙胖子施钱三百文　原成鱼施钱三百文　原□□施钱三百文　□□施钱三百文　王三十施钱三百文　王富成施钱三百文　王登云施钱三百文　赵天昌施钱三百文　赵抢只施钱三百文　李潮水施钱三百文　刘小孩施钱三百文　张洪财施钱三百文　聚东源施钱三百文　王小孩施钱二百文　何盛只施钱二百文　赵小迷施钱二百文　郭□□施钱二百文　赵早圪塔施钱二百文　□海全施钱二百文

二七七　重修圣母庙碑记

民国二年（1913）刊。

碑高 131 厘米，宽 51 厘米，厚 14 厘米。

碑额书"永不朽"。

现存于吕梁市离石区交口镇石盘村圣母庙。

【碑文】

重修圣母庙碑记

自古迄今，莫为之前无以遗徽於后，莫为之后无以绍美於前。前人之创修后人补葺。州西大西沟、石婆沟、东架沟、歧则沟四村旧建子孙圣母、关帝、龙王庙一座，创始多年，虽光绪壬申既经补葺，而殿宇之巩固仍复倾圮。每逢享祀，实不可以妥侑神灵。况坤德资生四村之世系，绳绳胥凭神功默护；母恩垂慈万民之后裔，振振悉蒙圣德宏思。感戴胜深坐视岂忍？四村经理阖社公议金谋重修，心同志一，各自解囊，乐输捐资五百余金。奈经费仍属不孚，即偕住持昌灯师四乡募化，集腋成裘之款，逸将正殿赛台改旧建新，并将东西窑顶祀神之处难以举明，以及庙院墙壁、钟鼓二楼，修其阙者，补其废者，兴之经营，莫不浩然一新。殿宇辉煌，神灵庶得以妥於斯。鸠工兴於庚戌（戍），告竣于孟秋辛亥，是由人力之能为，实荷神灵之默运也。村人问序于余，余不敏谨叙其始末，以彰万民众善，琬珉勒石，以是为志。

师范生刘炽昌薰沐谨撰

安国寺僧人能枺敬书

经理人

闫守皋施钱二十四千文　王福江　男口昌　兴昌施钱二十千文　闫资深施钱二十千文　闫添成　男兴明　兴月施钱二十千文　闫有山施钱十六千文　闫生福　男兴隆施钱十五千文　闫均昇施钱十四千文　刘兴王施钱一十千文　闫成月　男（阙文）施钱八千文

经理纠首

闫永有施钱十二千文　闫成玉施钱十二千文　白茂让施钱一十千文　王银昌施钱十二千文　任步禄施钱十二千文　闫兴锐施钱一十千文　闫均生施钱一十千文

闫均成施钱一十千文　闫均盈施钱一十千文　闫振仓施钱十千文　闫学仓施钱十千文　闫秉禄施钱八千文　王喜福施钱七千文　闫添芝施钱七千文　赵生义施钱七千文　闫玉和施钱七千文　师乃明施钱四千二百文

住持昌灯　徒隆疆　隆增　隆均　法孙能社

堂师叔觉□　觉迴　徒昌净　昌时

堂法弟昌煦　徒隆堂　隆垙

堂法侄隆墉　隆圻　隆墟　（隆墉）徒能栋

堂法孙能□　徒仁宝

木匠高升　泥匠马德昌合施钱二千四百文

瓦匠张希蔡　郝□花合施施□千二百文

丹青常能治施钱六百文　王丕河施钱一千六百文　王勤枝施钱三百文

铁匠李才

古绛龙门县铁笔杜瑞生　薛满周　杜发刚施钱五百文刊石

中华民国二年五月十八日吉立

二七八　重修三教堂碑记

民国三年（1914）刊。

现存于晋城市泽州县柳树口镇窑头村三教堂。

【碑文】

重修三教堂碑记

　　泽郡东南七十里有石瓮河，河之中流有数石坎，光洁如瓮，因之名之，村人皆取汲焉。瓮之东北烟村共六庄，居民业农桑之逐，游手之闲。有村约五十余家社（阙文）故社中公举乡饮耆宾鲁德贵、郝广全二人总管社事。瓮之东北，河湖东岸旧有三教古庙一所，庙宇然皆墙巍屋，神象颓坏。大清癸卯年社首二人，南大庙□□合社人等，众有善心，□必有宏，公中謪（商）议，即时开工。至甲辰年，重修神殿三楹，左修关帝，右修高禖，外修蚕姑之神。至乙巳年，重修下舞楼三楹，两耳房六楹。至戊申年，将钱粮齐余百数余串。檩梁椽柱，屋脊把瓦，置买齐备。至乙酉年，总管社首鲁德贵亡故，郝广全一人难以料理社事。社中公举总管张法轩料理社事，□□世事荒乱，制读（度）皆改，公事过大，不能料理。社首公举总管账、维首、管钱粮、催工，合社人等仝办料理新工，而庙之局势以成，轮焉焕灿改观。费约钱文五百九（阙文）风调雨顺，田蚕茂盛，五谷丰登，六畜兴旺，四季平安，大吉大利，永为记耳。

　　管账鲁修文撰书　施银（阙文）

　　青莲寺常住施银三两

　　主神郝广全施银十二两　张法轩施银十两二钱

　　管账许法德施银二十两二钱　鲁修文施银十三两一钱

　　维首鲁德明施银二十二两一钱　张永明施银十六两　毋永德施银十两二钱

　　管钱粮张永安施银十六两三钱　郝长春施银八两四钱　鲁德文施银七两六钱　许安民施银七两二钱　张永仁施银十两六钱　鲁丙戌施银十三两　郝永长施银十两八钱　毋永顺施银五两一钱

　　管石工许安成施银十六两四钱　郝永通施银十五两五钱

管木工郝永印施银六两一钱　许法旺施银六两　张法花施银十四两四钱

催工许万稳施银十四两九钱　郝长聚施银十三两六钱　鲁太耒施银十二两三钱　郝长芳施银十七两七钱　张永义施银十五两七钱　郝长魁施银十五两三钱　鲁武施银十三两一钱　鲁修君施银十三两一钱　鲁臣施银十三两一钱　郝长顺施银十三两一钱　鲁成土施银十二两八钱　张永德施银十一两一钱　毋永拴施银十两九钱　郝永明施银十两七钱　郝永好施银十两七钱　许安礼施银十两三钱　鲁太聚施银十两　毋顺魁施银十两　鲁太富施银九两九钱　郝永旺施银九两五钱　毋明花施银八两八钱　郝魁成施银八两三钱　许安太施银八两　毋永国施银七两一钱　郝永魁施银七两　张永林施银六两八钱　许法花施银六两六钱　郝张氏施银六两一钱　毋永福施银三两七钱　郝月德施银五两五钱　鲁德坤施银四两六钱　李春聚施银四两六钱　郝永文施银三两八钱　郝永武施银三两八钱　张福正施银三两八钱　张明德施银三两八钱　郝长富施银三两五钱　郝永俭施银二两三钱　郝小戌施银二两三钱　毋黑羊施银一两五钱　郝长德施银一两四钱　毋明土施银一两　毋永山施银三钱

玉工许安礼　万德福　郭成惠　许安民

木工赵正庆　王玉秀

铁匠侯永□

丹青赵永□

中华民国甲寅年乙亥月甲戌日

二七九 特告

民国三年（1914）刊。

碑高 52 厘米，宽 73 厘米。

现存于长治市壶关县桥上乡丁家岩村。

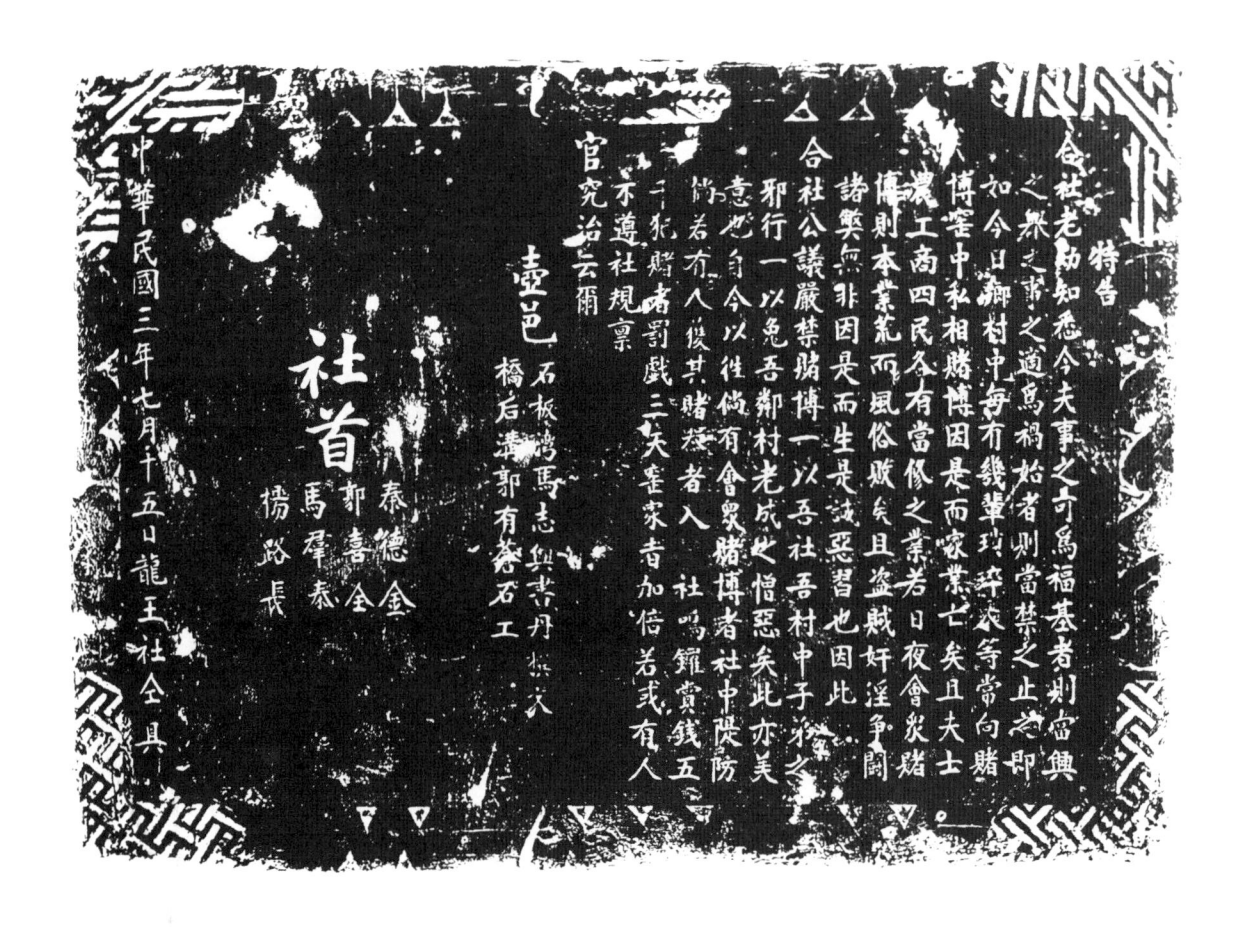

特告

合社老幼知悉今夫事之可为福基者则当典之，弊之害之道乌祸始者则当禁之止之即如今日鄙村中每有几辈琐碎赛等常向赌博窑中私相赌博因是而家业亡矣且夫士农工商四民各有当俟之业若日夜聚赌博则本业荒而风俗败矣且盗贼奸淫争斗诸弊无非是而生是诚恶习也因此吾社公议严禁赌博一以免吾村中子孙之邪行一以自今以往做有会聚赌博者入社鸣锣赏钱五千文赌者罚戏三矢壹家青加倍若或有人不遵社规禀官究治云尔

壶邑 石板鸣马志与荞丹作之
桥后涛郭有簪石工

社首 秦德全金
郭喜全
马犖泰
扬路长

中华民国三年七月十五日龙王社仝具

【碑文】

特告

  合社老幼知悉：今夫事之可为福基者，则当兴之举之；事之适为祸始者，则当禁之止之。即如今日乡村中每有几辈琐琫人等常向赌博窟中私相赌博，因是而家业亡矣！且夫士农工商四民，各有当修之业，若日夜会众赌博，则本业荒而风俗败矣。且盗贼奸淫争斗诸弊，无非因是而生，是诚恶习也。因此：合社公议严禁赌博，一以（免）吾社吾村中子弟之邪行，一以免吾邻村老成之憎恶矣，此亦美意也。自今以往，倘有会众赌博者，社中隄防。倘若有人获其赌器者入社，鸣锣赏钱五千，犯赌者罚戏三天，窑家者加倍，若或有人不遵社规，禀官究治云尔。

  壶邑石板湾马志兴书丹撰文

  桥后沟郭有苍石工

  社首秦德金　郭喜全　马群泰　杨路长

  中华民国三年七月十五日龙王社仝具

二八〇　重修娲媓圣母庙碑记

民国四年（1915）刊。

碑高 224 厘米，宽 69 厘米，厚 21 厘米。

碑额书"重修碑记"。

现存于长治市武乡县韩北乡下合村娲皇庙。

【碑文】

重修娲媓圣母庙碑记

语云大而化之之谓圣，圣而不可知之谓神。神也者，必其生前之功德过人，殁后之英灵丕著，千载一时□人追□焉，而弗容已者，孰有如娲媓圣母之功德愈为不朽之尤者乎？武邑下郝村有娲媓圣母庙焉，斯庙居村之西沟，气象峥嵘、□□□□庙貌□峨，尤称巨观。更兼圣母之灵应，地势之秀雅，松柏交翠，既足以培地脉，亦我村之枢纽也。□阅诸琐珉，乃知创建於大明崇祯初，至前清康乾嘉道间屡次增修。其□□□□宇□□路径迭兴，前人记之已详，兹无庸赘。但自光绪壬午岁，余胞叔与同志数人，经理重修，迄今三十余载。颓弊弗称，庄严不著。且牌楼、飨亭、乐舞台、廊房，栋折榱崩，几为□□□之□莫不□兴工之意。而往往有难色者，觉工钜费繁，力非一手一足所能支，财非一钱一谷所能办也。余假馆於庙，不忍坐视，於是纠合村人，公议重修。因举村中之老成者二十余人，共襄盛事。既捐资本村以开其端，后募化十方以成其事，总计得钱六百余缗。将见营谋画策，不遑朝夕者有人；捐资募化，不避泥途者有人；鸠工庀材，不惮劳苦者又有人。天下事有□□□，况诸君协力同心，各勤厥职，尚犹虑事之难乎？自四月开工至十月成事，未期年而告厥成功焉。见其殿宇辉煌，圣容灿灿，不啻天光云影，一时顿开矣。斯举也，虽亦人力之相协，□则圣母之□运。工既竣，欲□诸石以垂不朽。而同事诸公谒余为记。余自愧不文，敢以俚鄙之辞，博大雅之笑。奈义无可辞，不获已，谨质言其事之始末。并募缘善信，与乐输芳名而略陈之於琐珉云。是为记。

邑前清儒学生员次皋魏应逯薰沐撰文

邑前清儒学生员渐庵魏鸿逵沐手书丹

邑前清附贡生膺九魏洺卿沐手篆额

总经理监生魏安邦

纠首白更福　魏卯成　魏名卿　魏淇川　生员魏应逵　魏效隆　崔秀有　魏艺林　魏名相　魏元崇　魏鸿昇　魏林泉　崔治家　俏生魏治　魏凤岐　杨乃荣　魏海林　魏智成　魏义成　魏贵生　魏之良

劝捐魏海金募钱四千文　魏林泉募钱一十一千五百文　魏上林募钱三十八千七百文　魏名庆募钱六十千文　郁二孩募钱一十九千文　二道会募钱四十八千二百文　李高存募钱二十一千五百文　赵来银募钱六十三千文　□□丹募钱十三千一百文　魏朝阳募钱九千三百文　魏木全募钱八千八百文

本村施钱姓名

魏安邦施钱二十千文　魏淇川施钱十五千文　魏名卿施钱五千文　魏□成施钱五千文　魏景荣施钱五千文　魏名相施钱五千文　白更福施钱五千文　魏□昇施钱五千文　魏深治施钱五千文　魏玉成施钱五千文　杨乃殿施钱五千文　魏□林施钱四千文　魏□□施钱三千文　崔□□施钱六千文　魏海全施钱六千文　崔治□施钱六千文　魏□成施钱六千文　魏□□施钱三千文　魏贵生施钱三千文　魏□林施钱八千文　魏义成施钱六千文　魏知成施钱三千文　魏效□施钱□千文　魏□庆施钱二千文　魏会林施钱三千文　□□标施钱三千文　魏林泉施钱□千文　魏海维施钱三千文　魏□庆施钱□千文　□□□施钱三千文　魏柏森施钱二千文　□□忠施钱二千文　魏安□施钱二千文　王□□施钱二千文　□水□施钱二千文　□□□施钱二千文　二道会施钱二千文　李□□施钱二千文　□□□施钱一千五百文　□□□施钱一千五百文　魏□□施钱一千五百文　□□□施钱□□文　□□□施钱□□文　□□□施钱三千文　郝□□施钱一千文　崔□□施钱一千五百文　□□高施钱一千五百文　魏□初施钱一千五百文　□□□施钱一千五百文　崔□奉施钱一千五百文　崔占福施钱一千五百文　魏□□施钱一千五百文　任□□施钱一千五百文　魏□□施钱一千五百文　魏兴隆施钱一千五百文　魏□□施钱一千二百文　魏金梁施钱一千文　□□□施钱一千文　□□□施钱一千文　□□□施钱一千文　魏金源施钱一千文　魏□□施钱一千文　魏名臣施钱一千文　魏步堂施钱一千文　魏增祥施钱一

千文　魏□□施钱一千文　魏□□施钱一千文　魏来成施钱一千文　魏大逵□施钱一千文　魏□河施钱一千文　魏增武施钱一千文　魏增荣施钱一千文　魏□□施钱一千文　魏□林施钱一千文　魏□文施钱一千文　崔□□施钱一千文　魏来银施钱一千文　白□□施钱一千文　魏海潮施钱一千文　韩俭施钱一千文　魏□□施钱一千文　赵□□施钱一千文　魏朝阳施钱一千文　魏乃仓施钱一千文　魏□□施钱一千文　魏□□施钱一千文　杨□□施钱一千文　魏□□施钱一千文　□□泰施钱八百文　魏□俊施钱八百文　任□□施钱八百文

魏金瀛　魏步瀛　魏文焕　魏城楼　杨毛良　魏三则　魏文元　魏锦□　李□□　魏□诗　崔登封　魏毛林　崔治忠　魏□保　李□　刘兰锁　魏重阳　魏习礼　魏□锁　魏□□　魏海泉　魏会锁　魏□魁　魏□晓　魏兆锁　李□成　魏向阳　魏锦茂　魏礼成　魏吉星　魏兴全　魏来贵　魏海清　杨万和　李福成　任金□　郝保银　魏苟孩　魏锦元　魏成柱　以上各施钱五百

梁闰和　魏能生　魏玉林　姜万鳌　魏儒林　魏成林　胡起首　魏来森　张来保　以上各钱三百

木工魏楷　王海义

画工史文鸾　史泰昌　史秉惠　萧文保

玉工姚存智　姚存贤

住持成安

中华民国四年岁次乙卯八月中浣之吉谷旦立石

二八一　西佛堂创修耳楼重修舞楼碑

民国四年（1915）刊。

碑高130厘米，宽60厘米，厚23厘米。

碑额书"从善如登"。

现存于晋城市泽州县高都镇保伏村关帝庙。

【碑文】

西佛堂创修耳楼重修舞楼碑

且庙宇舞楼，虽曰非以壮之观瞻，实以妥厥神灵。神居之灵，不可以不壮之观瞻，岂非神人胥悦，一举两得也？如吾晋城之保福村。晋南层峦耸翠，洵是物华天宝；砺山带河，实为人杰地灵。晋北莒乡魏魏，乃为来龙之气。东临丹河，西临二仙掌，源漳之清流也。吾西佛堂古刹大庙，内祀古佛天尊，中央列排关帝圣君，东角屋祀高禖全像，西角屋即（祀）六王于六瘟也。庙外惟舞楼旧模，向在残缺，风吹雨洒倾废，瓦脊不全。考之补葺，亦非一囗，推原其故，不计何年。耳楼西廊多年基址犹存，使无人理问其事，行路为之而囗，村民为之而谈，其故何也？当建耳。塞隘乎前人创修於囗年，后人重修於今载，以不能诬前人之功德矣。奈功程浩大，独力难成。有晋公连城之善念也。予囗请社友诸公各输囊金，共勷盛事，其於资财不足，各方募化，所是工兴在前，募化於后。工兴於光绪二十八年之冬，告竣於三十年之春。迄今重加修整，焕然一新。今将善士姓名勒石，以永垂不朽之云。

职员晋连城顿首拜撰并书丹

祁县公盛和　原永善　代化人吴德馨　以上各七千

归德李修成共捐八串　永聚合捐钱三千　李发顺捐钱一千

乐只两堂施地基一块

业县大成李　聚兴南　和中成　以上各二千

义盛长　恒兴合　同盛公　以上各一千

恒丰永　保福　赵芝玺　任根声　以上各二千

诚心水　泰顺敏　两益成　杰成龙　正顺昌　以上各八百

恒益祥　顺兴恒　魁元号　褚义永　正泰昌　李邦杰　赵永聚　庆懋丰　芝生

玉　胡升聚　晋德恒　来通兴　张义顺　永义祥　万生堂　□□昌　永顺成　以上各四百

晋祥云　祁中成　晋魁庄诸公代化　邵奉代化人晋国□　宋廷栋　孙铭书　同吉昌　松茂荣　吴心纯　谷兰堂　李福生　苏廷谟　以上各一千

王太祥　谦益和　德茂恒　张秉瑢　张立仁　赵俊心　以上各五百

维首李炳春　吴德馨　晋连城　□水庆　晋南方　佳□□　□小满　和咸庆来拴礼

各处总领□人晋永庆

玉工李良玉

梓工王双和

画工马如□

中华民国四年岁次乙卯九月中浣谷旦

二八二　补修真泽宫碑记

民国五年（1916）刊。

碑高 220 厘米，宽 89 厘米，厚 26 厘米。

碑额书"万善同归"。

现存于长治市壶关县树掌镇神郊村真泽宫。

【碑阳】

补修真泽宫碑记

盖闻礼重祀典，庙崇有功。古之仁圣贤人功在国家，德垂遗爱者，皆庙焉以祀之，况有关世道人心，而不独隆其祀乎？吾村有二仙真人祠旧矣，庙号真泽，谥曰惠淑。夫泽悦乎万物而民生遂孝，格乎天心而锡类永。庙於唐，封於宋，千百年来代增不已。殿宇巍峨，崇廊周匝，若是乎大莫与京。惟大也，则难於葳事惟神也。又乐於输将，首事者承先世之遗谟，建将来之成业。以为基悬壁落，栋挠户蠹。苟不早为之所，则倾圮毁败而工程浩繁矣。于是鸠工庀材，悉仍旧贯，重修后宫西庑七楹。根吊者筑以基石，栋折者易以良材，补残弥缺，施以丹腰，遂焕然一新而巩固。俾世之祷雨祈雪、改恶迁善者，皆知真人之潜德幽光永永，维系世道人心於无穷焉，庶乎可以不朽矣。他若流览山川之风景，无稽不经之流传，概略而不陈。所以端教化而正风俗，实所以崇有功而彰真人之大孝也。夫是为序。

师范简易科毕业增广生员杨毓琴撰文

山西省第一师范学校本科卒业平日升篆额

师范传习所毕业前清儒学生员盖裕昆校正

紫团区区长前清廪膳生员丁学奭书丹

壶关县正堂刘捐银一封　壶关县右堂成捐银一封

前清乡饮耆宾总理杨振岐　赵新春

社首冯志淑　赵替则　丁赵魁　冯永炜　郭常来　李振荣　杨安根　冯金富
李增旺　盖善成　赵魁荣　张恩枝　冯恩九　李忠贤　冯积善　李富则

维首丁长恩　杨俊时　丁学海　杨振河　丁狗则　盖余利

林邑玉工崔万财　子龙泉　金龙　金泉　工头牛秋锁

木石匠路永祯　吕荷恩　王桂茂　李忠林　工头杨根道

油匠赵光孩　王福孩　靳新则

道人头门丁子耀　徒苏还聚　侄郑还富　丁子续　徒郭还顺　侄赵还凤

本村南北社捐钱一百三十二千文

树掌四大社捐钱八十三千二百文　森掌社捐钱二十一千文　河东社捐钱一十五千文　治邑荫城镇捐钱一十三千文　在城四约捐钱一十二千文　南郊社捐钱一十二千文　郭堡庄捐钱一十一千文　合涧商务会捐钱一十五千文　道口油行共捐钱五十六千五百文　庙西修□□□

北召社　草坡社　漫流坡　崔家庄　石盆社　司家河　上河社　张山社　皇王社　马家庄各捐钱十千文

杨毓华　常行社　青仁社　教掌社　东赵豁池　西赵豁池　后沟社　磨掌社　南行头　芳岱社各捐钱八千文

平城靳玉占　韩之愈　杨天福　赵廷珍　龙津镇　贾庄社　罗掌社　石坡社　紫团洞　林峦岭　桑梓镇　师庄社　秦寨社　福头社各捐钱七千文

苏家湾　魏庄社　沙院社　黄花水　石门社　西火镇　东和社　北行头　城寨社　塔地社　哭水社　杨寨社　牢村三社各捐钱六千文

后河社　高岸上　西固县　司家岭　安河社　东窑头　下川社　东脑后　南羊户　东阳河　南宋社　陈坯社　勾要社　冯坡社　苗村社　三教口　淅水社　张壁社　方善杜　西柏林　宋壁社　大井社　西岭底　韩庄社　大堡头　色头社　西池社　牛家掌　郭家驼　东大会　西大会　北羊户　冯家炉　玉皇社　流泽社　内王社　八义九社　郑文元堂　回车青阳脑　杜积余堂　南平头武　固村镇　元村社　祖师社　郎四冈　南坡社　南召村　刘家庄　张村社　神后底　郭家沟　五集社各捐钱五千文

平头武　西南城　韩店村　韩川村　西王宅　辛城村　高家圪它　梁家庄　西和村　郑雨掌　秦雨沟　石炭峪　北宋社　西山村　柳泉村　王村社　西坡村　松

泉村　玉泉庙　六泉村各捐钱四千文

大会西河社　官头村　北社村　何家村　太仪掌　四家佛会　石南底　北仓耳　梁泉村　蒲水村　刘家村　□云堂　窑下村　东石村　石家坡　壶陵水　丁狗则各捐钱三千五百文

中华民国五年岁在丙辰阳历八月初一日谷旦

【碑阴】

骆牛桐　王秋成　盖水成　郭来平　郭金平　杨振庆　杨金贺　杨毓锦　杨运喜　刘九平　刘岐水　刘九岐　李海斗　协兴架　丁狗孩　时来　小孩　冬狗　王学书　王文元　王维岗　王树人　王福昌　陈保金　平聚富　靳计锁　张法明　郭增丰　张茂书　贾玉兴　盖□则　张海锁　杨猪孩　振海　乾花　松孩　存则　王锁　新时　荣时　美聚　秦水　景全　郭存　巧长　林时　振茂　赵金锁　赵立水　赵存孝　冯拴成　冯玉喜　冯积书　冯思举　姬小驴　郭运来　郭来运　郭三孩　姬运孩　王玉根　姬金孩　王来法　王计成　田存恭　姬法周　赵德立　赵马孩　赵双保　冯庚平　冯士成　秦郭保　赵双科　冯大棹　赵新和　秦小七　郭牛孩　姬福余　王荣法　田存狗　姬根女　姬安根　王地龙　赵石姐　赵黑黑　付拴狗　安乐堂　弋法荣　李振山　长盛和　仁盛冯　赵魁荣　冯替中　冯春春　冯顺则　冯有兰　赵新春　弋小□　王水水　李万和　李富则　李清旺　冯万孩　赵树棠　秦雪庚　李四恒　荣根明　王永魁　郭凤章　冯琮禹　李进才　纯孩　科则　袁恒太　赵喜则　赵思科　拴成　庆则　杨拴成　袁文锁　赵九如　周满厂　张九斤　冯中秋　王拴拴　李忠贤　李忠仁　李根群　冯松和　冯大琮　冯玉玉　冯元锁　侯小柱　璩仓拴　小孩　和会　法旺　海松　珍富　王锁　法成　昌和　李仓功孩　郭聚　苏春狗　张根有　靳斗则　张元成　冯德存　黄都枝　冯根猪　志叔　张思诰　冯克功　靳金芳　宋小孩　秦景全　平护盛　曹奔　秦魁则　平小六　松山　元兴　李和各捐钱三百文

均义店 李四恒 张富荣 冯明贤 冯新水 赵存兴 冯金富 张志修 周明远 王思贤 姬福来 徐苍龙 徐海松 仇新喜 李来富 王掌财 徐金洪 田隆顺 张喜长 盖长则 郭六斤 牛新保 王二肥 赵五孩 长生堂 同顺永 杨狗仁 冯保海 杨买狗 炎水 春喜 海荣 聚顺 安金 三女 振中 丁思则 牛庆元 丁国思 牛振样 张拴玉 刘松枝 张秋孩 原李松各捐钱四百文

东平村 璩村镇 崔庄村 龙泉村 西南沟 范家山 太仪镇 东南宋 大裕村 黄家川 岭南底 仁家庄 上好牢 辛寨村 麻巷村 北岭村 紫岩掌 周南村 河头村 睢庄村 南塔地 禾登村 川底社 中村社 李坊社 王庆村 南王庆 三村社 东横岭 官道社 狗湾社 龙王山 北楼底 璩村西沟 马户村 东范村 西范村 鲍寨村 峪则村 西八村 青岗村 庄里村 赵村社 南仓耳 沿家河 十八掌 秦庄村 地南头 南掌社 东庄村 王坊镇 晋庄村 东掌村 庙郊社 六家村 南池村 新城社 赵城社 盘马池 柳常村 西常村 王家掌 杜家掌 宋家庄 三王村 中庄社 李家河 西沟村 东庄村 四家池 石门村 东坡村 西南山 桥头村 上西掌 西蛮掌 横河村 马村社 庄头村 修善村 南北梳水底 店上村 中和村 贾村社 北和村 应城村 柳林东大社 南张村 吴家山 冯振鼎 柳林合社 固善社 礼义镇 南头村 池下村 鸿业堂 杨振岐 丁会保 盖余享 正德堂 黄家川 鸦村 冯大龄 牛洞上 阴山坝 东西恶石掌 南掌村 上庄上 艾常村 金家岭 芳善村 原庄社 东南山 北路河 东西马安 贾掌村 南圈社 王家圪坨 东坪村 五松庵 竹坨村 岭东村 迪杨社 口则村 香山社 赤祥村 建宁镇 郜庄村 张家村 柳义村 川底村 杨家河 西柏坡 全盛积 龙王社 观音社各捐钱三千文

西沟村 平家庄 苏家头 羊川则 苇水村 古郊村 石矻碨 鹅屋村 横脑上 黄崖底 郭家碣 马驹村 西七里 洪掌社 林清庄 梁家碣 北仙泉 彭家村 南三家 朔村 辉河村 逢善村 河口村 西堡村 关家社 下内村 郜则掌 董家坡 黄河村 石堂村 河下村 黑土坡 南泉五社 冯兴庄 南窑沟 北

头村　北窑沟　曹家沟　杨家山　荒窝村　地河村　化仙庄　刘家庄　蔡家平　景家沟　北冶头　北头村　磺山底　石□村　寥池村　北山社　仓掌社　璩家庄　南庄村　长林社　陈家庄　西掌社　秦家庄　龙尾头　西张壁　城会社　下霍村　郭良村　西旺村　庄头村　西底村　小宋村　掌井头　盖孝文　王家山　东柏坡各捐钱两千五

西火东社　北头村　北庄村　高崖头　郊则村　小南井大社　东窑上大社　黄山村　□村　寨里村　五庄社　河底　东王宅　东池村　熬街村　申川村　石井会　南王庄　鲍家村　王桥凹　麻要社　瓜掌村　寨上社　马王社　双井社　阳威村　下石坡　岭东村　寒家峪　墓坡村　峰山掌　南岭头　北漳村　南沣村　酒村社　东王内　西王内　上霍村　西北城　郭村　李掌村　南皇村　裴家庄　大小碣　北岭头　申家岭　璩家沟　河南社　武家坡　常井头　北崖头　向掌村　南圪到　新庄村　皇皇后　靳庄村　周山村　宋壁西社　辛庄村　宋壁三佛堂　田家庄　南沟东西社　河裕村　布村社　东韩村　仪合村　杜家河　沙河村　北圈沟　东掌村　宋家村　闫家圪塔　西窑头　沙院村　北兆庄　河西社　南河社　东魏庄　王家河　营里社　后庄社　大铲村　王家村　郭庄村　程家河　狗家河　马岭上　东神头　西府底　须村　呈子岗　清流村　小河村　十三村　赵家山　赛里社　墓河社　换马镇　狮家沟　北山社　后掌底　北坡村　桑掌村　子落沟　西庄村　许家村　南河村　固官村　赵东庄　黄叶河　赵西掌　常珍则　长畛社　东府底　中村　南河村　行马村　东郊村　东七里　刘永和　河南村　西川社　东川社　张店村　庄里村　王家庄　固店村　玉章村　赵家庄　樱桃沟　谷堆上　东关社　河西社　北坡村　庙上村　东蛮掌　西坡村　五龙头　食家庄　池后村　南泉庄　东河南　石窝沟　迎口村　张家社　西崇头　曹家庄　东崇□　东南沟　东韩村　北兑村　南庄桥头村　向庄寨上村　北塔底　老东河　秦家岭　平川村　东西紫村　东伞村　岭西村　司家掌　椅掌村　郭家村　池南掌　黄背垞　东岸上　新庄上　老河沟　北峰上　和尚脑　杨张村　丁六女　亿兆永　□□成　郭广文　桃山头　东掌村　郑

家岭　侯庄社　丁克勤　东大佛掌　秋子掌　马圈村　松庙村　上上河　东上河　黄虎掌　岭西　郭堡庄　炭场坪　东归善　东柏林　西黄池　南村　三王头　葫芦沟　东邢家掌　刘寨村　南山后　焦家岭　水池底　上内村　南河社　闲阳河　杨振河　盘底社　杨家池　六合社　板安窑　□泰当　原贵法　南村　东八渠　西八渠　脚头村　窟窑村　东壁村　南窑村　大王村　西河沟　□家沟　南凹村　西铲村各捐钱两千文

　　申庄村　圪坨　南仙泉　徘徊河北　神东村　南河村　北兑川　韩村东社　韩村西社　赤家村　石崖头　□前后　柳树底　阎家河　西掌村　大瑞村　王家河　曹家背　石圈社　河西村　长平村　西坡村　泉则河　体仁堂　龙郡池　岭西村　王买城　中村社　井口村　掌后村　西汉村　小寨村　郊界底　罗东掌　靳家掌　侯□广　侯万松　长林南岸　碾圪坨　南汕社　安乐村　牛家河　马家庄　小山底　西坡村　井河村　西井头　横岭上　西坪社　角脚底　东山村　十里村　岔口村　东长村　南山村　郭家庄　南楼村　西常村　沟里村　九天社　沙返村　郭堡村　太义村　西畔村　文如堂　唐王岭　王杜家掌社　西归善　山则后　庄头社　赤叶社　河西社　香家掌　佛堂掌　寺沟村　西大佛掌　西杨家河　杨村　西庄村　井掌村　陈家山　公义元　万顺永　同魁昌　硙底社　张思枝　丁长思　郭照新　杨安根　盖孝先　苇则永　张马圪到各捐钱一千五百文

　　赵根牛　赵连枝　丁学海　丁学奭　丁时德　杨振川　牛家掌佛会　塔垞佛会　董建梅　卫家庄　贾徐成　明枝掌　贾耀宗　崔贾女　郭常来　侯如江　大山村　同兴炉　仇元山　雷经蛮　王开大　璩法山　董家庄　弋明玉　石贠单　连乾山　璩村　吴家庄　高崖村　红底社　韩王太　协兴隆　姬永清　协生德　德升龙　土圪堆　荞麦山　秦秀春　□□□　韩栋铭　东吴家　刘凤枝　陈双全　德盛当　陈长孩　仁义堂　斛市村　下川村　李顺则　杨根道　杨毓莱　杨毓琴　杨毓秀　杨茂时　积余堂　张水孩　赵全兴　张还菊　丁景堂　丁嘉守　大璇长　南仓豁　丁丹桂　道安　徐孝林　张松则　宋成谟　常家池　牛居村　南沟村　石鱼村　当崇

村　赵凤春　赵中春　张祥保　李石龙　李景融　崔天顺　程成尧　来兴和　靳永富　秦松山　泰生店　王楷杖　义堂村　坡头　杜积余堂　后坡村　尚有堂　郭来成　原福善　宋家山　王龙光　王余定　盖天合　李居敬　原小创　张仁孩　郭讨吃　西石村　郭长松　申瑞　郭永富　王之佐　郭子盛　仓赵村　李清林　赵家背西窑头　崇德堂　苏古魁　苏庄村　牛顺喜　牛水掌　张荣孩　杨魁时　二合社　申家巷　西沐浴　李忠贤　东呈村　沙如村　魏家湾　王德　西社　张明远　下西沟　王家庄　上西沟　解万福　王彦文　南董镇　曹家沟　李丙辛　盖裕昆　盖□鸿　盖孝纯　盖孝庭　盖余镇　盖余贞　盖余利　冯思九　狗西城　西次西社　西河南社　西河北社　秦根狗　李合义　董建梅　王泽橙各捐钱一千文

冯思再　成兴号　西坡村　义顺永　石门佛会各捐钱八百文

忠益太　赵金惠　侯杜郭　张积玉　李成则各捐钱六百文

张兴旺　田存良　王黑驴　郭钟　王国珍　□□杰　李张保　郭文奎　来升玉　溢顺永　元兴隆　义兴成　德兴成　李法成　秦安顺　兴隆香砲　永盛香砲　文盛香砲　天兴永　□田琦　□□锁　贾□的　发兴号　泉盛店　泉慎元　秦芳令　万玉□　董裕太　李拴柱　靳冯春　阎忠信　崔扁则　李群住　李聚财　李拴庆　秦天财　全盛号　赵拴柱　秦群维　盖小旦　盖庚明　盖拴牢　盖拴柱　盖六斤　盖娃则　李槐章　周广义　程老肥　张来成　盖小三　盖立水　张顺兰　郑兰则　王海红　申松则　申根松　姬先德　张万富　王日新　赵栓则　岳中瑞　宋春则　王庆金　赵林元　袁金生　袁双英　袁景长　张栓车　侯根孩　侯守山　三省堂　李小群　李清枝　王在朝　郭秀香　李松旺　申坟　冯根孩　郭守成　秦之恭　秦守仁　郭门李氏　董张泉　崔生安　杨根喜　杨长□　杨钟瑞　杨景广　杨替锁　杨毓生　杨小群　杨小孩　杨春冯　张树孩　侯凤元　杜丑孩　姜邦法　郭金荣　郭肖气　郭常和　高德亮　郭海泉　冯永兴　李绪改　李连春　郭补金　郭槐有　郭小明　郭元贵　郭记孩　郭富则　郭起富　郭安则　郭全保　郭昌狗　郭长保　郭兴则　郭万和　宋余春　宋树孩　宋张贵　宋九成　于根明　张万金　牛法科　高

俊锁　牛鼎祥　岳存则　常丑孩　河西村　□拴孩　丁炳南　韩命孩　丁保和　赵福海　赵金恩　杨牛拴　郭新科　郭张□　郭官来　杨耕云　杨遇则　杨旺时　杨福永　李胖则　杨振悠　丁耀垣　杨振亮　丁买顺　丁兆年　丁买水　赵广红　丁海保　丁思惠　张狗所　张玉山　张二迷　王梓　张起法　郑起方　郑德新　李水则　侯甲荣　秦荣锦　郭守宗　李劳则　秦奎旺　张锦昌　刘胖女　田记虎　王富则　福寿堂　冯保则　姜庆恩　李德山　李永禄　杨霖喜　靳春庆　荣金山　郭保元　秦志德　秦锁狗　李小黑　南□沟　张玉堂　杜余裕堂　王福来　金登云　姜会全　弓贵曾　袁永兴　郭凤□　杨海水　益余思　同兴隆　丁兆魁　丁海泉　平□有　平朝松　平景德　平立松　徐恒盛　郭福锁　郭牛孩　王振海　王成富　赵来保　李秦富　刘喜海　洲兴合　李增旺　德盛店　恭兴架　恒升厚　张玉林　云盛冯　郭敏学　两义堂　双和堂　冯贵兰　冯海全　吴占魁　牛憨则　弋安秀　平起凤　冯子深　马尚德　赵立成　平得生　郭昌锁　庞小全　郭海水　张二生　徐海水　栗心广　赵嘉文　赵嘉行　冯永煊　冯占冠　冯德召　张贵　王启林　郭永昌　侯士稳　平新锁　南岸社　平小扁　娄澄溢　李二群　牛福则　车林则　李元柱　高兴财　高兴荣　崔海成　邰水仔　邰安仔　二郎社　马元兴　同兴坊　王昌林　王秋乐　崔天会　牛美昌　郝红太　秦拴成　平志孩　平陈□　宋沈会　宋余堂　宋耀鹏　宋新成　牛曹泉　宋耀辉　宋迷柱　宋山□　王何顺　北璩寨　高士玉　牛兰则　赵积成　赵林魁　赵林中　平长生　平顺景　平金堆　平小受　平小扁　平丑驴　平海水　平新喜　平长狗　平伏勤　平新年　杨永金　杨玉富　杨光照　和德富　赵富□　金功□　璩长会　魏世中　徐三连　张鸿勋　原守正　宋喜仔　连娃则　靳起益　李守基　李守定　李群山　雷桂枝　侯李水　侯丑孩　原来掌　原生则　张常盛　原和余　原怀余　张兴旺　原得会　张太锁　原小引　徐金昌　徐拴喜　徐元盛　徐君富　徐得富　常行佛会　宋耀忠　宋小喜　宋运增　李计锁　李保文　李肥红　赵法孩　贾庄佛会　张恭先　赵嘉文　冯福顺　周保林　王成科　侯广贺　侯松保　（阙文）　侯树保　侯小明　侯计和　守愚堂　侯法地

侯广女　侯如德　郭运秀　许炳□　许永淮　郭年拴　仇余兰　仇拴有　李合义　璩得太　弋玉□　王合□　王安□　王如□　川河村　张万超　（阙文）王孝成　杜俊则　张伞余（阙文）捐钱五百

二八三　阔修白云寺碑记

民国五年（1916）刊。

碑高 216 厘米，宽 76 厘米，厚 12 厘米。

碑额（阳）书"万善同归"，碑额（阴）书"阔修白云寺碑记"。

现存于长治市壶关县树掌镇紫团村白云寺。

[碑阳]

阔修白云寺碑记

丙辰岁初夏，余有故而去馆就舍，时因白云寺首诸公以其寺之为蒙师者树魁王先生，谓紫团真人修炼之洞侧。寺庙阔修，凡五载落成。善士捐金以镌石不朽，请序於余。余以谫陋之习，曷敢妄赞高深，乃辞，不获已，恭抒鄙见以记之。窃思紫团之名著於产人参，古以为贡也。去寺东北五里，参园犹在，宋徽宗政和间遂绝，明初除其贡。是以紫团神秀之气，钟聚於此，良有由矣。夫山曰紫团，洞曰翠微，而寺曰白云者，邑志所谓驻云亭是也。名实讵不副欤？是寺与洞隐然在山，望之云烟出没於其际。故时值旱暵，每祷辄应，凡属远近被泽者，莫不谓其一乡之胜概也。於是仙栖所在，名流景慕，而骚人游客不时而至焉，此寺之不可废也明甚。然而时代过矣，风雨损矣，倾圮极而兴作艰矣。虽然，告之诸君子者不啬其财，环居山者何辞其责？里民有秦恒义、冯闰月等修葺而增益之。后殿廊庑，经营其始，当央改造两向，二仙祠面其南，观音堂面其北。报赛之期，去软扇以通内外，不嫌甚狭也。左右转甬，及前西廊乐楼西箱（厢）房仍其基址，大其规模。前有东廊三楹并山门与马厩四间，一以创修，塑像俱妆，木石皆换，规恢之下，施以黝垩。其所以革故鼎新，增其式廓，较旧制为加备焉。今而后紫团之出云降雨，其功著真人之潜德，幽光厥灵彰矣。於是乎叙。

师范传习所毕业前清儒学生员盖裕昆撰文

紫团区区长前清儒学廪膳生员丁学奭书丹

壶关县知事王捐银十两

高等小学校校长阎乃俭　教员杨毓琴各捐银圆五圆

总管冯禧保

经理秦恒义　冯闰月　冯德宽

账目李秋保　秦买乐

社首李存孩　秦通贤　侯魁新　李聚

维首秦通让　秦新乐　冯海水　冯进宝　冯牢则

住持李补忠

木工李笋　石工辛禧牛　陶工郭九金　瓦工牛保全

丹青赵锁秀　郝德会　陈荣先　秦来喜

本寺训蒙王树魁沐手篆额

林邑辛安杨鹤龄等刊石

民国五年六月天贶节一社四村仝立

【碑阴】

怀郡古涧村捐钱卅九千四百文　住村捐钱二十六千七百文　河邑马铺村捐钱十八千八百文　彭城村捐钱六千五百廿文　兴福村张全旺捐钱二千二百文　张保堂捐钱二千二百文　张全顺捐钱三千文　张恒昌捐钱二千文　张贵和捐钱二千文　张恒盛捐钱一千六百文　张恒义捐钱一千八百文　张殿水捐钱一千八百文　张贵业捐钱一千六百文　张贵礼捐钱一千文　张贵堂捐钱一千二百文　张恒产捐钱一千文　张全善捐钱八百文　张全法捐钱八百文　张贵兰捐钱八百文　张恒敬捐钱六百文　张殿花捐钱六百文　张桂枝捐钱六百文　张云瑞捐钱六百文　张恒连捐钱六百文　张桂香捐钱六百文　张殿需捐钱六百文　张连峰捐钱六百文　张岩峰捐钱四百文　张玉峰捐钱四百文　张应忠捐钱四百文　张恒青捐钱三百文　张云亭捐钱捐钱三百文　张应喜捐钱三百文　寒家峪捐钱二千文　黄花水捐钱二千文　石坡村捐钱二千文　杜家岩捐钱二千文　龙尾头捐钱二千文　西掌社捐钱二千文　沙陀社捐钱二千文　乃泉社捐钱二千文　东柏坡社捐钱二千文　荞麦山社捐钱二千文　任金安捐钱二千文　原三山捐钱二千文　洪底董张全捐钱二千文　赵家岭捐钱二千文　长林社捐钱一千二百文　李景元捐钱一千三百文　长林马王社捐钱三千五百文　东掌

社捐钱二千二百文　固村社捐钱三千文　林清庄捐钱二千文　赵成顺捐钱五百文　冯翊村卢德光捐钱一千八百文　尹太龙捐钱一千文　赵庆云捐钱一千文　赵硕儒捐钱一千文　马汝龙捐钱九百文　赵秀章捐钱七百文　赵清和捐钱七百文　赵思恭捐钱七百文　赵崇儒捐钱六百文　赵三贵捐钱五百文　李兴顺捐钱五百文　张晴峰捐钱三百文

　　岭上村　东韩村　店上镇　百池社　任家庄　北璩寨　东王村　大南山　韩庄社　南行头　安阳村　南窑村　王村社　寥池村　东璧社　九光社　百铲掌　四义庄　小召村　上石马郊　后川社　南四衢社　常九华　玉泉社　凤邑水北社　陵邑平川社　礼义会馆　椅则社　西牛皮掌　司家河　五山社　神后底　蒲水社　南坡社　林峦岭　五集村　横河村　安乐庄　李锁孩各捐钱二千文

　　李德成　李二买　西恶石掌　鹅屋社　硙底社　赵五和　杨锁　南岸社　罗东掌　寨上社　西岭底　石南底　水台底　西栾掌　罗掌社　塔地社　东平村　神南底　寨则社　汤庄村　曹庄村　花落村　田庄社　岭西社　侍家掌　牛家河　小义井　杨家河　河头社　李家岭各捐钱一千二百文

　　梁官年　梁虎孩　梁群乐　赵金珠　赵李和　赵拴狗　梁泉村各捐钱一千六百文

　　南河社　赵漳水　陵邑蔡家平各捐钱一千八百文

洼窑社捐钱一千七百文

　　小山底　西七里　进庄社　赵振和各捐钱一千三百文

　　宋家河　三岭社　丁庄村各捐钱一千一百文

　　北头村　南头村　关帝社　角脚底　南疏村　府底村　后山社　侯庄社　南马社　北马社　姬家庄　七峪社　东谷村　神山头　张庄社　甘井掌　义门社　罗鼓掌　张门前　沙上村　张家庄　长珍村　大会村　南庄社　西坡社　相公池　横岭社　碣则上　贾庄村　方善村　南大掌　北大掌　河下社　荆圪倒　桑梓镇　冯坡社　西百林　蔴巷村　北冶村　王家庄　柳义社　石井社　金家岭　南炉河　川

底社　东马安　后河社　北炉河　兹家湾　森掌社　秦丁和　楼头社　岭东社　长林桥上　郭堡庄　璩家庄　崔家庄　任魁则　李积和　赵松积　赵玉书　赵进财　赵松泉　原翔凤　井掌社　大佛掌　佛堂掌　大河西社　红脑上　五里沟　壶陵水　桑周水　石坡社　丁家岩　大王社　乔上社　坦里村　盘底社　红底社　盖玉平　安居社　大井村各捐钱一千五百文

李福则　李年保　李随成　李长青　梁法祥　兹七命　李来福　李拴柱　寨里社各捐钱一千四百文

小南井捐钱一千二百文

陵邑黄庄社　林邑马林云　安邑刘冠瀛　岭南底　赵来景　嘉乐铺　李振富　三合成　小寨上　赵进兰　赵进元　梁发荣　梁金山　梁绪心　梁甲孩　梁景年　兹保发　嵩山社　岭后玉皇社　寺沟社　沙厂村　掌沟社　西石盆　东石盆　五昌社　□楼村　水□凹　石骨碌　老河沟　沙岗沟　法兴成　泰顺升　兹天保　苇水社　籽粮庄　池后社　双井社　郭家陀　西河村　王树魁　东教社　西川村　徐家后　杨村社　井口村　红掌社　南寨村　北大安　梁家脚　□字掌　断炉社　南璩寨　小河村　平家庄　东蛮掌　□家村　红台掌　百福图　西街社　沙垣社　郭堡社　蕨要村　王乔凹　岭西社　南庄村　长脚池　东七里　淙河社　曹家背李海清　四尾社　黄□水李先则　东沐浴　郭凤羊　前三庄龙王社　杨用仁　杨奇仁　西□□义和号　任冯拴　杨铁鸣　东大镇　井东村　樱桃沟　西牢村　东牢村　岭后底　林邑吕义则　杨瑞岐　吕秋喜　兴盛公　寿掌冯九余　哭水冯替秀　冯秦水　冯来则　冯拴则　红岭秦雪庆　秦锁狗　秦志得　北窑村　西井□　阁老掌　侯家掌　扶沟任焕章　常行村　小南山　东大社　柴家沟　任永太　庄头社　新庄村　南川社　王掌社　西石门　大柏池　小柏池　卓凹村　焦掌村　北川社　石头社　上南河　杨春山　陵邑忠顺坊　东关厢　西井郊　北庄村　丹水社　秦庄社　夏壁社　□城凤山社　小会社　陵邑马知事　小召社　宋家岭　南窑村　都家庄　徐家庄　燕子掌　西窑村　杨存记　青山底　磐石社　陵邑寨河村　杨庄社　杨村社

西沟社　吴家村　大庄社　马家庄　西尧社　东尧村河南社　东伞村　晏里社　长铲社　东西崔村　庄河社　安乐庄牛艮堆　桃岭社　凤邑长珍社　中村社　北铲村　北寺午　南寺午　东平社　西村社　土岸村　窑后社　南庄社　郝家社　陵邑成东社　河东社　泊池社　南村社　毕家掌　黑土门　壶邑西王宅　流泽社　井则河口保庄关帝社　后双岗　陵邑赤叶河　西坡社　桥蒋村　西马安　窑河祥盛德　赵家贝　秦家河　三道河　后圪套　侯家庄　簸箕掌　西观它　东观它　庄里村　牛家川　大碛池　小碛池　韩庄社　平居社　西脚社　庞家川　和家脚　秦家庄　泉则村　马家庄三教堂　东□家河　郭家沟　申家沟　魏家沟　星耀头　南崖上　高崖头　神郊盖余利　盖余恩　丁子耀　敖字街　禄池社　圪堆村各捐钱一千文

治邑南河村　杨子掌　李七水　徐家岭　东西掌　乔山社　野川底　闲杨河　紫水社　靳家掌　焦家岭　陵邑双泉社　赵冯德　梁□常　梁计忠　赵拴牢　冯宝保　赵六金　辘轳城　黑山贝　南汕社　城会村　堂崇社　东王宅　神堂岭　西沟村　北坡村　底西掌各捐钱八百文

李秋保　李海年　赵喜的　河西社各捐钱九百文

李春兴　赵群安　李赵保　赵拴柱　赵拴强　李来保　任金拴　均义店　郭替孩　丁替则　杨官存　郜则掌　马岭村　荞麦掌　冯赵来　兹秦拴各捐钱七百文

赵景宝　赵喜年　李锁　赵元年　赵新有　王金□　赵家庄　冯根群　冯五则　冯群拴　二仙头　西牛角河　吴水社　营里社　凤邑冶南社　中村社　下村社　凤头山　新庄社　黑山社　上窑村　东石门各捐钱六百文

洞头上　李根全　李聚全　高庄同茂坊　王宝元　张怀斗　赵昌锁　牛家窑　董来拴　赵□仁　赵岐孩　郎引枸　任仁拴　新顺店　秦名山　秦存科　秦永花　秦天财　还盛号　春新来　李拴庆　李东林　李赵锁　云顺店　王雪林　李六斤　李替则　秦招财　郭运庆　郭荣楼　秦新成　秦为光　秦胖女　郭允枝　冯衣太　冯孙保　杨李拴　董郭莲　郭耀先　申家岸　石坡文盛号　长盛裕　下石坡　大簧村　郭全兴　孔铲沟　岭东村　杨金□　丁替来　杨官来　杨金虎　梁魁忠　梁老

肥　秦存科　任新科　任法太　任法鸿　杨双来　杨天保　南沟社　东川村　尚庄村　北头九天社　河西村　郭里社　掌后村　大安南社　北刁掌　小岭社　贝则村　川河村　石井会　潞郡陶志瑞　北头村　高崖上　上西掌　西庄古圣堂　西窑沟　张杨聚各捐布施五百文

二八四　重修本村所属诸庙并创建泉子上龙宫三圣庙斋室碑记

民国五年（1916）刊。

碑高190厘米，宽71厘米。

现存于临汾市翼城县西闫镇西闫村汤王庙。

【碑文】

重修本村所属诸庙并创建泉子上龙宫三圣庙斋室碑记

且世之有庙所以祀神也，神有功则应立庙以祀之，庙若敝则应设法以修之。然修之不得，其人不至，其时恐其事则难举，而其工不易竣也。余村之巽地，有汤王大庙，村之中央有三圣小庙，老君庵位居於坎，观音阁尊临乎离，河南山脚则有佛祖寺、魁星楼、龙神宫，张峪葫子则有龙王庙、河神殿、土地堂。凡此诸庙，前人之创建，而修理者无非为有功於世，足以为天下后世之军民模范者也。奈历年久远，风雨飘摇，非栋折而榱崩，即砖削而瓦解。村人每逢朔望瞻拜，并春祈而秋报者，莫不目击心伤焉。前清光绪十二年，村之董事诸公，不惜舌敝唇焦，在於本村按户劝捐，家道殷实者度其重，产业薄弱者量其轻。集腋成裘，共捐资数百余金。议以自大庙发轫兴工，而诸庙之工自可挨次而补葺。讵意，时之未至，人力难恃。偶因他缘，中道而止，不惟别庙之工未动，即大庙之工亦未竣，志士束手固亦无可如何也。夫天下事未至其时而为之，则为之甚难；既至其时而为之，则为之自易。直至二十六年三月间，而庵上之老君庙始得以修。三十二年四月间，而南寺之钟楼并葫子之河神殿、土地堂乃得以补。宣统立而大庙之工落成，民国兴而小庙之工亦起。自此而后以迄於今，或观音阁、魁星楼，或龙神宫、张□庙，率皆残缺者补之，颓废者修之。且於泉子上创建龙宫一座，三圣庙创建斋室三间，共计三十余年。村众加资添捐者，非止一次两次。而此际之工，除栾沟坡土地祠，系本会修理外，其余诸庙无不一一告竣。岂敢谓得其人欤，亦不过至其时耳。今者竖碑於庙，以表乐输捐资，与总理督工者之姓名。且将从前之承首而已故者，另勒一石以使其名垂宇宙，亦不没前功之意也。功成之日，碑石将镌，乃即其始终兴工之由，援笔而志之。是为序。

张九户　张清卫施中央三圣庙廊房后斋室地基三间　石头一墙

西社施檩子一根　北社施椽六根　詹儒瀛施钱一千文　庆泰□盐运局施钱三十千文　大□坡合社施钱五千文　郝万邦施钱二千文　狄朝盛施钱一千五百文　李永发施钱一千文　侯其兴施钱一千文

前清邑庠增广生员由小学教员讲习所毕业兼办离区学董现充国民模范学校教员美轩张广增撰文

前清邑庠生员现充国民学校教员积善张文会参阅

前清邑庠案元现充国民学校教员天相张怀吉校正

前清邑庠生员现充国民学校教员周行聂登第书丹

总理承首人张士清　张名诰　张士茂　前清耆民张殿元　张峪张广鳌　张联耀　前清耆民张文魁　前清耆民聂维检　聂维善　张林吉　前清耆民张广□　张广位　张联鳌　张新年　张文忠　聂维彬　张联唐　□□学董张广增　张占元　张广德　杨茂义　张广田　张峪张呈祥　杨茂永　张兴功　张东太　张重和　张开选　张春鸿　张春迎　张峪张秀芝　张廷阁　聂登瀛　前清生员聂登第　张廷相　聂登科　张兴家　张凌云　聂登富　张鹏飞　张得富全督

时中华民国五年岁次丙辰阴历冬月吉日谷旦立

二八五　新立改规碑记

民国五年（1916）刊。

现存于晋城市泽州县柳树口镇许圪套村二仙庙。

【碑文】

新立改规碑记

夫人生天地间，以忠孝为立身之本。人既为村人，则见有不仁之人，当誓共除之，人之道也。今吾圪套村有无耻之徒，软欺硬怕，仗势乱社，畏强凌弱，惧刀避剑，每会入庙，私情搅公，不惟藐视主神，亦且蔑祖，村中人所共愤。於是主神会通合村人等立规改正，引赖从善，村人皆然。每遇小社，正、三、六、七月，三日内起齐。每逢大小社酬神献戏，中一天将会钱送至社房。如有无耻之夫拖欠过期，革至社外。

——议永禁赌博，犯者议罚。

——议庙内不许存放各物。

——议外路人无行李概不准留。

——议每牌会头公举二人注账二本。随会周转一本。

——议社首公举接办，不许推违。

许安贤书

玉工许乐兴

民国五年八月吉日合村仝立

二八六　重修正殿卷棚三门钟楼以及上殿围台碑记

民国六年（1917）刊。

碑高162厘米，宽65.2厘米。

碑额书"永固"。

现存于运城市永济市黄营乡黄营村九郎神庙。

【碑文】

重修正殿卷棚三门钟楼以及上殿围台碑记

谚有云：神能佑人，人能兴神。以是知合营居民，故赖神以安康，而神之德威，亦需人以光显也。余营巽宫，旧建大庙一座，正殿三楹，中间位置九郎尊神，药王药圣位置於西楹，牛王马王位置於东楹。凡我营人莫不尊亲，以故庙宇破滥，急为补葺。至嘉庆中，重修已数次矣。及今百有余年，风雨飘飖，雀鼠弹穿，神殿房屋，渗漏不堪。董理庙事人等意欲重修，但工程浩大，独力难支，因请庙内众会耆老同为商议，量力捐资，共襄盛事，无不乐为。以故董事者同心协力，经营其事，土木兴工，不日成之。虽曰人为，岂非神灵之所默佑乎！由是涂以粉地，绘以丹青，则神之庙宇焕然一新，神之德威俨然可畏，瞻拜之际，孰敢不起其诚敬耶。谨卜良辰，演戏开光，谢土以酬神惠。自此以后，祈保本营家家户户民安物阜，则幸甚！如此则所谓神能佑人，人能兴神，不有明验乎。是为记。

清诰授奉政大夫同知直隶州选用邑庠生员周乐善谨撰

省立第二中学校毕业士李树洲敬书

合营公□香资银十两　关帝庙香资银八两　玄帝□香资银八两　娘娘庙香资银十两　□□庙香资银十两　文昌阁香资银五两　中观音堂香资银二两四钱　西白衣堂香资银五两　西关帝庙香资银三两　北财神庙香资银三两　北白衣堂香资银□两　东关帝庙香资银二两四钱　南白衣堂香资银一两五钱　□□□堂香资银一两二钱　西□□庙香资银二两一钱　（阙文）香资银二两□钱　南□□庙　□白衣堂香资银二两四钱　南山明□庙香资银一两二钱　南山娘娘庙香资银一两四钱　仁义会香资银五两　药王会香资银一两一钱　□□会香资银十两　大义会香资银四两　南半甲香资银五两　李先堂香资银二两四钱　周先堂香资银二两一钱　邵先堂香资银

一两七钱　朱先堂香资银一两二钱　胡先堂香资银一两五钱　花户香资银四两三钱香资钱七千四百文

碑□芳名未便详载

布施会李秉炎　周集跤　朱丕发　周树椿　邵振墨捐银四十四两

执事会李蔚材　李蔚水　周树杨捐银十二两

新药王会李丕□　李丕隆　李顺永　李鸿□捐银二十五两

金桥会□定□　周□□　周邦□　□□□捐银四十四两

合兴会□鸿□　邵元亨　李丕新　邵振□　李继隆　朱起象捐银四十两

（阙文）李□□　李□□　周世□　李宗□　李宗慎捐银三十两

大工师李宗□

新侨会李□□　李宗□　朱凤鸣　李鸿芾　胡新□　胡足昌捐钱十串

大□史朱顺当

庙首事李宗愃　周集□　周兆静　邵元杰　朱起琛　李鸿□（阙文）

中华民国六年十月中浣之吉立

二八七　重修西溪真泽祠西梳妆楼碑记

民国六年（1917）刊。

碑高 250 厘米，宽 110 厘米，厚 22 厘米。

现存于晋城市陵川县城关镇岭常村二仙庙。

【碑文】

重修西溪真泽祠西梳妆楼碑记

自来事之隳败也，正非一日而遽败，其始早已现其端；物之蛊坏也，正非一朝而忽坏，其始早已露其机。是在有识者未雨绸缪，思患豫防，弭祸于无形，补偏于未然者耳。如我邑西溪一地，山环水绕，松柏苍翠，时届阳春，流莺谱韵。其间建有真泽仙祠，屡经前人踵起增修，楼阁崇宏，规模整肃，廊腰缦回，檐牙高啄，盘盘囷囷，各包地势，其局度为最疋也。无如西面梳妆一楼，忽觉基址倾斜，墙壁分崩，隐然有不可支撑之势。是即事之未败，而其端已先现也；物之未坏，而其机已先露也。於此，傥无人以经营之、缔造之，则再延数年，必至倾覆颠踬，诸凡物料，损折愈甚。即欲重为整饬，不将难以措手哉。以故阖城诸绅，有念於此，共兴修葺之念，与其维社等公同酌议，除取材于斯山之外，复广为募化，以为将伯有助，则集腋自可以成裘。因而鸠工庀材，择吉开工，于去岁三月间经始，至八月而工即告竣，共费制钱四千余缗。然是役也，由根至顶，一体重新，亦可谓一大钜工也。何其奏功如是之捷哉？其时因邻境均旱，兴工者甚鲜，我邑早需甘霖，百谷用成，是以匠日增添，源源而来，不数日而即蒇其事。兹值谢土酬神，谨将首事诸绅与挥金乐施者之姓氏同勒贞珉，庶不至湮没人善，事虽美而弗彰，名虽盛而弗传也。是为记。

——凡宫中地界内，永禁牛羊入松坡牧放。如违者，有人扯至社内，得赏钱五千文，犯坡者献戏三天。傥或不遵，送县长究处。

——张姓大南坡荒地带坡，同合户施到社内，社取过张姓粮银五亩，四至开明，东至界石，西至社坡，南至张姓坟边，北至社坡。

前清例授修职佐郎候选儒学训导戊申岁贡生李上苑撰文

山西高等农林毕业陵川县乙种农业学校校长张耀瑞书丹

主神

赵孝先　焦源澄　宁模　李上苑　冯家麟　杨长森　都桓　武至丰　李文田　孙守斌　曹学堂　曹学敏　李遥　娄伯崧　刘钟鸣　杨烌　王纪春　张凤藻　和荆璧　焦耀德　娄伯域　武书铭　王甫功　温良

西社维首

和存忠　和丹桂　和根锁　和志伊　和怀枝　赵金玉　冯张郑　周李景　冯金生　周增孩　和永坤　赵四满

南社维首

李金泉　娄和璧　刘锁狗　赵福金　赵秋孩　娄双玉　李贸枝　赵发茂　娄和琛　张班孩　张发喜　刘海孩

北社维首

刘凤山　何镇泉　刘如意　秦松枝　秦世杰　秦文德　和聚银　和礼如　李辛初　李玉春　马和枝　焦明珠

东社维首

李金锁　崔小昌　杨世昌　杨成孩　张小荣　张寅卯　赵松龄　常连枝　赵保孩　常保松　宋庚辰　张龙春

胡荠谷捐银四两　杨延禧轩捐银三两　都秋山院捐银三两　武至□捐银二两　李澍田捐银一两五钱　曹慎德堂捐银一两五钱　孙守斌捐银一两五钱　李上苑捐银一两五钱　焦源澄捐银一两五钱　张耀奎捐银一两五钱　杨烌捐银一两五钱　赵孝先捐银一两五钱　东伞村社捐银六两　北四坯社捐银六两　西沟社捐银四两　平川社捐银五两　梁泉社捐银五两　尉寨社捐银五两　牛家川社捐银五两　大义井社捐银五两　后川社捐银五两　礼义镇捐银四两　锣鼓掌社捐银四两　簸箕掌社捐银四两　河头社捐银三百两　前郭家川捐银二百十两　后郭家川捐银九十两　庄里社捐银一百两　东观它社捐银一百两　西观它社捐银一百两　龙王社捐银二百十两　井坡社捐银四十五两　庙头社捐银四十五两　西伞村社捐银四两　岭细社捐银四两

945

石头社捐银四两　甘井掌社捐银四两　侍家掌社捐银四两　上郊社捐银四两　福顺和捐银十两　商务会捐银四十两　当行捐银十八两　王家二仙会捐银十五两　焦顺德堂捐银八两　常连枝捐银八两　张喜成捐银七两　张班孩捐银七两　刘如意　刘保安捐银七两　五山社捐银六两　东谷村社捐银四两　牛双喜捐银五两　牛来喜捐银五两　刘科堂捐银五两　石字岭社捐银三两五钱　田庄社捐银三两五钱　花落社捐银三两五钱　和凤山堂捐银三两　张发喜捐银三两　刘根锁捐银三两　焦会达捐银三两　秦文德捐银三两　郭艮山捐银三两

　　郭记仓　靳成狗　和记春　郭科荣　韩二驹　秦保泉各捐银一两

　　木工张福堂

　　泥水吕金岐

　　石工罗起元

　　画工徐满发

　　铁匠和□孩

　　镌字王苍

　　修饰杨得清

　　润色李法春

　　住持张贵卯

　　中华民国六年旧历三月谷旦

二八八　重修崒山庙碑记

民国七年（1918）刊。

碑高168厘米，宽70厘米，厚18厘米。

碑额书"重修崒山庙碑记"。

现存于晋中市和顺县义兴镇邢村昭懿圣母庙。

【碑文】

重修崒山庙碑记

　　圣母原来孟氏裔　　昭昭懿德至今垂

　　至孝格天堪演像　　尊神配帝乃降机

　　邹邦旧迹怀在我　　辽县崒山寄自谁

　　庙貌伟严工能作　　松鳞古怪谁使为

　　窃思上古民风，特知郊社之礼，所以事上帝也。自汉释教入我东土，始有修行学道之说，吾人之道德清高者，涅槃归宿而成其神。盖亦圣其合德，贤其秀之谓也，乃圣母亚圣之裔，以昭懿赞颂，其斯之谓欤！然既有雅尘绝俗之清操，必栖名山秀水之胜境，乃邢村古迹。龙脉述继于崒山，带水胎胚於漳河。人依神足，晨钟有□觉之音；庙冠村首，古松带奇伟之象。今值重修待举，事巨工繁，独力难支，众擎易举襄之。基颓瓦解，焕然披金饰玉，奚啻壮观瞻，乃足以邀眷佑，岂为祈报赛实，所以续继述至诚感神，福缘善庆，一举而数善兼备，岂曰□补云乎哉。

　　前清经进士任东区第二段保董兼农桑分局助理员王儒席珍氏撰书并篆

和顺县松烟庄县佐陆建功捐洋十元

本村捐资

王观音所钱九千九百三十　郝喜钱五千九百一十　宋有冈钱四千二百六十　巩根保钱三千一百　李荣钱二十二千七百四十　巩其瑞钱八千七百八十　宋祯濂钱五千九百□十　戴得□钱四千二百六十　巩其盛钱三千　郝象钱一十八千三百一十　巩国富钱一十五千五百四十　郝瑛钱一十五千零六十　郝黄小钱一十二千零九十　郝芳钱一十千零六百三十　王招义钱一十千零四百三十　王忠仁钱一十千零一百一十　宋受周钱八千七百六十　王陈家保钱八千七百　郝成元钱八千一百四十　宋二

斤钱七千七百八十　蓝三孩钱七千三百二十　王大孩钱六千四百七十　巩国有钱六千零四十　巩年和钱五千八百四十　宋希威钱五千二百四十　刘仲钱四千八百七十　王银保钱四千五百七十　王玉福钱四千四百　巩太和钱四千三百二十　宋福保钱四千二百七十　李亥朱钱四千一百二十　□根日钱四千一百一十　王二孩钱□千八百九十　□会□钱三千七百八十　李清荣钱三千四百二十　宋有成钱三千二百七十　宋作福钱三千□□□十　郝福保钱二千八百七十　宋天保钱二千七百五十　宋仰濂钱二千六百三十　巩安和钱二千六百三十　王培云钱二千五百二十　毕本昌钱二千四百二十　宋明濂钱二千三百一十　牛双奎钱二千二百八十　宋三圣保钱二千零一十　王二小钱二千　巩仁妮钱二千　马成明钱一千八百九十　李生保钱一千七百八十　王世和钱一千五百　王元保钱一千五百　宋步濂钱一千二百一十　宋国清钱一千一百七十　王存富钱一千五百　白二孩钱一千　宋六成钱一千　巩银保钱一千　王四斤钱一千　王□龙钱六百　郝瑆钱五百　王根昌钱五百　王和尚钱五百　巩□山钱五百　刘存元钱五百　王树昌钱五百　王根鹅钱五百　王六十钱五百　王猪圈钱五百　王成富钱五百　刘富连钱四百

　　铁笔樊玘昌　泥木匠赵千里保　杜红孩钱二百　丹青徐□礼　左贵□

　　大中华民国七年岁次戊午秀蓌月芳辰

二八九　重修圣母庙碑记

民国七年（1918）刊。

碑额书"好善乐施"。

现存于晋中市和顺县义兴镇邢村昭懿圣母庙。

【碑文】

重修圣母庙碑记

且圣神者，合天人之道，代天宣化之宰也。时而在世，以春秋战国之交，觉世牖民，学以补天，为之阙；时而在天，值三□浩劫之临，飞鸾阐化，乍以继人，是之穷。矧当天灾人患之交作，共修筑报赛□事理，□不容已矣。县治之东区，刑村旧有昭懿圣母神祠，辽县崟山之下院，溯厥原源，由来邃久，迄今每感来所，风侵雨濡，庙貌凋残，村人咸筹修之。首於本社挨门加捐，继于四方竭力募化，积腋成裘，众襄盛举。於丁巳春日兴工，初秋告竣，焕然翚飞，丹拱耸飞，崇严可以树羽节，亦可以容鸾凤。人意之昭，始亦天道之昭；圣母之懿，乃著庙貌之懿，岂人力之所及，抑神庥之。吾在也，爰及镌碑，乞序于余，余言：昊苍降劫之辰，正吾人补遇不逮，虽自惭谫劣，不容或辞，因而聊缀芜词，以铭梗概，敢云序乎哉。

前清经进士充东区第二段村长兼农桑分局助理员王儒席珍氏撰并书篆

陆军营务处衔警备总司令部副提调署和顺县知事六等嘉禾章八等文虎章唐理淇捐洋五十元

总监督王根义钱七十千　宋效濂钱六十一千三百一十　郝麟祥钱六十二千七百

开办纠首宋作邦钱二十三千一百一十　巩国厚钱一十二千七百六十　郝解梦钱一十千零零八十　郝根年钱五千三百六十

理账王桃林　宋继周　郝凤山　宁根牛

监工李富保钱三十五千三百八十　郝芹钱一十四千三百三十　王清殿钱一十五千九百六十　宋承濂钱一十五千一百　药永庆钱二十二千八百五十　白玉祥钱一十九千四百四十　李彦星钱一十九千六百七十

拔工监料郝庆钱二十三千零九十　巩满保钱一十八千四百七十　李寅钱一十二

千零三十　郝琪钱三十一千零六十　郝元钱一十八千五百七十　李根太钱四十一千九百七十　巩其仲钱三十二千五百

买办宋作富钱二十千零五百九十　宋师濂钱一十九千五百五十　王泽信钱一十千零八百一十　王玉黍钱五千五百九十

修器物巩乃成钱六千　王五斤钱四十九千二百六十　宁牛孩钱一十六千四百六十　宋作祯三十二千零五十　巩双成钱九千三百六十　王连银钱七千七百四十　李连太钱四十二千八百廿

众纠首摊钱二十一千七百六十

住持僧觉呈　徒昌寿

铁笔樊珋昌　李守堂　李锦堂

泥木匠李四保　樊黑旦

丹青张马成　边银锁

大中华民国七年岁在著雍敦牂葵月上浣谷旦

二九〇　创修舞楼东西厦碑记

民国十年（1921）刊。

现存于晋城市泽州县柳树口镇宋掌村三教堂。

【碑文】

创修舞楼东西厦碑记

尝闻有非常之功而后有非常之人，有非常之人而后有非常之功也。盖莫为之前，虽美弗著；莫为之后，虽善弗彰也。不知物之由毁而成，庙之由盖而新，人之作念而善，事殊而理一也。其中时势之所值，人事之所兴，神道之所感也，乃世之人贵耳贱目。亦知创於始者为难，因於继者为倍难。因於继者为倍难，亦不知创於始者为尤难也。盖吾村旧有三教圣庙一所，不知创於何年，固有上而无下，不能美富而幸矣。神庙崇而后仰观瞻也，动其志矣。於是吾村众善士同心协力，各出捐资，奋然兴工，鸠料庀材而成善事。固将舞楼下九楹，东西厦口四间，概勃然创修。体势之卑者增之，规模之隘者阔之，位置之偏者正之，旧制之缺者补之也。经始於光绪三十四年，落成於民国十年。丹青图画，焕然一新，无不尽美尽善矣。则斯庙之新也，其始终历久，工成告竣，以垂不朽，永为是序。

宋成邦撰书

主神宋永述施钱十千文

总管毋水勇施钱八十千文

维首宋作宾施钱八千文　毋天瑞施钱廿一千文　毋水秀施钱十五千一百文　宋国正施钱卅八千五百文

管账宋成邦施钱十一千文

毋水聚施钱卅千文　宋作廉施钱廿二千三百文　宋作正施钱廿二千三百文　宋作善施钱十六千二百文　毋水余施钱十五千文　宋作礼施钱十千文　宋成都施钱十千文　宋成宝施钱九千四百文　宋成财施钱七千七百文　宋喜庆施钱六千七百文　宋成银施钱六千三百文　宋成聚施钱五千八百文　宋廷贵施钱一千八百文　宋成有

施钱一千文　宋成余施钱一千文　宋成明施钱一千文　毋秀华施钱一千文　毋秀珍

施钱一千文　毋秀旺施钱一千文　毋秀碧施钱一千文　毋水长施钱一千文　毋秀魁

施钱一千文　宋长河施钱一千文　宋喜太施钱一千文　宋法太施钱一千文　毋秀发

施钱一千文　宋廷发施钱一千文　宋成全施钱一千文　毋闰福施钱一千文　毋福正

施钱一千文　毋根福施钱一千文　毋六正施钱一千文　宋国太施钱一千文　宋玉宝

施钱一千文　宋平太施钱一千文　宋长江施钱一千文　毋水有施钱九百文　毋成堆

施钱九百文　毋廷宝施钱七百文　宋锁宝施钱四百文

时大中华民国十年十月十三日　宋掌阁村仝勒石

二九一　重建关帝庙大门乐楼暨东西角门东华西华各门钟楼内外廊房崇圣祠大门工程碑记

民国十一年（1922）刊。

碑高345厘米，宽75厘米，厚18厘米。

现存于运城市盐湖区解州关帝庙。

【碑文】

重建关帝庙大门乐楼暨东西角门东华西华各门钟楼内外廊房崇圣祠大门工程碑记

解梁为关圣故里，庙制宏敞，甲於天下，海内人士谅无不闻而知之。自光绪丁未己酉间连遭回禄，致将午门大门、乐楼、东西角门、东华西华二门、钟楼及牌坊并庙内外廊房百余间、部将祠、追风伯祠、官厅、崇圣祠大门概成灰烬。解之绅商士庶触目惊心，欲重新之，苦力不举，幸蒙前清解州直隶州知州李公保邦转详，河东观察陈公际唐体国家崇祀之心，察士民尊神之意，派员勘验估工需银三万余两，陈公许由监务项下筹银一万五千两，令本地绅商士庶担负银一万五千两，合成三万两计大工可成。不意道署只领银三千两，商界募款尚未交齐，民军忽起而工止矣。计前之修成者庙内外廊房百余间，乐楼、大门、文经门、武纬门、东华门、西华门、部将祠、追风伯祠、官厅等工约计费银一万四千两有奇。民国成后，时势变迁，盐款由运司专管，道署无从筹凑，午门、牌坊、钟楼、崇圣祠大门各工因之停顿。迨民国八年，士绅因前工未竟，设法筹款，复谋兴修午门。始克动工，事同一体，似不应分为二工，但午门之建另有碑记，若置前工於不论，宁不没人之善乎？是役也，捐资也，募化也，原赖诸君子之力，然无陈李二公提倡於前，焉能独善其后？无量之功德谓各方之善也可，谓陈公与李公之力也尤无不可。爰述颠末，以垂永久，用告来兹云尔。

清花翎二品衔河东兵备盐法道陈际唐筹办

清花翎三品衔解州直隶州知州李保邦　六等嘉禾章现任解县知事岑长庚监修

管狱员吴念祖　警佐姚思唐襄办

清举人曲乃锐篆额

清举人袁履泰撰文

清附贡生李文郁书丹

孙静澜　李文郁　刘晋璧　李甲鼎　李文滋　孙云汉　王临澧　袁履泰　薛笃棐　王平政　李赞襄督工

介炽昌　刘通经监工

道正阎理泙

住持戴复忠　杜复和　李元顺　曾元第　林元坎　李亨鎦

石工杨积堂

民国十一年岁次壬戌菊月下旬谷旦立

二九二　移修关帝庙重补各庙宇碑记

民国十二年（1923）刊。

碑高 231 厘米，宽 77 厘米，厚 19 厘米。

碑额书"福缘善庆"。

现存于晋中市左权县羊角乡禅房村关帝庙。

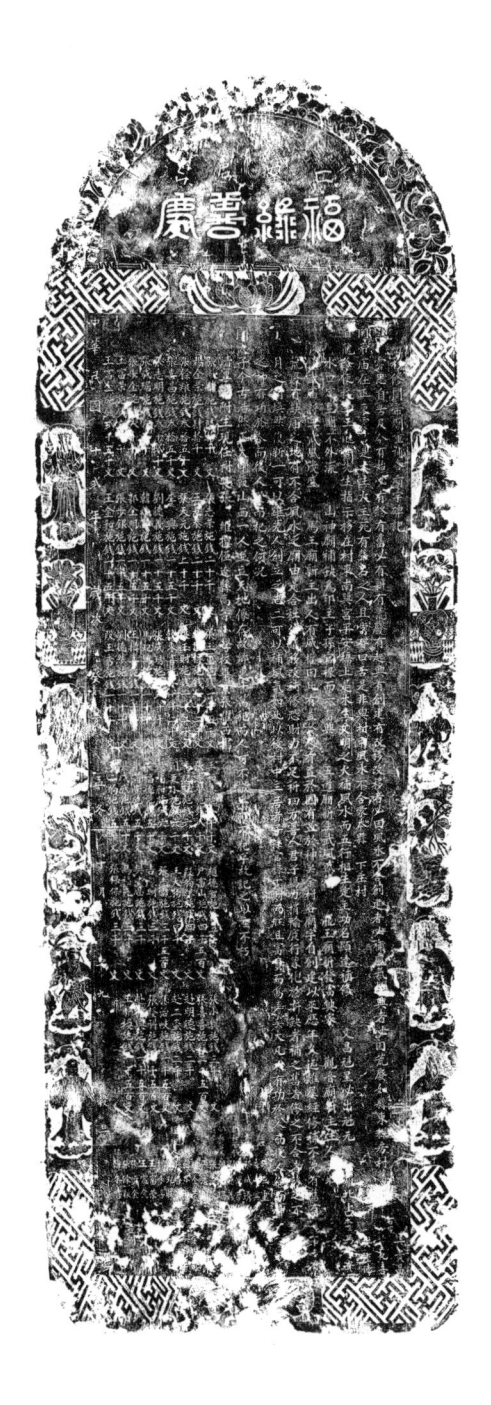

【碑文】

移修关帝庙重补各庙宇碑记

尝思自古及今，有始必有终，有旧必有新，有荒废有起兴，有创建有改移。改移者，必因风水不合；创建者，必补风气；起兴者，必因荒废。如县东禅房村旧□关帝庙，在正东震宫，是木生火，主死有声名之人，且当有口舌是非，与村中风水不合。蒙本县下庄村督龙爷使托□王进商先生指示，移在村东南巽宫平安桥上，是木生文明之火，补风水而五行相生，定主功名显达。补修文昌魁星，必出魁元。□维北占水口，定主财不外流。山神庙补缺为印，主子孙官禄而六畜兴。五道庙新，主武风盛茂；龙王庙新，发富兴家；观音庙新，主生人兴旺；镇武庙新，主武风茂盛；马王庙新，主出人有威权。因此有益於人，有益於国，有益於神矣。余村各庙宇自创建以来，历年久远，虽屡经修补，不免有旧，有□□□，有荒废，有缺庙之地，有不合风水之庙。由是合社公议，移改补修，恐财力不足，祈四方善人君子竭力捐输，广行募化於斯。缺者补之，旧者修之，不合者移之。不月之□，焕然复新。一可以继先人创立之志，二可以补风气。如此以后，村中主居者，子孙官禄丁财两旺，且富贵而高寿矣。大凡人有功於人，而后人从而神之。神有功於人，而后人□而祀之。何况关夫子，今古浩然，正大刚毅，山西一人，并立天地，像存故乡，惠千万祀，而人可不敬乎？可不祀乎？故记之，以垂不朽。

清毕业附生现任村长张维撰　侄辽县高等小学校毕业张耀西书

张□施钱六十千文　张志荣施钱二十千文　张玉重施钱一十五千文　王和喜施钱十千文　赵德智施钱五千文　张小与施钱三千文　杨全荣施钱四十千文　王思恭施钱二十千文　赵□林施钱一十二千文　张志华施钱八千文　尹富山施钱四千五百文　张喜喜施钱二千五百文　张余粮施钱三十五千文　张天元施钱二十千文　张

玉财施钱一十二千文　马玘旺施钱六千文　段狗年施钱四千文　赵明德施钱二千文　张喜昌施钱三十五千文　李兴施钱一十五千文　韩来喜施钱一十二千文　刘更小施钱六千文　王大狗施钱四千文　赵二蛮施钱二千文　张志明施钱三十二千文　刘德义施钱一十五千文　张成琇施钱一十千文　段福和施钱六千文　张志云施钱三千五百文　孙治岐施钱一千五百文　张成琚施钱三十千文　韩□□施钱一十五千文　马玘兴施钱一十千文　张福德施钱五千文　吉聚财施钱三千文　张发科施钱一千五百文　张步金施钱三十千文　郭金明施钱一十五千文　王换喜施钱一十千文　郭满贵施钱五千文　樊贵昌施钱三千文　赵□兴施钱一千五百文　王富荣施钱三十千文　张步银施钱一十五千文　刘德然施钱一十千文　樊戊成施五千文　马福元施钱三千文　王驴换施钱一千五百文　王富金施钱二十五千文　王金和施钱一十五千文　段玉秀施钱一十千文　王二狗施钱五千文　张保保施钱三千文

　　总经理间长张玉重　李中兴

　　间长□□张成琇

　　□长管钱王思恭　刘德义

　　□长管米张成琚　张志荣

　　□□张志明　杨全荣

　　（阙文）韩□□

　　经理人张喜昌　马玘旺　韩来喜　王富荣　王富金　张步金

　　□□张余粮

　　乡保韩来喜

　　石匠樊贵昌　董化喜

　　木匠樊种德　马□资　□□□

　　画匠李□魁　樊□□

　　□匠刘有义

　　中华民国十二年岁次癸亥孟冬十月十九日谷旦立

二九三　补修成汤庙碑记

民国十二年（1923）刊。

碑高175厘米，宽60厘米，厚22厘米。

碑额书"流芳万世"。

现存于晋城市高平市马村镇康营村成汤庙。

【碑文】

补修成汤庙碑记

　　泫氏城西南二十里许，有村曰康营，盖即古光狼城也。村中多祠宇，而以成汤庙主之。庙凡两进，规模钜丽，后祀成汤，前祀天齐，若三峻、若蚕姑、若十王、药王、三义、马王，皆配殿也。其创始补葺，无碑碣可征。然据父老传闻，后院舞楼暨前之东西两殿、厢房、看台，盖增修於清同治十二年间。岁月淹久，渐失旧观，风日所穿剥，雨露所浸淫，雕□欲倾，墙垣几废，岌岌乎若不可以寓目者。首事诸君子每论及之，辄怃然曰：今日弗作，后费必多，为之愈不易矣。且也我国政治革命始自成汤神，当有夏昏德，民坠涂炭，本勇智之锡，伐暴救民，殆隐隐与二十世纪之风气若合符节，是宜馨香百代，俎豆千秋也。顾今檐栋摧颓，殿宇渗漏，何以肃观瞻而隆报飨乎？於是有补葺之思。既而广为募化，益以己资，遂鸠工庀材，既墍既茨，乃丹乃臒。始於壬戌春仲，讫於残冬，不周年而补修告竣。再来瞻仰，则内外改观，新陈易象矣。尤有进者，两廊看台建为学校，门之外廊，缭以周垣，堂构增美，於斯为盛。余观厥成，不禁有感於昔者焉。戊午春，余舌耕来此，始与诸君子识。越岁孟秋，复奉邑宰范君之委，改任第四高小校长。行有日矣，诸君子制缘簿数通，见嘱为序，意者其必行乎，然不谓若是速也。诸君子乐善之诚，良足佩已。既葳事之明年，诸君子鉴於始基失考，谓余曰：今重新矣，不可以无记，具石，请记之。顾余文体本疏，又不殖将落，曷足应诸君子之需求乎？然不敢辞者，以数年来与诸君子相知益得，且曾荷神之庥荫焉。爰搜枯肠，勉志善举，工拙非所计也。是为记。

　　高平县第四高等小学校校长南蔚华敬撰并书

总理维首张志国　李步瀛　郭永祯　牛余山　牛凤成　王和祥　陈茂祥　杨凤

鸣　张生德　张世文　张耀山　王德顺　张裕保　张建修　张茂林　王成子

　　督工维首杨永清　焦茂林　杨茂棠　李火炉　张志全　李小蛮　杨茂林　牛银

昌　王红圭　张秋保　焦仓库　郭黑狗　张福顺　陈根茂　张世栋　陈随士　王鸿

润　张真和　王万顺　张德好　郭三蛮　张红山　毕双成　郭宗泰仝勒石

　　玉工许夺锦　李三成　郭福来　米松旺仝镌

中华民国十二年岁次癸亥春二月下浣之吉

二九四　重修三教堂碑记

民国十五年（1926）刊。

现存于晋城市泽州县柳树口镇司家河村三教堂。

【碑文】

重修三教堂碑记

　　大凡世间古迹，始终必赖乎人。前无创修君子，则事不起；后无补修贤人，其功将坠。今观司家河村，北枕上党，南面覃怀，东连净影，西接崞峰，此庄居其中焉。旧有堂庙一所，正殿居北，则为三教堂。两耳房为二禅室，左庭办事公所，右庭永设学校。山门南向，远山为屏，松排山面，佳哉风景。观其来龙去脉，洵可为安神之吉地也。无如年远日久，风雨摧剥，房屋圮损，若不鸠工补理，恐日久成累矣。今因社中积余仓谷，适与工事招合，即将此谷备为兴工之用。将正殿前墙拆去，换来东庭格扇，西庭原是楼房三间，改东庭一为楼房三间，殊为配对相宜。庙内工程，损坏者易之，剥落者饰之，焕然一新，已见为竹苞松茂矣。经始於民国七年，落成於十五年，而筑室既成，燕饮以落，不觉有感於时事焉。民国治化变迁不一，银圆四千，铜元五十。今日聚会，社事完毕，诸位善士施钱费力，若不表说是谁功绩，编此荒言，书碑勒石。

　　毋秀芝撰

　　主神司昌仁施钱二千五百八十文

　　维首司德奎施钱二十一千三百文　田文山施钱七千九百八十文　司德恭施钱七千四百七十文　司义和施钱四千七百八十文　许法礼施钱四千四百零四文　司春旺施钱四千零八十八文　司银土施钱八千三百一十文　司德让施钱七千七百六十文　田文臣施钱六千六百三十文　许法旺施钱五千九百九十文　司公义施钱五千七百九十文　司昌福施钱五千七百七十文　田文明施钱五千六百六十文　司昌岐施钱五千三百四十文　司德俭施钱四千二百六十文　田双宝施钱三千九百零四文　司全狗施钱三千七百六十文　田改生施钱三千五百七十文　司拴工施钱三千三百零四文　司

昌义施钱二千五百八十文　司昌礼施钱二千五百八十文　司昌智施钱二千五百八十文　司昌信施钱二千五百八十文　司瑞成施钱二千二百八十文　司玉虎施钱一千四百六十文　许土义施钱一千零九十文　司昌安施钱一千文

司义和施花榆树一根栗树一根　司昌仁施槐树一根

许法礼施槐树一根　司户下施槐树一根栗树一根

社入卖仓谷钱二百五十七千文

社入卖板钱十五千八百文

社入砍禁场树罚项银元十二块

禁止　群羊不许自井喝水，如有犯者重罚不贷。

又村长副和说六畜不许入井口。

石工王常令

木工郝其龙

丹青郭礼太

通共化费钱四百五十七串二百二十一文

时中华民国十五年瓜月中浣之日司家河阖社仝立石

二九五　榆次县罗家庄重修关帝庙新建社房院碑记

民国十五年（1926）刊。

碑高 190 厘米，宽 76 厘米，厚 15 厘米。

碑额（阳）书"福缘善庆"，碑额（阴）书"万善同归"。

现存于晋中市榆次区什贴乡罗家庄村关帝庙。

【碑阳】

榆次县罗家庄重修关帝庙新建社房院碑记

吾国自海禁大开以来，强邻逼处，外交屡屡失败。维新之士鉴於本国之衰弱，思有以变法自强，於是昌言改革，崇尚新学，网罗东西洋之英雄豪杰编入教科，译为列传，崇拜之情溢於言表，尚友古人无分中外，其意固可嘉也，何独於本国之古圣先贤友漠然视之，而不知表扬，甚至以古人崇祀圣贤之庙宇，视为迷信腐败，几欲举全国之庙宇破坏平夷而后快。呜呼！是何不思之甚焉。夫崇拜英雄，古今中外初无二理，以吾国之修庙建祠，谓为不当之举，彼东西洋之范金铸像，祈祷礼拜，又何辞以自解。况如关壮缪侯之忠义智勇，彪炳千秋，久为中外人所敬仰，又安可以旧有之庙宇，听其荒废倾圮而不加修理耶？邑之北乡有罗家庄者，地势僻静，风俗淳朴，罗氏聚族而居者已数百年矣。旧有关帝庙在村之西方，年久失修，半就倾圮。前清季年，村人倡议修理，以工钜款绌，半途而止。兹於民国成立之十有二年，罗君用璧等又赓续前议，於神亭后新建社房院一所，彩画戏楼一座，以作春秋报赛及村社办公之所。鸠工庀材，时越十四年，经营缔造，克竟厥功。经理等以布施之芳名，工程之费用，不可不详细登载，以信今而传后。属文於余，辞不获已，谨记其大略，以志不忘云尔。

山西第一届省议会议员代理河曲县知事邑人常运藻敬撰文

榆次县高等毕业学生村人罗暟宿敬书丹

前任村长总经理工程介宾罗用璧

募缘人

罗宝琳募化大洋一百二十五元五　张锦儒募化大洋二十一元　罗用仪募化制钱五十一千文　张涛募化大洋四十六元五制钱二千文　罗尚智募化疏铜元三十七千文

村长罗廷钜　村副罗步衢　村副罗彭彬　间长罗㮮

经理纠首

介宾罗用璧施钱一十五千文　张浩　罗养德　罗贵德　罗上藩　罗际棠　张中和　郝德喜　罗万镒　邢道明　罗用芬

入一宗柏树钱三百八十千零五百文

入一宗得利息钱二十千零二百文

入一宗本村布施钱一十五千五百文

入一宗槐树钱三十七千文

入一宗卖□绳钱□□五百文

通共出材料□□工活钱五百零九千七百文

一应除讫净□□钱五十二千文

清榜注明

木匠李白小

泥匠罗吉润　宁化龙

铁笔郝光福

中华民国十五年冬月谷旦

【碑阴】

榆次县罗家庄重修关帝庙新建社房院碑记

罗宝琳募化

□津天成恭施大洋十元　吉泰隆施大洋十元　晋兴顺施大洋十元　天津龙昌号施大洋十元　源丰永施大洋五元　裕通号施大洋五元　恒聚号施大洋五元　（阙文）慎丰号施大洋三元　庆丰源施大洋三元　丰裕庆施大洋三元　义和泰施大洋三元

天津元丰和　庆丰恒　广合顺　荣昌恒　益新泰　以上各施大洋二元

清源聚生庆　永庆天义永　北格天生泰　交城协同玉　天义恒　兴泰永　德慎楼　得盛永　庆泰长　德盛□　清源天成□　谦和庆　德兴隆　天盛沅　积庆隆　瑞生泰　□成勇　以上各施大洋二元

交邑□□□施大洋一元五毛

徐邑隆成阜　清源永源长　交邑晋泉上　义□永兴隆　德义泉　天顺永　意顺源　兴泰楼　清源益成和　庆成源　德盛楼　日兴昌　□□长和记　徐邑义泉涌　富隆永　以上各施大洋一元

张涛募化

阳泉保晋□厂施大洋五元　省城范华印刷厂施大洋二元　□□□杨仁显施大洋二元

平定恒茂长　寿邑□□信　福隆盛　保和恒　长兴□　德裕森　德成当　寿□　张万和　德裕森　德成当　谦吉源　阳泉兴盛和　裕晋□　平定永义兴　□□德裕隆　□圪□本立生　省城悦丰得　高洪　文蔚阁　晋裕昌记石印馆　张清贵　阳曲张俊　省城晋裕丰　康仁德堂　太原道堂恒　省城崇实印刷所　新华石印馆　白云轩　晋裕兴　悦丰恒　高崇忠　李培德堂　太原冀大钱银号　以上各施大洋一元

天津义大公司　平定永义德　省城怡天斋　双合成　□立业　尊古阁　重文斋　晋华□艺局　祁县王世安　平定威德当　裕盛当　以上各施钱一千文

张锦儒募化

太谷蔚成德施大洋二元

省城东羊□□张　什贴馆致和堂　向阳店　同聚德　徐邑中和利　太谷永和成　小店天德恒　徐邑体元兴　交邑宝生泰　太谷广庆远　广升远　平遥延寿裕　积裕兴　徐邑晋益广　谷邑广恒庆　广益德　祁县永春原　永聚原　以上各施大洋一元

太谷广升誉　徐邑谦和裕　祁县聚全泰　寿阳德升堂　以上各施大洋五毛

罗用仪募化

省城晋丰裕　复义庆　广源兴　榆次德和生　以上各施大洋一元

榆次福德堂　尊箴堂　茂盛永　北田恒隆涌　万盛□　以上各施钱二千文

北田镇广源店　广和店　永丰店　万长义　义泰隆　省城恒丰□　义□泉　万盛长　积泰永　榆次锦泉生　通泉涌　恒心秦　长盛得　□县□泉永　瑞兴永　大赵村范三□　德厚当　徐邑晋亨达　平邑泰来盛　怀仁元庆店　□和店　大赵村友兰堂　长成店　同益长　义合德　义诚隆　庆泉达　豫慎公　源发长　以上各施钱一千文

本村布施

大公社施钱五十千文　罗□□施大洋五元　罗福元施大洋二元

罗□□　罗颂□　罗□□　以上各施钱十千文

罗绍众　罗翰南　以上各施大洋一元五毛

罗□□　罗彭□　罗步卫　罗锡麟　以上各施钱八千文

张浩　罗申保　罗尚□　罗斗南　罗平奎　郭广莲　以上各施大洋二元

闾长罗登熙　罗天义　罗锦英　罗佩□　罗玉昌　吴□　师范毕业罗佩□　罗上德　罗建铭　罗□□　罗□蔡　郝德喜　王和永　罗辉宿　以上各施钱五千文

行政长罗鼎宿　罗天保　张盛　吴壁　罗昌晋　罗振铎　罗蔡普　罗斗宿　乔炳南　罗继权　□川源　以上各施钱四千文

罗师古　罗眷德　罗用芬　□翰章　张中和　罗晋德　王守□　罗隆□　以上各施大洋五毛

康元泰　□□□　罗成　罗立仁　罗师言　罗用文　吴二清　罗继堂　以上各施钱三千文

罗步阁　罗杰□　罗耀武　贾□□　罗荣宿　罗麟盛　罗铎　罗钟　马应祉　罗虎儿　以上各施钱二千文

□□□施钱三千文　□□□施大洋一元　□□□施钱五千文

□□珍　葛成亨　以上各施大洋六毛

葛雨祯　葛晋玺　葛尔明　葛海云　赵凤翔　赵凤杨　赵金中　以上各施大洋五毛

吴元卿施钱五千文　罗步明施钱四千文

吴张红　吴廷存　吴振业　吴世昌　吴□□　吴元锦　赵万贞　吴元庆　罗立荣　以上各施钱三千文

罗天翔施大洋一元　罗蕴瑾施大洋四毛　姬仁施钱三千文

二九六　重修九江大王庙碑文

民国十五年（1926）刊。

碑额书"乐善不倦"。

现存于晋中市寿阳县南燕竹镇清平村九江大王庙。

【碑文】

重修九江大王庙碑文

且自非常之事，必待非常之人，而非常之人，自能建非常之事。斯言也，诚千古之格言也。昔吾村旧有九江大王古庙一所，上有正殿七间，下有乐楼一座，旁边围房环绕。想当年三七月赛会之际，庙貌巍峨，足以安妥乎神灵；栋宇灿烂，更以畅快於人心。斯时也，神人共乐之景象，其何如之盛矣乎。然而近年以来，风雨漂（飘）摇，此焉多为损坏，彼焉亦为毁塌，村中之人皆为忧虑。迄民国十四年，合村人等共议重修，则善念一起，人皆赞襄。於是功德者有人，经理者有人，因而募化鸠工者又有人。同心协力，不数月而功成告俊（竣）。将昔之所患基址倒压，节棁散乱者，今则如跂斯翼，如矢斯棘，如鸟斯革，如翚斯飞，而焕然一新也。遂因之以为序。

前清生员兼民国师范毕业生冀炳文撰文

本县高校兼民国师范毕业生张学义书丹

功德主

赵会友　妻吴氏　男忠銮施银一百五十两

许志义施银五十两

赵会仁　妻冀氏　妻郭氏施银五十两

经理人

张学仁施银四十二两　许贵和施银三十两　张登亮施银二十五两　郭长庆施银二十五两　许银教施银二十五两　张炳宽施银二十两　张宝发施银二十两　许志礼施银二十两　郭凤阁施银十二两　张秉谦施银十两　张益德施银十两　张清功施银八两

募化银人

张问行募大洋四十七元　孙其章募银三十九两　李彦长募银二十九两　辛炳宪募银二十六两　韩国玺募银一十五两　霍万盛募银一十四两四钱　赵瑞友募大洋九十六元银一两五钱　张秉惠募大洋七十一元银七两六钱　王兰馨募大洋三十九元银六十一（两）八钱　赵贵长募大洋六十一元银一十七两　许志义募大洋十五元五角银七十二两　赵忠杰募大洋二十二元五角　赵会友募大洋十四元银一百七十六两　张学仁募银三百五十两　张学义募银一百零九两　阎全云募银九十五两五钱　张九荣募银五十两　王靖募大洋二十元　郑希华募大洋二元银二十两零三分　王镒募大洋三元银三十九两　张永万募银一十两

木匠吴连碧　阎守正

石匠阎玉堂

丹青阎茂镛

铁匠张世明

铁笔石陈凤义　韩书绅　赵瑞岐

中华民国十五年桂花月谷旦　住持法空　曾孙宁玉　宣孙清绪

二九七　重修高禖庙碑记

民国十七年（1928）刊。

碑高 170 厘米，宽 68 厘米，厚 15 厘米。

现存于运城市河津市阳村乡连伯村后土庙。

【碑阳】

重修高禖庙碑记

河津县西南不十里许，有村曰连伯。村之北，崐蔚高起者，为黄沙岭，实由梁山发脉，袤长二十里。岭南脽尻处有庙曰后土，村之人颜曰：高禖庙，邑乘所谓沙积平墙风辄荡去不侵殿宇者是也，庙之创建不知昉自何代。明景泰元年，连伯里、梁许里、百里村三社集资重修，乡耆景贵实董其事。万历中，马晏明偕子灵邱王府仪宾应宿等再事修葺。自明崇祯庚午至清咸丰乙卯，凡五次兴工。迄於今，又七十五年矣。往岁乙丑中，东西社乡老商议重修，自正殿、献亭、舞台、山门，以至东殿、西殿、帐房、厨房、井房、戏房，无虑六七十间，皆丹楹刻桷，焕然一新，□以庙院狭隘，向南开拓数十步。村人原文威有巧思，用车轮移金刚像八丈许，神貌辉煌，毫无损毁，人称异焉。计前后共费银币三千六百元有奇，合庙款及两社布施仅当全数十分之三强，余皆募自四方。工既竣，郭雨亭直刺驰书征文於余。余考高禖即郊禖，《诗》《生民》《玄鸟》两篇，《毛传》皆作郊禖。郑《笺》从之《月令》：仲春之月玄鸟至，至之日，以太牢祠於高禖。郑注又以高辛氏为高禖，蔡伯喈辨之详矣，焦乔又申言之，顾皆与后土无关也。西汉武帝元朔元年生太子据，喜立高禖祠，东方朔枚皋为作禖祝。后汉魏晋以迄隋唐，皆有高禖之祀，宋以春分之日祀青帝，配以太皞，高辛以禖神从祀，镌石为主。徽宗政和中，又以简狄姜源（嫄）从祀。金章宗时改祀青帝、伏羲氏、女娲氏於坛上，姜嫄简狄位於坛之第二层，斯祭高禖者始有女后从祀之典，顾亦与后土无关也。兹庙混高禖、后土为一者，果何本哉？窃尝思之吾津密迩汾阴，自汉元鼎中立后土祠於汾阴脽上，帝亲望拜。宣、元、成、哀莫敢或废，唐玄宗从张说议，两幸脽上。宋大中祥符中，真宗兴举数百年旷典，致祭汾阴，人民扶老携幼，观者溢途。由是河中附近十余县化之，遍立太宁祠，此盖后土庙之所由盛欤。夫后土，地祇也，地道为母，故汉魏帝王每以母后配地祇。汾阴后土祠，旧有妇人塑像，唐武则天时，移梁山神塑像就祠中配焉。开元十一年，有司迁梁山神像於祠外别室，於以知后土祠之有女像，由来久矣。魏禖坛有石，晋元康中禖坛石破，或云既已毁破可无改造。束皙以为石在坛上，盖主道也，宜依礼埋瘞。置新观斯则高禖以石为主，无所谓像也，更何分乎男女。自后世以后土为万物之母，而塑以女像，祀高禖者又增加姜嫄、简狄二妃，相沿已久，无识者遂捆而一之，浸渐而附会地祇之说，五岳四渎可以从祀矣，浸渐而附会姜嫄、简狄之事，神禹、后稷可以配享矣。庙中自刘先主、关长生、张益（翼）德，忠义英灵，有功於世，无可置议外。至若九郎也，三曹也，三霄也，道家之绪余也，地藏也，十殿阎君也，金刚也，释氏之喻言也。本以修礼，反以黩礼；本以敬神，反以亵神。张南轩曰：川流山峙，其形也。而人之也何居，甚至垂旒端冕，华冠锦帔，以眩俗骇众，奔波男女焚香顶礼，演剧奏乐，导淫败俗，失业耗财，良堪惋惜，甚矣其惑也。虽然值今道德隳落，法律废弛，乡里耆老有能以神道设教感化愚民，其於世道人心，未尝无小补也。吾因备论后土高禖之事以矫正其失，又私喜诸君子与人为善，扶翼风化，故特嘉美其功，至倡首兴役之社老，输助资材之檀越，其姓字或毕具碑阴，或特载专碣，斯有常例，兹不复赘云。

清授文林郎师范科举人山西大学校教授邑人笙侣乔壎撰文

清授奉政大夫护理陕西邠州直隶州知州村人雨亭郭庆云书丹

清授文林郎陕西省法政学堂毕业栒邑县警佐郭尚智校正

师范毕业检定教员现充本村初级小学校校长许惟贤篆额

【碑阴】

民国十七年岁次戊辰暑月中旬谷旦

高福星十五元　原宗宪十五元　张凤鹏十五元　高凌云十五元　原恒禄十八元　陈广印二十一元　原掌印十二元　原和气十二元　原永康十二元　张世德十二

元　张两愿十二元　原永德十二元　张文明十元五　柴来子十元五　张京斗十元五　原临江十元五　原文威十元五　原科子十二元　高挼牢七元五　高和尚七元五　刘蛮子十元五　韦招旺十元五　原嘉乐十元五　韦有才十元五　陈禄禄六元　陈运娃六元　郭满当六元　高福生六元　张方进六元　高耀泉六元　张斗子四元五　丁昌鸿四元五　原水生四元五　王广德四元五　卫小郎六元　原嘉庚六元　陈新娃三元　原星斗三元　原元蛋三元　韦朱存四元五　王瑞麟四元五　陈全家四元五　张买子　张根深　原新生　张徐海二元四　王运旺三元　柴红□　三元　陈加丁　周京子　陈新海　陈跟海　张保成　原进太　卫增贤　王昇子　以上各一元五

东社施大洋一十五元　中社施大洋一十□元

经理督工首事人郭□仁　马□□　陈□　高凌云　原文威　马振龄　王广德　张凤鹏　柴灵沼　侯安邦　马水源　马金管　赵世贵　郭尚忠　原宗宸　张世德　高福星　原景学　马任鹏　马得元　马振江　原水生全立

马御秦十六元　马金管十元　马振龄十元　马天佑十元　马天福十元　马克勤十元　马福荣十元　周全福九元　马振海九元　马景援九元　马代管八元八　马月欢八元八　赵世贵八元八　赵万红八元八　黄发晋八元　马徐管八元　马水源七元六　马振合七元六　马欢子七元六　马居彦七元六　马克智七元六　马化鹏七元六　马闯林七元六　卫本子七元六　赵万勤七元六　赵世和七元六　孙跟创七元六　马得元六元四　马涤源六元四　马四窝六元四　王元子六元四　马德隆五元六　马卷子五元六　赵万盛五元六　黄志忠五元六　马克俭五元六　马克聪五元六　马克明五元六　张银窖五元六　赵招行五元六　高步月五元二　孙元吉四元八　卫吼子四元八　马林昇四元　马德盛四元　马得祥四元　马得耀四元　马广才四元　郭金荣四元　郭长福　王成群　张福临　马银换　马京保各四元

马彻柳　马福全　马月收　马进财　赵招运　以上各三元二

马化明　马广福　郭珠子　郭七福　阎新全　周四女　阎来来　以上各二元四

郭旺福　马加娃　马金彦　马栏当　张开印　以上各二元二

住持齐福来　柴学义

铁笔杨茂林　王九福

计开庙内坐落地亩开列于后

庙后至北六十七步，庙东一十六步，庙西六十一步。南北长二百七十步，东西阔九十九步。又南至垒台长六十二步，阔四十步。又村东桃园地十三亩五分，又村东堡子地一十亩。

二九八　重修招贤馆碑记

民国十七年（1928）刊。

现存于晋城市泽州县柳树口镇东石瓮村招贤馆。

【碑文】

重修招贤馆碑记

创始易，善后难，私人之事业若是，社会公共事业亦然。当夫经营伊始，上下一体，莫不乐赞其成，群策群力，协谋共济，所谓一鼓作气，成功固意中事也。一旦规模略具，纵有未尽美善，欲事更张，其难也必倍□於创始。盖人情积久厌生，或离心离德，或畏难苟安，必有非常之人出而任劳任怨，总宰其事，行之以公，持之以久，然后可冀其成功。观於是乡招贤馆之重修，当知余言之不谬也。此馆创修历有年所，规模虽宏，奈年代湮远，不有以葺之，非特观瞻不雅，且恐雀鼠之患，坍塌堪虞。故清光绪三十年，掌神许君法璋、总管毋君永德建议重修，仅将正殿暨角殿共九间重加修理。民国九年，掌神毋君水碧经手修葺下九间，此后社事不振，分崩离析，无可维持，数年之内，一切均归停顿，遑言其他。迩年村长毋君士英，痛社事之瓦解，忧馆工之将废，乃於民国十七年六月间出为调停。既经和好，掌神毋水碧同四社总管暨各社社首人等着手兴工，公推村长总摄社政，监督修工。毋君推辞至再，社众以不兴工为要挟，不得已勉允担任。自七月开工，为便於指挥计，即日移居馆中，创修厨室二间，修葺东西殿暨厦口共十四间，擘画经营，苦心缔造。复延丹青，施以彩画。至是鸟革翚飞，焕然一新。迨十月工竣，始下馆返家。是役也，村中执事莫不勤于其职，独毋君公而忘私，数月不返家门，且能知症结之所在，先从事于社首之调停，殆所谓非常之人欤。工既成，将勒石。余素不文，特嘉其急公好义，爰草数语，以垂不朽云尔。由古行事，不费钱文不依扶碑。掌神毋君水碧，执权补填，帮唯赵君德美补修下九间，又十六年，重修西五间。功成告竣可也。

濩泽中校毕业第六高校校长寅亭牛亮臣撰文

濩泽中校肄业子阳毋明都书

村长兼□□社人俊杰毋士英施钱四十一千文

掌神督□□□子琏毋水碧施钱五十三千文

村副兼监□财□如玉毋清莹施钱三十七千文

村副兼参谋社政理堂许乐义施钱二十八千文

经理款工分总管善之赵良喜施钱十九千文

经理□□□□阳春许安生施钱十三千文

购买木料总管盈之毋水科施钱七十五千文

督催财政总管子□许乐长施钱十四千文

东社社首赵良珮施钱三十九千文　赵天荣施钱十六千文　赵旺保施钱五十三千文　李文书施钱十二千文

西社社首许安俭施钱二十六千文　毋水潮施钱十四千文　许安坊施钱二十三千文

北社社首毋清仁施钱二十九千文　毋清高施钱二十九千文　毋清琪施钱三十六千文　毋双喜施钱十七千文

南社社首鲁顺河施钱十八千文　毋叙旺施钱二十二千文　毋永秀施钱二十四千文　赫风瑜施钱三十一千文

赵正仁施钱五十四千文　赵良礼施钱四十九千文　赵良仁施钱四十五千文　赵正玉施钱三十六千文　赵永珠施钱三十六千文　赵臣芝施钱三十四千文　赵良德施钱三十三千文　赵永年施钱五十三千文　许锁正施钱三十九千文　许乐正施钱三十一千文　许永明施钱三十一千文　许水沂施钱七十千文　毋水勇施钱七十千文　毋清义施钱三十八千文　毋清泽施钱三十七千文　毋清璘施钱三十六千文　毋顺祥施钱四十五千文　张永义施钱四十二千文　鲁德俊施钱四十一千文　毋顺华施钱四十一千文　郝长来施钱四十千文　张永明施钱四十千文　鲁德义施钱三十九千文　毋叙成施钱三十八千文　毋永通施钱三十六千文　赵永清施钱三十二千文　赵德义施钱二十八千文　赵德性施钱二十八千文　赵永山施钱二十七千文　毋水泉施钱二十

六千文　赵德高施钱二十五千文　赵法堆施钱二十五千文　许乐有施钱二十九千文　许安厚施钱二十七千文　许安众施钱二十七千文　许乐成施钱二十四千文　毋清玉施钱三十五千文　毋正明施钱三十三千文　毋清璋施钱二十八千文　毋清瑜施钱二十五千文　毋清秀施钱二十五千文　鲁修武施钱三十千文　毋顺长施钱三十千文　毋叙仁施钱二十九千文　鲁修臣施钱二十八千文　张九戈施钱二十八千文　□凤楼施钱二十六千文　毋□□施钱二十六千文　毋水稳施钱二十五千文　毋顺正施钱二十五千文　赵仕荣施钱二十五千文　赵仕名施钱二十四千文　赵永仑施钱二十三千文　赵法金施钱二十三千文　赵天佑施钱二十二千文　赵天义施钱二十二千文　赵臣岐施钱二十二千文　许永厚施钱二十五千文　许德印施钱二十二千文　许法英施钱二十二千文　许乐明施钱二十一千文　毋水智施钱二十五千文　毋水玉施钱二十五千文　毋北方施钱二十五千文　毋明方施钱二十四千文　毋通财施钱二十三千文　毋天明施钱二十四千文　毋长魁施钱二十三千文　毋叙礼施钱二十三千文　毋顺凯施钱二十二千文　毋叙祯施钱二十二千文　毋顺富施钱二十二千文　毋叙来施钱二十一千文　毋庚成施钱二十一千文　鲁许氏施钱二十一千文　赵天亨施钱二十一千文　赵良骅施钱二十一千文　赵永秀施钱二十一千文　赵德昇施钱二十千文　赵仕忠施钱二十千文　赵仕智施钱一十九千文　赵良国施钱一十九千文　毋清公施钱二十一千文　许安均施钱二十一千文　许乐天施钱二十一千文　毋清义施钱二十一千文　毋水聚施钱二十三千文　毋义土施钱二十二千文　毋昌祯施钱二十二千文　毋全顺施钱二十一千文　毋清泰施钱二十千文　毋叙义施钱二十千文　毋顺财施钱二十千文　毋永礼施钱二十千文　毋甲戍施钱一十九千文　毋叙明施钱一十九千文　郝凤昇施钱一十九千文　鲁顺德施钱一十九千文　郝永武施钱一十九千文　鲁德明施钱一十八千文　赵永喜施钱一十九千文　赵仕勇施钱一十九千文　赵秋贵施钱一十八千文　赵仕立施钱一十八千文　赵良双施钱一十八千文　赵和顺施钱一十七千文　赵万忠施钱一十七千文　许乐金施钱二十五千文　许乐高施钱二十千文　许永正施钱二十千文　许乐文施钱二十千文　毋富生施钱二十千文　毋清顺施钱二十千

文　毋义孩施钱一十九千文　毋水镜施钱一十九千文　毋来全施钱一十八千文　张永林施钱一十八千文　张永仁施钱一十八千文　郝永文施钱一十八千文　毋福润施钱一十八千文　毋顺荣施钱一十八千文　毋叙禄施钱一十八千文　郝凤岐施钱一十七千文　鲁德本施钱一十七千文　许乐贤施钱一十七千文　赵永蕊施钱一十六千文　赵软土施钱一十六千文　赵正俭施钱一十六千文　赵永俊施钱一十六千文　赵天清施钱一十六千文　赵国正施钱一十六千文　赵毋氏施钱一十六千文　许乐岐施钱一十九千文　许乐凤施钱一十八千文　许乐昇施钱一十七千文　许乐廷施钱一十七千文　毋泰享施钱一十八千文　毋清水施钱一十八千文　毋仁义施钱一十八千文　毋正松施钱一十八千文　毋贵根施钱一十八千文　张成正施钱一十七千文　毋会品施钱一十七千文　毋福庆施钱一十七千文　毋叙智施钱一十六千文　毋顺恒施钱一十六千文　毋顺元施钱一十六千文　毋顺贵施钱一十六千文　鲁德善施钱一十五千文　许毋氏施钱一十五千文　赵永焕施钱一十六千文　赵臣国施钱一十六千文　赵良廷施钱一十六千文　赵转正施钱一十六千文　赵良来施钱一十六千文　赵永芝施钱一十五千文　赵永和施钱一十五千文　毋水正施钱一十七千文　许永礼施钱一十七千文　毋水生施钱一十六千文　许安广施钱一十六千文　毋小平施钱一十七千文　毋水秀施钱一十七千文　毋清和施钱一十七千文　毋清东施钱一十七千文　毋小科施钱一十六千文　许乐地施钱一十五千文　毋小庆施钱一十五千文　许乐全施钱一十五千文　鲁天方施钱一十五千文　郝长春施钱一十五千文　毋顺君施钱一十五千文　毋永顺施钱一十五千文　毋永禄施钱一十五千文　毋小满施钱一十五千文　赵良骐施钱一十五千文　赵堆正施钱一十五千文　赵良贵施钱一十五千文　赵成生施钱一十五千文　赵永英施钱一十五千文　赵德善施钱一十五千文　赵良财施钱一十四千文　许雪正施钱一十六千文　毋水长施钱一十六千文　许安玉施钱一十六千文　许安全施钱一十六千文　毋元土施钱一十六千文　毋挪方施钱一十五千文　毋戍贵施钱一十五千文　毋水海施钱一十五千文　毋满土施钱一十五千文　郝永明施钱一十四千文　郝长余施钱一十四千文　鲁德武施钱一十四千文　毋顺臣施钱一十四千文

鲁泰来施钱一十四千文　鲁泰富施钱一十四千文　毋顺礼施钱一十四千文　毋天祥施钱一十四千文　许乐九施钱一十四千文　赵良璧施钱一十四千文　赵永华施钱一十四千文　赵仕珪施钱一十四千文　赵天福施钱一十四千文　赵天瑞施钱一十四千文　赵讨气施钱一十四千文　赵河德施钱一十四千文　许法兰施钱一十六千文　许安昌施钱一十五千文　许乐祥施钱一十五千文　毋水玺施钱一十四千文　毋可福施钱一十五千文　毋银喜施钱一十四千文　毋水云施钱一十四千文　毋平土施钱一十四千文　毋清永施钱一十四千文　许乐天施钱一十四千文　许法华施钱一十四千文　毋永兴施钱一十四千文　张福保施钱一十四千文　郝长贵施钱一十四千文　毋喜土施钱一十四千文　毋叙福施钱一十四千文　毋软戌施钱一十四千文　鲁德文施钱一十三千文　赵良福施钱一十四千文　赵正礼施钱一十四千文　赵天祥施钱一十三千文　赵许德施钱一十三千文　赵小堆施钱一十二千文　赵良玉施钱一十二千文　赵良珠施钱一十二千文　赵成印施钱一十四千文　毋小戌施钱一十四千文　许山土施钱一十四千文　许来兴施钱一十四千文　毋天瑞施钱一十四千文　毋福德施钱一十四千文　毋国清施钱一十三千文　毋喜土施钱一十三千文　毋天方施钱一十三千文　郝永印施钱一十三千文　许法俊施钱一十三千文　郝凤梧施钱一十三千文　张福忠施钱一十三千文　毋天财施钱一十三千文　毋土河施钱一十二千文　毋保喜施钱一十二千文　毋贵生施钱一十二千文　毋叙德施钱一十二千文　赵宝牛施钱一十二千文　赵正财施钱一十二千文　赵天昇施钱一十一千文　赵永顺施钱一十一千文　赵天法施钱一十一千文　赵德吉施钱一十一千文　赵仕建施钱一十一千文　许安印施钱一十三千文　毋水富施钱一十三千文　许法旺施钱一十三千文　毋兴工施钱一十三千文　毋清正施钱一十二千文　毋双土施钱一十二千文　毋黑旦施钱一十一千文　毋成德施钱一十千文　毋义德施钱一十千文　张明德施钱一十二千文　许安乐施钱一十二千文　张九兴施钱一十二千文　毋永仁施钱一十一千文　毋小戌施钱一十一千文　毋群贵施钱一十一千文　毋永魁施钱一十一千文　毋成德施钱一十一千文　毋顺义施钱一十一千文　赵正禄施钱一十一千文　李玉珠施钱一十一千文　赵

金太施钱一十一千文　赵永裕施钱一十九千文　赵北议施钱一十千文　李文甫施钱一十千文　赵永仁施钱一十二千文　许安秀施钱一十三千文　许法生施钱一十三千文　毋贵正施钱一十二千文　许法华施钱一十二千文　刘吃奶施钱一十千文　毋可云施钱九千文　毋清来施钱九千文　毋明月施钱九千文　毋良德施钱九千文　毋顺文施钱一十一千文　毋天来施钱一十一千文　郝永俭施钱一十一千文　郝兴土施钱一十一千文　张九正施钱一十一千文　张正德施钱一十一千文　许安稳施钱一十一千文　张福正施钱一十千文　许安全施钱一十千文　赵法云施钱八千文　赵永宝施钱一十九千文　郜法永施钱五千文　许雪生施钱一十二千文　许安直施钱一十二千文　许成元施钱一十一千文　许乐芝施钱一十一千文　毋小德施钱九千文　毋士祥施钱九千文　毋软土施钱八千文　毋存土施钱八千文　毋永俊施钱二十千文　毋叙正施钱一十千文　毋福鸿施钱一十千文　毋土正施钱一十千文　毋崇德施钱一十千文　毋天和施钱一十千文　毋银河施钱九千文　毋天文施钱九千文　许安民施钱九千文　毋天贵施钱八千文　张明仁施钱九千文　丁丙文施钱三千文　常保顺施钱二千文　毋金旦施钱一十一千文　许安玺施钱一十千文　毋蝉土施钱九千文　宋作书施钱八千文　田文山施钱三千文　刘怀贞施钱二千文　司德恭施钱二千文　司昌智施钱二千文　司昌礼施钱二千文　毋明土施钱八千文　毋顺恭施钱八千文　毋庚和施钱八千文　毋永兴施钱八千文　毋永义施钱八千文　毋采狗施钱八千文　张成宝施钱八千文　张贤德施钱八千文　曹凤山施钱八千文　郝黑旦施钱八千文

中华民国戊辰年乙丑月吉日立石

玉工宋兴开

木工刘开印

丹青赵永仁　郭昌大　许安众

东庙管赵德位

西庙管许乐祥

二九九　补修关帝庙碑记

民国十九年（1930）刊。

碑高51厘米，宽78厘米。

现存于吕梁市汾阳市阳城乡东龙观关帝庙。

【碑文】

补修关帝庙碑记

盖闻德配昊天，千古之英灵不泯；心崇汉室，万代之正气犹存。暨我邑东龙官村西头囗（衔），旧建有关帝庙一座，创自清初，庙基宽阔，殿宇雄壮，迄今代远年深，雨圮风颓，庙宇刮落倾坏，村人等目触心伤，无法措办。经前村长副虔心募化，鸠工兴作，将正殿三间暨乐楼、钟鼓楼，以及东西配房，逐次补修。因募化不足，是以村民等议定，将本庙原有香火地，抽卖以凑兴工。兹值工程告竣，焕然更新，用垂勒石，以志不忘云。谨将起意募化、收支出入、督工人员开列於后。

经王恩普君於民国十六年由库仑众商号募化布施花名列左

万源长布施洋十五元　双囗全布施洋十五元　京囗南通和布施洋十五元　林盛元布施洋五元　三和正布施洋五元　广丰德布施洋五元　兴隆魁布施洋三元　裕盛和布施洋三元　协裕和布施洋三元　大盛魁布施洋三元　三盛光布施洋三元　宏茂号布施洋三元　日升光布施洋三元　万盛和布施洋二元　通全德布施洋二元　通和达布施洋二元　双顺涌布施洋二元　瑞丰和布施洋二元　广源公布施洋二元　公和恒布施洋二元　日升玉布施洋二元　源泉涌布施洋二元　义全恒布施洋二元　永聚长布施洋二元　宝聚成布施洋二元　元盛公布施洋二元　德发贞布施洋二元　义合美布施洋二元　天星明布施洋一元　李培泽布施洋一元　王国安布施洋一元　南马庄郭世昌布施洋一元　锦元成布施洋一元　文水囗西村赵其彬布施洋一元　南马庄靳应茂布施洋一元　天聚义布施洋一元

以上共总合募化来布施大洋一百一十九元整

关帝庙十六年账上旧存大洋一十七元一毛三分五厘

入一宗由库伦化来布施内得来利洋十四元

入一宗卖过墙子地八十亩市价洋八十二元

入一宗卖过西官地道八十亩市价洋七十五元

入一宗市过本庙柳树一棵市价洋二十元

入一宗市过旧木料等项洋三十九元七毛六分

入一宗□年份□□地二十一亩价洋四十一元四毛

出付过泥匠资费洋九十六元一毛

出付过木匠工资费洋一百二十五元

出付过砖瓦灰等费洋一百三十一元七毛三分

出付过买木料等费洋三十一元三毛

出付过买绳线等大洋一十二元

出付过买铁器等大洋一十五元三毛五分二厘

至此挽清　一满连旧存并化来布施　除记净亏大洋七元二毛零七厘

本邑居士梁冠五敬书

起意值年村长副蔚魁全　刘明光　并间长等王臣廉　赵宗谟　武锡龄　梁怀义

督工值年村长副刘天瑜　殷士肤　并间长等蔚魁全　王恩普　刘明光　赵宗正　武锡林　张登林　赵鸿皋　贺成喜　苏凤海　王臣勋

经理完全值年村长副赵宗正　王恩普　并间长等蔚魁全　赵鸿远　裴友权　梁怀仁

中华民国十九年阴历五月十三日谷旦

三〇〇　重修大禹庙观音堂戏楼兼创修庙后地基碑记

民国二十一年（1932）刊。

碑高139.5厘米，宽52厘米，厚22.5厘米。

碑额书"重修碑记"。

现存于长治市平顺县东青北乡西青北村禹王庙。

【碑文】

重修大禹庙观音堂戏楼兼创修庙后地基碑记

尝闻夏禹之治水非一时之功，乃万世之功。斯理昭彰，尽人皆知。而我村旧有大禹神庙，不知创自何代，年长日久，被风雨摧残，屋脊倒塌，瓦破椽烂，损坏不堪。村中同人不忍袖手旁观，坐视成败，公议兴工，通□筹划，力谋修理。惟蕞尔小村，地瘠民贫，经济困难，大众公议，竟将社内椿、槐、杨、松木树出卖几株，扶助成功，加以在村募化金钱，稍补不敷。迄今将功告竣，共需金洋三百余元之谱，建铭以志。余以谫陋之才，不揣冒昧，聊叙俚词，永垂千古不朽云尔。

牛银水施洋二元　冯玉金施洋二元　牛福狗施洋二元　冯景荣施洋二元　牛海水施洋二元　冯文魁施洋二元　冯元景施洋二元　曹三仓施洋二元　冯群则施洋二元　冯新成一元五角　李□金一元五角　冯桂昌一元五角　冯起群一元五角　冯桂枝一元五角　冯宝成一元五角　冯永泉施洋一元　曹过孩施洋一元　冯炳奎施洋一元　李宏施洋一元　冯群发施洋一元　李福盛施洋一元　冯洪林施洋一元　曹根德施洋一元　牛金水施洋一元　李玉宏施洋一元　冯存良施洋一元　李文芳施洋一元　牛清水施洋一元　李福宏施洋一元　牛存水施洋一元　曹东河施洋一元　宋仁则施洋一元　曹文元施洋一元　牛贵兴施洋一元　牛河水施洋一元　冯玉岩施洋一元　李东喜施洋一元　李新喜施洋一元　曹小屁施洋一元　曹麒麟施洋一元　李申卯施洋一元　曹虎保施洋一元　牛金喜施洋一元　冯满景施洋一元　冯继盛施洋一元　曹德喜施洋一元　冯宽荣施洋一元　曹冯觉施洋一元　冯栓柱施洋一元　曹过成施洋一元　曹盛林施洋一元　曹东富施洋一元　曹文孩施洋一元　冯三孩施洋一元　冯连柱施洋八角　曹新玉施洋六角　冯枝荣施洋五角　曹玉凤施洋五角　冯过拴施洋五角　曹毛旦施洋五角　李秋宏施洋五角　冯存孩施洋五角　冯桂林施洋五

角　冯科则施洋五角　李四狗施洋五角　冯金连施洋五角　曹根富施洋五角　冯程景施洋五角　李小孩施洋五角　冯虎孩施洋五角　李来保施洋五角　冯天福施洋五角　冯保全施洋五角　曹卯林施洋五角　宋根仁施洋五角

修工社维首人　曹过孩　牛银水　冯新成　冯玉金　李怀金　冯桂昌　冯永泉　冯炳奎

平顺县立第一高等学校毕业冯文信撰文并书丹

玉工人董喜存

民国二十一年阴历七月十七日修工社维首敬刊

三〇一　补修真泽宫碑记

民国二十四年（1935）刊。

碑高 225 厘米，宽 95 厘米，厚 23 厘米。

碑额书"福缘善庆"。

现存于长治市壶关县树掌镇神郊村真泽宫。

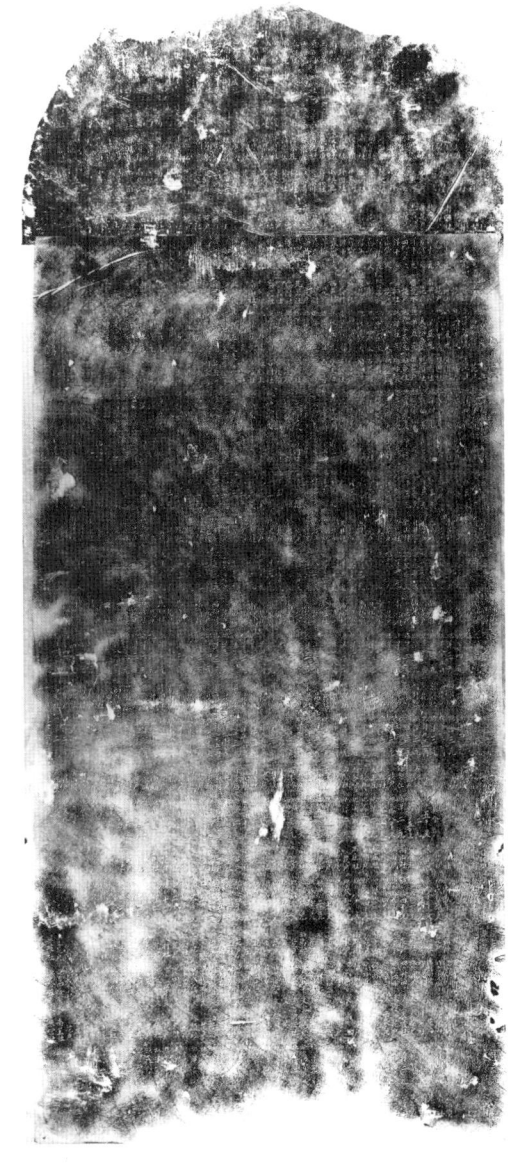

【碑阳】

补修真泽宫碑记

二仙真人千载弗灭之威光也。每逢夏历四月，远近之善男信女顶礼焚香者辐辏云集。若非降福，孔多胡为乎来哉。观其功愈高庙愈大，创建者不知如何，续补者难乎其为完完也。去岁春驾临四方，募诸布施。而善人君子乐其输将，于是丹雘后宫，成全处处之倾圮，蒇事而竣。首事者求序于余，余登耄老不啻荒谬，且老来多健忘，暗合于古诗也。推诸后进学士，反以礼而退让之，尚何辞焉。窃思二仙真人以孝格天，乃大义也。惟大义所在，即大孝流芳。由唐迄今，神前之香烟缭绕常常不绝，可谓人之所信仰者深。天之所造就者，诚不易也，因果无差，乃自然之道，岂不韪欤旧说。二千余年前遭际种种困难，难无所告，曾受般般痛苦，苦不可言。或据诸古碑，或征诸邑乘，大意终不外是。是诚天壤所罕觏者，则今日之功德非常正曩者之苦楚，亦非常也。报施之理鉴衡不爽，谁不信然。其它春秋匪解享祀不忒，祀典之常在，在有之斯庙也，斯神也。世之愚夫愚妇以弗无子者，每祷辄应，自以为求之有道，得之有命不知渺渺，冥冥中因果早定。盖以天道无亲，唯与善人。《传》曰：神者聪明正直而一者也。鉴其德又观其恶，是则神依人而显，人以神而善。故圣人假神道以设教，良有以也，置诸当世，其补于社会人心者，岂有既乎？是为序。

前清儒学生员师范简易科毕业壶关县第一高级小学校主任教员盖裕昆撰文

省立第四中学毕业历任本县第一三高校主任教员陆军第三方面军第四兵站医院少校书记官丁克俭书丹

山西省立第四师范学校毕业壶关县国民师范学校校长盖良矩篆额

国立山西大学校毕业山西省政府存记县长暨省府视察员杨发瑞参赞

壶关县县长张捐洋十元　壶关县公安局局长王捐洋七元

陵川县县长王捐洋十元　陵川县公安局局长杨捐洋五元

长治县县长鲁捐洋十元　长治县公安局局长赵捐洋四元

山西省立第四中学校教员总理　杨毓琴

社首赵群水　丁狗则　王四喜　冯思再　盖慈水　赵堃埧　张成□　杨青山　杨振泉

管账杨俊时

维首张还苟　丁长思　杨隆时　杨毓锦　丁茂群　盖孝先

玉工李小东　子永和

石匠靳小狗　赵李水

油匠王垒重　丁广成

住持杨元成　徒常月桂同立

民国二十四年岁在乙亥旧历四月初一日谷旦

【碑阴】

上庄　细腰社　大泊池　四义社　东西石门　东八渠　二郊口　河头社　东西伞村　大烘池　宋家坡　西碥村　蒲水村　金家岭　靳庄　泉则村　库头社　石炭村　中村　冯村　北□村　荆圪倒　盖家川底　司家岭　李家岭　石门社　以上各施大钱十六千文　火焰凹　石杜社　水草凹　楚江寨　城沟社　南圪倒　大佛掌　井掌社　北窑上　罗鼓掌　南川社　王掌社　东石门　小泊池　卓凹社　阁老庄　西沟社　□家掌　中庄社　蔡家平　西北呈　小南山　西下□　秦三珍　秦水珍　东呈社　徐家社　寺沟社　洞头上　□唐社　牛王岭　魏家庄　安居社　北大掌　董家社　桑树河　老四圪倒　石峪社　郊界底　崔家掌　林青庄　北岭社　西璇掌　东璇掌　司马社　官城社　崔九菊　任家庄　看寺社　宋王山　北李末　东王堡　南李末　酒村社　西王内　五里庄　陈家庄　南□村　青仁公所　南圈沟　汉上　仙菊社　辘轳城　庙背社　苇水社　叶河社　南庄社　平凤山　寒池社　神南底　宋家岭　正小召　二仙头　岭后底　南庄社　日□掌　十家岭　史家庄　青

山底　岳家庄　张门前　花落社　北庄社　南马社　平川社　苏村社　郭庄社　猪圈郊　秦辅余　赵完璧　平日□　壶邑商务会　孝字约　弟字约　忠字约　信字约　崇仁公所　东田艮　义合公所　王家庄　宋家庄　窟窿庄　前双岗　后双岗　南璩庄　东村社　□□五圣会　后河社　丁庄社　沙窟社　申家岭　寨上社　河西社　向掌社　南头社　长井头　后坡社　坡头社　唐王庙　南池社　石家庄　郎家庄　彭家庄　鲍村社　上霍社　西张堡　北张社　闫家河　杜家河　李掌社　吕乾强　吕豪　杜家岩　申家村　盘马池　聚家庄　长家池　东川村　西七里　东七里　十里社　荞麦山　南圪台　寺湖社　申家河　大庄社　小庄村　沙河社　建宁南社　北社　李家河　程家河　东掌社　小义井　陈丈沟　安乐社　庄河社　牛家河　野川社　小烘池　得义社　庞家川　和家碣　柳义社　林则社　赵家背　西河沟　北冶社　北山社　桥头社　山后五庄　横河社　北头社　北坡社　岗头四社　岔山社　北窑沟　南窑沟　沟里社　南泉头　上河南　南寺峪　百家汕　小番底　以上各施大洋二元　平城镇行社施大洋五元　岭东社施钱六十四千文　仓郊社施钱三十七千文　马圈社施钱五十五千文　本村树掌南北社施钱一百五十串　四大社施钱一百串　森掌村　经□村施洋三十三元　大会村施洋十元　（阙文）　花户施钱二十九千文　南郊社施洋十元　花户施钱二十二千文　教掌社施洋十元　花户施钱五十四千文　北召社施洋十元　花户施钱四十六千文　南行头施洋十元　花户施钱十九千文　北行头施洋十元　花户施钱十五千三百文　崔家庄施洋十元　花户施钱五十四千文　□掌社施洋十元　花户施钱五十四千文　魏庄社施洋十元　花户施钱十六千文　辛城社施洋八元　宋福禄施钱四十千文　上河社施洋八元　花户施钱三十九千文　秦寨社施洋八元　花户施钱十六千文　磨掌社施洋八元　花户施钱三十七千文　盘底合社施洋十三元　大井社施十元　韩店社施洋八元　花户施洋十元　石坡社施洋八元　花户施钱十七千三百文　后沟社施洋七元　花户施钱二十二千二百文　下河社施洋七元六角　掌行社施洋六元　花户施钱二十一千五百文　马家庄施洋六元　花户施钱三十九千二百文　五集社施洋七元　花户施钱十六千五百文　林镇施洋十

一元四角　柳林庄施洋七元七角　贾庄社施洋六元　花户施钱十三千五百文　双井社施洋七元　罗东掌施洋九元五角　定流社施洋五元　花户施洋二十三元三角　郭家驼施洋八元　十八掌施钱六十五千文　中大会施洋七元　花户施钱四十一千五百文　流泽社施洋六元　花户施钱二十千文　大河口施洋五元　花户施钱二十四千文　南平头施洋五元　花户施钱二十八千五百文　黄花水施洋五元　花户施钱十五千五百文　祖师社施洋五元　花户施钱十八千文　陵邑城里字号施钱四十二千文　四关庙施钱十四千文　众花户施钱五十九千文　桑梓合社施钱八十二千文　官道六村施洋六元　西苗村施洋五元　花户施洋六元三角　东苗村施洋五元　花户施洋八元六角　北彰社施洋六元五角　璩村社施洋七元三角　贾彰社施洋五元七角　寨河社施洋六元五角　赵村社施洋五元　南山社施洋五元　花户施钱十四千文　水台底施洋五元　花户施钱十千五百文　百尺社施洋五元　花户施钱十千五百文　二仙岭施洋五元　花户施钱五千五百文　牛家掌施洋五元　花户施钱四千文　北阳豁施洋五元　郭村社施洋六元　南阳豁施洋五元　上下好牢施洋七元　璩家庄施洋五元　花户施钱二十七千文　韩庄社施洋五元　花户施钱十千文　新城社施洋五元　花户施洋八元四角　刘秃则施洋五元　秦锁德施洋五元　秦天棋施洋一元五角　西河社施洋十元　花户施钱十五千一百文　郭家庄社施洋四元　花户施钱八千五百文　东□上施洋四元　花户施钱十二千四百文　玉皇社施洋四元　花户施钱七千文　沙淮社施钱二十一千五百文　坝则社施钱二十八千五百文　赵城社施洋四元　北头社施洋四元　花户施钱十一千五百文　□□□联合社施钱九千三百文　蝎神头施钱三十八千文　郭堡庄施洋四元　花户施钱十千九百文　石盆村施洋四元　赵豁池施洋五元　花户施钱六千七百文　芳岱社施钱二十二千五百文　皇王庙施洋六元八角　白云寺施洋五元六角　黄流坡施钱六十三千文　南碜脑施钱五十五千文　六泉社施钱三十四千文　黄崖底施钱六十七千文　黄崖头　石圈社　红脑上三社施钱四十千文　沙厂社施钱二十五千文　秋掌社施钱二十五千文　东黄松背施钱十五千文　西黄松背施钱二十四千文　井则河施钱四十八千文　树家湾施洋四元　花户施钱三十八千文

下川村施洋四元　花户施钱二十一千文　□古桥施钱四十八千文　岭后底施洋五元　花户施钱二十六千文　寨上社施洋四元　花户施钱六十七千五文　梁家碥施洋四元　花户施钱二十千五百文　西王宅施洋四元　花户施钱五千文　石南底施洋四元　花户施钱十一千四百文　□□碥施洋四元　百福□施洋四元　花户施钱十一千文　石阳河施洋四元　花户施钱十四千文　横庙村施洋三元　花户施钱十一千三百文　北脑社施洋三元　花户施钱九千文　原家社施洋三元　花户施钱五千五百文　楼上社施洋三元　花户施钱十二千五百文　张家社施洋三元　黄背驼施洋三元　花户施钱五千三百文　池南掌施洋三元　花户　上庄社施洋三元　花户施钱十千文　浙水社施钱十五千文　花户施钱二十六千四百文　南掌社施洋三元　花户施钱二十一千四百文　前三庄施洋三元　丁家岩施洋三元　杨家池施洋三元　花户施钱四千五百文　石门口施洋三元　黑虎村施洋三元　杨□社施洋三元　城会社施洋三元　花户施钱十千文　马鞍驼施洋三元　花户施钱十千五百文　寺尾沟施洋三元　花户施钱十六千六百文　龙溪镇施洋三元　花户施钱四千文　东掌社施洋三元　玉□水施洋三元　花户施钱十一千文　哭水社施洋三元　花户施钱二十千文　河东社施钱十二千三百文　西赵豁池施钱十三千四百文　福头社施洋三元　花户施钱二十二千五百文　回车社施洋三元　花户施钱十五千三百文　西柏坡施洋三元　花户施钱三十七千文　柳泉社施钱十千文　花户施钱七十一千文　壶陵水施钱十八千文　花户施钱三十二千文　牛洞上施钱十二千文　花户施钱二十四千文　南坡社施洋三元　花户　南窑上施洋三元　□□社施洋三元　杨寨社施洋三元　花户施钱十六千文　南召社施钱二十千文　花户施钱十六千文　路城社施洋三元　花户施钱二十一千文　甘井掌施钱十五千文　龙山村施钱三十千文　沙院社施洋四元　花户施钱十七千文　东王宅施洋三元　花户施钱六千文　三刀掌施洋三元　花户施钱十千五百文　三井社施洋三元　花户施钱十一千文　岭西面社施洋三元　花户施钱八千五百文　炭□平施洋三元　花户施钱九千五百文　紫水社施洋三元　花户施钱九千五百文　禄池社施洋三元　花户施钱八千文　鸦村社施洋三元　魏家湾施洋三元　葫芦沟施洋三元　花

户施钱十五千五百文　岭南底施洋三元　花户施钱十四千五百文　魏家岭施洋三元　花户施钱七千文　□圪社施洋三元　花户施钱八千文　高崖头施洋三元　花户施钱九千文　地南头施洋三元　花户施钱十六千五百文　东柏林施洋三元　花户施钱七千文　贾家底施洋四元　花户施钱十五千文　东庄社施洋三元　花户施钱四千五百文　南河社施洋三元　花户施钱四千文　西柏林施洋三元　冯坡社施洋三元　花户施钱七千文　黄山社施洋三元　□东社施洋三元　花户施钱七千文　□□社施洋三元　□岭掌施洋五元　花户施洋四元　黄家川施洋三元　花户施洋八元五角　辛寨社施洋三元　花户施洋三元一角　西池社施洋三元　花户施洋二元　南河头施洋三元　花户施洋二元三角　东故县施洋三元　北仙泉施洋三元　南仙泉施洋三元　花户施洋二元一角　沙峪村施洋三元　花户施洋一元八角　韩任社施洋三元　花户施洋三元四角　东韩社施洋三元　花户施洋三元六角　南王庄施洋三元　花户施洋二元四角　曹家沟施洋三元　花户施洋四元八角　南和村施洋三元　花户施洋三元　中和村施洋三元　花户施洋三元六角　西和村施洋三元　花户施洋四元　南岭村施洋三元　花户施洋八角　北岭头施洋三元　花户施洋一元六角　北和村施洋三元　花户施洋三元　西坡社施洋三元　花户施洋三元　□岭社施洋三元　花户施洋八元一角　郭堡社施洋三元　花户施洋六元一角　刘兴成施洋三元　北呈社施洋三元　花户施钱四千五百文　西南呈施洋三元　花户施洋二元九角　□张社施洋三元　花户施洋二元一角　应城社施洋三元　西长井施洋三元　花户施洋一元六角　三嶕村施洋三元　马□社施洋三元　花户施洋四元　四家池施洋三元　花户施洋一元三角　宋壁社施洋三元　花户施洋九元一角　布村社施洋三元　秦家庄施洋三元　花户施洋九元　西常村施洋三元　花户施洋三元七角　大李村施洋三元　西贾村施洋三元　东贾村施洋三元　陈家庄施洋三元　花户施洋一元六角　川底社施洋三元　花户施洋五元　禾登社施洋三元　花户施洋四元七角　大安社施洋三元　花户施洋三元七角　固村镇施洋三元　花户施洋三元六角　东韩社施洋三元　花户施洋五元四角　牛家掌施洋三元　花户施洋十一元　杏城社施洋二元五角　花户施钱五千文

庙郊社施洋二元五角　花户施钱七千文　三郊口施洋二元五角　嵩山社一十四千文　寺郎庄施洋二元五角　花户施钱二十一千文　柴家沟施洋二元五角　花户施钱十五千文　周南庄施洋二元五角　西旺庄施洋二元五角　西田社施洋二元五角　柳树社施洋二元五角　花户施洋六角　北两水村施洋二元七角五分　塔地社施洋四元　花户施洋五元　马王社施洋二元　花户施洋六元一角　后窑社施钱十七千八百文　新庄村施洋二元　花户施钱十千二百文　□福社施洋二元　花户施钱十二千文　西石盆施钱十五千三百文　东石盆施洋二元四角　掌沟社施洋二元　花户施钱十六千三百文　赶马碛施钱十八千文　花户施钱五千文　石河沐施洋二元　花户施钱二十千五百文　仔粮庄施洋二元　花户施钱十八千文　天桥社施钱十千五百文　大王庄施洋二元　花户施钱十五千八百文　大合社施洋二元三角　沙驼社施洋二元　花户施钱九千五百文　东沐浴施洋二元　花户施钱四千八百文　南汕社施洋二元　花户施钱七千八百文　西沐浴施洋二元　花户施钱四千文　下石坡施洋二元　花户施钱十五千五百文　南脑社施洋二元　花户施钱五千文　徐家后施洋二元　花户施钱四千一百文　东郊村施钱十一千六百文　东井岭施洋二元　花户施钱十三千文　高□上施洋二元　花户施钱九千五百文　东脑后施洋二元　花户施钱七千一百文　和尚脑施钱十二千六百文　郭家碣施洋二元　花户施钱七千六百文　岭东社施洋二元　花户施钱五千七百文　东柏坡施洋二元　花户施钱六千文　恶石掌施钱十千文　花户施钱三十三千文　阴山坝施钱十千文　花户施钱三十一千文　石圪爽施钱二十九千文　鹅□社施钱十千文　花户施钱二十三千文　井则河施钱六千文　花户施钱四十二千文　高碣社（阙文）　□□□施钱（阙文）　上□河（阙文）　花户施钱三千八百文　石家坡施钱十八千文　苦郊社施钱五千文　花户施钱二十六千文　东上河施钱七千文　花户施钱二十八千文　受仓社施钱二十二千文　嵩山社施钱十四千文　矿山底施钱十九千文　黄虎掌施钱十四千文　松庙社施洋七千文　花户施钱二十四千文　西庄社施钱八千文　花户施钱三十二千文　郑家岭施钱六千文　花户施钱二十七千文　大佛掌施洋二元　花户施钱十九千文　南营社施洋二元　花户施钱九千

文　窑上社施钱十五千文　花户施钱三十三千文　张村社施钱二十千文　花户施钱三十一千文　小召社施洋二元　花户施钱十四千文　尧庄社施洋二元　花户施钱二十五千文　安阳社施洋二元　花户施钱五千文　北窑上施钱三千文　花户施钱十一千文　南召社施钱二十千文　花户施钱十一千文　寨则社施洋二元　花户施钱九千文　庄头社施洋二元　花户施钱二十四千文　脚头社施洋二元　花户施钱十七千文　石掌社施洋□元　花户施钱三十千文　九光社施洋一元　花户施钱四十二千文　上郊社施洋二元　花户施钱二十三千文　义行社施洋二元　花户施钱三千文　张家庄施洋一元　花户施钱二十七千文　沙上头施钱二十三千文　东□社（阙文）　花户（阙文）　村寨社施钱十三千文　花户施钱七千文　岭西社施钱十八千文　花户施钱七千五百文　□□社施钱十四千文　花户施钱八千文　五山社施钱四千文　花户施钱卅四千文　簸箕掌施钱四千文　花户施钱二十二千文　里义镇施钱十五千文　花户施钱十五千文　南路河施钱四千文　花户施钱二十二千文　窑河里社施钱三千文　花户施钱三十二千文　后河社施洋二元　花户施钱三十八千文　西马鞍施钱五千文　花户施钱二十千文　司家河施钱十千文　花户施钱十六千文　冯家炉施钱五千文　花户施钱二十二千文　梁家庄施洋二元　花户施钱十七千文　内王社施钱五千文　荫城镇施钱五千文　花户施钱二十八千文　东掌社施钱十千文　三掌花户施钱二十四千文　宋公社施钱五千文　花户施钱四十四千文　赵村社施钱五千文　花户施钱三十千文　合义社施钱三千文　花户施钱六十九千文　协义社施洋二元　花户施钱二十千文　南王庆施钱十九千九百文　王庆社施钱十千文　花户施钱二十千文　王坊社施洋二元　花户施钱三十二千文　下河南施钱二十一千文　内王花户施钱四十千文　草坡社施钱十五千文　花户施钱十八千文　（阙文）井东社施洋二元　花户施钱四千文　川河社施洋二元　花户施洋十八千五百文　东坡社施洋二元　花户施钱十三千文　宋家河施洋二元　花户施钱六千五百文　断路社施洋二元　花户施钱九千五百文　南崖上施洋二元　花户施钱八千文　山则岭施洋二元　花户施钱十五千文　星耀头施洋二元　花户施钱四千五百文　河西社施洋二元　花户施钱七

千五百文　任家庄施洋二元　柏林山施洋二元　花户施钱三千五百文　曹家沟施洋二元　花户施钱三千文　南村社施洋二元　花户施钱六千文　油房河施洋二元　花户施钱六千文　桥头社施洋二元　花户施钱五千文　北兑川施洋□元　花户施钱十□千文　西堡社施洋一元五角　花户施钱十二千文　海峰寺施洋二元五角　南宋壁施洋二元　花户施洋一元□角　宋壁社施洋三元　申川社施洋三元　璩家沟施洋二元　花户施洋六元　寺庄社施洋二元　花户施洋一元三角　南呈社施洋二元　东常社施洋三元　龙尾头施洋二元五角　石后堡　龙居社　东脑村　西牢村　弋□四社　南大掌　东汕头　南则社　东□村　马居社　东张村　西呈社　（阙文）　白家庄以上各施钱□千文

三〇二　重修古刹天池寺碑记

民国二十五年（1936）刊。

碑高175厘米，宽79厘米，厚17厘米。

碑额书"天池寺"。

现存于晋中市和顺县喂马乡窑堤村天池寺。

【碑文】

重修古刹天池寺碑记

  读诸礼云：有其举之，莫敢废也。矧寺院之古迹，前人既已经营创建，后世应宜继续补葺。是以古之龙宫、象塔、鹫岭、鸡园至今称盛。要非人工之频加整饬，乌得圣境常新？我和邑治南三十里许，有天池寺者，四山高耸，中则低焉，寺曰天池，即依此命名矣。夫此寺后靠龙岗，前登凤岭，仰视古松参天，密叶遮日，俯闻百鸟争栖，鸣声上下，当春奇卉畅茂，届冬夭桃吐葩。斯地也，不惟梁余之仙境，尤为箕阳之雅域，两县人士游咏不绝。但不知创自何朝，惟稽重修历代，迄今复受风雨飘零，又遭雀角鼠穿之患，墙屋倾颓，神像残缺。斯方一般民众，目睹心伤，咸愿补葺。故窑堤、河绪、仪岭三村人士公推乡耆卢怀瑾经理，各村士庶，同兴善念，共襄斯举。於乙亥孟春会集禅林，众皆发慈悲心，起勇猛志，各捐资财，四方募化。既获众力之扶持，遂开重修之盛举。因而纠工庀财，仍旧址以补葺，营新基而改作。第见倾颓者整饬，残缺者完成。数月之间，功程告竣，由是涂丹臒施，宫殿辉煌，其余山神、井神各庙以及禅房普渡二桥，俯仰内外，焕然一新。吾知嗣后信女善男，瞻拜者益生，其敬高人达士，祷祝者愈秉其诚。今兹重修之举，兴创建实有同功焉。故勒诸贞珉，以垂不朽。

  河北省烟酒事务分局局长山西省第二届省议会议员和顺县教育局局长矛仁杜元善薰沐敬撰

  山西省立中学肄业曾充国民学校教员乐山卢爱仁盥手书丹

  和顺县商会施洋六元　和顺县商会主席刘亲晏施洋二元　山西民政厅视察员李友梅施洋二元

  总理卢怀瑾施洋五元　副理侯存明施洋五元　侯得禄施洋六元　白六二施洋六

元　白文彦施洋四元　白麟祥施洋五元　李银常施洋二元

功德主耿黑牛　李清秀　侯得禄　白六二

金妆释迦佛像常运喜施洋二十六元

司账侯得位施洋三元　白致远施洋五元　房狗成施洋一元五角

纠首李玉祯施洋五元　张正元施洋四元　韩治全施洋三元　高看好施洋三元　侯秉贵施洋三元　白绘采施洋三元　曹云信施洋二元　曹九成施洋二元五角　董瑞玺施洋二元　曹云智施洋二元　贾海生施洋二元　宋四和施洋二元　赵生来保施洋二元　曹登科施洋二元　曹连科施洋二元　李玉祥施洋二元　米存元施洋二元　侯秉富施洋一元五角　刘天成施洋一元五角　胡六斤施洋一元五角　刘三孩施洋一元　李玉福施洋一元　侯魁武施洋一元　肖元保施洋一元　侯金福施洋一元　宋来喜施洋一元　张银顺施洋四元　白营生施洋三元五角　高五四施洋二元五角　白水源施洋二元　白鼠施洋二元　关三小施洋二元　白海林施洋二元　白聚财施洋一元五角　肖三友施洋一元五角　关银牛施洋一元五角　白乃林施洋一元五角　段海金施洋一元五角　祁汝珍施洋一元　白进喜施洋三元五角　白银琇施洋三元　白林耀施洋二元　白林焕施洋二元　白银璟施洋一元　李金昌施洋一元五角　李仲昌施洋一元

铁匠马占忠　瓦匠张庆冬　南殿泥匠张九成　北殿泥匠赵丙连　南殿木匠常彦青　北殿木匠岂富祥　石匠常宗平　方金才　申太明　北殿画匠杨兰亭　东西殿画匠张子房　南殿画匠李义昌（各）施洋二角

大中华民国二十五年四月十五日谷旦

三〇三　补修井台碑记

民国二十五年（1936）刊。

现存于晋城市泽州县柳树口镇司家河村三教堂。

【碑文】

补修井台碑记

晋城县东二区司家河村,下河有古井一面。因廿四年七月天下洪雨,河刮古井,一物所有。合同闾社维首邻长同人民公议,挨门头人口派钱做工排井,补修井台。重修之后,吃水任照旧规。为记。

毋清淮撰

主神司昌仁施钱十三千三百二十文

闾长司昌承施钱十一千八百八十文　司德恭施钱二十千零五百二十文　司昌信施钱十二千六百文

邻长司昌福施钱十一千八百八十文　司昌勋施钱九千七百二十文

维首司东方施钱八千二百八十文　田文山施钱七千五百六十文

司义和施钱六千一百二十文　许法旺施钱四千六百八十文　司昌安施钱十八千三百六十文　司昌义施钱十四千零四十文　田文明施钱九千七百二十文　司昌洪施钱九千文　司南方施钱九千文　司昌财施钱八千二百八十文　司仁义施钱八千二百八十文　司安乐施钱八千二百八十文　田文臣施钱八千二百八十文　司昌智施钱七千五百六十文　司平正施钱七千五百六十文　司昌礼施钱六千六百四十文　司双豹施钱六千一百廿文　司昌邦施钱五千四百文　田双宝施钱四千六百八十文　司天清施钱三千二百四十文　司金狗施钱三千二百四十文

玉工元守福　任富元　平来玉

通共化费钱二百四十四千文

中华民国廿五年十月廿五日立石

三〇四　重修二仙馆碑记

民国二十八年（1939）刊。

现存于晋城市泽州县柳树口镇范山堂附近二仙馆。

【碑文】

重修二仙馆碑记

盖闻圣德洋溢，昭万古而常馨；神功浩荡，垂千载而不泯。是以泽及生民者，设庙以安之；恩施后世者，供像以飨之。其与天地为畴、日月同光者，良有以也。县之东南隅有银桥山，峰峦叠翠，涧谷幽邃，襟丹水而带石川，控珏山而引松色，天造地设，诚神仙府处也。山上旧有二仙馆，创建未知何年，重修不悉几度，内供二仙真人，庙貌巍峨，圣像庄严。附近居民凡遇水旱疠疫，必斋戒沐浴而祷之。英灵显迹，有求必应；鸿庥厚泽，荫庇万民。但以年湮代远，风雨淫摧，殿宇为之颓毁，神像因而剥蚀，目触心伤，良深浩叹。好事者咸以重修为怀，惟社务瓦解，神事停顿，又值时局不靖，筹款艰难，故事不果行。迄民国二十七年冬，经村长毋叙珍召集本村士绅及公务人员开会讨论，将社事重行整理，改掌神为委员。当选定赵天荣、许乐元、毋士英、毋顺典为社务委员，由委员中互推毋士英为主任。社事既兴，百废俱举，乃筹巨款，图谋恢复。奈工程浩大，独力难擎，遂多方劝募，以期集腋成裘。幸赖各社社首协助劝募，各处仁人善士慨解义囊，共襄盛举。於是鸠工庀材，从事修葺。自二十八年七月开工，至九月完工，计时三月而工程告竣。红瓦碧檐，崭然一新。昔之败堵残垣者，今则画栋雕梁矣；曩之颓毁剥蚀者，今俱金装俨然矣。美奂美轮，允严允肃。不惟神有凭依，而观瞻亦壮矣。斯时，余适来长是区，因公下乡，承诸当事者之嘱，恭修短引，以志不忘。是为序。

署理晋城县第二区区长党门王朝阳撰文

东石瓮编村村公所书记崇实毋明华书丹

羊会施洋十元　赵国华施洋十元　毋顺明施洋七元　毋士达施洋六元　毋福润施洋五元　张九恭施洋五元　许乐正施洋五元　许乐义施洋五元　毋水秀施洋五

元　毋秀珍施洋五元　毋秀珽施洋五元　毋秀碧施洋五元　毋清和施洋五元　毋水源施洋五元　鲁修理施洋五元　毋永礼施洋五元　许乐元施洋五元　赵天荣施洋五元　毋叙珍施洋五元　毋□英施洋五元　许永德施洋五元　赵正德施洋四元　王培才施洋四元　张永义施洋四元　张九皋施洋四元　鲁修臣施洋四元　毋叙祯施洋四元　许永顺施洋四元　赵臣芝施洋四元　赵臣英施洋四元　赵臣尧施洋四元　赵良田施洋四元　毋水碧施洋四元　毋水兰施洋四元　毋清莹施洋四元　赵士义施洋四元　许安乐施洋三元　毋福来施洋三元　许永礼施洋三元　毋水泽施洋三元　毋清玉施洋三元　毋福英施洋三元　毋永兴施洋三元　赵发元施洋三元　毋叙斌施洋三元　张永仁施洋三元　郝凤楼施洋三元　毋顺凯施洋三元　毋顺礼施洋三元　赵田氏施洋三元　毋士杰施洋三元　赵臣男施洋三元　赵臣豪施洋三元　赵臣杰施洋三元　赵德昇施洋三元　赵国生施洋三元　赵良喜施洋三元　赵永珠施洋三元　王登台施洋三元　毋士贤施洋三元　许永吉施洋三元　赵仕三施洋二元　毋可福施洋二元　鲁修福施洋二元　许乐高施洋二元　毋顺财施洋二元　毋昌祯施洋二元　毋清璘施洋二元　毋顺余施洋二元　毋叙来施洋二元　张九成施洋二元　许乐长施洋二元　许安稳施洋二元　许乐贤施洋二元　张玉彦施洋二元　鲁修武施洋二元　毋顺正施洋二元　毋永和施洋二元　毋叙才施洋二元　毋叙厚施洋二元　毋永喜施洋二元　毋福清施洋二元　许乐俊施洋二元　许永昌施洋二元　许发兰施洋二元　许安均施洋二元　毋明义施洋二元　赵臣直施洋二元　赵仕荣施洋二元　赵良国施洋二元　赵永秀施洋二元　毋水科施洋二元　毋清仁施洋二元　毋水泗施洋二元　毋清碧施洋二元　王凤桐施洋二元　杨俊礼施洋二元　许乐文施洋二元　赵臣忠施洋二元　赵臣信施洋二元　赵国元施洋二元　赵永仑施洋二元　杨成功施洋二元　吴士纯施洋二元　毋叙廉施洋二元　张宏道施洋二元　毋水泉施洋二元　毋士富施洋二元　毋清文施洋二元　毋水生施洋二元　许永亮施洋二元　毋福义施洋一元　鲁德善施洋一元　鲁德文施洋一元　鲁德武施洋一元　鲁许氏施洋一元　鲁修法施洋一元　鲁顺河施洋一元　毋天和施洋一元　毋福善施洋一元　毋水发施洋一元　郝长

余施洋一元　许永均施洋一元　赵德吉施洋一元　毋顺贵施洋一元　毋清福施洋一元　毋清山施洋一元　毋永仁施洋一元　毋桂根施洋一元　许法轩施洋一元　毋小根施洋一元　毋叙忠施洋一元　毋顺宝施洋一元　毋顺真施洋一元　张九正施洋一元　毋根生施洋一元　张永锦施洋一元　张永繡施洋一元　张福明施洋一元　张福正施洋一元　许永刚施洋一元　许存戌施洋一元　郝凤声施洋一元　郝长永施洋一元　郝凤现施洋一元　郝凤福施洋一元　庆鸿宝施洋一元　毋福魁施洋一元　毋叙礼施洋一元　毋叙武施洋一元　毋永秀施洋一元　毋禄厚施洋一元　毋叙富施洋一元　毋叙成施洋一元　毋永华施洋一元　毋顺岐施洋一元　毋顺贤施洋一元　毋叙魁施洋一元　毋永昌施洋一元　毋顺元施洋一元　毋锁义施洋一元　毋来旺施洋一元　毋水荣施洋一元　毋水玉施洋一元　毋水正施洋一元　许乐瑞施洋一元　毋水玺施洋一元　许永正施洋一元　许乐□施洋一元　毋水祥施洋一元　许发英施洋一元　许乐芝施洋一元　毋明昶施洋一元　赵天明施洋一元　毋天瑞施洋一元　赵臣正施洋一元　赵天瑞施洋一元　赵天发施洋一元　毋士荣施洋一元　赵良廷施洋一元　赵仕魁施洋四元　赵仕忠施洋一元　赵河德施洋一元　赵良双施洋一元　赵永山施洋一元　赵天富施洋一元　赵永富施洋一元　赵良贵施洋一元　赵天佑施洋一元　赵臣国施洋一元　赵德宽施洋一元　赵天才施洋一元　薛福禄施洋一元　赵法金施洋一元　赵良璧施洋一元　赵良石施洋一元　赵六保施洋一元　赵仕立施洋一元　赵永玺施洋一元　张怀诗施洋三元　赵臣岐施洋一元　赵永英施洋一元　毋清发施洋一元　毋清淮施洋一元　毋水池施洋一元　毋秀轩施洋一元　毋秀全施洋一元　毋水浩施洋一元　许国生施洋一元　许乐明施洋一元　毋清义施洋一元　毋水瑚施洋一元　毋水□施洋一元　毋水智施洋一元　毋水文施洋一元　毋水瑛施洋一元　毋仁义施洋一元　毋秀荣施洋一元　毋水华施洋一元　毋清真施洋一元　毋水漳施洋一元　鲁修智施洋一元　许永忠施洋一元　毋国碧施洋一元　葛全喜施洋一元　鲁德明施洋一元　吴世瑞施洋一元　姚水源施洋一元　赵良骐施洋一元　毋水德施洋一元　赵正财施洋一元　赵正礼施洋一元　鲁修□施洋一元　鲁凤贤施洋一

元　鲁凤德施洋一元　鲁凤长施洋一元　鲁凤和施洋一元　毋天富施洋一元　张正雷施洋一元　杜富典施洋一元　王凤成施洋一元　许群生施洋一元　许乐众施洋一元　刘通魁施洋一元　毋清业施洋一元　毋清东施洋一元　毋义土施洋一元　毋秀毓施洋一元　张宏文施洋一元　赵永华施洋一元　赵仕瑾施洋一元　李文书施洋一元　李文府施洋一元　许永厚施洋一元　许安印施洋一元　毋清琏施洋一元　赵仕元施洋五元　赵德隆施洋一元　郝长富施洋一元　李怀林施洋一元　李玉山施洋一元

　　瓦匠王得山施洋一元　秦志贵施洋一元

　　石工侯银聚施洋一元　侯其修施洋一元　郭拴贵施洋一元　宋兴开施洋四元

中华民国二十八年九月十八日立石

许永元施碑面二块　供桌面一块

毋顺佘施正殿后地半块　西至墙齐

庙管许乐云施洋四元

三〇五　重修碑记

民国二十八年（1939）刊。

碑额书"重修碑记"。

现存于晋城市泽州县柳树口镇范山堂附近二仙馆。

【碑文】

重修碑记

二仙馆者，不知其何时所创，亦不详出於何氏之手。庙中虽有撰文勒石，多乃重修补葺之纪，创修二字只画未见。乡人藉以降福消灾，四时虔供。故而该地之善男信女，鲜不以其慈慷超度，以乐其天年也。是庙也，雄姿奇伟，气宇轩昂，神佛俨然，望之怯步。光其位于石瓮盆地之间，银乔山之麓。北望珏山，西倚丹水，周围形就，石城自抱，天然佳景。肠道怪石，宛如伏龙偃虎；苍松翠柏，犹若貔貅千逐；林壑深处，间有人家几所。耕歌牧声，时有所闻，登是远眺，无不钦然起敬而意志勃发者也。无如庙貌年代荒远，几经桑海沧田之变。神装被蚀，墙倾瓦飞，草木丛生，狐鼠杂处，因而见者莫不叹惋怜惜，感慨细致。故而兴工之举不乏，时有提及。奈因年来农村经济破产，时局又值不靖，於是重修之计而不得不暂作罢论，以待宁时。孰知毁物者刻不少息，倒塌情形更难辄目。迄至民国二十七年冬，幸有村长毋叙珍，睹其残腐概况，不忍撒手旁观，遂而邀通合社人等从善计议，改组社务，於是经众公推，赵君天荣、许君乐元、毋君士英、毋君顺典为社务委员，由委员互推毋君士英为主任，同心协力，总理社务。机巧事事者，多系英俊能者之士，朝气蓬勃之时，性格爽直，见义勇为充斯职也。当不能再睹任其颓废、相待物化。於是会同四社主神等决议举工，在此兴工之期，多赖各社主神等辛辛苦苦，劳精瘁神，募集善士，依地筹给，不数月而巨工告竣，焕然一新。神有所寄，人有所依，久怀之欲，慨然尽偿。于是游者为之趣至，乡人为之悦容。此诚工有时成而成得人者也。今特握管志记，以垂不朽。

前任晋城县总动委会秘书兼晋城县政府第四科科长紫仰毋明都撰文

前任山西晋城主张公道团区团长兼晋城民训区政治主任相尧毋顺典书

社务主任毋士英出洋一元一　社务委员赵天荣出洋一元五

社务委员许乐元出洋一元七　社务委员毋顺典出洋二元七

东社主神赵良喜出洋一元五　赵仕三出洋九　赵正德出洋一元二　毋水泉出洋一元一

西社主神毋水生出洋七　许永礼出洋一元三　许乐高出洋一元三　许永均出洋一元二

北社主神毋水泽出洋一元五　毋水亮出洋二元六　毋可福出洋一元三　毋水发出洋九

南社主神郝长余出洋六　毋顺礼出洋一元四　毋福来出洋一元五　许安乐出洋一元九

赵臣尧出洋三元　赵田氏出洋二元六　赵臣芝出洋二元五　赵士义出洋二元五　赵天明出洋二元三　赵永秀出洋二元二　赵国生出洋二元一　许永德出洋二元九　许永吉出洋二元三　许乐义出洋二元一　许永亮出洋二元一　许安俭出洋二元　毋水璧出洋四元二　毋清莹出洋三元　毋水源出洋二元九　毋水科出洋二元一　毋水兰出洋二元一　张九恭出洋四元六　鲁修理出洋三元五　毋顺明出洋二元八　郝凤瑛出洋二元五　鲁修臣出洋二元六　毋福英出洋二元一　毋顺凯出洋二元　毋叙廉出洋二元　赵仕勇出洋二元　赵国太出洋二元　赵永清出洋一元九　赵永珠出洋一元八　赵天真出洋一元七　赵臣英出洋一元六　赵德昇出洋一元六　许乐俊出洋一元九　许永正出洋一元九　许乐正出洋一元八　许安均出洋一元八　许永和出洋一元七　毋水文出洋二元一　毋水智出洋二元一　毋清义出洋二元一　毋清和出洋二元　毋清碧出洋一元九　张九成出洋二元　郝凤楼出洋二元　毋顺正出洋一元九　张永义出洋一元九　鲁修福出洋一元九　鲁修法出洋一元九　毋福润出洋一元八　毋叙厚出洋一元八　赵臣岐出洋一元五　赵臣杰出洋一元五　赵永仑出洋一元四　赵良国出洋一元四　赵臣勇出洋一元四　赵臣豪出洋一元四　赵仕智出洋一元三　许永昌出洋一元七　许永厚出洋一元七　许永太出洋一元七　许昌花出洋一元

六　许乐岐出洋一元六　毋秀毓出洋一元九　毋秀轩出洋一元九　毋清仁出洋一元
八　毋义土出洋一元八　毋秀泉出洋一元七　毋叙斌出洋一元八　毋叙礼出洋一元
八　毋叙义出洋一元八　鲁修武出洋一元八　张九高出洋一元八　毋叙武出洋一元
八　武顺富出洋一元八　毋叙来出洋一元七　赵臣直出洋一元三　赵良骅出洋一元
三　赵臣忠出洋一元三　赵良双出洋一元三　赵臣信出洋一元三　赵仕瑜出洋一元
三　赵仕瑾出洋一元三　许永国出洋一元四　许法英出洋一元三　许法兰出洋一元
三　许永宽出洋一元二　许乐芝出洋一元二　毋水镜出洋一元七　毋水聚出洋一元
六　毋水泗出洋一元五　毋清发出洋一元五　毋水秀出洋一元四　郝福琦出洋一元
六　毋顺财出洋一元四　郝凤禄出洋一元五　毋锁堆出洋一元四　毋永喜出洋一元
三　毋永和出洋一元三　毋顺余出洋一元三　毋福魁出洋一元三　赵法元出洋一元
四　赵天佑出洋一元二　赵臣正出洋一元三　赵良禄山洋一元三　赵锁成出洋一元
三　赵天富出洋一元二　赵河德出洋一元二　毋水祥出洋一元二　毋水玺出洋一元二
许安印出洋一元一　许乐忠出洋一元　毋水正出洋一元　毋士杰出洋一元
三　毋清真出洋一元三　毋昌祯出洋一元三　毋清东出洋一元二　毋仁义出洋一元
二　郝长水出洋一元三　张永仁出洋一元三　鲁许氏出洋一元三　毋叙富出洋一元
二　毋福清出洋一元二　毋叙荣出洋一元二　郝凤昇出洋一元二　毋庚生出洋一元
二　赵良清出洋一元二　赵永玺出洋一元二　赵改正出洋一元二　赵良君出洋一元
二　毋水德出洋一元一　毋祥太出洋一元二　毋明昶出洋一元二　许乐瑞出洋一元
许雪正出洋一元　许乐明出洋二元二　许根元出洋九　毋水玉出洋九　毋士荣出洋
一元二　毋秀荣出洋一元二　毋清水出洋一元二　毋水漳出洋一元二　毋秀珏出洋
一元二　毋桂根出洋一元二　鲁修智出洋一元二　毋禄厚出洋一元一　毋福荣出洋
一元一　张永锦出洋一元一　毋福义出洋一元一　毋永兴出洋一元一　许存戍出洋
一元一　赵良善出洋一元一　赵回元出洋一元一　赵发金出洋一元一　赵仕荣出洋
一元一　赵国正出洋一元一　赵天贞出洋一元一　赵良廷出洋一元一　赵永芝出洋
九　许富生出洋九　许乐亮出洋九　许永忠出洋九　许永孝出洋九　毋水浩出洋一

元二　毋士富出洋一元一　毋清璘出洋一元一　毋正松出洋一元一　毋清山出洋一元一　鲁修华出洋一元一　郝锁骡出洋一元一　毋永秀出洋一元　鲁德武出洋一元　毋顺贵出洋一元　毋叙信出洋一元　许乐贤出洋一元　鲁德善出洋一元　赵臣贤出洋一元一　赵永焕出洋一元一　赵天才出洋一元一　赵臣舜出洋一元　赵小软出洋一元　许德印出洋八　许永海出洋八　许永生出洋八　许□生出洋八　许乐荣出洋八　毋秀珍出洋一元　毋双土出洋一元　毋清连出洋一元　毋义孩出洋一元　毋士余出洋一元　郝长昇出洋一元　郝凤福出洋一元　毋顺岐　毋甲方　毋顺元　毋永华　毋叙成　毋永璧　赵仕华出洋一元　赵毋氏出洋一元　赵良骐出洋一元　赵臣明出洋一元　赵永富出洋一元　许乐□出洋八　许其正出洋七　毋水潮出洋七　毋贵正出洋七　许安生出洋七　毋水华出洋一元　毋秀碧出洋一元　毋水池出洋一元　毋水淇出洋一元　毋水琏出洋一元　毋叙勤出洋九　毋锁义出洋九　毋顺贤出洋九　许乐□出洋九　许永刚出洋九　鲁德门出洋九　毋顺臣出洋九　赵臣国出洋一元　赵德吉出洋一元　赵根粪出洋一元　赵良才出洋九　赵永蕊出洋九　毋水贵出洋七　毋水富出洋七　许乐昇出洋七　许安有出洋七　毋贵保出洋六　毋水瑛出洋一元　毋水佩出洋一元　毋来全出洋一元　毋清协出洋一元　毋清文出洋九　毋叙才出洋八　毋福凯出洋八　毋顺勇出洋八　张明德出洋八　郝永印出洋八　郝凤□出洋八　鲁顺河出洋八　毋崇德出洋七　赵仕立出洋九　赵永芝出洋九　赵良贵出洋九　赵锁狗出洋九　赵永英出洋九　许戍元出洋五　许春生出洋五　许发华出洋五　许安富出洋五　毋禅土出洋五　毋水珍出洋九　毋士贤出洋九　毋水丽出洋九　赵天福出洋八　毋水云出洋八　毋永昌出洋七　毋叙魁出洋七　毋永魁出洋七　张福忠出洋七　张福正出洋七　鲁凤昇出洋七　鲁凤云出洋七　郝长贵出洋七　赵东元出洋九　赵良来出洋九　赵永华出洋八　赵天发出洋八　赵良福出洋八　赵天瑞出洋八　赵德宽出洋八　赵仕珪出洋八　赵臣才出洋八　许安广出洋五　毋水福出洋五　毋清福出洋七　毋铁保出洋七　毋水有出洋六　毋戍方出洋六　毋水渊出洋六　张贤德出洋七　张九兴出洋七　许安稳出洋七　毋品生出洋七　鲁大富出洋七

鲁德文出洋七　许安全出洋七　毋永仁出洋七　赵戍生出洋八　赵仕忠出洋八　赵仕雷出洋七　赵良璧出洋七　赵天亮出洋七　赵国朝出洋七　赵甲牛出洋七　赵仕孝出洋七　赵来狗出洋七　赵德聚出洋七　赵正朴出洋七　毋水长出洋六　刘□保出洋五　毋秋旦出洋五　毋小孩出洋五　毋义德出洋五　鲁凤银出洋七　毋永发出洋六　毋叙长出洋六　毋顺裕出洋六　毋福长出洋六　张九正出洋六　张永秀出洋六　鲁凤金出洋六　赵天明出洋六　赵永顺出洋六　赵永早出洋六　李玉珠出洋六　李文书出洋六　李文府出洋五　赵天清出洋五　赵仕清出洋五　赵永□出洋六　毋水泉出洋五　毋太国出洋五　毋水□出洋五　毋天平出洋四　许安岐出洋六　毋顺有出洋六　郝长存出洋六　郝长义出洋六　郝长玟出洋六　毋福明出洋六　毋银河出洋五　毋顺刚出洋五　毋福善出洋五　郝长智出洋五　张永裕出洋五　许法裕出洋五　赵正财出洋六　赵天昇出洋四　毋水旺出洋四　许永静出洋四　毋天和出洋四　毋山羊出洋四　张小牛出洋四　张水宝出洋四　毋文生出洋四　宋兴开出洋四　王培才出洋四　毋顺真出洋四　毋顺亮出洋四　张九宽出洋四　毋顺宝出洋四

　　中华民国二十八年菊月中浣立石

　　丹青赵永仁　赵永仑